Jetzt lerne ich
Spieleprogrammierung

W0197395

Christian Rousselle

Jetzt lerne ich
Spieleprogrammierung

Markt+Technik Verlag _._._._._._._._._._._._._._._

Die Deutsche Bibliothek – CIP-Einheitsaufnahme

Ein Titeldatensatz für diese Publikation ist bei
der Deutschen Bibliothek erhältlich.

10 9 8 7 6 5 4 3 2

04 03 02 01

ISBN 3-8272-5977-0

© 2001 by Markt+Technik Verlag,
ein Imprint der Pearson Education Deutschland GmbH,
Martin-Kollar-Straße 10–12, D-81829 München/Germany
Alle Rechte vorbehalten
Einbandgestaltung: NOWAK werbeagentur & medien, Pfaffenhofen
Lektorat: Marcus Beck, mbeck@pearson.de
Herstellung: Claudia Bäurle, cbaeurle@pearson.de
Satz: text&form, Fürstenfeldbruck
Druck und Verarbeitung: Media Print, Paderborn
Printed in Germany

Übersicht

Inhaltsverzeichnis

Vorwort

»Ich will Spielprogrammierer werden!« Mit diesem Ausruf stürmt so mancher Enthusiast in die GAMES ACADEMY. Dieses Vorhaben ist zunächst ein guter Ansatz, hat sich die Electronic Games Industry in den letzten Jahren für vor allem junge Menschen zu einer echten Jobperspektive entwickelt.

Vorbei sind die Zeiten, in denen Konzeption und Produktion von Computer- und Videospielen das Werk von einem oder zwei Freaks war. Heute arbeiten oft 30 und mehr Spezialisten über Monate oder Jahre an der Produktion eines Titels. Mit der zunehmenden Arbeitsteilung in den Studios steigen auch die Ansprüche an Professionalität der Macher.

Obwohl Tools, Autorensysteme und einsatzfähige Engines die Herstellung von einfachen Spielen mit geringen Programmierkenntnissen inzwischen möglich machen, ist der Programmierer nach wie vor eines der wichtigsten Team-Mitglieder.

Nicht nur die ständige Weiterentwicklung der Technologie schafft ein breites Arbeitsfeld für den Programmierer: Grafik, Künstliche Intelligenz oder Entwicklungsumgebungen sind hier nur einige der Schwerpunkte, bei dem die auch »Coder« genannten Profis eine Hauptverantwortung für den Erfolg des Projekts tragen.

Der Mangel an Fachliteratur wird allseits beklagt; um so mehr ist dieses Buch ein wichtiger Schritt, das nötige Wissen für erfolgreiche zukünftige Projekte zu vermitteln. Dabei gutes Gelingen.

Berlin im April 2001

Thomas Dlugaiczyk
Gründer und Inhaber GAMES ACADEMY

Die Internetseite zum Buch

Zu diesem Buch gibt es eine Internetseite, auf der Sie aktuelle Informationen über das Buch, weitere Beispiele sowie Tipps und Tricks finden können. Außerdem können Sie Kontakt mit dem Autor aufnehmen oder in den Foren mit anderen Interessierten über C++, Programmierung und Spiele diskutieren.

Die Adresse lautet: http://www.jli-spieleprogrammierung.de

Danksagung

Zunächst möchte ich mich bei Marcus Beck, meinem Lektor bei Markt + Technik bedanken. Er hatte die Idee zu diesem Buch und hat mich während der Entstehung des Buchs geduldig und intensiv betreut.

Ganz besonders möchte ich mich bei Cathrin Grundke und Hanjo Rhee bedanken, die mir bei der Korrektur, den Abbildungen und Grafiken zu diesem Buch geholfen haben und mir immer wieder nützliche Tipps und Anregungen bei der Durchsicht des Manuskripts gegeben haben.

Vielen Dank.

Einleitung

Wenn Sie dieses Buch in den Händen halten, gehören Sie wahrscheinlich auch zu den Leuten, auf die Computer und Spiele eine große Faszination ausüben. Haben Sie nicht auch schon mal darüber nachgedacht, wie es wäre, Ihre eigene Spieleidee am Computer zu verwirklichen?

Mit diesem Buch möchte ich Ihnen einen ersten Einblick in die faszinierende Welt der Programmierung und Spieleentwicklung geben und hoffe, dass Sie diese Themen in ihren Bann ziehen werden.

Das Buch ist in zwei Teile aufgeteilt. Im ersten Teil lernen Sie die Programmiersprache C++, beginnend mit den Grundlagen bis hin zur objektorientierten Programmierung und den Besonderheiten der Windowsprogrammierung. Im zweiten Teil werden Sie sich ausschließlich mit der Spieleprogrammierung und DirectX beschäftigen.

DirectX ist eine Sammlung von Komponenten, mit denen Sie Multimedia-Applikationen und Spiele unter Windows entwickeln können.

Im Verlauf des zweiten Teils des Buches werden Sie die wichtigsten DirectX-Komponenten kennen lernen, und Sie werden eine Reihe von Beispielprogrammen zu jeder Komponente entwickeln. Ein weiterer wichtiger Bestandteil des zweiten Teils ist, dass Sie lernen, wie man ein Spiel konzeptionieren und realisieren kann. Dazu werden Sie Ihr eigenes Spiel am Ende des zweiten Teils mit den vorgestellten Techniken entwickeln.

Spieleprogrammierung ist ein komplexes Gebiet und auch wenn ich es wollte, kann ich Ihnen in diesem Buch keinen kompletten Überblick über alle relevanten Themengebiete präsentieren. Sie werden aber ein solides

Grundwissen erlangen und so in der Lage sein, schnell in andere Techniken, die Sie besonders interessieren, tiefer einzusteigen.

Systemvoraussetzungen

Um alle Beispiele aus diesem Buch nachvollziehen zu können, brauchen Sie einen PC, auf dem eine der folgenden Windows-Versionen läuft:

✘ Windows 95

✘ Windows 98

✘ Windows ME

✘ Windows 2000

Windows 3.1 und alle früheren Versionen scheiden aus. Wenn Sie Windows NT einsetzen, können Sie zwar alle Beispiele aus dem ersten Teil des Buches, der C++-Einführung, nachvollziehen, leider unterstützt Windows NT aber nur ältere Versionen von DirectX, so dass Sie keine Programme, die DirectX benutzen, ausführen können.

Alle Beispiele wurden auf einem Rechner mit einem PENTIUM-Prozessor mit 133 MHz, 32 Mbyte Arbeitsspeicher und einer Grafikkarte mit 4 Mbyte getestet. Sie sollten über einen Rechner dieser Leistungsklasse verfügen, damit Sie mit den Werkzeugen aus diesem Buch arbeiten können und alle Beispiele ausreichend schnell laufen. Ein schnellerer Prozessor, mehr Arbeitsspeicher und eine Grafikkarte mit 3D-Beschleunigung tragen dazu bei, dass Sie effizienter und komfortabler arbeiten können.

Einige Beispiele zeigen, wie man Soundkarten und Joysticks ansteuert. Da sich aber nur ein kleiner Teil dieses Buches mit diesen Geräten beschäftigt, und alle Beispiele so aufgebaut sind, dass Sie auch ohne diese Geräte laufen, werden sie nicht zwingend benötigt.

Ansonsten finden Sie alles, was Sie brauchen, auf der CD-ROM. Dazu gehört DirectX 8.0 mitsamt dem C++ SDK sowie Microsoft Visual C++ 6.0. Außerdem enthält die CD-ROM Programme zur Bildbearbeitung und zur Erstellung von Soundeffekten.

Kapitel 1

Grundlagen

Bevor wir richtig in die Spieleprogrammierung einsteigen können, ist es nötig, ein wenig Vorarbeit zu leisten. Dazu gehört die Festlegung auf eine Plattform, auf der das Spiel laufen soll, die Entscheidung für eine Programmiersprache und die Auswahl geeigneter Werkzeuge, die uns bei der Entwicklung des Spiels von Nutzen sein werden.

1.1 Plattformen

Mit Plattformen sind unterschiedliche Hardware- oder Betriebssystemvarianten gemeint. Eine Plattform könnte beispielsweise ein Linux-PC sein, eine andere Plattform wäre die Playstation oder eine UNIX-Workstation.

Die Entscheidung für eine Plattform fällt zu Beginn der Entstehung des Spiels und hat oft Einfluss auf das Konzept und die Umsetzung der Spielidee. Dies wird sehr gut deutlich, wenn man die Möglichkeiten, die ein moderner Windows-PC bietet mit denen eines Gameboy vergleicht. Heutige PCs haben kaum Einschränkungen, was Speicherplatz oder Geschwindigkeit angeht. Der Gameboy hingegen hat nur sehr wenig Speicher zur Verfügung und auch die Geschwindigkeit ist nur ein Bruchteil dessen, was auf einem PC zur Verfügung steht.

Häufig wird aber auch die Plattform bevorzugt, auf der das größte Knowhow, d.h. die größte Erfahrung, bei der betreffenden Firma oder dem Entwickler vorhanden ist. Ein weiteres wichtiges Entscheidungskriterium ist die Verbreitung der Plattform und somit die Größe des Marktes für das Spiel, denn letztlich muss es sich so gut wie möglich verkaufen.

1.2 Programmiersprachen

Eine Programmiersprache bietet die Möglichkeit, einem Computer Befehle zu geben, die dann ausgeführt werden können. Eine Folge von solchen Befehlen nennt man ein Programm. In den Anfangszeiten der Computertechnik blieb den Programmierern nichts anderes übrig, als Programme in Form von langen Folgen von Nullen und Einsen einzugeben. Solche Folgen von Nullen und Einsen nennt man Binärcode. Diese Art der Programmierung war sehr mühsam und fehleranfällig.

Die erste Verbesserung wurde durch den Einsatz von Assemblersprachen erzielt. Assemblersprachen sind maschinenorientierte Programmiersprachen, in der die Befehle, die bisher durch Nullen und Einsen beschrieben werden mussten, durch leichter verständliche Symbole dargestellt werden. Diese Symbole nennt man Mnemonics. Ein Assemblierer muss die Mnemonics vor der Ausführung des Programms in den Binärcode der Maschine übersetzen.

Nach den Assemblersprachen folgten Programmiersprachen, wie FORTRAN, ALGOL oder COBOL, die die Eingabe von Programmen in einer Form erlauben, die natürlichen Sprachen, wie etwa Englisch nachempfunden ist. Die Entwicklung setzte sich mit Sprachen wie PASCAL oder C fort. Heutzutage werden Sprachen wie C++, VisualBasic oder Java eingesetzt. Keine dieser modernen Sprachen ist eine völlige Neuentwicklung, denn sie bauen entweder direkt auf einem Vorgänger auf oder teilen grundlegende Konzepte mit zuvor entwickelten Sprachen.

Ein Programm oder ein Teil eines Programms wird oft als Quelle, Quelltext, Quellcode oder einfach nur als Code bezeichnet. Die Entwicklung eines Programms nennt man auch Implementierung.

1.2.1 Compiler und Interpreter

Wie oben schon erwähnt, ermöglicht eine Programmiersprache, mit dem Computer zu interagieren. Ein Compiler übernimmt dabei die Übersetzung des Programms, das in einer Programmiersprache geschrieben wurde, in eine Form, die der Computer verarbeiten kann. Dazu übersetzt der Compiler das Programm in eine Zwischenform, die man Objektcode nennt. Ein zweites Programm, das Linker genannt wird, setzt dann diesen Objektcode in ein ausführbares Programm um.

Wir werden das Übersetzen eines Programms durch den Compiler und den Linker als Kompilieren bezeichnen.

Ein Interpreter übersetzt ein Programm, anders als Compiler und Linker, nicht in Maschinensprache, sondern führt die Anweisungen direkt aus. Ein Interpreter kann kein direkt ausführbares Programm erzeugen. Wenn man Programme in einer Interpretersprache, wie z.B. BASIC schreibt, benötigt man sowohl das Programm als auch den Interpreter, um es ausführen zu können.

1.2.2 Syntax und Semantik

Die Begriffe Syntax und Semantik stammen aus dem Bereich der theoretischen Informatik. Trotzdem will ich Ihnen eine kurze Definition der beiden Begriffe vorstellen.

Wenn ein Programm übersetzt werden kann, ohne dass der Compiler Fehler ausgibt, ist das Programm bezüglich seiner Syntax korrekt. D.h. das Programm enthält keine Tippfehler und ist richtig aufgebaut. In einer natürlichen Sprache entspräche dies einem Satz mit korrekter Rechtschreibung und korrektem Satzbau.

Unter der Semantik eines Programms kann man sich dessen Bedeutung vorstellen. Die Bedeutung kann z.B. eine Funktion sein, die das Programm berechnet. Damit ein Programm wirklich die beabsichtigten Ergebnisse erzielt, muss sowohl die Syntax als auch die Semantik korrekt sein. Ein Programm kann also korrekte Syntax haben, aber trotzdem ein anderes als das beabsichtigte Ergebnis ausgeben. Stellen Sie sich beispielsweise ein Programm vor, das dazu entwickelt wurde, die Fläche eines Kreises zu berechnen. Der Programmierer hat aber die Formel zur Berechnung der Kreisfläche und des Kreisumfangs verwechselt. Die Syntax des Programms ist trotzdem richtig, und der Compiler übersetzt es ohne Fehlermeldung. Das Programm berechnet aber eine falsche Funktion, und somit ist das Ergebnis unbrauchbar.

1.2.3 Werkzeuge

Die Werkzeuge, die man bei der Entwicklung eines Computerspiels einsetzt, kommen aus den unterschiedlichsten Bereichen. Eines der wichtigsten Werkzeuge sind Compiler und Debugger. Der Debugger hilft dem Programmierer, Fehler in Programmen zu finden. Mit einem Debugger kann man den Zustand oder den Ablauf des Programms überwachen. Sie werden den

Debugger als unverzichtbare Hilfe bei der Entwicklung von Programmen kennen lernen.

Es gibt aber noch weitere Werkzeuge, die gerade bei der Entwicklung von Spielen unverzichtbar sind. Dazu gehören Bildbearbeitungsprogramme, wie etwa Adobe Photoshop oder Jasc Paintshop Pro. Mit diesen Programmen kann man leicht detaillierte Grafiken erstellen. Konstruktions- und Modellierungswerkzeuge wie Discreet 3D Studio MAX oder Caligari trueSpace werden hingegen verwendet, um komplexe 3D-Szenen und Animationen anzufertigen.

Ein weiteres wichtiges Gebiet ist die Entwicklung von Musik und Soundeffekten. Erst Musik und Sound geben einem Spiel die richtige Atmosphäre und sollten deshalb keinesfalls bei der Entwicklung vernachlässigt werden. Es gibt viele Werkzeuge, von denen sich die meisten eher an Musik-Profis richten und nur auf dem Macintosh verfügbar sind. Für Windows gibt es dennoch brauchbare Software, die man für Musik und Soundeffekte einsetzen kann. Dazu gehört z.B. der DirectMusic Producer.

Auf der CD, die dem Buch beiliegt, befinden sich Werkzeuge aus jedem der oben beschriebenen Bereiche. Da es sich bei den oben angegebenen Programmen um kommerzielle Softwareprodukte handelt, die zum Teil mehrere tausend Euro kosten, befinden sich auf der CD-ROM Demoversionen, die für die Programme aus dem Buch und für weitere Entwicklungen ausreichend sind. Sie haben somit alles, was Sie für die Entwicklung Ihres ersten Spiels benötigen.

1.3 Einstieg in C++

Für sämtliche Programme, die in diesem Buch vorgestellt werden und auch für das Spiel, das Sie im Laufe der Lektüre entwickeln werden, kommt ausschließlich die Programmiersprache C++ zum Einsatz.

1.3.1 Geschichte von C++

C++ wurde in den frühen achtziger Jahren von Bjarne Stroustrup bei den AT&T Bell Laboratories konzipiert und ist eine Weiterentwicklung der Programmiersprache C. Mit C++ wurden Mängel von C beseitigt und grundlegende Erweiterungen hinzugefügt. C++ ist jedoch mehr als eine einfache Verbesserung von C. Mit C++ kann man einen völlig anderen Programmieransatz wählen, als es mit C möglich ist.

1.3.2   Warum gerade C++ ?

Die Programmiersprache C++ ist mittlerweile die bevorzugte Sprache für die meisten Anwendungen in der Industrie und kommt bei der Entwicklung von Spielen fast ausschließlich zum Einsatz. C++ zeichnet sich durch hohe Geschwindigkeit sowie kompakten und robusten Code aus. Darüber hinaus gibt es eine Vielzahl von Werkzeugen, die den Programmierer bei der Entwicklung von C++ Programmen unterstützten. Dem Buch liegt mit Visual C++ eines dieser sehr leistungsfähigen Werkzeuge bei. Zudem gibt es für nahezu jede Plattform, angefangen von der Playstation über Windows- und Linux-PCs bis hin zur Workstation einen C++ Compiler.

Leider heißt das aber nicht, dass man alle Programme, die in C++ entwickelt wurden, auf jeder anderen Plattform kompilieren und ausführen kann. Die meisten Programme benötigen spezielle Anpassungen. Hier spielen zwei Faktoren eine Rolle:

✘ Compiler verschiedener Hersteller benutzen nicht immer einen exakt gleichen Sprachumfang.

✘ C++ bietet die Möglichkeit, Programme systemnah zu Entwickeln. Dies führt häufig zu Problemen bei der Portierung, d.h. bei der Überführung von Programmen auf andere Plattformen.

Mit ANSI C++ (American National Standards Institute, Standardisierungs-institut der USA) ist ein Standard geschaffen worden, der es erlaubt, C++ Programme so zu entwickeln, dass sie sich auf allen Systemen kompilieren lassen, auf denen ein ANSI C++ Compiler zur Verfügung steht.

1.3.3   Neuerungen in C++

Zu Beginn der Entwicklung der Computer war die Geschwindigkeit der Rechner noch sehr gering, und der zur Verfügung stehende Speicherplatz war knapp und sehr teuer. Zu dieser Zeit waren die Programmierer dazu gezwungen, die Programme so zu entwickeln, dass sie möglichst klein und schnell waren. Jede noch so kleine Möglichkeit, Speicher zu sparen oder mehr Geschwindigkeit zu erreichen, wurde genutzt.

Zu welchen Problemen und Kosten die Einsparung von zwei Stellen in der Jahreszahl des Datums geführt hat, konnte man zu Beginn des neuen Jahrtausends anhand des »Jahr-2000-Problems« feststellen.

Des Weiteren führte ein solcher Programmieransatz aber häufig auch zu schlecht strukturiertem und schwer lesbarem Code. Mit der Weiterentwicklung der Computer wurde es möglich, mehr Wert auf die Erweiterbarkeit und Wartbarkeit der Programme zu legen. So entstand immer komplexere Software, und es wurde nötig, neue Programmierphilosophien zu entwickeln. Im folgenden Abschnitt werden die wichtigsten dieser Programmieransätze beschrieben.

Strukturierte Programmierung

Wenn man diesen Programmieransatz wählt, ist der Ausgangspunkt meist ein komplexes Problem, für das eine Lösung in Form eines Programms gefunden werden soll. Bei der strukturierten Programmierung versucht man, dieses komplexe Problem in viele kleinere Teilprobleme aufzugliedern. Die Teilprobleme werden dann einzeln bearbeitet und anschließend wieder zusammengesetzt, um die endgültige Lösung zu erhalten.

Prozedurale Programmierung

Bei diesem Ansatz legt man besonderen Wert auf die effiziente und flexible Implementierung des Programms. Dazu entwickelt man möglichst universelle Lösungen für bestimmte Probleme, die man in Prozeduren oder Funktionen zusammenfasst. Das eigentliche Programm besteht dann aus einer Reihe von Funktions- und Prozeduraufrufen mit den passenden Argumenten.

Modulare Programmierung

Die modulare Programmierung geht noch einen Schritt weiter als die prozedurale Programmierung. Hier wird versucht, ein Programm möglichst so aufzuteilen, dass zusammengehörende Daten und Funktionen in einem Modul zusammengefasst sind. Ein Modul ist meist nichts anderes als eine separate Datei mit Quellcode. Mit dieser Methode erreicht man, dass Programmteile, die logisch zueinander gehören, in eine Datei ausgelagert und unabhängig von anderen bearbeitet werden können.

Objektorientierte Programmierung

Die objektorientierte Programmierung bietet den neusten Entwicklungsansatz und vereint verschiedene Programmieransätze. Dazu gehört beispielsweise die Abstraktion und die Kapselung von Daten, Vererbung und Polymorphie. Dieser neue Ansatz erlaubt es, Software so zu entwickeln, dass sie leichter zu warten ist und damit leichter wiederverwendet werden kann. Dadurch wird der Entwickler in die Lage versetzt, auf vorhandenem Code aufzubauen und braucht nicht alles bis ins Detail von Neuem zu entwickeln.

Eine genauere Betrachtung der objektorientierten Programmierung in C++ folgt im zweiten Teil der Einführung in C++. Dort werden Sie dann alle wichtigen Konzepte kennen lernen, die uns bei der Spieleprogrammierung von großem Nutzen sein werden.

1.4 Visual C++

Diesem Buch liegt eine Autorenversion von Microsoft Visual C++ 6.0 bei. Visual C++ ist eine integrierte Entwicklungsumgebung (IDE, Integrated Development Environment, integrierte Entwicklungsumgebung) zur Erstellung von C++ Programmen. Mittlerweile hat sich Visual C++ fast als Standard für die Entwicklung von Windows-Anwendungen durchgesetzt und auch Spiele, die für Windows entwickelt werden, nutzen größtenteils diesen Compiler.

Die Autorenversion ist gegenüber der Standardversion nicht beschränkt. Sie dürfen lediglich keine Anwendungen entwickeln, um diese später kommerziell zu nutzen.

Visual C++ ist mehr als nur ein Compiler. Visual C++ unterstützt den Programmierer während des gesamten Entwicklungsprozesses. Der Quellcode wird beispielsweise farblich aufbereitet, und es gibt die Möglichkeit, Ausdrücke automatisch vervollständigen zu lassen. Des Weiteren enthält Visual C++ einen komfortablen Debugger sowie umfangreiche Gestaltungsmöglichkeiten für Dialoge und Fenster.

1.4.1 Installation von Visual C++

Visual C++ ist ein sehr komplexes Produkt und auch die Installation ist recht umfangreich. Damit Sie nicht schon vor dem Einstieg in die Welt der Programmierung Schiffbruch erleiden, beschreibt der nächste Abschnitt den genauen Ablauf der Installation von Visual C++.

Für die Installation von Visual C++ mit der Dokumentation benötigen Sie mindestens 250 Mbyte freien Festplattenspeicher. Wie viel freier Festplattenspeicher auf Ihrem Rechner noch zur Verfügung steht, können Sie ermitteln, indem Sie ihre Festplatte im *Explorer* anwählen und dann auf die rechte Maustaste klicken. Danach öffnet sich ein Menü, aus dem Sie den

Eintrag EIGENSCHAFTEN wählen. Dann erscheint ein Dialog, der anzeigt, wie viel Speicher noch zur Verfügung steht.

Um Visual C++ zu installieren, müssen Sie nichts weiter tun, als die CD, die dem Buch beiliegt einzulegen. Danach erscheint der Dialog, der in Abbildung 1.1 dargestellt ist.

Abb. 1.1:
Installations-
dialog

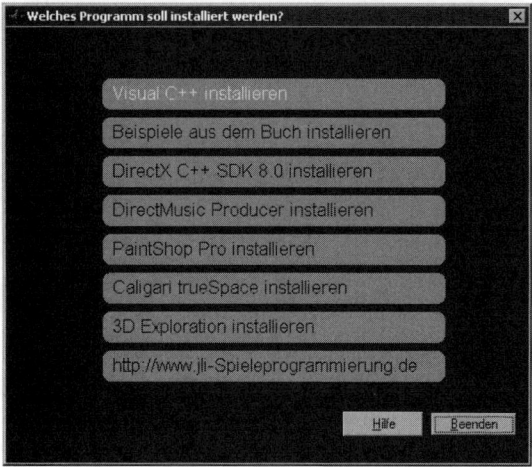

Wenn der Dialog in Abbildung 1.1 nicht automatisch erscheinen sollte, starten Sie den *Explorer*, wechseln Sie zu Ihrem CD-ROM-Laufwerk und doppelklicken Sie auf die Datei SETUP.EXE.

Dort müssen Sie die Option *Visual C++ installieren* wählen. Danach erscheint der Dialog INSTALLATIONS-ASSISTENT FÜR VISUAL C++ AUTOREN EDITION. Abbildung 1.2 zeigt diesen Dialog. Auch hier können Sie den Knopf WEITER anklicken.

Danach folgen noch weitere Dialoge, in denen Sie unter anderem dem Microsoft Endbenutzer-Lizenzvertrag zustimmen müssen, Ihren Namen eintragen und einen Pfad für die Installation wählen müssen. Wenn Sie zu dem Dialog gelangen, in dem Sie zwischen der Standardinstallation und der benutzerdefinierten Installation wählen können, nehmen Sie die Standardinstallation. Die Standardinstallation reicht für unsere Bedürfnisse aus. Eine benutzerdefinierte Installation sollte nur von Anwendern durchgeführt werden, die sich mit Visual C++ auskennen. Wenn Sie auf den Standard-Knopf geklickt haben, beginnt das Setup-Programm, Dateien auf den Rechner zu kopieren. Da es sich um mehr als 100 Mbyte zu kopierender Daten handelt, kann der Vorgang einige Zeit in Anspruch nehmen.

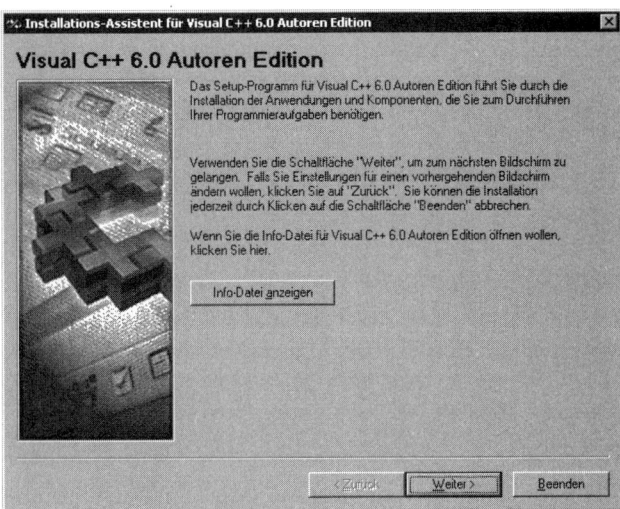

Abb. 1.2:
Installations-
assistent von
Visual C++

Nachdem alle Dateien kopiert worden sind, informiert Sie das Setup-Programm darüber, dass eine Batch-Datei mit Umgebungsvariablen angelegt worden ist. Zum Abschluss der Installation von Visual C++ erscheint die Meldung, dass das Setup von Visual C++ erfolgreich durchgeführt wurde.

Im Anschluss an die Installation von Visual C++ startet der Installationsassistent für die Dokumentation (Abbildung 1.3).

Die Dokumentation enthält wertvolle Informationen zur Programmierung und zum Umgang mit Visual C++. Sie sollten die Dokumentation also auf jeden Fall installieren. Markieren Sie das Kästchen VISUAL C++ 6.0 AUTORENDOKUMENTATION INSTALLIEREN und klicken Sie auf WEITER. Der folgende Dialog, der über Urheberrechtsbestimmungen aufklärt, kann ebenfalls mit WEITER bestätigt werden. Dann folgt ein Dialog der die Produkt-ID anzeigt. Nach diesem Dialog müssen Sie noch den Lizenzbestimmungen für die Dokumentation zustimmen sowie das Verzeichnis festlegen und die Standardinstallation auswählen. Danach ist die Installation von Visual C++ und der Dokumentation abgeschlossen.

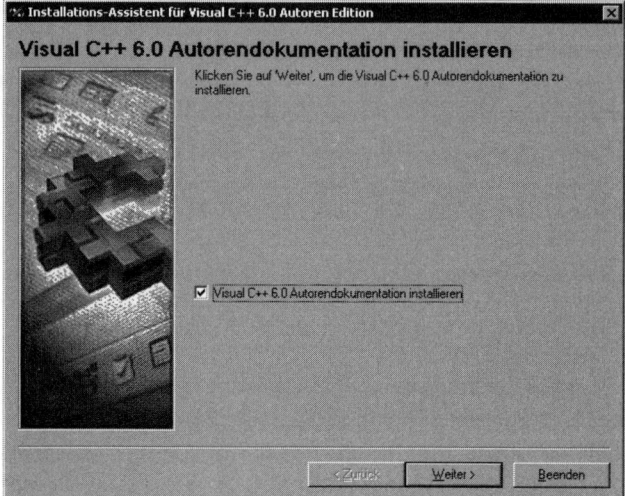

Wenn Sie eine benutzerdefinierte Installation durchgeführt haben oder sich entschlossen haben, die Dokumentation vorerst nicht zu installieren, können Sie jederzeit Komponenten oder die Dokumentation nachinstallieren. Dazu müssen Sie das Setup-Programm von Visual C++ ausführen, das auf der CD im Verzeichnis VC6 zu finden ist.

1.5 Installation der Beispielprogramme

Nachdem Sie Visual C++ installiert haben, sollten Sie noch die Beispielprogramme, die sich auf der CD-ROM befinden, installieren. Die Beispiele enthalten Grafiken, Soundeffekte und Musik sowie alle Programme, die Sie während der Arbeit mit diesem Buch entwickeln werden.

Zur Installation der Beispiele müssen Sie den zweiten Punkt aus dem Dialog aus Abbildung 1.1, *»Beispiele aus dem Buch installieren«* wählen. Im folgenden Dialog müssen Sie einen Pfad eingeben, in den die Beispielprogramme installiert werden sollen.

Damit sind die Vorbereitungen abgeschlossen, und Sie können sich an Ihr erstes C++-Programm wagen.

Kapitel 2

Das erste Programm

In diesem Kapitel erlernen Sie den Umgang mit Visual C++, legen Ihr erstes Projekt an und schreiben ein kurzes Programm.

Da Sie Visual C++ in nächster Zeit sehr häufig benötigen werden, empfiehlt es sich, eine Verknüpfung zu Visual C++ auf dem Desktop anzulegen. Eine Verknüpfung auf dem Desktop erstellen Sie, indem Sie auf dem leeren Desktop die rechte Maustaste drücken. Aus dem Menü wählen Sie den Eintrag NEU und dort VERKNÜPFUNG. Im folgenden Dialog müssen Sie dann den Pfad angeben, auf den sich die Verknüpfung beziehen soll. Wenn Sie den Pfad während der Installation nicht geändert haben, ist dies C:\Programme\Visual Studio\Common\MSDev98\Bin\msdev.exe.

Starten Sie Visual C++ über die Verknüpfung, sofern Sie eine angelegt haben, oder aus dem Startmenü über START → PROGRAMME → MICROSOFT VISUAL C++ 6.0 → MICROSOFT VISUAL C++ 6.0.

Wählen Sie nun aus dem Menü den Eintrag DATEI und darin NEU.

Abbildung 2.1 zeigt Visual C++ mit dem Dialog, in dem Sie die Art Ihres Projekts festlegen können. Es bietet sich an, einen neuen Pfad für alle zukünftigen Entwicklungen festzulegen. In Abbildung 2.1 wurde dazu im Feld PFAD das Verzeichnis *C:\Entwicklung* eingetragen. Dieses Verzeichnis muss vorher nicht existieren, Visual C++ legt es für Sie an. Im Feld PROJEKTNAME steht der Name für unser erstes Programm. Ich habe hier den Namen *HelloWorld* gewählt. Es ist schon fast üblich, das erste Programm in einem Buch, das sich mit Programmiersprachen beschäftigt, so zu nennen, und da man mit Traditionen nicht brechen soll, wird auch unser erstes Programm *HelloWorld* heißen.

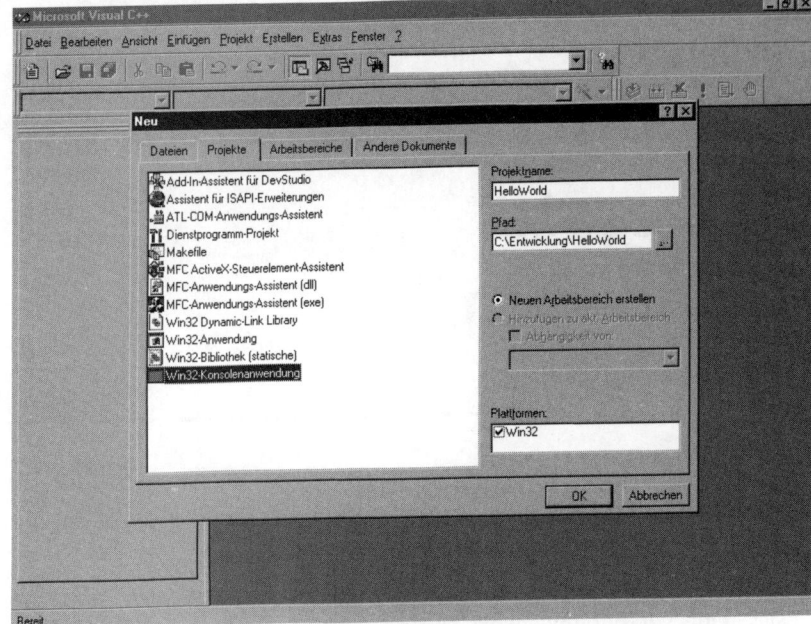

In dem Dialog in Abbildung 2.1 in der Auswahl PROJEKTE finden sich zwölf verschiedene Einträge. Jeder dieser Einträge symbolisiert eine spezielle Anwendungsart, die man mit Visual C++ erstellen kann. Der Zweck dieser Projektauswahl ist es, dem Programmierer ein Stück seiner Arbeit abzunehmen. Visual C++ ist in der Lage, ein Gerüst für jede dieser Anwendungen zu erzeugen. Dieses Gerüst muss der Programmierer dann »nur noch« erweitern und an seine eigenen Bedürfnisse anpassen.

Wenn Sie beispielsweise den *ATL-COM-Anwendungs-Assistenten* wählen würden, würde Visual C++ das Grundgerüst einer COM-Anwendung erzeugen.

Mehr über COM finden Sie in der DirectX-Einführung.

Später werden Sie mehr über die Bedeutung der einzelnen Projekttypen erfahren und auch einige von ihnen nutzen. Für das Projekt HelloWorld werden wir das Projekt *Win32-Konsolenanwendung* nutzen. Nachdem Sie auf OK geklickt haben, erscheint der Dialog aus Abbildung 2.2.

Hier haben Sie vier Auswahlmöglichkeiten, und es zeigt sich, wie populär eine HelloWorld-Anwendung ist, da Visual C++ auch in der Lage ist, ein solches Programm automatisch zu generieren. Da Sie aber ohne fremde

Hilfe den Einstieg in Visual C++ finden sollen, markieren Sie die Option *Ein leeres Projekt*, klicken auf FERTIGSTELLEN und bestätigen den folgenden Dialog mit OK. Visual C++ erzeugt daraufhin das Projekt HelloWorld.

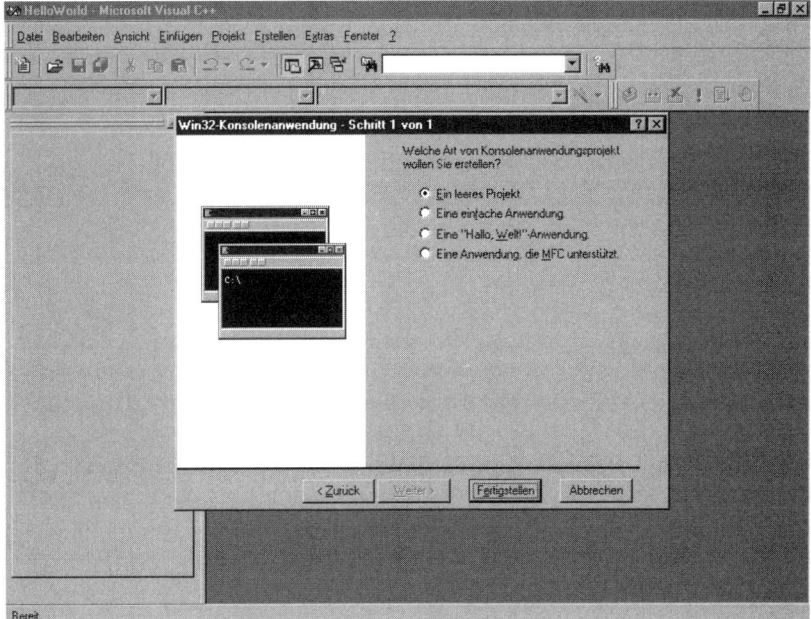

Abb. 2.2: Win32-Konsolenanwendung

Führen Sie die folgenden Schritte durch, um eine Datei zum Projekt hinzuzufügen.

✘ Wählen Sie im Menü DATEI den Eintrag NEU.

✘ Wechseln Sie in dem Dialogfenster mit dem Titel NEU zur Karteikarte DATEIEN.

✘ Wählen Sie den Typ *C++ Quellcode-Datei*.

✘ Tragen Sie in das Feld DATEINAME den Namen *HelloWorld* ein.

✘ Achten Sie darauf, dass die Checkbox DEM PROJEKT HINZUFÜGEN aktiviert ist.

✘ Bestätigen Sie den Dialog, indem Sie auf OK klicken.

Visual C++ öffnet jetzt ein neues, leeres Fenster mit dem Titel *HelloWorld.cpp*.

Bevor Sie nun endlich das erste Programm eingeben können, lohnt es sich, einen Blick auf die Visual C++ IDE zu werfen.

Abb. 2.3:
Eine Datei in
das Projekt
HelloWorld
einfügen

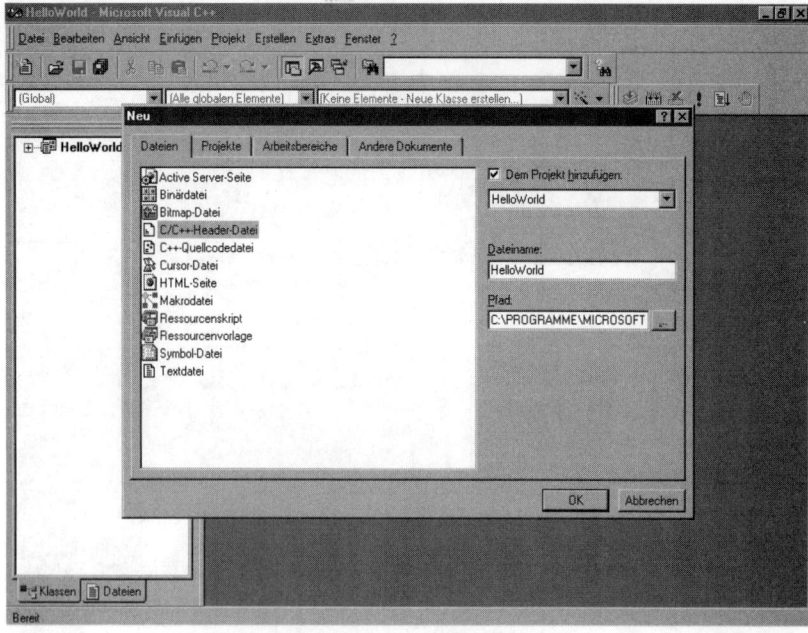

Abb. 2.4:
Bereiche der
Visual C++-
Entwicklungs-
umgebung

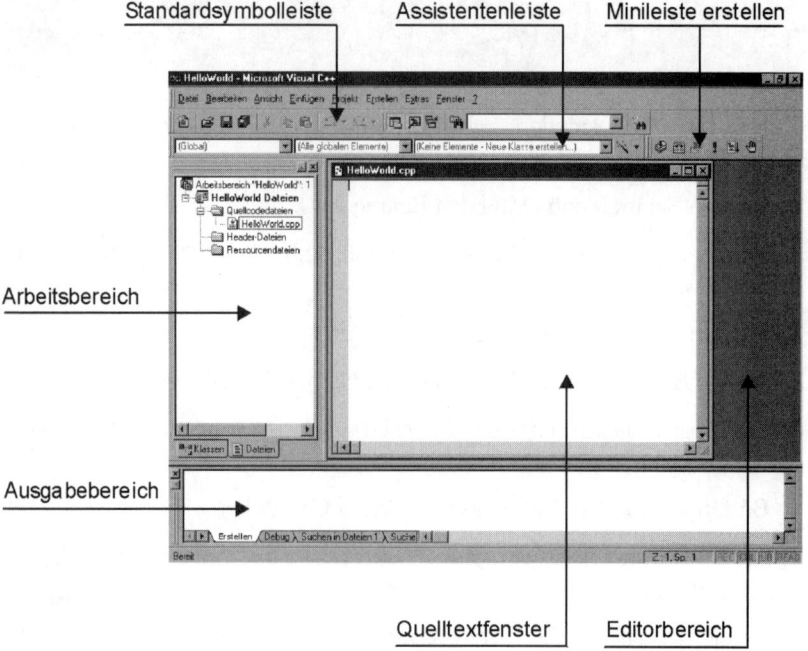

Standardsymbolleiste

Die Standardsymbolleiste enthält bekannte Windows-Funktionen wie Öffnen, Speichern, Kopieren, Einfügen, Wiederherstellen oder Suchen.

Assistentenleiste

Mit Hilfe der Assistentenleiste können Sie Funktionen zu Ihrem Programm hinzufügen oder automatisch zu bestimmten Stellen im Quellcode gelangen.

Minileiste Erstellen

Die Minileiste Erstellen ermöglicht den schnellen Zugriff auf die Compiler- und Debuggerfunktionen von Visual C++. Sie können das Programm, das Sie entwickeln so leicht übersetzen, ausführen oder überwachen.

Editorbereich

Im Editorbereich erledigen Sie alle Aufgaben, die mit der Bearbeitung von Quellcode oder mit dem Layout von Fenstern und Dialogen zu tun haben. Dazu gehört beispielsweise die Bearbeitung von Quellcode oder die Positionierung von Knöpfen auf Dialogfenstern.

Quelltextfenster

Es ist möglich, mehrere Quelltextfenster gleichzeitig im Editorbereich zu öffnen. In jedem dieser Quelltextfenster kann man Code für ein Programm schreiben. Der Quellcode wird dabei von Visual C++ farblich aufbereitet.

Ausgabebereich

In den Ausgabebereich werden Informationen über den Fortschritt der Kompilierung und des Linkens ausgegeben. Visual C++ zeigt hier aber auch Warnungen und Fehler an, die beim Übersetzen des Programms aufgetreten sind. Wenn Sie den Debugger einsetzen, können Sie hier Angaben zum Ablauf und Status des Programms finden.

Arbeitsbereich

Im Arbeitsbereich kann man sich verschiedene Ansichten seines Projekts anzeigen lassen. Eine Ansicht ist die Datei-Ansicht, die Sie gerade schon genutzt haben, um eine Datei zu Ihrem Projekt hinzuzufügen. Eine weitere Ansicht ist die Ressourcenansicht, die Dialoge, Menüleisten und Icons, die zu Ihrem Projekt gehören, anzeigen kann. Die dritte Ansicht ist die Klassenansicht. Was Klassen sind, werden wir in Kapitel 9 lernen.

2.1 HelloWorld

Es ist endlich soweit. Das folgende Listing enthält das Programm Hello-World.

Listing 2.1:
Das erste
Programm
»HelloWorld«

```
#include <iostream.h>

void main(void)
{
    cout << "Hello World\n";
}
```

Geben Sie das Programm aus Listing 2.1 in das Editierfenster mit dem Titel *HelloWorld.cpp* ein. Achten Sie bei der Eingabe unbedingt auf die richtige Schreibweise. C++ ist case-sensitive, d.h. dass der Compiler zwischen Groß- und Kleinschreibung unterscheidet.

Klicken Sie nach der Eingabe auf das rechteckige Symbol mit den beiden kleinen blauen Pfeilen, das Sie in der Minileiste Erstellen finden, um das Programm übersetzen zu lassen. Sie können auch direkt auf F7 drücken. Visual C++ kompiliert das Programm und erstellt die ausführbare Datei *HelloWorld.exe*.

Wenn sich bei der Eingabe des Programms ein Fehler eingeschlichen haben sollte, wird der Compiler an der betreffenden Stelle eine Fehlermeldung ausgeben. Verbessern Sie den Fehler und lassen Sie das Programm danach erneut übersetzen.

Bei fehlerfreier Kompilierung erscheinen die folgenden Meldungen im Ausgabebereich von Visual C++.

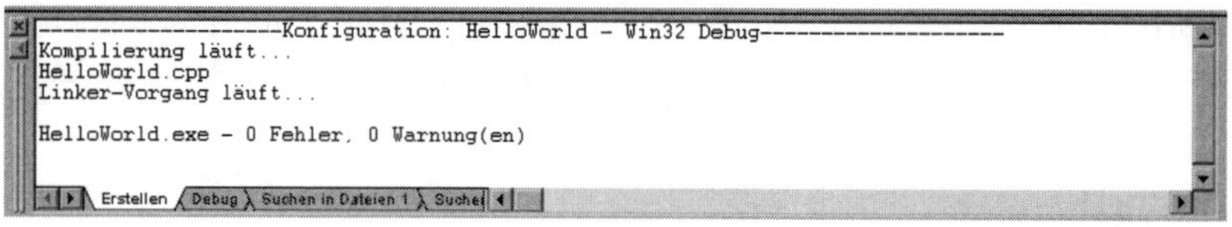

Abb. 2.5:
Ausgabe-
bereich nach
erfolgreicher
Kompilierung

```
--------------------Konfiguration: HelloWorld - Win32 Debug--------------------
Kompilierung läuft...
HelloWorld.cpp
Linker-Vorgang läuft...

HelloWorld.exe - 0 Fehler, 0 Warnung(en)

 ◄ ► \ Erstellen / Debug \ Suchen in Dateien 1 \ Suche ◄ ►
```

Jetzt können Sie das Programm ausführen lassen. Drücken Sie dazu auf das Symbol mit dem Ausrufezeichen, das Sie auch in der Minileiste Erstellen finden. Alternativ können Sie auch den Befehl *Ausführen von Hello-World.exe* aus dem Menü ERSTELLEN wählen oder einfach die Tastenkombination Strg+F5 drücken. Danach wird das Programm ausgeführt und ein DOS-Fenster wie in Abbildung 2.6 öffnet sich.

Abb. 2.6:
Das Programm
HelloWorld in
Aktion

Das Fenster wird solange offen bleiben, bis Sie die Return-Taste ⏎ drücken.

Sie können das Programm auch ausführen, indem Sie in das Verzeichnis wechseln, in dem sich das Projekt HelloWorld befindet. Dort befindet sich ein weiteres Verzeichnis mit dem Namen *Debug*. Wenn Sie in dieses Verzeichnis wechseln, finden Sie dort eine Datei mit dem Namen *HelloWorld.exe*, die Sie starten können. Das Programm lässt sich also auch ohne Visual C++ wie eine normale Anwendung starten.

Nachdem Sie nun gesehen haben, was passiert, wenn Sie das Programm übersetzen und ausführen, sollten Sie einen genaueren Blick auf das Programm werfen, damit Sie genau verstehen, was der Quellcode eigentlich exakt zu bedeuten hat. Lassen Sie uns dazu das Programm noch einmal anschauen.

```
1: #include <iostream.h>
2:
3:
4: void main(void)
5: {
6:     cout << "Hello World\n";
7: }
```

Listing 2.2:
HelloWorld
mit Zeilen-
nummerierung

Das Listing enthält nun Zeilennummern. Die Nummerierung dient lediglich dazu, gezielt auf eine bestimmte Zeile im Code einzugehen, um diese erklären zu können. Sie sollten weder die Zeilennummern noch die Doppelpunkte hinter den Zeilennummern eingeben. In C++ sind Zeilennummerierungen, anders als z.B. in BASIC, nicht vorgesehen und würden deshalb zu Fehlermeldungen führen.

35

Reservierte Wörter und Schlüsselwörter

Die erste Zeile enthält die Anweisung `#include <iostream.h>`. Wie Sie vielleicht festgestellt haben, stellt Visual C++ `#include` in blauer Schrift dar. Alle C++-Schlüsselwörter und reservierte Wörter werden in Visual C++ farblich hervorgehoben. Schlüsselwörter sind Wörter, die zum Sprachumfang von C++ gehören und jeweils eine bestimmte Bedeutung haben.

Mit `#include <iostream.h>` wird die Datei `iostream.h` mit in den Kompilierungsvorgang eingebunden. Die Datei `iostream.h` gehört zum Funktionsumfang von C++ und bietet beispielsweise die Möglichkeit, Zeichen auf den Bildschirm auszugeben oder Eingaben von der Tastatur entgegenzunehmen.

Die Raute (#) gefolgt von einer Anweisung veranlasst den Präprozessor, ein Programm, das noch vor dem Compiler läuft, den Quellcode zu modifizieren. Der Präprozessor ersetzt die Zeile `#include <iostream.h>` durch den Inhalt der Datei `iostream.h`. Erst danach beginnt der Compiler mit der Übersetzung des Quellcodes.

Das eigentliche C++-Programm beginnt in der Zeile mit der `main`-Funktion. Jedes C++-Programm verfügt über eine `main`-Funktion. Diese Funktion wird immer als erstes beim Start eines Programms ausgeführt.

Eine Funktion in C++ ist ein zusammengehöriger Quellcodeteil, der aus mehreren Anweisungen bestehen kann. Dieser Quellcodeteil wird in geschweifte Klammern `{...}` eingeschlossen. Direkt vor der `main`-Funktion steht das Schlüsselwort `void`. Dieses Schlüsselwort heißt soviel wie »leer« und bedeutet, dass das Programm HelloWorld keinen Wert zurückgibt. Ein Rückgabewert gibt meist Auskunft darüber, ob ein Programm erfolgreich beendet werden konnte oder ob Fehler aufgetreten sind. Der Wert wird dabei direkt an das Betriebssystem oder an ein anderes Programm zurück gegeben.

Das zweite `void` in den runden Klammern bedeutet, dass HelloWorld keine Parameter oder Argumente, die das Betriebssystem oder ein anderes aufrufendes Programm eventuell übergibt, berücksichtigt.

Vielleicht haben Sie schon einmal ein Programm mit Kommandozeilenargumenten gestartet. Die Argumente, die Sie dort angegeben haben, werden an die `main`-Funktion übergeben. Sie müssten dann anstelle des zweiten `void` in den runden Klammern Kommandozeilenargumente berücksichtigen. Mehr dazu finden Sie in Kapitel 8.

In unserem Programm HelloWorld besteht die `main`-Funktion aus einer Anweisung in der 6. Zeile.

```
6: cout << "Hello World\n";
```

Die Anweisung `cout << "Hello World\n";` gibt die Zeichenkette »Hello World« auf den Bildschirm aus. Der Backslash (AltGr + ß), gefolgt von einem kleinen n (\n) ist ein C++-Steuerzeichen und bewirkt einen Zeilenumbruch.

Zeichenketten werden auch Strings genannt und müssen in C++ in Anführungszeichen (⇧+2) eingeschlossen werden. `cout` steht für character output, die Zeichenausgabe auf den Bildschirm.

Der Umleitungsoperator (<<) gibt an, dass die Zeichenfolge HelloWorld an `cout` geleitet und somit auf den Bildschirm ausgegeben werden soll. Der Umleitungsoperator besteht aus zwei sich öffnenden spitzen Klammern. Das letzte Zeichen in der 6. Zeile ist ein Semikolon. Sie müssen alle Anweisungen in C++ mit einem Semikolon abschließen.

Die geschweifte Klammer in Zeile 7 schließt die `main`-Funktion und damit das Programm ab.

`cout` ist ein Objekt. Objekte spielen in C++ eine zentrale Rolle. Was es mit Objekten auf sich hat, werden Sie in Kapitel 9 lernen. Momentan reicht es für Sie, zu wissen, dass man `cout` für die Ausgabe verwenden kann.

Formatierung des Quelltextes

Mit Formatierung meint man das Erscheinungsbild des Quelltextes. Die Formatierung geschieht dabei durch Whitespace-Zeichen. Bei Whitespace-Zeichen handelt es sich um alle Zeichen, die keine sichtbare Darstellung besitzen. Dazu gehören z.B. Space (die Leertaste), Tab ⇄ oder Return.

In C++ ist es nicht notwendig, jede neue Anweisung auch in eine neue Zeile zu schreiben oder durch Leerzeichen zu trennen. Man könnte das Programm HelloWorld auch folgendermaßen schreiben.

```
1: #include <iostream.h>
2: void main(void){
3: cout << "Hello World\n";}
```

Listing 2.3: HelloWorld mit schlechter Formatierung

Sie hätten das Programm sogar in nur eine Zeile schreiben können. Der C++-Compiler übersetzt auch solche Programme anstandslos. Die Form ist für den Compiler bedeutungslos, nur die korrekte Syntax ist wichtig.

Hätten Sie das Programm zuerst wie in Listing 2.3 geschrieben, wäre es wahrscheinlich schwieriger zu verstehen gewesen. Sie sehen also, dass die richtige Formatierung des Quelltextes großen Einfluss auf die Verständlichkeit eines Programms haben kann. Versuchen Sie also deshalb, Ihre Programme so zu formatieren, dass sie gut lesbar sind.

Kommentare

Kommentare sind ein weiteres wichtiges Mittel, um den Quellcode besser lesbar und verständlicher zu machen. Mit Kommentaren hat man zusätzlich die Möglichkeit, den Quelltext direkt im Programm zu erklären. Das ist insbesondere dann wichtig, wenn man viele Programme schreibt und sich den Quellcode erst nach einigen Monaten wieder anschaut. Wenn das Programm nicht ausreichend kommentiert ist, kann man sehr schwer nachvollziehen, was das Programm im Einzelnen zu bedeuten hat. Noch wichtiger sind Kommentare, wenn mehrere Programmierer an einem großen Projekt arbeiten. Jeder einzelne ist darauf angewiesen, dass der Quellcode so gut kommentiert ist, dass er nicht jede einzelne Zeile, die ein anderer Programmierer entwickelt hat, nachvollziehen muss, sondern die Funktionsweise des Programms aus den Kommentaren hervorgeht.

In C++ gibt es zwei verschiedene Arten von Kommentaren. Der Unterschied zwischen beiden ist, dass der eine über mehrere Zeilen verwendet werden kann, der andere bezieht sich jeweils nur auf eine Zeile. Kommentare, die nur in einer Zeile stehen, werden mit zwei Schrägstrichen (⇧ + 7) eingeleitet. Wenn man Kommentare einsetzen will, die sich über mehrere Zeilen erstrecken, muss man diese mit /* beginnen und mit */ beenden. Listing 2.4 zeigt unser Programm HelloWorld, diesmal mit Kommentaren versehen.

Listing 2.4:
HelloWorld
mit Kommen-
taren versehen

```
 1: /*
 2:     Programmname : HelloWorld
 3:
 4:     Gibt den String Hello World auf den
 5:     Bildschirm aus und wartet auf Return
 6: */
 7:
 8: #include <iostream.h>
 9:
10: // Hier beginnt das Hauptprogramm
11:
12: void main(void)
13: {
14:     cout << "Hello World\n";  /* HelloWorld ausgeben */
15: }
```

Die erste Zeile enthält die Zeichenfolge /*, die einen Kommentar einleitet, der sich über mehrere Zeilen erstrecken kann. Danach folgt ab der 2. Zeile eine Beschreibung des Programms. In der 6. Zeile endet der Kommentar mit */. In Zeile 10 steht ein Kommentar, der mit // eingeleitet wird und auch nur in dieser Zeile gültig ist. Zeile 14 zeigt, dass man einen Mehrzeilenkommentar auch in nur einer Zeile verwenden kann.

Wie Sie sehen, ist es möglich, Kommentare für längere Beschreibungen wie in Zeile 1 bis 6 zu nutzen. Sie können sowohl alleine in eine Zeile, wie in Zeile 10, geschrieben werden, als auch hinter Anweisungen, wie in Zeile 14, stehen.

Kommentare werden bei der Kompilierung nicht berücksichtigt und fließen auch nicht in das ausführbare Programm ein.

Fehler während der Kompilierung

Zum Abschluss diese Kapitels wollen wir uns noch ansehen, was passiert, wenn Sie einen Fehler in ein Programm einbauen. Sehen Sie sich Listing 2.5 an.

```
 1: /*
 2:     Programmname : Fehler
 3:
 4:     Dieses Programm enthält einen
 5:     Fehler in Zeile 14
 6: */
 7:
 8: #include <iostream.h>
 9:
10: // Hier beginnt das Hauptprogramm
11:
12: void main(void)
13: {
14:     cout << "Fehler\n"   /* HelloWorld ausgeben */
15: }
```

Listing 2.5: Quelltext mit einem Tippfehler in der Zeile 14

In der 14. Zeile fehlt das Semikolon, das die cout-Anweisung abschließt. Wenn Sie dieses Programm kompilieren, tritt ein Fehler auf.

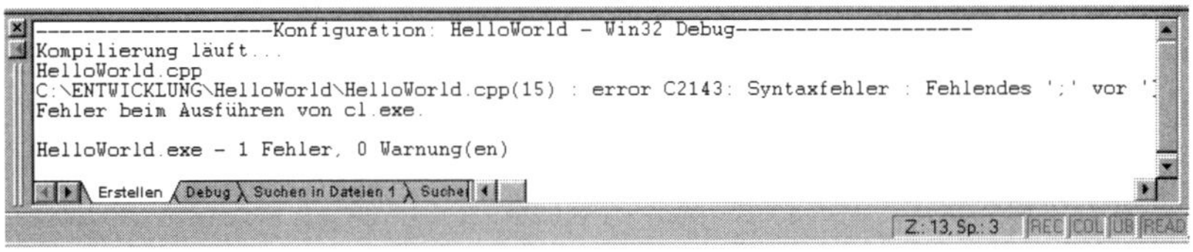

Abb. 2.7: Visual C++-Fehlermeldung beim Kompilieren

Abbildung 2.7 zeigt den Ausgabebereich von Visual C++. Hier meldet Visual C++ korrekterweise, dass ein Semikolon fehlt.

Wenn Sie doppelt auf die Fehlermeldung klicken, springt Visual C++ automatisch in die fehlerhafte Zeile. Sie sehen, dass der Kommentar bei der Kompilierung nicht berücksichtigt wird und Visual C++ den Fehler deshalb vor der schließenden geschweiften Klammer und nicht schon vor dem Kommentar meldet.

Dass der Compiler den Fehler erst in Zeile 15 und nicht schon in Zeile 14 meldet, liegt daran, dass er sich erst sicher sein kann, dass ein Fehler aufgetreten ist, wenn er ein falsches oder unerwartetes Zeichen liest. Sie hätten das Semikolon ja durchaus erst in die 15. Zeile eingeben können. Da hier aber eine geschweifte Klammer steht, kann der Compiler jetzt einen Fehler melden.

Es kann schon mal vorkommen, dass Visual C++ sehr viele Fehler meldet, obwohl Sie sich nur einmal vertippt oder nur ein Zeichen vergessen haben. Das liegt daran, dass ein Fehler sehr viele Folgefehler erzeugen kann. Fehlende Klammern sind ein häufiger Grund für solche Fehler.

Zusammenfassung

In diesem Kapitel haben Sie gelernt, wie Sie ein Projekt in Visual C++ anlegen, wie Sie Dateien zu dem Projekt hinzufügen, Code in das Quelltextfenster eingeben, den Quelltext übersetzen und gegebenenfalls Fehler korrigieren.

Sie sollten sich merken, dass jedes C++-Programm über eine `main`-Funktion verfügt, und dass man mit Hilfe von `cout` Zeichenketten auf den Bildschirm ausgeben kann.

Sie haben gelernt, dass C++ case-sensitive ist, und dass der Präprozessor den Quellcode noch vor der Übersetzung durch den Compiler verändert.

Kommentare und gute Formatierung machen Programme lesbar und so leichter verständlich. Sie sollten Kommentare gezielt zur Erläuterung Ihrer Programme einsetzen.

Kapitel 3

Konstanten und Variablen

Nachdem Sie im letzten Kapitel gelernt haben, wie die grundlegende Struktur eines C++-Programms aussieht, und wie man eine Zeichenkette auf den Bildschirm ausgibt, werden wir uns nun mit den verschiedenen Möglichkeiten der Speicherung und Nutzung von Daten beschäftigen. Die Daten, die wir uns in diesem Kapitel näher ansehen werden, sind Zahlen, Zeichen und Zeichenketten.

3.1 Zeichenkonstanten

Bei einer Zeichenkonstante handelt es sich um ein einzelnes in einfache Anführungszeichen eingeschlossenes Zeichen. Als Zeichen gilt dabei alles, was man über die Tastatur eingeben kann. Zusätzlich kann man noch Sonderzeichen und Steuerzeichen verwenden, die man nicht direkt eintippen kann.

Ein Steuerzeichen, den Zeilenvorschub (\n), haben Sie schon kennen gelernt. Ein Steuerzeichen erkennt man daran, dass es sich immer um eine Kombination aus Backslash (\) und einem weiteren Zeichen handelt.

Obwohl die Steuerzeichen streng genommen aus zwei Zeichen bestehen, werden sie in C++ wie ein einzelnes Zeichen behandelt. Der Backslash dient dabei eigentlich nur als Kennzeichnung dafür, dass es sich um ein Steuerzeichen handelt.

Testen Sie die Funktionsweise der Steuerzeichen aus Tabelle 3.1 einfach selbst. Das Programm in Listing 3.1: zeigt dazu ein kleines Beispiel. Aber experimentieren Sie ruhig selber ein wenig mit verschiedenen Steuerzeichen, damit Sie genau verstehen, was sie bewirken.

Tabelle 3.1:	**Steuerzeichen** **Bedeutung**

Tabelle 3.1:
Sonderzeichen
in C++

Steuerzeichen	Bedeutung
\a	Signalton (Beep)
\b	Backspace (linkes Zeichen löschen)
\f	Formfeed (Seitenvorschub)
\n	Newline (Zeilenvorschub)
\r	Return (Wagenrücklauf)
\t	Tabulator horizontal
\v	Tabulator vertikal
\"	doppeltes Anführungszeichen
\'	einfaches Anführungszeichen
\\	Backslash

Listing 3.1:
Nutzung von
Zeichen und
Steuerzeichen

```
1: // Das folgende Programm zeigt die Verwendung von
2: // Zeichen und Steuerzeichen in C++
3:
4:
5: #include <iostream.h>
6:
7:
8: void main(void)
9: {
10:     cout << 'A' << 'B' << '1' << '2' << '\\' << '\n';
11:
12:     cout << 'x' << '\t' << 'y' << '\n';
13:
14:     cout << "Beep" << '\a' << '\n';
15: }
```

Legen Sie für das Programm ein neues Projekt an, wie Sie es in Kapitel 2 für HelloWorld gemacht haben. Verwenden Sie nun als Projektnamen *Steuerzeichen* und nennen Sie auch die Datei *Steuerzeichen.cpp*. Geben Sie den Quellcode aus Listing 3.1: ein, kompilieren und linken Sie ([F7]) das Programm und starten Sie es anschließend ([Strg]+[F5]). Sie können auch direkt [Strg]+[F5] drücken, Visual C++ fragt dann, ob Sie das Projekt erstellen wollen. Wenn Sie bei diesem Dialog auf JA drücken, wird das Programm in einem Schritt kompiliert, gelinkt und, wenn keine Fehler auftreten, ausgeführt.

42

3.2 Sonderzeichen

Alle Sonderzeichen und auch alle übrigen Zeichen sind Teil des ASCII-Zeichensatzes. ASCII steht für American Standard Code for Information Interchange (amerikanischer Standardcode zum Informationsaustausch). Dieser Code umfasst 256 verschiedene Zeichen und wurde in den frühen sechziger Jahren entwickelt, um alle damals benutzten Codes zu ersetzen. Die Zeichen, die man nicht direkt über Tasten erzeugen kann, kann man durch die Tastenkombination Alt +ASCII-Code des gewünschten Zeichens in Visual C++ anzeigen. So erzeugt z.B. Alt + 1 7 3 ein umgekehrtes Ausrufezeichen.

3.3 Zeichenkettenkonstanten

Zeichenkettenkonstanten kennen Sie schon aus Ihrem ersten Programm, HelloWorld. Sie bestehen aus mehreren Zeichen, die durch doppelte Anführungszeichen begrenzt sind. In einer Zeichenkettenkonstanten können auch Steuerzeichen vorkommen.

In C++ ist es möglich, sehr lange Zeichenketten auf mehrere Zeilen zu verteilen. Listing 3.2 zeigt ein Beispiel für Zeichenkettenkonstanten.

```
 1: // Lange Zeichenketten in C++
 2:
 3: #include <iostream.h>
 4:
 5:
 6: void main(void)
 7: {
 8:     cout << "Dies ist ein Beispiel für eine"
 9:             "Zeichenkette, die sich über mehrere\n"
10:             "Zeilen erstreckt.";
11: }
```

Listing 3.2: Eine lange Zeichenkette in C++

Sie können für das Programm aus Listing 3.2 entweder wieder ein neues Projekt anlegen oder den Quelltext des letzten Beispiels, *Sonderzeichen.cpp*, durch den Quelltext aus Listing 3.2 ersetzen. Ihnen geht auch dann nichts verloren, da alle Beispiellistings auf der CD, nach Kapiteln sortiert, vorhanden sind.

43

3.4 Numerische Konstanten

Zuerst werden wir uns Konstanten genauer anschauen. Konstanten zeichnen sich dadurch aus, dass sie in der ganzen Zeit, in der das Programm läuft, immer den gleichen Wert beibehalten.

Eine Art von Konstanten, die in fast jedem Programm vorkommen, sind die numerischen Konstanten. Listing 3.3 zeigt die Verwendung von numerischen Konstanten.

Listing 3.3:
Verwendung
von numeri-
schen Kon-
stanten

```
1: // Das folgende Programm zeigt die Nutzung von
2: // numerischen Konstanten
3:
4: #include <iostream.h>
5:
6:
7: void main(void)
8: {
9:     cout << "Zwei mal drei ist 6\n";
10:
11:    cout << "Zwei mal drei ist " << 6 << "\n";
12:
13:    cout << "Zwei mal drei ist " << 2*3 << "\n";
14: }
```

Die Programmzeilen 1-8 sind Ihnen sicher schon vertraut. In den ersten beiden Programmzeilen wird das Programm in zwei Kommentaren beschrieben. Danach wird die Datei `iostream.h` eingebunden, und die `main`-Funktion beginnt.

In Zeile 9 wird der String `Zwei mal drei ist 6` mit einem anschließenden Zeilenumbruch ausgegeben. Es scheint, dass die Zeilen 11 und 13 auch nichts anderes machen, da die Bildschirmausgabe gleich ist. Es gibt aber einige bemerkenswerte Unterschiede.

In der 9. Zeile ist die Zahl 6 Teil des Strings und wird deshalb auch nicht wie eine Zahl, sondern wie ein Zeichen behandelt. Die Zeilen 11 und 13 sind sich hingegen sehr ähnlich. In beiden Fällen wird zwar auch die Zahl 6 ausgegeben, diesmal handelt es sich aber jeweils um eine Zahl und nicht etwa um einen String wie in Zeile 9.

`cout` kann also nicht nur Zeichenketten, sondern auch Zahlen auf den Bildschirm ausgeben. In Zeile 9 wird eine Zeichenkette ausgegeben. In den Zeilen 11 und 13 wird erst eine Zeichenkette, dann eine Zahl und dann wieder eine Zeichenkette ausgegeben. Dafür ist es aber nicht nötig, dreimal `cout` zu verwenden. Es genügt, wenn man die verschiedenen Ausgaben mit dem Umleitungsoperator kombiniert.

Der Compiler berechnet die Multiplikation 2*3 in Zeile 13 schon vor der Übersetzung des Programms und ersetzt 2*3 durch 6. Durch diese Ersetzung wird die Berechnung zur Laufzeit des Programms nicht durchgeführt.

Immer wenn eine Berechnung schon vor der Übersetzung des Quelltextes durchgeführt werden kann, wird der Compiler sie durch das Ergebnis ersetzen. Dies ist ein Optimierungsschritt, den fast jeder C++-Compiler vor der Übersetzung ausführt. Die Zeilen 11 und 13 werden sich also nach der Übersetzung nicht mehr unterscheiden.

An diesem kurzen Beispiel hat sich gezeigt, dass es unterschiedliche Arten von Konstanten gibt. In unserem Beispiel waren das Zeichenkettenkonstanten, wie z.B. der String `Zwei mal drei ist 6` oder die numerischen Konstanten 6, 2 und 3.

3.5 Fließkommakonstanten

Innerhalb der numerischen Konstanten wird zwischen ganzzahligen Konstanten und Fließkommakonstanten unterschieden. Ganzzahlige Konstanten sind Ihnen in Listing 3.3 schon begegnet. Bei Fließkommakonstanten ist darauf zu achten, dass sie mit einem Dezimalpunkt anstatt des in Deutschland üblichen Kommas verwendet werden müssen.

```
 1: // Das folgende Programm zeigt die Nutzung von
 2: // Fließkommakonstanten
 3:
 4:
 5: #include <iostream.h>
 6:
 7:
 8: void main(void)
 9: {
10:     cout << "PI  = " << 3.14159 << "\n";
11:
12:     cout << "1/2 = " << 1 / 2 << "\n";
13:
14:     cout << "1/2 = " << 1.0 / 2.0 << "\n";
15: }
```

Listing 3.4: Fließkomma-konstanten

Wenn Sie das Programm eingeben und ausführen, fällt zunächst auf, dass das Programm ein unerwartetes Ergebnis produziert. Bei der Division in Zeile 12 erwartet man, dass der Computer 0.5 und nicht 0 ausgibt. Bei der Berechnung in Zeile 14 gibt er ja schließlich auch das richtige Ergebnis aus.

45

Dieses scheinbar merkwürdige Verhalten ist damit zu erklären, dass der C++-Compiler bei einer Division von zwei Ganzzahlen davon ausgeht, dass das Ergebnis auch wieder eine Ganzzahl sein soll.

Wenn man dem Compiler, wie in Zeile 14, mitteilt, dass es sich um eine Division von Fließkommazahlen handeln soll, indem man die Zahlen jeweils um einen Dezimalpunkt und eine Null erweitert, gibt er auch das erwartete Ergebnis aus. Bei der Ausgabe handelt es sich also keinesfalls um ein fehlerhaftes Verhalten des Compilers oder des Computers, sondern lediglich um eine andere Interpretation durch den Compiler.

Achten Sie also immer genau darauf, welchen Typ Ihr Ergebnis haben soll und passen Sie in Abhängigkeit davon die verwendeten Konstanten an.

Fließkommakonstanten können in C++ auch in Exponentialschreibweise dargestellt werden. Dies ist besonders bei sehr großen oder sehr kleinen Zahlen nützlich. Die Zahl 30000000 kann auch als 3.0E7 geschrieben werden. Die Zahl 0.0000001 kann man durch 1.0E-7 abkürzen.

3.6 Datentypen in C++

Bevor wir uns mit einer weiteren Art von Konstanten, den symbolischen Konstanten und schließlich mit den Variabeln beschäftigen, ist es sinnvoll, dass Sie die Datentypen von C++ kennen lernen. Datentypen haben bestimmte Wertebereiche und benötigen unterschiedlich viel Platz im Speicher. Tabelle 3.2 zeigt die wichtigsten Datentypen, deren Größe und Wertebereich.

Tabelle 3.2: Die wichtigsten C++-Datentypen

Datentyp	Größe in Byte	Wertebereich
bool	1	true oder false
char	1	256 verschiedene Zeichen
short	2	-32768 bis +32767
int	4	-2147483648 bis +2147483647
float	4	3.4E +/- 38 (7 Ziffern)
double	8	1.7E +/- 308 (15 Ziffern)

Bei dem Datentyp bool handelt es sich um eine Abkürzung für Boolean. Werte dieses Datentyps können die Werte wahr (true) oder falsch (false) annehmen.

Der Datentyp char steht für character (Zeichen) und repräsentiert jeweils ein Zeichen aus dem ASCII-Zeichensatz.

Die Datentypen int und short sind ganzzahlige Datentypen, wobei int für integer (Ganzzahl) steht. Der Datentyp short steht für short integer, was soviel wie verkürzter Integer heißt. Anhand der Namen wird schon deutlich, dass int einen wesentlich größeren Wertebereich abdeckt als der Datentyp short. Dafür wird für den Datentyp short aber auch weniger Speicher benötigt.

Die Datentypen float und double repräsentieren Fließkommawerte und unterscheiden sich wie short und int auch im Wertebereich und im Speicherverbrauch. float steht für Fließkommawert (floating point value). Die Bezeichung double steht für einen Fließkommawert mit doppelter Genauigkeit. Die doppelte Genauigkeit bezieht sich auf die größere Anzahl der Nachkommastellen, die dargestellt werden können. Dies ist möglich, da man bei diesem Typ doppelt so viel Speicher, wie bei einem float-Wert nutzen kann.

3.7 Symbolische Konstanten

Bei den Konstanten, die wir bisher kennen gelernt haben, handelt es sich um literale Konstanten. Bei einer literalen Konstante schreibt man den Wert direkt an die Stelle im Programm, an der er benötigt wird. Symbolische Konstanten werden hingegen über einen Bezeichner identifiziert. Ein Bezeichner oder ein Konstantenname besteht aus einer Kombination aus Buchstaben und Zahlen.

Stellen Sie sich vor, Sie schreiben ein Programm, das viele mathematische Berechnungen durchführt und die Konstante PI häufig benötigt. Wenn Sie bei jeder Verwendung von PI im Quellcode immer 3.14159 eintippen müssten, wäre das doch recht lästig und außerdem fehleranfällig. Deshalb kann man in C++ Konstanten einen Namen geben und diesen Namen anstatt der Konstante verwenden.

```
 1: // Symbolische Konstanten
 2:
 3: #include <iostream.h>
 4:
 5: // Konstantendeklarationen
 6:
 7: const float PI        = 3.14159f;
 8: const float Kreisradius = 6.0f;
 9: const char  NeueZeile   = '\n';
10:
```

Listing 3.5: Symbolische Konstanten in C++

```
11: void main(void)
12: {
13:     cout << "Der Umfang des Kreises beträgt : "
14:         << 2 * PI * Kreisradius
15:         << NeueZeile;
16:
17:     cout << "Die Fläche des Kreises beträgt : "
18:         << PI * Kreisradius * Kreisradius
19:         << NeueZeile;
20: }
```

In den Zeilen 7 und 8 in Listing 3.5 werden zwei Fließkommakonstanten definiert. Die Definition von Konstanten und Variablen nennt man auch Deklaration. Die Deklaration einer symbolischen Konstante beginnt in C++ mit dem Schlüsselwort const. Danach folgt der Typ der Konstanten. Die Konstanten in den Zeilen 7 und 8 haben den Typ float. Nach der Typangabe folgt der Bezeichner der Konstanten, ein Gleichheitszeichen und schließlich ihr Wert. Der Bezeichner ist der Name der Konstante, den man im Programm immer dann benutzt, wenn man den Wert der Konstanten verwenden will.

Dass nach dem Wert der Konstante ein f steht, hat wieder mit der Interpretation der Konstanten durch den Compiler zu tun. Wenn Sie kein f an diese Stelle schreiben würden, gäbe der Compiler eine Warnung aus. Der Compiler gibt jedem Fließkommawert standardmäßig den Typ double, erst wenn Sie der Konstanten ein f anfügen, interpretiert der Compiler den Wert als einen float-Wert und die Warnung verschwindet.

In der 9. Zeile wird die Konstante NeueZeile vom Typ char deklariert. Sie erhält den Wert des Zeilenumbruchs und kann so anstatt des Sonderzeichens '\n' verwendet werden. In den Zeilen 15 und 17 wird also keinesfalls die Zeichenkette NeueZeile ausgegeben. NeueZeile ist eine Zeichenkonstante, die mit dem Wert des Zeilenumbruchs belegt worden ist und nun an dessen Stelle verwendet werden kann.

Durch die Verwendung von symbolischen Konstanten kann man den Quellcode leichter lesen, und er wird schneller verständlich. Wenn man im Code PI liest, kann man damit wahrscheinlich mehr anfangen als mit 3.14159. Ein weiterer Vorteil ist, dass Sie die Konstante Kreisradius nur einmal in Zeile 8 verändern müssen, um die Fläche oder den Umfang eines anderen Kreises zu berechnen. Hätten Sie anstatt der symbolischen Konstante Kreisradius immer literale Konstanten verwendet, müssten Sie den Quellcode an mehreren Stellen ändern.

3.8   Variablen

Variablen kann man während des Programmablaufs, im Gegensatz zu Konstanten, immer wieder neue Werte zuweisen. Variablen werden wie symbolische Konstanten deklariert, der einzige Unterschied ist, dass das `const` wegfällt. Dadurch weiß der Compiler, dass es sich bei dem folgenden Bezeichner um einen Variablennamen handelt. Für Variablen gelten die gleichen Typen und Wertebereiche wie für Konstanten. Eine Konstante muss bei der Deklaration einen Wert erhalten. Einer Variablen kann bei der Deklaration ein Wert zugewiesen werden. Dies ist aber nicht zwingend notwendig, da Sie den Wert einer Variablen zur der Laufzeit des Programms ständig ändern können.

```
 1: // Verwendung von Variablen
 2:
 3: #include <iostream.h>
 4:
 5: int x = 10;   // Variablendeklarationen
 6:
 7: void main(void)
 8: {
 9:     cout << "x hat jetzt den Wert " << x << '\n';
10:
11:     x = 20; // der Variablen x einen neuen Wert zuweisen
12:
13:     cout << "x hat jetzt den Wert " << x << '\n';
14: }
```

Listing 3.6: Deklaration und Verwendung von Variablen

Listing 3.6 zeigt, wie man Variablen deklariert, und wie man den Wert auch zur Laufzeit des Programms verändern kann. In der 5. Zeile wird die Integer-Variable `x` deklariert. Die Variable erhält den Wert 10. Das erste Setzen des Wertes einer Variable nennt man auch die Initialisierung der Variable.

In der 9. Zeile wird der Wert von `x` ausgegeben. `x` hat zu diesem Zeitpunkt den Wert 10. In der 11. Zeile wird `x` ein neuer Wert zugewiesen und in der 13. Zeile ausgegeben. Dies ist nur möglich, da `x` eine Variable ist. Wenn Sie `x` als Konstante deklariert hätten, würde der Compiler an dieser Stelle eine Fehlermeldung bringen.

Achten Sie immer darauf, dass der Typ, den Sie für Ihre Variablen wählen, einen ausreichend großen Wertebereich besitzt. In Listing 3.6 wurde für die Variable `x` der Typ `int` gewählt, der für das Beispiel auf jeden Fall groß genug ist. Wenn Sie aber z.B. Variablen vom Typ `short` nutzen und in Ihrem Programm komplexe Berechnungen durchführen, bei denen Werte außerhalb des Wertebereiches auftreten können, führt dies zu schwer auffindbaren Fehlern. Am Ende dieses Kapitels, im Abschnitt Definition neuer Typen, finden Sie ein Beispiel dazu.

3.9 Globale und lokale Variablen

Bei den Variablen, die Sie bis jetzt genutzt haben, handelt es sich ausschließlich um globale Variablen. Globale Variablen stehen im gesamten Programm zur Verfügung und werden meist zu Beginn des Programms deklariert. Sie können Variablen aber auch lokal in der `main`-Funktion deklarieren. Abbildung 3.1 zeigt die schematische Darstellung eines Programms und dessen Gültigkeitsbereiche. Die Gültigkeitsbereiche werden jeweils von geschweiften Klammern eingeschlossen.

Abb. 3.1:
Gültigkeits-
bereiche in
einem C++-
Programm

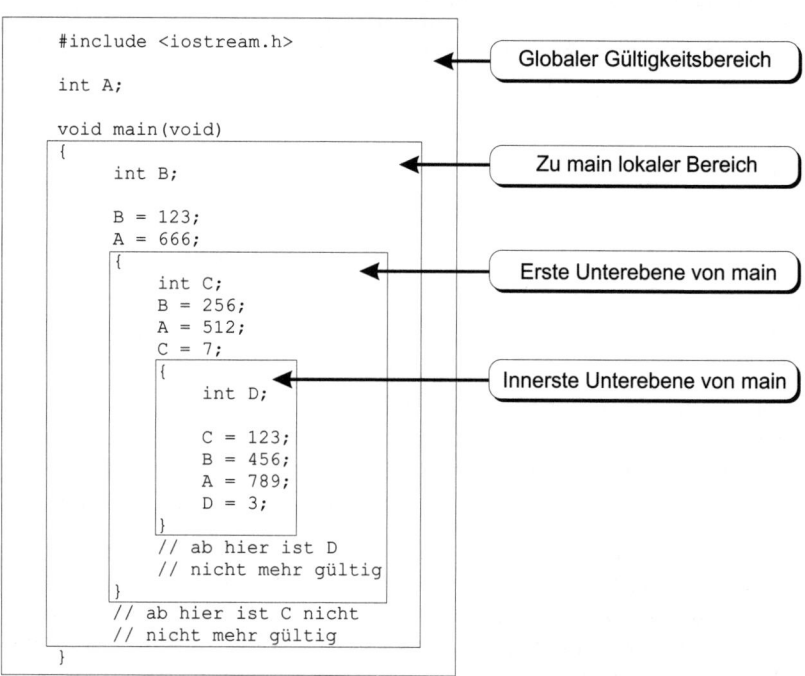

Das Programm enthält nur verschachtelte Variablendeklarationen, führt keine Berechnung durch und hat auch keine Ausgabe. Es soll Ihnen nur verdeutlichen, wo die deklarierten Variablen gültig sind.

Die Variable A ist in der `main`-Funktion und (wie Sie später sehen werden) darüber hinaus gültig. Die Variable A ist eine globale Variable. Die Variable B kann nur in der `main`-Funktion benutzt werden, sie ist lokal zur `main`-Funktion. Die Variable C ist in der ersten Unterebene der main-Funktion gültig. Die Variable D ist nur innerhalb des zweiten Blocks, der innersten Ebene gültig.

Wenn Sie versuchen, die Variablen D außerhalb Ihres Gültigkeitsbereichs zu nutzen (wie durch den Kommentar angedeutet), dann würde Ihnen der Compiler eine Fehlermeldung anzeigen, die Sie darauf aufmerksam macht, dass D an dieser Programmstelle unbekannt ist. Deshalb kann man auch nicht vor der Definition der Variablen D, in einer der höheren Ebenen auf D zugreifen.

Für globale Variablen wird permanent, also für die gesamte Laufzeit des Programms, Speicher reserviert. Für lokale Variablen wird erst dann Speicher reserviert, wenn das Programm während des Ablaufs in den Gültigkeitsbereich eintritt, und der Speicher wird auch nach dem Verlassen des Gültigkeitsbereichs der lokalen Variable wieder freigegeben.

Ein weiterer wichtiger Punkt ist, dass lokale Variablen immer höhere Priorität haben als globale Variablen. Listing 3.7 soll dies verdeutlichen.

```
 1: // Verwendung von globalen und lokalen Variablen
 2:
 3: #include <iostream.h>
 4:
 5: int x = 10;  // globale Variable
 6:
 7: void main(void)
 8: {
 9:    int x = 200;  // lokale Variable
10:
11:    cout << "x hat den Wert " << x << '\n';
12: }
```

Listing 3.7: Globale und lokale Variablen

Wie Sie sehen, wird in dem Programm sowohl eine globale als auch eine lokale Variable mit dem gleichen Namen, nämlich x, deklariert. Es ist zulässig, Variablen in verschiedenen Ebenen gleiche Namen zu geben. So könnten Sie auch in Abbildung 3.1 in jedem Block eine Variable mit gleichem Namen deklarieren. Ein Fehler tritt erst dann auf, wenn Sie zwei Variablen im identischen Gültigkeitsbereich den gleichen Namen geben.

Aber woher weiß der Compiler nun, welche Variable gemeint ist? Soll er die lokale oder die globale Variable verwenden? Dafür gibt es wieder eine festgelegte Regel: die Variable, die lokal zu dem Block ist, in dem man sich gerade befindet, wird benutzt. Die lokale Variable hat also immer »Vorfahrt«.

Sie sollten alle Variablen, die Sie deklarieren, auch immer initialisieren. Globale Variablen, die Sie nicht initialisieren, bekommen zwar von Visual C++ automatisch den Wert 0 zugewiesen, der Wert einer lokalen Variablen ist aber unbestimmt. Außerdem übernehmen nicht alle Compiler die Initialisierung globaler Variablen automatisch für Sie. Um Fehler zu vermeiden, sollten Sie also grundsätzlich alle Variablen initialisieren.

3.10 Zusätze für Konstanten und Variablen

Bei der Deklaration von Konstanten und Variablen können Sie noch verschiedene Zusätze oder Modifizierer einsetzen.

const

Einen Zusatz haben Sie bereits kennen gelernt. Mit const wird aus einer Variablen eine Konstante. Konstanten müssen direkt bei der Deklaration initialisiert werden.

signed und unsigned

Mit den Zusätzen signed und unsigned können Sie festlegen, ob eine Variable vorzeichenbehaftet ist (signed) oder nicht (unsigned). Vorzeichenbehaftet bedeutet, dass die Variable auch negative Werte annehmen kann.

Die Idee dabei ist, dass man den Wertebereich bei 0 beginnen lässt, wenn man keine negativen Zahlen nutzen möchte. Dafür kann man dann mehr Werte in positiver Richtung nutzen. Wenn Sie eine Integer-Variable als int Zahl; deklarieren, kann diese Werte von -2147483648 bis +2147483647 annehmen. Wenn Sie den Zusatz unsigned verwenden, die Variable also als unsigned int Zahl; deklarieren, können Sie nun Werte von 0 bis 4294967295 verwenden. Eine Variable, die Sie als unsigned short deklarieren, kann somit Werte von 0 bis 65535 annehmen.

Wenn Sie keinen Zusatz verwenden, ist die Variable, die Sie deklariert haben immer vorzeichenbehaftet.

register

Der Zusatz register bedeutet, dass die Variable, wenn möglich direkt in eines der Prozessorregister gespeichert werden soll. Dies dient der Verbesserung der Geschwindigkeit eines Programms, da auf Variablen, die in Prozessorregistern stehen, schneller zugegriffen werden kann. Dieser Zusatz wird von Visual C++ aber nicht berücksichtigt. Der Compiler von Visual C++ ist ein optimierender Compiler und verwendet daher seine eigenen Optimierungsstrategien. Wenn Sie einen anderen Compiler einsetzen, ist es aber durchaus möglich, dass das register-Schlüsselwort seinen Zweck erfüllt.

Eine weitere Einschränkung ist, dass man den `register`-Zusatz nur für lokale Variablen verwenden kann.

Das folgende Listing zeigt Ihnen, wie man die verschiedenen Variablenzusätze verwendet.

```
 1: // Verwendung von Variablenzusätzen
 2:
 3: #include <iostream.h>
 4:
 5: unsigned int y = 0;      // y ist vorzeichenlos
 6:
 7: const int b = 10000;     // Konstante b initialisieren
 8:
 9: void main(void)
10: {
11:     // register hat in Visual C++ keine Auswirkungen
12:     register int x = 3333;
13:
14:     y = 3 * x + b;
15:
16:     cout << y << '\n';
17: }
```

Listing 3.8:
Variablen-
zusätze

Es gibt noch weitere Variablenzusätze in C++, die Sie mit der Zeit, im Zusammenhang mit anderen Themen kennen lernen werden.

3.11 Konstanten mit #define definieren

Es gibt noch eine weitere Möglichkeit, Konstanten zu definieren und zwar mit der Präprozessoranweisung `#define`. Wenn Sie `#define` verwenden, müssen Sie zuerst den Namen und dann den Wert angeben. Vor der Kompilierung ersetzt der Präprozessor jedes Auftreten der Konstante mit ihrem Wert. Für Konstanten, die mit `#define` erzeugt wurden, wird kein Speicherplatz reserviert. Listing 3.9 zeigt den Einsatz von `#define`.

```
 1: // Einsatz der Präprozessoranweisung #define
 2:
 3: #include <iostream.h>
 4:
 5:
 6: #define PI 3.14159
 7: #define RADIUS 3
```

Listing 3.9:
Verwendung
der Präprozes-
soranweisung
#define

53

```
 8:
 9: void main(void)
10: {
11:     cout << 2 * PI * RADIUS;
12. }
```

In den Zeilen 6 und 7 werden die zwei Konstanten PI und RADIUS definiert und in der Zeile 11 verwendet. Beachten Sie, dass PI und RADIUS über keine Typinformationen verfügen. Vor der Kompilierung wird der Präprozessor PI und RADIUS durch die definierten Werte ersetzen, so dass der Compiler die Zeile 11 als

```
cout << 2 * 3.14159 * 3;
```

übergeben bekommt und dann übersetzt.

Der Vorteil von #define liegt darin, dass auf diese Weise kein Speicher verbraucht wird. Ein Nachteil ist, dass man sehr genau auf die Interpretation der Typen durch den Compiler achten muss, um nicht unerwünschte Effekte wie in Listing 3.4 zu erhalten.

3.12 Definition neuer Typen

In C++ gibt es die Möglichkeit, neue Typen mit Hilfe von typedef zu erzeugen. Die Syntax von typedef lautet:

typedef *Bekannter-Typ Neuer-Typ*.

Bekannter-Typ ist dabei einer der C++-Datentypen oder ein Datentyp, den Sie schon vorher mit typedef definiert haben. *Neuer-Typ* ist der Name, den Sie für Ihren Datentyp verwenden wollen.

Listing 3.10: typedef und Bereichsüberschreitung

```
 1: // Einsatz von typedef
 2:
 3: #include <iostream.h>
 4:
 5:
 6: #define NZ '\n'
 7:
 8: typedef unsigned short GEHALT;
 9:
10: short   GehaltMeier;
11: GEHALT GehaltMueller;
12:
13: void main(void)
14: {
15:     // Gehälter für Herrn Meier und Herren Mueller in DM
16:     GehaltMeier   = 30000;
```

```
17:        GehaltMueller = 30000;
18:
19:        cout << GehaltMeier << NZ << GehaltMueller << NZ;
20:
21:        // Herr Müller und Herr Meier bekommen eine
22:        // Lohnerhöhung von 5000 DM
23:        GehaltMeier   = GehaltMeier   + 5000;
24:        GehaltMueller = GehaltMueller + 5000;
25:
26:        cout << GehaltMeier << NZ << GehaltMueller << NZ;
27: }
```

Listing 3.10 zeigt den Einsatz von typedef und einer damit im Zusammenhang stehenden Wertebereichsüberschreitung.

In Zeile 8 wird mit typedef der neue Datentyp GEHALT erzeugt. Dies ist dann sinnvoll, wenn man häufig z.B. Variablen vom Typ unsigned short verwenden möchte, sich aber den Tippaufwand sparen möchte oder aber, wenn man durch die Typbezeichnung den Zweck beschreiben will.

Hier wird der neue Typ GEHALT, der das Gehalt eines Mitarbeiters speichern soll, definiert. Für das Gehalt des Herrn Meier wird eine short Variable deklariert. Im Gegensatz dazu wird für das Gehalt von Herrn Müller eine Variable des gerade definierten Typs GEHALT genutzt.

Wenn Sie das Programm eingeben und ausführen, werden Sie sehen, dass Herr Meier nicht glücklich über seine Gehaltserhöhung sein wird. In der Zeile 23 tritt eine Wertebereichsüberschreitung auf, und so bekommt Herr Meier wesentlich weniger Geld als zuvor.

Der Wert -30536 für das Gehalt von Herrn Meier kommt folgendermaßen zustande. Herr Meier hat ein Gehalt von 30000 DM, und sein Gehalt wird in einer short-Variablen gespeichert, in der Werte von -32768 bis +32767 (vgl. Tabelle 3.2) gespeichert werden können. Wenn nur 2767 zu den 30000 hinzugekommen wären, bliebe das Gehalt positiv. Wenn aber 32767 überschritten wird, wird bei -32768 weitergerechnet, und die verbleibende Summe wird hinzugerechnet (-32768 + 2233 = -30536).

Zusammenfassung

In diesem Kapitel haben Sie eine Menge neuer Informationen über die Programmierung mit C++ erhalten und viele neue Aspekte kennen gelernt. Nehmen Sie sich genug Zeit, um alle Beispiele genau nachzuvollziehen und probieren Sie das, was Sie gelernt haben, selbst aus. Nur so wird es Ihnen gelingen, wirklich alles im Detail zu verstehen. Wenn Sie an einen Punkt stoßen, an dem Sie mehr wissen wollen oder nicht so recht weiterkommen, werfen Sie einen Blick in die Hilfe. Hier finden sich eine Fülle von Zusatzinformationen und Beispielen.

Nachdem Sie dieses Kapitel durchgearbeitet haben, sollten Sie wissen, wie man Konstanten und Variablen deklariert und diese verwendet. Sie sollten die vorgestellten Datentypen und deren Wertebereiche sowie die Unterschiede in der Nutzung von globalen und lokalen Variablen kennen.

Außerdem sollten Sie sich merken, dass die Präprozessoranweisung `#define` eine Textersetzung im Quellcode vornimmt, und dass man mit `typedef` neue Typen in C++ definieren kann.

Kapitel 4

Anweisungen und Ausdrücke

Ein Programm ist im Prinzip nichts weiter als eine Folge von Anweisungen, Ausdrücken und Operatoren, die man nur geschickt zusammenfügen muss, um die gewünschten Ergebnisse zu erzielen.

In diesem Kapitel werden Sie die wichtigsten Anweisungen, Ausdrücke und C++-Operatoren kennen lernen.

4.1 cin

In diesem Kapitel werden wir uns einige Beispiele ansehen, für die wir Eingaben von der Tastatur benötigen werden. Tastatureingaben kann man mit Hilfe von cin verarbeiten. cin ist das Gegenstück zu cout und steht für character input, also Zeicheneingabe. cin hat fast die gleiche Syntax wie cout, und es sollte für Sie deshalb nicht sehr schwierig sein, cin einzusetzen. Das folgende Beispiel verdeutlicht die Nutzung von cin.

```
1: // Verarbeitung der Tastatureingabe mit Hilfe von cin
2:
3: #include <iostream.h>
4:
5: int Alter = 0;
6:
7: void main(void)
8: {
9:     cout << "Geben Sie Ihr Alter ein: ";
10:
11:     cin >> Alter;
12:
13:     cout << "Sie sind " << Alter << " Jahre alt\n";
14: }
```

Listing 4.1: Tastatureingabe mit cin

Nachdem Sie das Programm aus Listing 4.1 eingegeben, kompiliert und ausgeführt haben, müssen Sie eine Zahl für Ihr Alter eingeben und anschließend RETURN drücken.

Beachten Sie, dass der Umleitungsoperator (<< oder >>) bei `cin` genau andersherum verwendet wird als bei `cout`. Das liegt daran, dass auf diese Weise verdeutlicht werden soll, dass die eingegebenen Werte von der Tastatur in die Variablen übertragen werden sollen. Bei `cout` werden die Werte andersherum, von den Variablen oder Konstanten, auf den Bildschirm übertragen.

`cin` kann natürlich nur mit Variablen verwendet werden, da es nicht möglich ist, Konstanten zur Laufzeit Werte zuzuweisen. Sie müssen auch hier wieder auf den Typ der Variablen achten, den Sie verwenden wollen. Wenn Sie für Ihr `Alter` beispielsweise 35.5 eingeben, wird der Nachkommateil weggelassen, da es sich bei `Alter` um eine Ganzzahl handelt. Wenn Sie Fließkommazahlen von der Tastatur einlesen wollen, müssen Sie dazu eine `float`- oder eine `double`-Variable nutzen.

4.2 Anweisungen

Anweisungen der Form `x = 100;` oder `c = a + b;` haben Sie bereits kennen gelernt und Sie wissen auch, dass in C++ alle Anweisungen mit einem Semikolon enden müssen. Lassen Sie uns die letzte Anweisung trotzdem noch einmal im Detail anschauen.

Wir nehmen an, dass `a`, `b` und `c` Integer-Variablen sind, die Sie vorher deklariert haben. Bei der Anweisung

```
c = a + b;
```

handelt es sich nicht um eine Gleichung im mathematischen Sinne, sondern um eine Zuweisung.

Der Variablen `c` wird dabei die Summe der Variablen `a` und `b` zugewiesen. Das Gleichheitszeichen hat in C++ also nichts mit dem mathematischen Gleichheitszeichen zu tun.

Was macht der Computer bei dieser Zuweisung genau? Der Compiler generiert aus der oben stehenden Anweisung Maschinencode, der den Prozessor veranlasst, das Folgende zu tun:

1. Hole den Wert von `a` aus dem Speicher.

2. Addiere den Wert von `b` dazu.

3. Schreibe das Ergebnis in die Variable `c`.

Bei einer Zuweisung wird immer zuerst die rechte Seite einer Zuweisung ausgewertet oder berechnet und dann der linken Seite zugewiesen.

4.3   Ausdrücke

Ausdrücke geben in C++ immer Werte zurück. Alle Ausdrücke sind gleichzeitig eine Anweisung. So ist z.B. der rechte Teil der Zuweisung

```
c = a + b;
```

ein Ausdruck. Die Sache wird aber noch ein wenig komplizierter. Bei den folgenden Zeilen handelt es sich auch um Ausdrücke:

```
b + 1;
PI;
a;
4;
```

Es mag Sie vielleicht verwundern, aber in C++ sind alle diese Anweisungen Ausdrücke, da in C++ jede dieser Zeilen einen Wert zurückgibt. Bei der ersten Zeile ist das offensichtlich. Diese Anweisung gibt den Wert b + 1 zurück. Die anderen Zeilen geben jeweils nur Ihren eigenen Wert zurück.

So findet in der Anweisung

```
c = a + b;
```

nicht nur eine Zuweisung statt, es wird zusätzlich noch der Wert, den die Variable c zugewiesen bekommt, zurückgegeben. Lassen Sie uns das direkt überprüfen. Probieren Sie aus, was passiert, wenn Sie folgende Zeile eingeben:

```
d = c = a + b;
```

Deklarieren Sie die Variablen a, b, c und d, weisen Sie ihnen Werte zu und lassen Sie sie nach der oben stehenden Anweisung ausgeben. Sie werden sehen, dass sowohl c, als auch d den Wert a + b haben. Die Zeile wird in der folgenden Reihenfolge ausgewertet:

1. Addiere a und b.

2. Weise das Ergebnis c zu.

3. Weise das Ergebnis der Zuweisung d zu.

Auf diese Weise lassen sich Ausdrücke direkt mehreren Variablen zuweisen. Einen weiteren Vorteil dieser Rückgabetechnik erfahren Sie im Abschnitt 4.5.4.

4.4 Operatoren

Operatoren sind in C++ bestimmte Symbole, die den Compiler veranlassen, bestimmte Operationen durchzuführen.

4.4.1 Der Zuweisungsoperator

Den Zuweisungsoperator (=) haben wir zu Beginn des Kapitels schon benutzt. Zur Erinnerung: der Zuweisungsoperator bewirkt, dass der Ausdruck auf der linken Seite des Operators den Wert des Ausdrucks auf der rechten Seite des Operators bekommt.

Der Typ des Ausdrucks, der dabei auf der linken oder rechten Seite des Operators steht, ist sehr wichtig. So handelt es sich zwar bei der Anweisung

```
a = 999;
```

um eine gültige Zuweisung. Wenn man den linken und den rechten Operator vertauscht, wird der Ausdruck jedoch ungültig:

```
999 = a;
```

Wenn Sie versuchen, diese Zeile mit in eines Ihrer Programme aufzunehmen, wird der Compiler eine Fehlermeldung ausgeben, die besagt, dass der linke Operand ein L-Wert sein muss.

Der Compiler unterscheidet zwischen L-Werten und R-Werten. L-Werte dürfen auf der linken Seite einer Zuweisung stehen. R-Werte nur auf der rechten Seite. Variablen sind beispielsweise L-Werte. Allen L-Werten kann man einen Wert zuweisen. Literale Konstanten sind R-Werte. Sie dürfen nicht auf der linken Seite einer Zuweisung vorkommen, da ihnen kein Wert zugewiesen werden kann. Das Gleiche gilt auch für symbolische Konstanten, ihnen darf nur bei der Initialisierung ein Wert zugewiesen werden.

Ein L-Wert ist immer auch ein R-Wert, da z.B. eine Variable auch immer auf der rechten Seite einer Zuweisung stehen kann. Der umgekehrte Fall gilt allerdings nicht.

4.4.2 Arithmetische Operatoren

Durch die arithmetischen Operatoren stehen Ihnen die vier Grundrechenarten zur Verfügung:

```
+    // für die Addition
-    // für die Subtraktion
*    // für die Multiplikation
/    // für die Division
```

Hinzu kommt noch ein weiterer Operator, der Modulo-Operator. Diesen Operator kann man mit Hilfe des Prozentzeichens (%) nutzen. Der Modulo-Operator kann nur ganzzahlige Datentypen verarbeiten, d.h. man kann ihn nur auf int- und short-Datentypen anwenden. Er liefert den Rest der ganzzahligen Division. So erhält man z.B. bei der ganzzahligen Division 76/7 das Ergebnis 10 Rest 6. Das Ergebnis der Modulo-Berechnung wäre also 6.

```
76 % 7 = 6
```

Listing 4.2 zeigt ein Bespiel für den Einsatz der arithmetischen Operatoren.

```
 1: // Dies ist ein Beispiel für die
 2: // Nutzung der arithmetischen Operatoren
 3:
 4: #include <iostream.h>
 5:
 6: int Summe     = 0;
 7: int Differenz = 0;
 8: int Produkt   = 0;
 9: int Rest      = 0;
10: int Division  = 0;
11:
12: int x = 33;
13: int y = 7;
14:
15: void main(void)
16: {
17:    Summe     = x + y;    // Additionsoperator
18:    Differenz = x - y;    // Subtraktionsoperator
19:    Produkt   = x * y;    // Multiplikationsoperator
20:    Division  = x / y;    // Divisionsoperator
21:    Rest      = x % y;    // Moduloperator
22:
23:    cout << "x = " << x << "\ny = " << y << "\n\n";
24:    cout << "x + y = " << Summe     << '\n';
25:    cout << "x - y = " << Differenz << '\n';
26:    cout << "x * y = " << Produkt   << '\n';
27:    cout << "x / y = " << Division;
28:    cout << " Rest "   << Rest << '\n';
29: }
```

Listing 4.2:
Die arithmetischen Operatoren im Einsatz

61

Bei der Division zweier Ganzzahlen sollten Sie beachten, dass das Ergebnis wieder eine Ganzzahl ist. Die Nachkommastellen fallen weg. Wenn Sie eine Division mit zwei Fließkommazahlen durchführen und das Ergebnis wieder einer Fließkommavariablen zuweisen, bleiben die Nachkommastellen erhalten.

4.4.3 Inkrement- und Dekrementoperatoren

Die Inkrement- und Dekrementoperatoren sind eigentlich eine Besonderheit von C und C++. Sie wurden aber mittlerweile in Java und einigen Scriptsprachen übernommen. Mit diesen Operatoren ist es möglich, eine Variable um 1 zu erhöhen oder um 1 zu erniedrigen. Listing 4.3 zeigt den Einsatz dieser Operatoren.

Listing 4.3:
Inkrement-
und Dekre-
mentoperator

```
 1: // Einsatz des Inkrement- und Dekrementoperators
 2:
 3: #include <iostream.h>
 4:
 5: int a = 10;
 6: int b = 10;
 7:
 8: void main(void)
 9: {
10:     // die Werte der Variablen a und b ausgeben
11:     cout << "a=" << a << " b=" << b << '\n';
12:
13:     a++;  // a wird inkrementiert
14:     b--;  // b wird dekrementiert
15:
16:     // die Werte der Variablen a und b erneut ausgeben
17:     cout << "a=" << a << " b=" << b << '\n';
18: }
```

Die eigentlich interessanten Stellen sind hier die Zeilen 13 und 14. Vor diesen Zeilen hatte sowohl die Variable a als auch die Variable b den Wert 10. In der Zeile 13 wird zuerst a um eins heraufgezählt und in Zeile 14 wird b um eins heruntergezählt, so dass a anschließend den Wert 11 und b den Wert 9 enthält.

Obwohl diese Operatoren aus zwei Zeichen bestehen, handelt es sich jeweils um *einen* Operator. Man hätte anstelle der Zeilen 13 und 14 auch Folgendes schreiben können:

```
13:     a = a + 1;
14:     b = b - 1;
```

Diese Veränderung hat keine Auswirkung auf die Ausgabe, da sie exakt die gleiche Berechnung durchführt. Im Vergleich mit der ursprünglichen Version muss man aber ein paar Zeichen mehr eingeben.

Die verkürzte Schreibweise ist aber nicht der Hauptgrund für die Existenz dieser Operatoren. Zu der Zeit, als es noch keine optimierenden Compiler gab und die Prozessoren noch nicht so fortschrittlich waren, boten die Operatoren einen gewissen Geschwindigkeitsvorteil.

Die meisten früheren und alle aktuellen Prozessoren verfügen über die zwei Assemblerbefehle `inc` und `dec`, mit denen man den Wert eines Registers oder einer Speicherstelle erhöhen oder erniedrigen kann. Diese Befehle können fast alle Prozessoren in einem Takt, also sehr schnell, ausführen. Eine Addition ist auf vielen älteren Prozessoren hingegen wesentlich langsamer. Ein Compiler, der nicht erkennt, dass die Addition `a = a + 1` auch durch eine Inkrementierung von `a` ersetzt werden kann, wird auf der Assemblercodeebene eine Addition generieren, die auf älteren Prozessoren mehr Zeit benötigen kann.

Bei Prozessoren der Pentium-Klasse gibt es zwischen Addition/Subtraktion und der Inkrementierung/Dekrementierung keinen Geschwindigkeitsunterschied mehr. Compiler, die auf diese Prozessoren optimiert sind, verzichten sogar ganz auf die Benutzung der Assemblerbefehle `inc` und `dec`.

Präfix und Postfix

Im Zusammenhang mit dem Inkrement- und dem Dekrementoperator gibt es noch ein paar weitere interessante Punkte. Es ist nämlich möglich, diese Operatoren auch in der Form `++a` und `--b` zu verwenden. Sie können die Operatoren also sowohl vor als auch nach der Variablen nutzen.

Es gibt jedoch Unterschiede in der Art, wie der Compiler die beiden Ausdrücke interpretiert. Schauen Sie sich dazu das folgende Listing an.

```
 1: // Verwendung der Inkrement- und Dekrementoperatoren
 2: // in der Präfix- und Postfixform
 3:
 4: #include <iostream.h>
 5:
 6: int a = 10;
 7: int b = 10;
 8: int c = 0;
 9: int d = 0;
10:
11: void main(void)
```

Listing 4.4: Präfix- und Postfixversion der Inkrement- und Dekrementoperatoren

63

```
12: {
13:     c = b++;    // c wird der Wert von b zugewiesen
14:                 // b wird anschließend um eins erhöht
15:
16:     cout << "b:" << b << " c:" << c << '\n';
17:
18:     d = --a;    // bevor d der Wert von a zugewiesen wird,
19:                 // wird a um eins erniedrigt
20:
21:     cout << "a:" << a << " d:" << d << '\n';
22: }
```

Wenn Sie das Programm eingeben und ausführen, werden Sie die folgende Ausgabe erhalten:

```
b=11  c=10
a=9  d=9
```

In der 13. Zeile wird der Postfix-Operator verwendet. Diese Zeile wird vom Compiler, wie schon im Kommentar beschrieben, folgendermaßen interpretiert:

1. Weise der Variablen c den Wert der Variablen b zu.

2. Erhöhe b um eins.

Sie sehen also, dass b erst nach der Zuweisung inkrementiert wird. Das liegt daran, dass der Operator nach der Variablen steht.

In Zeile 14 wird der Präfix-Operator verwendet. In diesem Fall werden die Schritte in einer anderen Reihenfolge ausgeführt werden:

1. Erniedrige die Variable a um eins.

2. Weise das Ergebnis der Variablen d zu.

Welchen Operator Sie verwenden, kann einen ganz entscheidenden Einfluss auf das Ergebnis einer Berechung haben. Besonders bei komplexen Ausdrücken sollten Sie sorgfältig darauf achten, welchen Operatortyp Sie an welcher Stelle verwenden.

Die Sprache C++ ist eine Erweiterung der Sprache C, und so haben sich die Entwickler bei AT&T gedacht, dass sie die Sprache nach dem benennen, was sie ist: C und etwas dazu, also C++.

Erweiterungen des Zuweisungsoperators

In engem Zusammenhang mit dem Inkrementierungs- und Dekrementierungsoperator stehen auch die erweiterten Zuweisungsoperatoren. Sie erlauben die direkte Veränderung einer Variablen durch eine verkürzte Zuweisung.

Wenn wir bisher den Wert einer Variablen z.B. um 60 erhöhen wollten, haben wir das erreicht, indem wir folgenden Code geschrieben haben:

```
x = x + 60;
```

Mit Hilfe der erweiterten Zuweisungsoperatoren kann man die folgende Zeile kürzer schreiben als

```
x += 60;
```

Diese verkürzte Zuweisung kann man auch mit den anderen arithmetischen Operatoren nutzen:

```
x -= 10;
x *= 1.2f;
x /= 0.5;
x %= 3;
```

Welche der beiden Versionen Sie für eine Zuweisung verwenden, bleibt Ihnen überlassen. Es gibt keinen zwingenden Grund, die eine oder die andere zu bevorzugen.

4.4.4 Bitoperatoren

Um genau verstehen zu können, wie Bitoperatoren arbeiten, müssen Sie sich zunächst anschauen, wie der Computer Zahlen intern darstellt und verarbeitet.

In Kapitel 3 haben Sie gelernt, wie viel Speicherplatz die verschiedenen Variablen und Konstantentypen jeweils benötigen. Die Werte reichen dabei von einem bis acht Byte.

Sie haben bestimmt auch schon gehört, dass der Hauptspeicher eines Computers z.B. 128 Mbyte beträgt, oder dass eine Festplatte 30 Gbyte hat. Wir wollen uns etwas genauer anschauen, was das eigentlich heißt.

Bits, Bytes und Binärzahlen

Ein Byte besteht jeweils aus 8 Bit. Ein Bit ist die kleinste Einheit, die ein Computer verarbeiten kann. Ein Bit kann entweder den Wert 0 oder den Wert 1 annehmen. Diese beiden Werte symbolisieren die beiden Zustände, die in einem Computer auftreten können: es fließt Strom oder es fließt kein

Strom. Auf dieser Grundlage beruht die gesamte Funktionalität Ihres Computers.

Ein Zahlensystem, das nur mit zwei Werten arbeitet, wird als Binärsystem bezeichnet.

Die Zahl 20 wird in Ihrem Rechner beispielsweise als

10100

dargestellt. Dieser Wert wird folgendermaßen interpretiert. Die letzte Ziffer wird mit 2^0 multipliziert. Die zweite Ziffer von rechts wird mit 2^1 multipliziert, die nächste Ziffer mit 2^2 usw. Das erste Bit, heißt auch das höchstwertige Bit, das letzte Bit nennt man das niederwertigste Bit.

Den genauen Vorgang dieser Berechnung und das Ergebnis zeigt die folgende Abbildung.

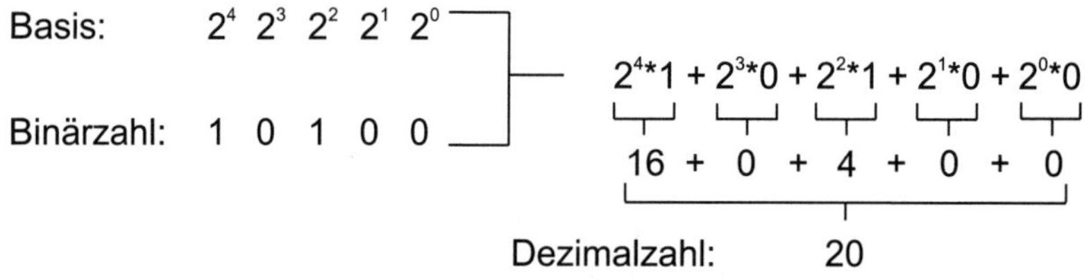

Abb. 4.1:
Umwandlung
einer Binärzahl
in eine Dezi-
malzahl

Basis: 2^4 2^3 2^2 2^1 2^0

Binärzahl: 1 0 1 0 0

$2^4*1 + 2^3*0 + 2^2*1 + 2^1*0 + 2^0*0$

16 + 0 + 4 + 0 + 0

Dezimalzahl: 20

Mit der beschriebenen Methode können Sie Binärzahlen in Dezimalzahlen umrechnen. Für den umgekehrten Weg gibt es ebenfalls ein einfaches Verfahren.

Abb. 4.2:
Umwandlung
einer Dezimal-
in eine Binär-
zahl

```
20 / 2 = 10 Rest   0  ▲
10 / 2 =  5 Rest   0  │
 5 / 2 =  2 Rest   1  │  Leserichtung
 2 / 2 =  1 Rest   0  │
 1 / 2 =  0 Rest   1  │
```

Ein Byte besteht, wie oben schon erwähnt, aus 8 Bit. Mit diesen 8 Bit kann man 256 verschiedene Zahlen darstellen, denn die binäre Zahl 00000000 entspricht dem Wert 0 und 11111111 entspricht 255.

Mit 2 Byte lassen sich folglich 256*256 verschiedene Zahlen darstellen. Damit lässt sich nun auch erklären, warum der Typ short, für den 2 Byte Speicher reserviert werden, 65536 verschiedene Werte umfasst, und der

Typ int, der eine Größe von 4 Byte hat, 65536*65536, also einen Werte-
bereich von 4294967296 verschiedenen Werten abdecken kann. Ob eine
Zahl positiv oder negativ ist, wird durch das erste Bit bestimmt. Ist das erste
Bit gesetzt, so wird dieser Wert negativ interpretiert.

Mit den Bitoperatoren kann man nun auf jedes einzelne Bit zugreifen und
dadurch die Zahl verändern. Dazu gibt es vier verschiedene Operatoren:

```
&    // bitweises UND
|    // bitweises ODER
^    // bitweises EXKLUSIV-ODER
~    // bitweises NICHT
```

Einer der grundlegendsten Operatoren ist der UND-Operator (&). Wenn
man zwei Werte miteinander UND-verknüpft, bleiben nur die Bits auf 1, die
in beiden Werten an der gleichen Stelle den Wert 1 haben. Wenn ein Wert
an einer Stelle den Wert 0 hat, ist diese Stelle im Ergebnis auch 0. Haben
beide Binärzahlen an einer Stelle den Wert 0, so ist die Ergebnisstelle auch
0.

So ist z.B. 10 & 6 = 2, da

```
  1010   (10 dezimal)
& 0110   ( 6 dezimal)
------
= 0010   ( 2 dezimal)
```

Die ODER-Verknüpfung (|) arbeitet etwas anders. Hier ist nur dann eine
Ergebnisstelle 0, wenn beide Binärzahlen an der gleichen Stelle auf 0 stehen:

10 | 6 = 14, da

```
  1010   (10 dezimal)
| 0110   ( 6 dezimal)
------
= 1110   (14 dezimal)
```

Bei der EXKLUSIV-ODER-Verknüpfung (^) ist nur dann eine Ergebnisstelle
1, wenn sich die beiden Binärzahlen unterscheiden:

10 ^ 6 = 12, da

```
  1010   (10 dezimal)
^ 0110   ( 6 dezimal)
------
= 1100   (12 dezimal)
```

67

Wenn Sie eine Variable zweimal hintereinander mit der gleichen Zahl EXKLUSIV-ODER verknüpfen, erhalten Sie wieder den ursprünglichen Wert der Variablen.

Die NICHT-Verknüpfung bezeichnet man auch als Negation. Bei dieser Verknüpfung werden die Bits invertiert (umgekehrt).

Folgende Abbildung zeigt die Unterschiede der Operatoren, zusammengefasst in einer Wertetabelle.

Abb. 4.3: Wertetabelle der Bitoperatoren

X	Y	X & Y	X | Y	X ^ Y	~X
0	0	0	0	0	1
0	1	0	1	1	1
1	0	0	1	1	0
1	1	1	1	0	0

Eine weitere Möglichkeit, Manipulationen auf der Bit-Ebene durchzuführen, bieten die Schiebeoperatoren. Mit diesen Operatoren kann man eine Zahl bitweise um beliebig viele Stellen verschieben:

```
   7 << 1 =    14
0111 << 1 = 1110
```

oder

```
   24 >> 2 =     6
11000 >> 2 = 00110
```

Im ersten Beispiel verschiebt man die Zahl 7 bitweise um eine Stelle nach links. Das zweite Beispiel zeigt eine bitweise Verschiebung der Zahl 24 um zwei Stellen nach rechts.

Wird ein Bit zu einer Seite hinausgeschoben, findet keine Rotation statt. Bei einer Linksverschiebung werden immer Nullen von rechts aufgefüllt, bei einer Rechtsverschiebung kommen die Nullen von links hinzu. Ob ein Bit durch die Verschiebung wegfällt, hängt auch vom Typ der Variablen ab. Eine `short` Variable belegt beispielsweise 16 Bit oder 2 Byte und könnte z.B. den Wert 64 enthalten, der als Binärzahl folgendermaßen aussieht:

```
00000000.01000000
```

Sie müssten diesen Wert um 10 Stellen bitweise nach links oder um 7 Stellen bitweise nach rechts schieben, damit das eine, gesetzte Bit rausfällt.

Früher spielten die Bitoperatoren noch eine andere Rolle. Bitoperationen konnten von Prozessoren schon immer sehr schnell ausgeführt werden. Bei arithmetischen Operationen und ganz besonders bei Multiplikation und Division waren frühere Prozessoren sehr langsam. Mit den Schiebeoperatoren kann man sehr schnelle Multiplikationen und Divisionen mit Faktoren, die eine zweier Potenz sind, durchführen. So ist z.B. das Schieben der Bits einer Zahl um 5 Stellen nach links ($x = x \ll 5$) gleichbedeutend mit einer Multiplikation von x mit 32 (2^5).

Auch für die Bitoperatoren stehen die erweiterten Zuweisungsoperatoren zur Verfügung:

```
Zahl &=  7;   // Entspricht Zahl = Zahl &  7
Zahl |=  7;   // Entspricht Zahl = Zahl |  7
Zahl ^=  7;   // Entspricht Zahl = Zahl ^  7
Zahl >>= 7;   // Entspricht Zahl = Zahl >> 7
Zahl <<= 7;   // Entspricht Zahl = Zahl << 7
```

Weitere Zahlensysteme

Neben dem Binärsystem und dem Dezimalsystem gibt es noch ein weiteres Zahlensystem, das in der Computertechnik von Bedeutung ist – das Hexadezimalsystem.

Hexadezimale Zahlen werden oft verwendet, um Adressen im Speicher anzugeben. Das Hexadezimalsystem arbeitet mit der Basis 16. Dabei werden die Zahlen wie folgt codiert:

0, 1, 2, 3, 4, 5, 6, 7, 8, 9, A, B, C, D, E, F

Um auf 16 verschiedene Werte zu kommen, zählt man einfach mit Buchstaben weiter. A hat also den Wert 10, B den Wert 11 usw. bis F mit dem Wert 15.

Die Zahlen werden genau wie die Binärzahlen interpretiert, mit dem Unterschied, dass die Basis 16 und nicht 2 ist.

Als Beispiel für die Umwandlung vom hexadezimalen ins dezimale Zahlensystem sehen wir uns die hexadezimale Zahl 3E8 an. Diese Zahl kann man leicht in das Dezimalsystem umrechnen:

$3 * 16^2 + E * 16^1 + 8 * 16^0 =$

$768 + 224 + 8 =$

1000

Die hexadezimale Zahl 3E8 hat also den dezimalen Wert 1000.

Sie können hexadezimale Werte direkt Variablen zuweisen. Dazu müssen Sie der hexadezimalen Zahl nur die Zeichenfolge 0x voranstellen:

```
int HexZahl = 0x1CB5;
```

Die wissenschaftliche Ansicht des Windows-Taschenrechners bietet eine einfache Möglichkeit, Werte in verschiedene Zahlensysteme umzurechnen.

Kilobyte, Megabyte und Gigabyte

Ein Kilobyte sind 1024 Byte und nicht, wie man vermuten würde, 1000 Byte. Das liegt daran, dass 1024 eine Zweierpotenz ist, nämlich 2^{10}. Genauso verhält es sich mit einem Megabyte und einem Gigabyte. Ein Megabyte sind 1024 Kilobyte (1024 * 1024 Byte = 1.048.576 Byte) und ein Gigabyte sind schließlich 1024 Megabyte.

Für 4 Bit wird schon mal der Ausdruck Halb-Byte oder Nibble verwendet. Er spielt aber bei PC-Prozessoren keine große Rolle, sondern eher auf dem Gebiet der Mikrocontroller.

Die verschiedenen Zahlensysteme und die Bitoperatoren sind ein komplexes und nicht ganz leicht zu verstehendes Thema. Am besten Sie nehmen sich einen Bleistift und ein Blatt Papier zur Hand und rechnen einige Beispiele durch.

4.4.5 Rangfolge der Operatoren und Klammersetzung

Die Rangfolge der Operatoren ist von großer Bedeutung. Sie legt fest, welche Operatoren eine höhere Priorität haben als andere und deshalb früher ausgeführt werden. Die Rangfolge hat entscheidenden Einfluss auf das Ergebnis einer Berechnung.

Bei den arithmetischen Operatoren orientiert sich die Rangfolge an den mathematischen Regeln (Punkt- vor Strichrechnung). Die Multiplikation und die Division haben einen höheren Rang als die Addition oder die Subtraktion. In dem folgenden Beispiel

```
x = 7 * 4 + 5 * 8;
```

werden zuerst die beiden Multiplikationen und dann die Addition durchgeführt. Das Ergebnis der Berechnung ist somit 28 + 40 = 68. Wenn zuerst die Addition und dann die Multiplikationen ausgeführt würden, wäre das hingegen 7 * 9 * 8 = 504. An diesem Beispiel lässt sich leicht erkennen, wie wichtig eine genaue Festlegung der Rangfolge ist.

Auch bei den anderen Operatoren ist die Rangfolge festgelegt. So haben die Inkrement- und Dekrementoperatoren in Präfix-Notation einen hohen Rang, während Ihr Rang in Postfix-Notation niedriger ist. Bei dem Ausdruck

```
x = a++ * --b;
```

wird zuerst b erniedrigt, dann mit dem Wert von a multipliziert und der Variablen x zugewiesen. Zum Schluss wird dann noch die Variable a um eins erhöht.

Sie können die Rangfolge der Operatoren nur beeinflussen, indem Sie Klammern setzen. Wenn Sie den Ausdruck aus dem ersten Beispiel folgendermaßen klammern

```
int i = 7, j = 4, k = 5, l = 8;
int x = i * (j + k) * l;
```

wird zuerst die Addition ausgeführt, dann die Multiplikation mit i und schließlich die Multiplikation mit j. Wenn in einem Ausdruck gleichrangige Operatoren vorkommen, werden diese von links nach rechts ausgewertet.

4.5 Kontrollstrukturen

Kontrollstrukturen ermöglichen es, den Programmablauf zu steuern und zu verändern. Die bisherigen Programme wurden immer Zeile für Zeile ausgeführt. Kontrollstrukturen ermöglichen es, Anweisungen mehrfach auszuführen oder in Abhängigkeit von bestimmten Bedingungen gar nicht erst zu durchlaufen.

Bevor ich Ihnen die Kontrollstrukturen im Detail vorstelle, werden wir uns noch mit ein paar C++-Techniken auseinandersetzen, die im Zusammenhang mit Kontrollstrukturen wichtig sind.

4.5.1 Boolesche Werte

Boolesche Werte werden auch Wahrheitswerte genannt. Ein boolescher Wert oder Ausdruck kann entweder true oder false, also richtig oder falsch, sein.

In C++ ist es möglich, auch Variablen anderer Typen als Quasi-Wahrheitswerte zu nutzen. Man kann z.B. eine Integer-Variable nutzen, um einen booleschen Wert aufzunehmen. In C++ gelten dabei alle Werte ungleich null als `true`, wenn ein Wert oder eine Variable den Wert null hat, so wird dies durch den C++-Compiler als `false` interpretiert.

4.5.2 Logische Operatoren

In C++ gibt es drei logische Operatoren. Das logische UND (&&), das logische ODER (||) sowie das logische NICHT (!). Verwechseln Sie diese Operatoren nicht mit den UND-, ODER- und NICHT-Operatoren, die auf der Bitebene arbeiten. Die logischen Operatoren werten den gesamten Wert einer Variablen aus und nicht nur einzelne Bits. Die folgende Tabelle zeigt eine Auflistung der logischen Operatoren, das jeweilige Symbol sowie ein Beispiel. Wir nehmen an, dass x den Wert 3 und y den Wert 2 hat.

Tabelle 4.1:
Logische
Operatoren

Operator	Symbol	Beispiel	Ergebnis
UND	&&	(x==3) && (y==2)	true
		(x==7) && (y==2)	false
ODER	||	(x==7) || (y==2)	true
		(x==7) || (y==3)	false
NICHT	!	!(x==7)	true
		(x==3) && !(y==2)	false

Stellen Sie sich vor, Sie wollen ein Programm schreiben, das überprüft, ob ein Auto bereit ist, loszufahren. Schauen Sie sich dazu das folgende Quellcodefragment an.

```
bool HandbremseGeloest = false;
bool MotorLaeuft       = true;

bool Fahrbereit = MotorLaeuft && HandbremseGeloest;
```

Die boolesche Variable `Fahrbereit` wird in diesem Beispiel den Wert `false` erhalten, da die Variable `HandbremseGeloest` den Wert `false` besitzt. In Tabelle 4.1 können Sie erkennen, dass eine UND-Verknüpfung nur dann den Wert wahr liefert, wenn beide Werte wahr sind.

Auch bei den logischen Operatoren ist die Rangfolge zu beachten. Die NICHT-Verknüpfung hat die höchste Priorität, danach folgt die UND-Verknüpfung und schließlich die ODER-Verknüpfung.

4.5.3 Vergleichsoperatoren

Mit den Vergleichsoperatoren kann man prüfen, ob und auf welche Weise sich zwei Werte unterscheiden. Der Vergleichsoperator liefert immer einen booleschen Wert zurück, also entweder `true` oder `false`. Der folgende Ausdruck

```
GEHALT_MEIER == GEHALT_MUELLER
```

würde `true` zurückliefern, wenn Herr Müller und Herr Meier exakt das gleiche Gehalt hätten. In allen anderen Fällen würde `false` zurückgegeben werden.

Tabelle 4.2 zeigt die verschiedenen Vergleichsoperatoren, deren Symbol, jeweils zwei Beispiele und deren Rückgabewerte. Wir nehmen für die Variable a den Wert 77 und für die Variable b den Wert 100 an.

Operatorname	Symbol in C++	Ausdruck	Rückgabewert
gleich	==	a == 77	true
		b == 50	false
ungleich	!=	b != 50	true
		77 != a	false
größer als	>	b > a	true
		a > 150	false
größer gleich	>=	150 >= a	true
		a >= 100	false
kleiner als	<	a < b	true
		100 < a	false
kleiner gleich	<=	a <= 77	true
		101 <= b	false

Tabelle 4.2:
Die Vergleichs-
operatoren in
C++

Sie können das Ergebnis, das ein Vergleich mit einem der Operatoren aus Tabelle 4.2 zurückgibt, direkt einer booleschen Variable zuweisen. Das folgende kurze Quellcodefragment zeigt, wie das geht.

```
bool Ergebnis = false;

int AlterPerson1 = 55;
int AlterPerson2 = 56;

Ergebnis = AlterPerson2 <= AlterPerson1;
```

In diesem Fall würde das Ergebnis des Vergleichs `false` sein, da das Alter der zweiten Person nicht kleiner oder gleich dem Alter der ersten Person ist.

Ich will Sie an dieser Stelle noch einmal darauf aufmerksam machen, dass ein einzelnes Gleichheitszeichen (=) in C++ der Zuweisungsoperator ist. Für einen Test auf Gleichheit müssen Sie den Gleichheits-Operator (==) nutzen.

4.5.4 Fallunterscheidung mit if

Bei den Programmen, die wir bisher kennen gelernt haben, wurde immer eine Zeile des Programms nach der anderen, genau so, wie Sie im Quelltext steht, ausgeführt. Mit der if-Anweisung kann man bestimmte Bedingungen, z.B. mit den Vergleichsoperatoren, überprüfen und je nach Ergebnis, das zurückgeliefert wird, werden andere Quellcodeteile ausgeführt.

Die einfachste Form der if-Anweisung sieht folgendermaßen aus:

```
if(Bedingung)
{
    Anweisungen;
}
```

Bedingung kann ein beliebiger Ausdruck sein. Der Wert, der von diesem Ausdruck zurückgegeben wird, wird von der if-Anweisung interpretiert. Wenn der Ausdruck einen Wert ungleich null, also wahr, liefert, werden die Anweisungen ausgeführt. Ist der Ausdruck gleich null, also falsch, werden die Anweisungen nicht ausgeführt, d.h. übersprungen.

Bei dem Ausdruck in den Klammern kommen viele Vergleichsoperatoren vor. Folgende Konstruktion findet man sehr häufig:

Listing 4.5: Vergleich zweier über die Tastatur eingegebener Zahlen

```
 1: // Vergleich zweier Zahlen mit if
 2:
 3: #include <iostream.h>
 4:
 5: int x = 0;
 6: int y = 0;
 7:
 8: void main(void)
 9: {
10:     cin >> x;
11:     cin >> y;
12:
13:     if(x == y)
14:     {
15:         cout << "Die beiden Zahlen sind gleich";
16:     }
17:}
```

Die if-Anweisungen hat mehrere Erweiterungen. Mit der einfachsten Erweiterung kann man den Fall abfangen, dass die Bedingung false ist. Mit der zweiten Variante kann man viele verschiedene Bedingungen nacheinander prüfen.

```
if(x>50)
{
    Anweisungen1;
}
else
{
    Anweisungen2;
}
```

In diesem Fall werden die Anweisungen1 immer dann ausgeführt, wenn x einen Wert größer 50 hat. In allen anderen Fällen (x<=50) werden die Anweisungen2 im else-Zweig ausgeführt.

Zusätzlich zum else-Zweig ist es möglich, mehrere else if-Zweige einzusetzen. Mit dieser Konstruktion kann man mehrere Bedingungen in einer if-Anweisung prüfen. Das folgende Listing zeigt dazu ein Beispiel.

```
 1: // Einsatz einer if-Anweisung mit else if-Zweigen
 2:
 3: #include <iostream.h>
 4:
 5: void main(void)
 6: {
 7:     int x = 0;
 8:     int y = 0;
 9:     int z = 0;
10:
11:     cout << "Bitte geben Sie 3 Werte ein\n";
12:
13:     cin >> x;
14:     cin >> y;
15:     cin >> z;
16:
17:     if(x==y)
18:     {
19:         cout << "x ist gleich y" << '\n';
20:     }
21:     else if(x==z)
22:     {
23:         cout << "x ist gleich z" << '\n';
24:     }
25:     else if(y==z)
26:     {
27:         cout << "y ist gleich z" << '\n';
```

Listing 4.6: Mehrfacher Vergleich mit else-if

75

```
28:      }
29:      else
30:      {
31:          cout << "x != y != z \n";
32:      }
33: }
```

Wenn Sie das Programm aus Listing 4.1 ausführen und für alle drei Variablen x, y und z die gleichen Werte eingeben, werden Sie sehen, dass nur der String aus der ersten if-Anweisung ausgegeben wird, obwohl die Bedingungen der folgenden else if-Zweige auch wahr sind.

Dieses Verhalten lässt sich einfach erklären. Sobald eine der Bedingungen in einem Zweig wahr ist, werden die Anweisungen in diesem Zweig ausgeführt, und alle anderen Zweige werden nicht mehr berücksichtigt.

Bei der if-Anweisung ist es nicht zwingend nötig, dass Sie geschweifte Klammern nutzen, wenn Sie nur eine Anweisung ausführen wollen. Man kann die if-Abfrage auch folgendermaßen einsetzen:

```
if(Eingabe >= 50) cout << "Eingabe in Ordnung";
else cout << "Eingabe ist kleiner 50";
```

Nach meiner Einschätzung ist jedoch die Nutzung von geschweiften Klammern auch bei nur einer Anweisung übersichtlicher und hilft, den Code besser zu lesen. Außerdem ist so schon von vornherein ausgeschlossen, dass Sie Fehler machen, wenn Sie den Code später ergänzen. Folgendes Beispiel zeigt einen typischen Fehler in diesem Zusammenhang:

```
if(Eingabe >= 50) cout << "Eingabe in Ordnung";
else cout << "Eingabe ist kleiner 50";
        cout << "Bitte geben Sie einen neuen Wert ein";
```

Stellen Sie sich vor, dass das zweite cout im else-Zweig nachträglich hinzu gekommen ist, und es eigentlich nur im Fall Eingabe < 50 ausgegeben werden sollte. In diesem Beispiel wird das zweite cout aber immer ausgeführt, da es nicht mehr zum else gehört, weil die Klammern an dieser Stelle fehlen.

Natürlich ist es auch möglich, if-Anweisungen ineinander zu verschachteln:

```
if(x>=5)
{
    if(y<=10)
    {
        if(z!=15)
        {
            ....
        }
```

```
        }
}
```

Wenn Sie eine `if`-Anweisung einsetzen, in der Sie eine Variable mit einem konstanten Wert auf Gleichheit testen, empfiehlt es sich, die Konstante immer auf die linke Seite des Vergleichs zu schreiben. Auf diese Weise lassen sich Fehler schon durch den Compiler abfangen, wenn Sie z.B. anstatt des Vergleichsoperators `==` den Zuweisungsoperator `=` eingeben:

```
int x = 3;

if(x = 4)      // Bedingung ist immer true
{
    Anweisungen;
}
```

In der Bedingung der `if`-Anweisung sollte auf Gleichheit zwischen `x` und `4` getestet werden. Durch einen Tippfehler steht in der Bedingung nur ein Gleichheitszeichen. Wenn ein solcher Tippfehler auftritt, ist die Bedingung immer `true`, da der Ausdruch `x = 4` den Wert 4 zurückgibt und Werte ungleich null als `true` interpretiert werden.

Wenn Sie die Konstante auf die linke Seite des Vergleichs schreiben und dann Tippfehler auftreten, gibt der Compiler eine Fehlermeldung aus, da einer Konstanten kein Wert zugewiesen werden kann:

```
int x = 3;

if(4 = x)      // Fehler durch den Compiler abgefangen !
{
    Anweisungen;
}
```

4.5.5 Fallunterscheidung mit switch

Bei langen `if`-Anweisungen mit vielen `else if`-Zweigen kann es vorkommen, dass der Quellcode unübersichtlich und schwer zu lesen wird, wenn viele verschachtelte `if`-Anweisungen vorkommen. Aus diesem Grund gibt es für solche Fälle noch eine alternative Konstruktion. Mit der `switch`-Anweisung kann man einen Ausdruck leichter mit vielen verschiedenen Werten vergleichen. Der grundsätzliche Aufbau der `switch`-Anweisung sieht folgendermaßen aus:

```
switch(Ausdruck)
{
    case KonstanterWert1: Anweisung;
                          break;
```

```
case KonstanterWert2: Anweisung;
                      break;

....

case KonstanterWertN: Anweisung;
                      break;

default:              Anweisung
}
```

Der Ausdruck in den runden Klammern nach dem Schlüsselwort switch kann ein beliebiger, auch zusammengesetzter C++-Ausdruck sein. Bei den Werten hinter dem case-Schlüsselwort gibt es jedoch Einschränkungen. Im Gegensatz zur if-Anweisung darf man hier nicht jeden beliebigen Ausdruck verwenden. An dieser Stelle kann nur ein konstanter Wert stehen. Das kann sowohl eine literale Konstante, eine numerische Konstante oder ein Ausdruck, der nur aus Konstanten besteht, sein.

Vor jedem Wert, mit dem der Ausdruck verglichen werden soll, muss ein case stehen. Anschließend kommt der Wert, gefolgt von einem Doppelpunkt. Danach können eine oder mehrere Anweisungen stehen, die ausgeführt werden sollen, wenn der Vergleich wahr zurückliefert. Nach der letzten Anweisung für den jeweiligen Fall muss ein break stehen.

Durch das Schlüsselwort break weiss der Compiler, dass die switch-Anweisung an dieser Stelle verlassen werden muss. Wenn Sie beispielsweise kein break hinter die Anweisung im ersten Fall (KonstanterWert1) geschrieben hätten, würden die Anweisungen, die hinter dem case von KonstanterWert2 stehen, auch noch ausgeführt werden. Erst an der Stelle, an der das break steht, würde die switch-Anweisung verlassen werden. Achten Sie, wenn Sie die switch-Anweisung einsetzen, immer genau darauf, ein break hinter die letzte Anweisung zu setzen, da es sonst mit Sicherheit zu Fehlern kommt.

Die Anweisungen, die nach dem default folgen, werden ausgeführt, wenn keine case-Zeile mit dem Ausdruck übereinstimmt. Die default-Anweisung ist also mit einem else vergleichbar. Im Beispiel oben muss kein break hinter default stehen, da nach der default-Anweisung keine Vergleiche mehr folgen.

4.5.6 Die while-Schleife

Mit der `while`-Schleife kann man einen Vorgang so lange automatisch wiederholen, bis eine Bedingung nicht mehr gilt. Die `while`-Schleife besitzt folgenden syntaktischen Aufbau:

```
while(Bedingung)
{
    Anweisungen;
}
```

Diese Schleife läuft in einem Programm in folgenden Schritten ab:

1. Die Bedingung der Schleife wird geprüft.

2. Ist die Bedingung falsch, werden keine Anweisungen ausgeführt und die Schleife wird sofort verlassen.

3. Ist die Bedingung wahr, so werden die Anweisungen im Schleifenkörper ausgeführt. Danach folgt wieder Schritt 1.

Als Beispiel wollen wir dazu die Zahlen 1 bis 1000 auf dem Bildschirm ausgeben.

```
 1: // Ausgabe der Zahlen 1 bis 1000 mit der while-Schleife
 2:
 3: #include <iostream.h>
 4:
 5: int i = 1;
 6:
 7: void main(void)
 8: {
 9:     while(i<=1000)
10:     {
11:         cout << i << ‚\n‘;
12:         i++;
13:     }
14: }
```

Listing 4.7: Kontinuierliche Zahlenausgabe mit der while-Schleife

Zu Anfang des Programms aus Listing 4.7 wird die Variable `i` mit 1 initialisiert. Das Programm besteht nur aus einer einzigen `while`-Schleife. Diese Schleife besteht aus zwei Anweisungen.

Wenn das Programm startet, wird zuerst die Bedingung der `while`-Schleife überprüft. Da diese Bedingung wahr ist (`i` ist gleich 1 und somit kleiner oder gleich 1000), wird der Schleifenkörper ausgeführt.

Dort erfolgt die Ausgabe der Variablen `i` und eines Zeilenvorschubs, danach wird `i` und eins erhöht. Die Schleife läuft so lange, bis `i` den Wert 1000 erreicht hat.

Wenn die Bedingung beim nächsten Mal geprüft wird, ist sie nicht mehr wahr, da i jetzt größer als 1000 und nicht mehr kleiner oder gleich 1000 ist und die Schleife wird beendet.

Die Bedingung kann bei einer while-Schleife die gleiche Form haben, wie bei einer if-Abfrage.

4.5.7 Die do-while-Schleife

Die do-while-Schleife hat große Ähnlichkeit mit der while-Schleife. Auch diese Schleife wird solange ausgeführt, wie die Bedingung wahr ist. Der Aufbau der Schleife bringt, wie im Folgenden dargestellt, aber einen wichtigen Unterschied mit sich.

```
do
{
    Anweisungen;

} while(Bedingung)
```

Bei der while-Schleife wird erst die Bedingung geprüft und dann die Anweisungen ausgeführt. Ist die Bedingung schon von vornherein falsch, werden die Anweisungen gar nicht erst ausgeführt.

Bei der do-while-Schleife sieht das Ganze etwas anders aus. Die Anweisungen im Schleifenkörper werden auf jeden Fall einmal ausgeführt, auch wenn die Bedingung von vornherein falsch ist. Das liegt daran, dass die Bedingung erst zuletzt geprüft wird.

Man kann eine do-while-Schleife immer in eine while-Schleife umwandeln. Dazu muss man die Anweisungen, die im Schleifenkörper der do-while-Schleife stehen, einmal vor die while-Schleife setzen. Damit verhält sie sich genauso wie eine do-while-Schleife.

```
Anweisungen;

while(Bedingung)
{
    Anweisungen;
}
```

4.5.8 Die for-Schleife

Eine weitere Schleife ist die for-Schleife. Diese Schleife wird meist dann eingesetzt, wenn schon vorher bekannt ist, wie oft eine Aktion ausgeführt werden soll. Die Schleife wird deshalb auch als Zählschleife bezeichnet. Sie hat den folgenden Aufbau:

```
for(Initialisierung; Bedingung; Anweisungen1)
{
    Anweisungen2;
}
```

Im Initialisierungsteil können sowohl Variablen deklariert als auch initialisiert werden. Bei der Bedingung handelt es sich, wie auch bei den anderen Schleifen schon, um eine Abbruchbedingung. Die Anweisung in der Klammer wird oft dazu benutzt, eine Variable rauf- oder runterzuzählen.

Listing 4.8 zeigt eine Beispiel für eine for-Schleife

```
 1: // Ausgabe der Zahlen 1 bis 1000 mit der for-Schleife
 2:
 3: #include <iostream.h>
 4:
 5:
 6: void main(void)
 7: {
 8:     for(int i=1;i<1000;i++)
 9:     {
10:         cout << i << '\n';
11:     }
12: }
```

Listing 4.8: Ausgabe von 1000 Zahlen mit der for-Schleife

Wenn Sie dieses Programm eingeben und ausführen, werden Sie sehen, dass das Programm die Zahlen 1 bis 1000 auf dem Bildschirm ausgeben wird. Die Schleife wird folgendermaßen abgearbeitet:

1. Die Variable i wird initialisiert.

2. Die Bedingung wird überprüft. Ist sie falsch, wird die for-Schleife sofort verlassen, andernfalls werden die Anweisungen im Schleifenkörper ausgeführt (Anweisungen2).

3. Nach Abarbeitung der Anweisungen2, folgt wieder Schritt 2.

Zu beachten ist, dass die Initialisierung nur einmal, zu Beginn der Schleife, durchgeführt wird. Die Bedingung sowie die Anweisungen2 und die Anweisungen1, werden jedesmal durchgeführt.

Die for-Schleife bietet, wie oben schon erwähnt, die Möglichkeit, mehrere Variablen zu deklarieren, zu initialisieren und auch mehrere Anweisungen

81

an der Stelle `Anweisungen1` auszuführen. Die verschiedenen Deklarationen, Initialisierungen und Anweisungen sind dabei durch Kommata zu trennen:

```
int i,j;

for(i=0, j= 5000; j-i >= 1000; j-= 2, i+=3)
{
    cout << i << ‚\n‘ << j << ‚\n‘;
}
```

Wie hier zu sehen ist, führt das dazu, dass die Schleife nicht immer ganz einfach zu verstehen ist.

Der Deklarations- und Initialisierungsteil kann aber, wie auch die Anweisung, ganz weggelassen werden; die Semikola müssen Sie trotzdem setzen:

```
int i = 0;

for(;i >= 1000;)
{
    cout << i << ‚\n‘;
    i++;
}
```

Alle oben vorgestellten Schleifen sind auch, wie die `if`-Anweisung, ohne die geschweiften Klammern einsetzbar, wenn Sie jeweils nur eine Anweisung ausführen möchten.

Schleifen mit break verlassen

An dieser Stelle möchte ich Sie noch auf eine andere Einsatzmöglichkeit von `break` aufmerksam machen. Bisher haben Sie `break` im Zusammenhang mit der `switch`-Anweisung verwendet. Sie mussten hinter die letzte Anweisung, die in einer Auswahl ausgeführt werden soll, ein `break` schreiben, damit die Abarbeitung stoppt. `break` kann aber auch dazu genutzt werden, um Schleifen zu verlassen.

Listing 4.9:
Verwendung
von break zum
Abbruch einer
Schleife

```
1: // Abbruch einer Schleife durch break
2:
3: #include <iostream.h>
4:
5: int i = 1;
6:
7: void main(void)
8: {
9:     while(i<=4000)
10:    {
```

```
11:         cout << i << '\n';
12:         i++;
13:
14:         if(i == 1000)
15:         {
16:             break;
17:         }
18:     }
19: }
```

In Listing 4.9 würde die while-Schleife normalerweise 4000 mal ausgeführt werden. Wenn die Bedingung der if-Abfrage in Zeile 14 allerdings wahr wird, was bei i = 1000 der Fall ist, wird die break-Anweisung ausgeführt und die Schleife wird verlassen.

break eignet sich auch, um Endlosschleifen zu verlassen. Obwohl ein solches Vorgehen kein gutes Beispiel für saubere und elegante Programmierung ist, will ich es Ihnen trotzdem nicht vorenthalten. Versuchen Sie aber unbedingt immer, »vernünftige« Abbruchbedingungen für Schleifen zu finden.

```
 1: // Abbruch einer Endlosschleife durch break
 2:
 3: #include <iostream.h>
 4:
 5: int Eingabe = 0;
 6:
 7: void main(void)
 8: {
 9:  // Achtung! Endlosschleife, die Bedingung ist immer wahr
10:
11:     while(true)
12:     {
13:         cin >> Eingabe;
14:
15:         if(Eingabe == 77)
16:         {
17:             break;
18:         }
19:     }
20: }
```

Listing 4.10: Beispiel für eine Endlosschleife und ihren Abbruch mit break

In Zeile 11 in Listing 4.10 wurde als Bedingung für den Abbruch der Schleife true geschrieben. Das hat zur Folge, dass die Schleife für immer weiter laufen würde. Die Bedingung ist immer wahr, da true natürlich immer wahr zurückgibt. Erst wenn Sie 77 eingeben, wird die Schleife beendet.

83

Eine weitere Methode, eine Endlosschleife zu erzeugen, ist die Anweisung

```
for(;;)
{
    // Anweisungen, die immer ausgeführt werden sollen
}
```

Bei diesem Beispiel existiert sogar überhaupt keine Abbruchbedingung, so dass die Schleife hier für immer läuft.

Sollten Sie beim Experimentieren aus Versehen eine Endlosschleife programmiert haben, oder sollte das Programm aus irgendeinem anderen Grund nicht mehr reagieren, können Sie es einfach abbrechen. Sie müssen dazu nur auf den Knopf drücken, der das Kommandozeilenfenster schließt.

Zusammenfassung

In diesem Kapitel ist wieder eine ganze Menge Neues hinzugekommen. Sie haben gelernt, wie man mit `cin` Werte von der Tastatur nimmt, und dass in C++ jeder Ausdruck einen Wert zurückgibt. Sie haben den Zuweisungsoperator, die arithmetischen Operatoren sowie die Inkrement- und Dekrementoperatoren in Präfix- und Postfixnotation kennen gelernt.

Mit den Bitoperatoren haben Sie die Möglichkeit, die Werte von Variablen auf der untersten Ebene zu verändern.

Besonders wichtig ist, dass Sie die genaue Funktionsweise der Kontrollstrukturen, wie etwa der `if`-Anweisung oder der `while`- oder `for`-Schleife, kennen und richtig einsetzen können.

Kapitel 5

Funktionen

Eine Funktion können Sie sich wie ein kleines Programm, das innerhalb Ihres Programms abläuft, vorstellen. In eine Funktion kann man Teile des Quellcodes auslagern, die man innerhalb des Programms immer wieder nutzt. Dadurch bleibt der Code übersichtlich, und man spart sich die Mühe und den Platz, ihn mehrfach im Programm einzugeben.

Funktionen unterteilen das eigentliche Programm in viele kleine Einheiten. Jede Funktion hat dabei eine eigene Aufgabe, die möglichst unabhängig von den anderen Programmteilen sein sollte.

Abbildung 5.1 zeigt den schematischen Ablauf eines Programms, das Funktionen enthält.

Wird vom Hauptprogramm aus eine Funktion, wie hier die Funktion Eingabe, aufgerufen, werden an dieser Stelle die Anweisungen ausgeführt, die sich in der Funktion Eingabe befinden. Wurden alle Anweisungen abgearbeitet, kehrt die Funktion zum Hauptprogramm zurück, und die nächste Anweisung aus dem Hauptprogramm wird ausgeführt.

Es ist auch möglich, dass eine Funktion eine andere Funktion aufruft. In Abbildung 5.1 ruft z.B. die Funktion Berechne die beiden Funktionen Flaeche und Radius auf.

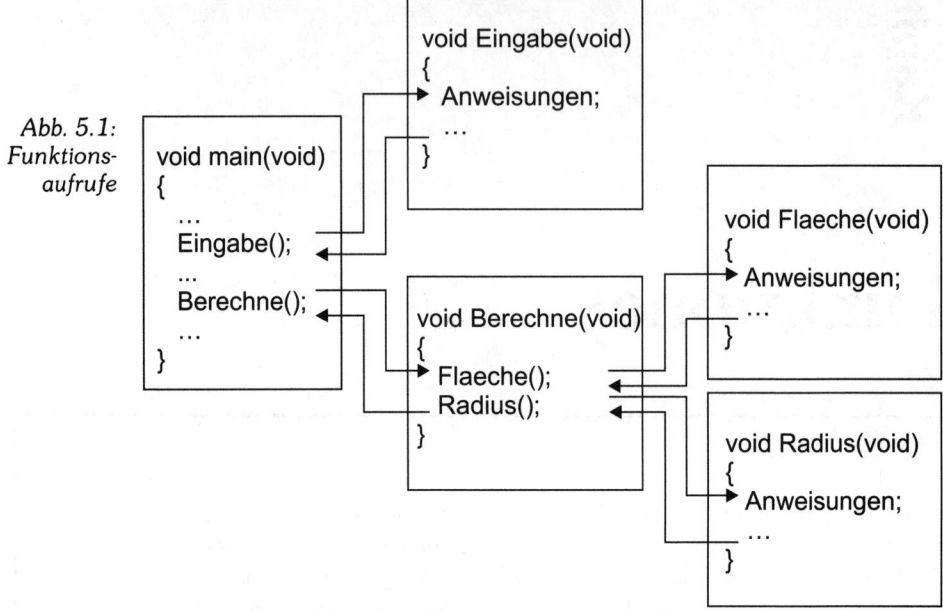

Abb. 5.1:
Funktions-
aufrufe

5.1 Funktionen deklarieren

Funktionen werden in C++ ähnlich wie Variablen deklariert. Zur Deklaration einer Funktion gehört die Festlegung ihres Namens, ihres Rückgabewertes und ihrer Parameter. Die Deklaration einer Funktion nennt man auch den Funktionsprototyp. Sie sollten den Namen der Funktion und gegebenenfalls die Namen der Parameter so wählen, dass jemand, der Ihre Funktion nutzen möchte, schon anhand des Prototypen versteht, was die Funktion macht.

Eine Funktion haben Sie bereits kennen gelernt – die main-Funktion. Andere Funktionen, die Sie in Ihrem Programm nutzen wollen, werden auf die gleiche Weise deklariert. Den Aufbau einer Funktionsdeklaration zeigt die Abbildung 5.2.

Abb. 5.2:
Elemente einer
Funktions-
deklaration

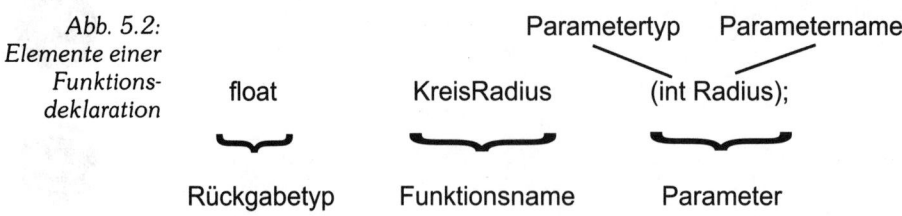

Der Rückgabetyp kann einer der C++-Typen sein, die Sie bisher kennen gelernt haben, also char, short, int, float oder double. Wenn eine Funktion, die Sie deklarieren, keinen Wert zurückgeben soll, müssen Sie das Schlüsselwort void, das Ihnen auch schon von der main-Funktion bekannt ist, verwenden.

Den Funktionsnamen können Sie frei wählen. Er unterliegt nur den Beschränkungen, die auch für Variablen gelten, wie z.B., dass er nicht mit einer Zahl beginnen darf. Sie sollten jedoch, wie oben schon erwähnt, einen aussagekräftigen Namen wählen, der die Aufgabe der Funktion beschreibt.

Nach dem Namen der Funktion folgen die Funktionsparameter. Diese müssen in runde Klammern eingeschlossen werden. Bei den Parametern handelt es sich um Werte oder Variablen, die der Funktion übergeben werden und später, wenn die Funktion abläuft, genutzt werden können.

Wenn Sie den Prototypen einer Funktion deklarieren, muss diese Deklaration mit einem Semikolon abgeschlossen werden. Der Prototyp einer Funktion, die die Fläche eines Kreises ausrechnet, könnte z.B. so aussehen:

```
float KreisFlaeche(int radius);
```

Der Prototyp dient dazu, dem Compiler mitzuteilen, wie die Funktion heißt, wie viele Parameter sie hat, und von welchem Typ diese Parameter sind. Mit Hilfe dieser Informationen kann der Compiler entscheiden, ob die Funktion im Programm richtig genutzt wird. Wenn Sie beispielsweise versuchen, einen Parameter mit falschem Typ an die Funktion zu übergeben, wird der Compiler an der betreffenden Stelle eine Fehlermeldung ausgeben.

Häufig deklariert man in einem Programm zuerst die globalen Variablen, danach die Funktionsprototypen, und anschließend folgt die main-Funktion.

5.2   Funktionen definieren

Nachdem wir den Funktionsprototyp deklariert haben, müssen wir die Funktion noch definieren.

Die eigentliche Funktionalität wird im Quelltext unterhalb der main-Funktion definiert, so dass das Programm folgenden prinzipiellen Aufbau hat:

```
#include <iostream.h>

// Deklaration der globalen Variablen
int GlobaleVariable = 1000

// Deklaration der Funktionsprototypen
int Berechne(int x, int y);
```

```
//Beginn der main-Funktion
void main(void)
{
}

// Definition der Funktionen

int Berechne(int x, int y)    // Funktionskopf
{
    /*
      Funktionsrumpf, hier stehen die
      Anweisungen, die ausgeführt werden,
      wenn die Funktion aufgerufen wird
    */
}
```

Wie im oben stehenden Codefragment schon angedeutet, besteht die Funktionsdefinition aus einem Funktionskopf und einem Funktionsrumpf. Der Funktionskopf sieht dabei genauso aus, wie die Deklaration des Prototyps, nur muss das Semikolon am Ende weggelassen werden. Danach folgt eine öffnende geschweifte Klammer, die den Beginn der Funktion anzeigt. Dann dürfen beliebig viele Anweisungen folgen, die ausgeführt werden sollen, wenn die Funktion aufgerufen wird. In der Regel sollte die Anzahl der Anweisungen in einer Funktion aber übersichtlich bleiben. Wenn eine Funktion zu groß wird, sollten Sie überlegen, ob Sie die Funktion nicht in weitere Funktionen, die spezifische Aufgaben übernehmen, aufteilen können.

Sie können in einer Funktion natürlich alle C++-Konstruktionen, die Sie bisher kennen gelernt haben, nutzen. Nach der letzten Anweisung folgt eine schließende geschweifte Klammer, die das Ende der Funktion anzeigt.

Der Funktionsprototyp und der Kopf der Funktionsdefinition müssen genau übereinstimmen. Achten Sie also darauf, dass sich der Rückgabewert, der Funktionsname, die Anzahl der Parameter und die Parametertypen nicht unterscheiden.

Es ist nicht unbedingt nötig, dass Sie die Reihenfolge, Prototyp, main-Funktion, Funktionsdefinitionen einhalten. Es ist auch möglich, die Funktionen vor der main-Funktion zu definieren. Auf diese Weise benötigen Sie noch nicht einmal einen Prototyp. Das Einzige, was nicht klappt, ist Funktionen, die Sie innerhalb der main-Funktion nutzen wollen, erst nach der main-Funktion zu deklarieren und zu definieren.

5.3 Funktionsaufruf

An dieser Stelle wollen wir uns ein einfaches Beispiel anschauen. Die folgende Funktion macht nichts anderes, als eine Zeichenkette auf den Bildschirm auszugeben. Sie hat weder Parameter noch einen Rückgabewert.

```
1: // Aufruf einer einfachen Funktion
2:
3: #include <iostream.h>
4:
5:
6: void TextAusgeben(void);    // Funktionsprototyp
7:
8:
9: void main(void)
10: {
11:     cout << "Funktionsaufruf" << "\n\n";
12:
13:     TextAusgeben();
14:
15:     cout << "Funktion ist zurückgekehrt" << '\n';
16: }
17:
18: // Definition der Funktion
19:
20: void TextAusgeben(void)
21: {
22:     cout << "Diese Funktion gibt nur "        << '\n'
23:          << "Text aus. Da der Text aber"      << '\n'
24:          << "ziemlich lang ist, der Code"     << '\n'
25:          << "aber übersichtlich bleiben soll," << '\n'
26:          << "schreiben wir eine Funktion"      << '\n';
27: }
```

Listing 5.1:
Eine einfache
Funktion

Der Prototyp der Funktion wird in Zeile 6 definiert. Da die Funktion keinen Wert zurückgibt und auch keine Parameter hat, steht, wie schon in der main-Funktion, das Schlüsselwort void sowohl vor dem Funktionsnamen als auch in den runden Klammern dahinter.

Zeile 13 enthält den Funktionsaufruf im Hauptprogramm. Die Funktion Ausgabe wird zwar ohne Parameter aufgerufen, Sie müssen dennoch die runden Klammern hinzufügen, damit der Compiler weiß, dass es sich um einen Funktionsaufruf handelt.

Wenn Sie das Programm ausführen, und der Ablauf zu Zeile 13 gelangt, wird an dieser Stelle der Code, der in Zeile 22 beginnt, ausgeführt. Wenn die Funktion beendet ist, kehrt der Ablauf ans Ende von Zeile 13 zurück, und das Hauptprogramm läuft weiter. Der Programmablauf springt also von Zeile 13 in Zeile 22 und am Ende der Funktion von dort wieder zurück.

5.4 Parameter und Rückgabewerte

Die Nützlichkeit von Funktionen kommt erst dann voll zum Tragen, wenn man Parameter und Rückgabewerte einsetzt.

Ein Parameter kann ein Wert oder eine Variable sein, der der Funktion übergeben wird. Die Funktion kann dann mit dem Wert weiter arbeiten, um ihre Aufgabe zu erledigen.

Eine Funktion bekommt den Parameter immer von einer aufrufenden Funktion, z.B. der `main`-Funktion, übergeben. Wenn eine Funktion einen Wert zurückgibt, wird dieser ebenfalls an die aufrufende Funktion zurückgegeben.

Die Namen der Parameter sind frei wählbar. Sie legen dadurch nur fest, unter welchem Namen Sie die Parameter in der Funktion ansprechen wollen. Die Namen müssen nicht mit den Namen der Variablen übereinstimmen, die Sie der Funktion übergeben. Sie dienen lediglich als Platzhalter.

Die Rückgabe eines Wertes geschieht durch das Schlüsselwort `return`. Nach `return` kann ein beliebiger Ausdruck stehen, dessen Wert von der Funktion zurückgegeben werden soll. Das Ergebnis des Ausdrucks muss nur zum Rückgabetyp passen.

Wenn Sie einer Funktion mehrere Werte übergeben, spricht man auch von einer Parameterliste. Die einzelnen Werte in der Parameterliste werden auch als Funktionsargument oder Argumente bezeichnet.

Bei dem folgenden Programm handelt es sich um ein etwas längeres Beispiel, das die Fläche eines Kreises anhand des Radius, der über die Tastatur eingegeben wird, berechnet. Außerdem wird nach jeder Berechnung gefragt, ob der Benutzer einen weiteren Programmdurchlauf wünscht.

Listing 5.2:
Komplexes
Beispiel zur
Nutzung von
Funktionen

```
 1: // Berechnung von Kreisflächen
 2: // mit Tastaturabfrage und Funktionsaufrufen
 3:
 4: #include <iostream.h>
 5:
 6: const float PI = 3.141f;
 7:
 8: // Funktionsprototypen
 9:
10: float RadiusEinlesen(void);
11: float FlaecheBerechnen(float Radius);
12: void  FlaecheAusgeben(float Flaeche);
```

```
13:
14: // Die folgende Funktion entscheidet, anhand
15: // einer Tastatureingabe, ob die Berechnung
16: // fortgesetzt werden sollen.
17:
18: bool Fortsetzen(void);
19:
20:
21: void main(void)
22: {
23:     float Radius      = 0.0f;
24:     float Kreisflaeche = 0.0f;
25:
26:     do{
27:         Radius = RadiusEinlesen();
28:
29:         Kreisflaeche = FlaecheBerechnen(Radius);
30:
31:         FlaecheAusgeben(Kreisflaeche);
32:
33:     }while(Fortsetzen());
34: }
35:
36:
37: float RadiusEinlesen(void)
38: {
39:     float Eingabe = 0.0f;
40:
41:     cout << "Bitte geben Sie eine Zahl ein ";
42:     cin >> Eingabe;
43:
44:     return Eingabe;
45: }
46:
47: float FlaecheBerechnen(float Radius)
48: {
49:     return PI * Radius * Radius;
50: }
51:
52: void FlaecheAusgeben(float Flaeche)
53: {
54:     cout << "Die Kreisfläche ist " << Flaeche << '\n';
55: }
56:
57: bool Fortsetzen(void)
58: {
59:     char JaNein = 'j';
60:
61:     cout << "Weitere Berechnung durchführen ? ";
```

91

```
62:     cin >> JaNein;
63:
64:     if('j' == JaNein)
65:     {
66:         return true;
67:     }
68:     else
69:     {
70:         return false;
71:     }
72: }
```

In der 6. Zeile beginnt das eigentliche Programm mit der Deklaration der Konstante PI, die Ihnen mittlerweile vertraut sein dürfte. Danach folgen ab Zeile 10 die Prototypen von vier Funktionen, die im Programm benutzt werden.

Die Funktionen im einzelnen:

```
float RadiusEinlesen(void);
```

Diese Funktion liest den Radius von der Tastatur ein und gibt ihn dann als Fließkommazahl zurück. Dazu wird in der Funktion die lokale Variable Eingabe deklariert. Mit Hilfe von cin wird in diese Variable der Radius eingelesen. Zum Schluss der Funktion wird der eingelesene Wert mit return an die main-Funktion zurückgegeben.

```
float FlaecheBerechnen(float Radius);
```

Mit dieser Funktion kann man die Fläche eines Kreises berechnen. Dazu muss man der Funktion nur den Radius als Fließkommawert übergeben. In der Funktion wird dann die Fläche direkt mit return zurückgegeben.

```
void FlaecheAusgeben(float Flaeche);
```

Die Ausgabe der berechneten Fläche übernimmt die Funktion FlaecheAusgeben. Ihr wird der auszugebende Wert übergeben. Der Wert wird dann mit cout ausgegeben.

```
bool Fortsetzen(void);
```

Diese Funktion gibt einen booleschen Wert zurück, der angibt, ob das Programm fortgesetzt werden soll oder nicht. Dazu wird in der Funktion nachgefragt, ob der Benutzer eine weitere Berechnung wünscht. Mit Hilfe von cin wird die Antwort in eine character-Variable gespeichert. Dabei ist der erste Buchstabe entscheidend. Eine Variable vom Typ char, kann nur ein Zeichen aufnehmen und deshalb wird auch nur das erste eingegebene Zeichen berücksichtigt. In der if-Anweisung wird abgefragt, welches Zeichen eingegeben wurde. Wenn es sich um ein 'j' handelt, wird der Wert true zurückgegeben. Bei allen anderen Eingaben wird der Wert `false` zurückgegeben.

In der `main`-Funktion werden die zwei Fließkommavariablen `Radius` und `Kreisflaeche` deklariert.

In der `do-while`-Schleife wird der Wert in `Radius` gespeichert, den die Funktion `RadiusEinlesen` zurückgibt. Danach wird `Radius` als Parameter für die Funktion `FlaecheBerechnen` genutzt. Der Rückgabewert dieser Funktion wird in der Variablen `Kreisflaeche` gespeichert. Zum Schluss der Funktion wird dieser Wert mit Hilfe der Funktion `FlaecheAusgeben` auf dem Bildschirm ausgegeben.

Die `do-while`-Schleife wird solange ausgeführt, bis die Funktion `Fortsetzen` den Wert `false` zurückgibt. Dann wird das Programm beendet. Ansonsten wird die `RadiusEinlesen`-Funktion erneut ausgeführt.

An diesem Programm wird ein Vorteil der Nutzung von Funktionen deutlich. Wenn man nur die `main`-Funktion anschaut, erkennt man, dass das Programm auch von jemandem verstanden werden könnte, der keinerlei C++-Kenntnisse besitzt. Die Namen der Funktionen sind dafür aussagekräftig genug. Wenn Sie das gesamte Programm in die `main`-Funktion geschrieben hätten, würde es viel schwieriger sein, nachzuvollziehen, was das Programm macht.

Man kann Funktionen, die Werte zurückgeben, auch, wie in Zeile 33 in Listing 5.2, direkt wie einen Wert verwenden. Dies bietet einige interessante Möglichkeiten. So könnte man die `do-while`-Schleife auch wie folgt umwandeln:

```
do{

    FlaecheAusgeben(FlaecheBerechnen(RadiusEinlesen()));

}while(Fortsetzen());
```

In einer solchen Konstruktion wird zuerst die innerste Funktion aufgerufen. Das ist in diesem Fall die Funktion `RadiusEinlesen`. Ihr Rückgabewert dient der nächsten Funktion, `FlaecheBerechnen`, direkt als Parameter. Und auch der Rückgabewert dieser Funktion wird als Parameter für die nächste Funktion, `FlaecheAusgeben`, benutzt. Die ursprüngliche Version des Programms ist mit Sicherheit übersichtlicher und leichter verständlich. Es kann aber auch Fälle geben, bei denen der direkte Aufruf der Funktionen zur Veranschaulichung beiträgt (z.B. bei der Berechnung von mathematischen Formeln wie f(g(x),h(y)).

93

An dieser Stelle will ich Sie auf zwei Verbesserungen hinweisen, die an der Funktion Fortsetzen möglich sind. Die Funktion verwendet eine if-else-Abfrage, um zu bestimmen, um welchen Buchstaben es sich handelt. Man könnte diese Abfrage aber kürzer gestalten. Dazu lassen wir einfach den else-Teil weg und geben stattdessen direkt false zurück. Die Funktion sähe dann folgendermaßen aus:

```cpp
bool Fortsetzen(void)
{
    char JaNein = 'j';

    cout << "Weitere Berechnung durchführen ? ";
    cin >> JaNein;

    if('j' == JaNein)
    {
        return true;
    }

    return false;
}
```

Eine solche Konstruktion werden Sie häufig in Programmen finden. Die Funktion macht genau das Gleiche wie in der ursprünglichen Version, denn wenn kein 'j' eingegeben wurde, wird der if-Zweig nicht ausgeführt und das Programm gibt false zurück. Wurde ein 'j' eingegeben, wird true zurückgegeben, und die Funktion ist beendet. Das return false; wird nicht ausgeführt. Wenn Ihnen die Version mit dem else-Zweig verständlicher erscheint, können Sie diese Variante aber selbstverständlich weiterhin verwenden.

Es gibt aber noch eine weitere Verbesserungsmöglichkeit. Wenn man ausnutzt, dass der Vergleichsoperator (==) einen booleschen Wert zurückgibt, kann man die Funktion noch weiter verkürzen:

```cpp
bool Fortsetzen(void)
{
    char JaNein = 'j';

    cout << "Weitere Berechnung durchführen ? ";
    cin >> JaNein;

    return 'j' == JaNein;
}
```

Der Ausdruck mag zwar im ersten Augenblick etwas seltsam aussehen, doch wenn Sie erst einmal etwas Erfahrung in der C++-Programmierung haben, werden Sie sofort sehen, was der Ausdruck bewirkt. Im Prinzip wird nichts anderes getan, als den Wert, den der Vergleichsoperator zurückgibt, an die `main`-Funktion »weiterzuleiten«. Dieses Vorgehen erfüllt genau den gewünschten Zweck, nämlich `true` zurückzugeben, wenn `JaNein` den Buchstaben `j` enthält und sonst `false`.

Zum Schluss dieses Abschnitts wollen wir uns noch eine Funktion anschauen, die mehrere Parameter übergeben bekommt:

```
int VolumenBerechnen(int Laenge, int Breite, int Hoehe)
{
    return Laenge * Breite * Hoehe;
}
```

Die Funktion berechnet das Volumen eines Körpers anhand seiner Länge, Breite und Höhe. Das eigentlich Interessante an dieser Funktion ist aber der Aufbau der Parameterliste. Für jeden Parameter muss dessen Typ und Name angegeben werden. Sie können dabei alle C++-Typen, die Sie bisher kennen gelernt haben, nutzen. Die einzelnen Parameter müssen durch Kommata getrennt werden.

5.5 Verschachtelung von Funktionsaufrufen

Wie in der Einleitung zu diesem Kapitel schon angedeutet, ist es möglich, Funktionen aus anderen Funktionen heraus aufzurufen.

```
 1: // Verschachtelter Aufruf von Funktionen
 2:
 3: #include <iostream.h>
 4:
 5: // Prototypdeklaration der Funktion
 6:
 7: int FlaecheBerechnen(int Laenge, int Breite);
 8: int VolumenBerechnen(int Laenge, int Breite, int Hoehe);
 9:
10:
11: void main(void)
12: {
13:     cout << VolumenBerechnen(30,50,100) << '\n';
14: }
15:
16:
17: int FlaecheBerechnen(int Laenge, int Breite)
```

Listing 5.3:
Verschachtelter
Funktions-
aufruf

95

```
18: {
19:     return Laenge * Breite;
20: }
21:
22:
23: int VolumenBerechnen(int Laenge, int Breite, int Hoehe)
24: {
25:     return FlaecheBerechnen(Laenge, Breite) * Hoehe;
26: }
```

In Listing 5.3 wird in Zeile 13 vom Hauptprogramm aus die erste Funktion, VolumenBerechnen, aufgerufen. Diese bekommt drei Argumente übergeben und ruft eine zweite Funktion, FlaecheBerechnen, auf. FlaecheBerechnen berechnet die Fläche aus den Argumenten Laenge und Breite und gibt diese zurück. Die Funktion VolumenBerechnen multipliziert den zurückgegebenen Wert noch mit der Hoehe und gibt diesen Wert wiederum an die main-Funktion zurück. Abbildung 5.3 verdeutlicht diesen Vorgang.

Abb. 5.3: Funktions- aufrufe ver- schachteln

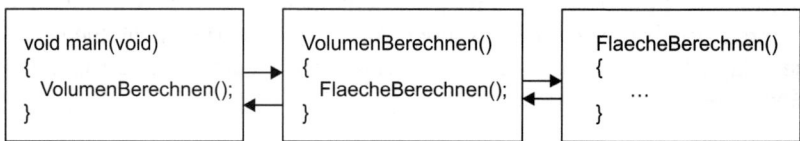

Sie können Funktionsaufrufe beliebig tief verschachteln, wobei der Code bei großer Verschachtelungstiefe aber sehr unübersichtlich und schwieriger nachzuvollziehen wird.

5.6   Variablen und Funktionen

Innerhalb einer Funktionen kann man nur auf globale Variablen oder auf lokale Variablen, die innerhalb der Funktion deklariert worden sind, wie auch auf Funktionsargumente zugreifen. Sie können also Variablen, die Sie global deklariert haben, in einer Funktion verändern. Listing 5.4 zeigt dazu ein Beispiel.

Listing 5.4: Globaler Va- riablenzugriff

```
1: // Zugriff auf eine globale Variable
2:
3: #include <iostream.h>
4:
5: // Prototypdeklaration
6: void GlobalerZugriff(void);
7:
8: // Deklaration der globalen Variable
9: int gVar = 100;
```

96

```
10:
11: void main(void)
12: {
13:     cout << "Globale Variable:" << gVar << '\n';
14:
15:     GlobalerZugriff();
16:
17:     cout << "Globale Variable:" << gVar << '\n';
18: }
19:
20:
21: void GlobalerZugriff(void)
22: {
23:     gVar *= 2;
24: }
```

In der 9. Zeile wird die globale Variable gVar deklariert und mit 100 initialisiert. In Zeile 13 der main-Funktion wird der Wert dieser Variablen ausgegeben. Danach folgt ein Aufruf der Funktion GlobalerZugriff. Diese Funktion greift auf die globale Variable zu und multipliziert ihren Wert mit zwei. Die Ausgabe in Zeile 17 macht deutlich, dass sich die Veränderung der Variablen in der Funktion ausgewirkt hat.

Auf globale Variablen kann aus jeder Funktion zugegriffen werden, und jede Funktion kann auch den Wert dieser Variablen verändern. Wenn Sie versuchen würden, auf eine lokale Variable, die Sie in der main-Funktion oder einer anderen Funktion deklariert haben, zuzugreifen, würde der Compiler eine Fehlermeldung ausgeben.

Sie sollten sich bemühen, globale Variablen so wenig wie möglich zu nutzen. Gerade wenn Sie diese Variablen in Funktionen verändern, wird deutlich, dass dies zu fehleranfälligem Code führt, da schwer nachvollziehbar ist, welche Funktionen auf globale Werte zugreifen und diese verändern. Funktionen sollten am besten so geschrieben werden, dass sie völlig unabhängig vom Rest des Programms arbeiten können.

Etwas anders sieht es mit Parametern aus. Parameter verhalten sich wie in der Funktion deklarierte lokale Variablen, die mit den übergebenen Werten initialisiert wurden.

Sie haben über die Parameter keinen Zugriff auf die Variablen, die Sie der Funktion übergeben haben. Sie arbeiten in der Funktion nur mit Kopien dieser Werte. Das folgende Beispiel macht das deutlich.

97

Listing 5.5:
Funktions-
parameter

```
1 // Veränderungen der Parameter
2:
3: #include <iostream.h>
4:
5: // Prototypdeklaration
6: void Zugriff(int x, int y);
7:
8: // Deklaration einer globalen Variable
9: int gVar = 100;
10:
11: void main(void)
12: {
13:     // Deklaration einer lokalen Variable
14:     int lVar = 50;
15:
16:     cout << "Globale Variable:" << gVar << '\n';
17:     cout << "Lokale  Variable:" << lVar << '\n';
18:
19:     Zugriff(gVar,lVar);
20:
21:     cout << "Globale Variable:" << gVar << '\n';
22:     cout << "Lokale  Variable:" << lVar << '\n';
23: }
24:
25:
26: void Zugriff(int x, int y)
27: {
28:     x += 2;
29:     y *= 5;
30:
31:     cout << "x hat jetzt den Wert " << x << '\n';
32:     cout << "y hat jetzt den Wert " << y << '\n';
33: }
```

Wenn Sie das Programm ausführen, werden Sie sehen, dass die Veränderungen der Variablen innerhalb der Funktion keine Auswirkungen auf die Werte der Variablen außerhalb der Funktionen haben.

Sie arbeiten in der Funktion nur mit Kopien der Werte und haben so keinen Einfluss auf die eigentlichen Variablen. Im nächsten Kapitel werden Sie aber ein alternatives Konzept kennen lernen, das Ihnen den Zugriff auf lokale Variablen, die Sie außerhalb der Funktion deklariert haben, gestattet.

Die Technik, beim Funktionsaufruf nur mit Kopien der Variablen zu arbeiten, die man als Argumente übergeben hat, nennt man *Call by Value* (Aufruf mit dem Wert der Variablen).

5.7 Standardparameter

Wenn Sie bisher Funktionen mit Parameter deklariert haben, müssen Sie beim Aufruf dieser Funktionen auch für jeden Parameter einen Wert des richtigen Typs übergeben.

Schauen Sie sich die folgende Funktion an:

```
int FlaecheBerechnen(int Laenge, int Breite);
```

Wir nehmen an, dass diese Funktion die Fläche eines Rechtecks aus der `Laenge` und der `Breite` berechnet und zurück gibt. Stellen Sie sich vor, dass Sie diese Funktion in einem Programm nutzen, in dem Sie die Flächen von sehr vielen Rechtecken berechnen. Sie stellen fest, dass die meisten Rechtecke, deren Fläche Sie berechnen wollen, zwar eine sehr unterschiedliche Länge haben, die Breite der Rechtecke beträgt in fast allen Fällen 100.

Da eben nicht alle Rechtecke eine Breite von 100 haben, können Sie nicht auf den zweiten Parameter verzichten und in der Funktion immer eine Breite von 100 annehmen. Sie können die Nutzung der Funktion dennoch vereinfachen und zwar mit einem Standardparameter für Breite. Dazu müssen Sie den Funktionsprototyp folgendermaßen ändern:

```
int FlaecheBerechnen(int Laenge, int Breite = 100);
```

Auf diese Weise können Sie beim Aufruf der Funktion auf die Angabe der Breite verzichten. Immer wenn der Compiler einen Aufruf in der Art

```
int FlaecheBerechnen(33);
```

im Quellcode findet, wird für die Breite automatisch der Wert 100 angenommen. Sie können die Funktion ansonsten wie gewohnt nutzen, so dass auch der Aufruf

```
int FlaecheBerechnen(33,50);
```

weiterhin gültig ist.

Sie können beliebig vielen Parametern Standardwerte zuordnen. Es gibt dabei aber eine Einschränkung. Wenn Sie für einen Parameter keinen Standardwert angeben, darf kein vorheriger Parameter in der Parameterliste einen Standardwert erhalten. Bei dem Funktionsprototyp

```
int Volumen(int Laenge, int Breite, int Hoehe);
```

können Sie für

✘ `Laenge`, `Breite` und `Hoehe`
✘ `Breite` und `Hoehe`
✘ nur für `Hoehe`

Standardparameter angeben. Nur Laenge sowie Laenge und Breite einen Standardparameter zuzuweisen, ist nicht möglich.

Listing 5.1 zeigt die Nutzung einer Funktion mit Standardparametern.

Listing 5.6:
Nutzung einer
Funktion mit
Standard-
parametern

```
 1: // Standardparametern für Funktionen
 2:
 3: #include <iostream.h>
 4:
 5: // Prototyp einer Funktion zur Volumenberechnung
 6: // mit 2 Standardparametern
 7:
 8: int Volumen(int Laenge, int Breite = 70, int Hoehe = 50);
 9:
10:
11: int Laenge = 100;
12: int Breite = 100;
13: int Hoehe  = 100;
14:
15:
16: void main(void)
17: {
18:     cout << "1.Volumen: " << Volumen(Laenge,Breite,Hoehe)
19:         << '\n';
20:
21:     cout << "2.Volumen: " << Volumen(Laenge,Breite)
22:         << '\n';
23:
24:     cout << "3.Volumen: " << Volumen(Laenge)
25:         << '\n';
26: }
27:
28:
29: int Volumen(int Laenge, int Breite, int Hoehe)
30: {
31:     return Laenge * Breite * Hoehe;
32: }
```

Dieses Programm berechnet das Volumen von drei Quadern. Dazu wird in Zeile 8 die Funktion Volumen deklariert. Diese Funktion nutzt Standardwerte für die Argumente Breite und Hoehe. Wenn für diese Parameter kein Wert im Funktionsaufruf angegeben wurde, werden die Werte genutzt, die im Prototyp festgelegt wurden.

Ein Standardparameter darf nur bei der Deklaration des Prototypen angegeben werden, die Funktionsdefinition muss immer noch alle Parameter enthalten.

5.8 Inline-Funktionen

Wie bei Variablen gibt es auch bei Funktionen Modifizierer, die man bei der Deklaration einer Funktion angeben kann. `inline` gehört zu diesen Modifizierern.

Wenn Sie eine Funktion schreiben, legt der Compiler den Quellcode dieser Funktion einmal im Speicher ab. Wenn Sie die Funktion im Programm aufrufen, springt die Programmausführung zum Beginn der Funktion, arbeitet alle Anweisungen in der Funktion ab und springt anschließend wieder zurück. Es gibt nur ein Exemplar der Funktion im Speicher, egal wie oft die Funktion aufgerufen wird.

Die Funktion nur einmal im Speicher abzulegen, ist sehr sinnvoll, da man so Speicherplatz einspart. Es wäre Platzverschwendung, den gleichen Code immer wieder in den Speicher zu schreiben.

Die Sprünge, die der Prozessor ausführen muss, einmal zur Funktion und wieder zurück, kosten aber jeweils etwas Zeit. Diese zusätzliche Zeit spielt bei umfangreichen Funktionen kaum eine Rolle. Sie fällt bei kurzen Funktionen dafür um so mehr ins Gewicht, da die Zeit, die für die Sprünge benötigt wird, fast genau so groß ist, wie die Zeit, die für die Abarbeitung der Anweisungen anfällt.

Wenn Sie `inline` bei einer Funktionsdeklaration verwenden, erzeugt der Compiler keinen Funktionscode im Speicher, sondern ersetzt jeden Funktionsaufruf, der im Quellcode auftritt, durch den gesamten Code der Funktion. Dadurch fallen die Sprünge weg, und man erreicht einen Geschwindigkeitsvorteil.

Der Nachteil dieser Methode besteht darin, dass man sehr viel mehr Speicher verbraucht. Wenn Sie eine `inline`-Funktion zehn mal verwenden, wird der Quellcode auch zehn mal in das Programm kopiert. Bei umfangreichen Programmen wird das ausführbare Programm so deutlich größer.

Sie sollten `inline` deshalb nur für Funktionen einsetzen, die Sie in Codeteilen nutzen, die sehr schnell ablaufen müssen oder nur für sehr kleine Funktionen.

Das ist ein typisches Beispiel für ein Problem, auf das Sie sehr oft treffen werden. Man muss sich häufig zwischen besserer Performance in Verbindung mit höherem Speicherverbrauch oder etwas langsameren Programmen mit geringerem Speicherverbrauch entscheiden.

5.9   Funktionen überladen

In C++ ist es möglich, mehrere Funktionen mit dem gleichen Namen, aber anderen Parametern zu nutzen. Dabei können die Funktionen eine unterschiedliche Anzahl von Parametern haben, oder die Typen der Argumente können sich unterscheiden.

```
void Ausgabe(int x);
void Ausgabe(char c);
void Ausgabe(float f, char c);
```

Anhand des Typs oder der Anzahl der Argumente, die Sie übergeben, kann der Compiler entscheiden, welche Funktion aufgerufen werden muss.

Auch der Rückgabetyp von Funktionen kann unterschiedlich sein. Man muss nur darauf achten, dass die Funktionen eindeutig identifizierbar bleiben. Die folgende Deklaration der Funktion Berechne ist zulässig.

```
int   Berechne(int x, int y);
float Berechne(int x, float y);
```

Es ist aber nicht möglich, zwei Funktionen, die einen Wert, der über die Tastatur eingegeben wird, einmal mit dem Rückgabetyp int und einmal mit dem Rückgabetyp char zu deklarieren:

```
int  TasteEinlesen(void);
char TasteEinlesen(void);
```

Diese Funktionen unterscheiden sich nur bezüglich ihrer Rückgabewerte. Dies ist aber nicht zulässig und verursacht einen Compilerfehler, da der Compiler nicht entscheiden kann, welche Funktion er aufrufen soll.

Das Überladen von Funktionen wird auch als Funktionspolymorphie bezeichnet. Der Begriff polymorph kommt aus dem Griechischen und bedeutet vielgestaltig. Diese Bezeichnung bezieht sich auf die unterschiedlichen Erscheinungsformen, die eine Funktion mit gleichem Namen haben kann.

Als Beispiel wollen wir uns ein Programm anschauen, mit dem man Variablen verschiedener Typen ausgeben kann.

Listing 5.7:
Funktions-
polymorphie

```
1: // Überladen der Parametern von Funktionen
2:
3: #include <iostream.h>
4:
5: // Prototypdeklaration
6: void Ausgabe(int x);
7: void Ausgabe(char c);
8: void Ausgabe(float f, char c);
9:
```

```
10:
11: void main(void)
12: {
13:     int   IntVar    = 10;
14:     char  Character = 'Z';
15:     float fVar      = 11.11f;
16:
17:     Ausgabe(Character);
18:     Ausgabe(IntVar);
19:     Ausgabe(fVar,Character);
20: }
21:
22:
23: void Ausgabe(int x)
24: {
25:     cout << x << '\n';
26: }
27:
28: void Ausgabe(char c)
29: {
30:     cout << c << '\n';
31: }
32:
33: void Ausgabe(float f, char c)
34: {
35:     cout << f << " " << c << '\n';
36: }
```

Wenn Sie das Programm ausführen, werden Sie sehen, dass der Compiler automatisch die richtige Funktion wählt. Das Überladen von Funktionen bietet eine sehr elegante Möglichkeit, verschiedene Parametertypen zu behandeln. Eine Funktionsdeklaration der Art

```
void AusgabeInt(int x);
void AusgabeChar(char c);
void AusgabeFloatInt(float f, char c);
```

ist zwar auch möglich, aber umständlich. Durch die Funktionspolymorphie brauchen Sie sich nicht mehr darum zu kümmern, die richtige Variante der Ausgabe-Funktion aufzurufen, sondern überlassen die Entscheidung dem Compiler.

Wenn Sie bei der Eingabe dieses Programms zur Zeile 17 gelangen und dort Ausgabe und die öffnende runde Klammer eingeben, wird Ihnen Visual C++ ein Fenster anzeigen, das eine Auswahl der verschiedenen Erscheinungsformen der Funktion Ausgabe enthält.

5.10 Im Hintergrund

An dieser Stelle will ich Ihnen erläutern, was im Computer vorgeht, wenn Sie eine Funktion aufrufen.

Beim Aufruf einer Funktion springt man im Code von der aufrufenden Funktion zu der Funktion, die aufgerufen wird. Die Parameter werden an die Funktion übergeben, die Anweisungen werden ausgeführt und wenn nötig, wird am Ende der Funktion ein Wert zurückgegeben.

Der Compiler muss sich dazu die Rücksprungadresse merken, damit er zur richtigen Stelle im Quellcode zurückspringen kann, wenn die Funktion beendet ist. Außerdem muss er die Argumente, die der Funktion übergeben werden, speichern.

Die Speicherung dieser Werte wird auf den Stack des Computers abgebildet. Der Stack ist einer von mehreren Speichern, die im Computer zur Verfügung stehen. Der Stack hat eine ganz besondere Funktionsweise. Er arbeitet wie ein Stapel.

Stellen Sie sich einen Stapel Kisten vor. Wenn eine neue Kiste zu dem Stapel hinzugefügt werden soll, wird diese oben auf alle anderen Kisten gestellt. Wenn eine Kiste weggenommen werden soll, kann immer nur die oberste Kiste vom Stapel genommen werden.

So ähnlich arbeitet auch der Stack im Computer. Wenn eine Funktion aufgerufen wird, werden zuerst die Parameter und danach die Rücksprungadresse auf den Stack gelegt. In der Funktion werden diese Daten dann vom Stack geholt, und man kann mit ihnen arbeitet. Wenn die Funktion beendet ist, kann der Computer an die richtige Adresse zurückspringen, da diese ganz oben auf dem Stack liegt. Abbildung 5.4 zeigt diesen Vorgang.

Diese Vorgänge geschehen intern, Sie bekommen in der Regel nichts davon mit, außer, wenn Sie sich den Assemblercode zu Ihrem Programm ansehen würden.

Der Stack kommt auch bei der Verwendung von lokalen Variablen zum Einsatz. Immer wenn Sie eine lokale Variable deklariert haben, und das Programm bei der Ausführung auf diese lokale Variable trifft, wird Speicher auf dem Stack reserviert, und nach Verlassen des Gültigkeitsbereichs der Variable wird der Speicherplatz wieder freigegeben

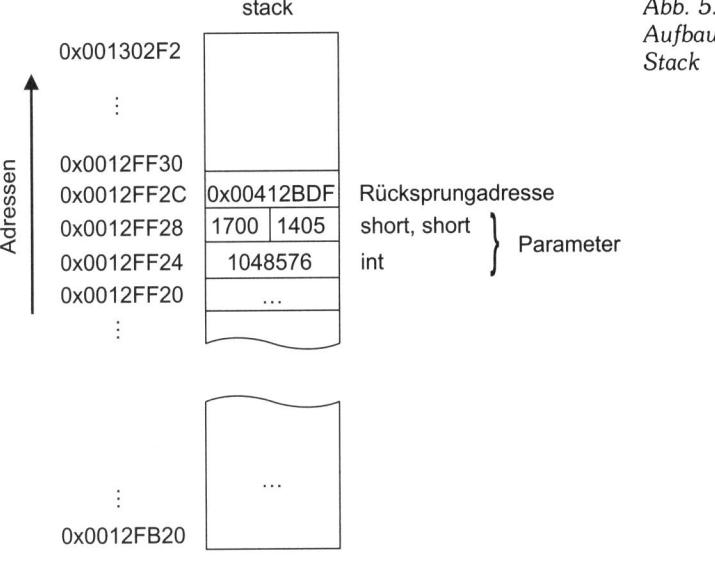

stack

Abb. 5.4:
Aufbau des
Stack

5.11 Rekursionen

Nachdem Sie nun wissen, was hinter den Kulissen passiert, wenn Sie eine Funktion aufrufen, will ich Ihnen zum Ende dieses Kapitels ein nicht ganz einfaches Thema vorstellen – die Rekursion.

In C++ ist es möglich, dass sich eine Funktion selbst aufruft. Dieser Prozess wird Rekursion genannt. Mit Hilfe von Rekursionen kann man Probleme aus dem mathematischen Bereich oft sehr elegant lösen.

Im folgenden Beispiel wird die Fakultät einer Zahl mit Hilfe einer rekursiven Funktion berechnet. Die Fakultät einer natürlichen Zahl n rechnet man aus, indem man n mit allen Vorgängern bis zur Zahl 1 multipliziert. Das mathematische Zeichen für die Fakultät ist das Ausrufezeichen (!), die Fakultät einer Zahl n wird mit n! abgekürzt.

Die Fakultät der Zahl 6 wäre:

6! = 6*5*4*3*2*1 = 720.

Etwas formaler würde man schreiben:

Fakultät(n) = n * Fakultät(n-1), wobei Fakultät(0) als 1 definiert wird.

Diese Funktion ist auch eine im mathematischen Sinn rekursiv definierte Funktion, da die Funktion, die beschrieben wird, auf der rechten Seite wieder auftritt.

105

```
1: // Rekursionsfunktion zur Berechnung der Fakultät
2:
3: #include <iostream.h>
4:
5:
6: int Fakultaet(int n);
7:
8:
8: void main(void)
10: {
11:     cout << Fakultaet(6) << '\n';
12: }
13:
14:
15: int Fakultaet(int n)
16: {
17:     if(0 == n)
18:     {
19:         return 1;
21:     }
22:     else
23:     {
24:         return (n * Fakultaet(n-1));
25:     }
26: }
```

Die Funktion `Fakultaet` bekommt einen Parameter, der die Zahl enthält, für die die Fakultät berechnet werden soll. Der Rückgabewert der Funktion ist das Ergebnis.

In Zeile 17 wird geprüft, ob die Zahl, die übergeben wurde, null ist. Wenn dies der Fall ist, wird 1 zurückgegeben und die Funktion ist zu Ende, denn in der Definition der Fakultätsfunktion wurde festgelegt, dass Fakultät(0) = 1 ist.

Wenn der übergebene Wert ungleich null ist, wird der `else`-Zweig ausgeführt. Dieser Zweig besteht nur aus einer einzigen Anweisung:

```
return (n * Fakultaet(n-1));
```

Machen wir uns zunächst klar, was diese Zeile bedeutet:

Multipliziere n mit dem Wert der Fakultät(n-1) und gibt das Ergebnis zurück. Da n den Wert 6 hat, wird 6 mit der Fakultät von 5 multipliziert, also 6 * 5!, was nichts anderes ist als 6*5*4*3*2*1.

Zunächst sieht es also so aus, als ob das Programm das tun sollte, wozu es gedacht ist.

Aber was passiert programmtechnisch? Nun, wenn wir im Programm an dieser Zeile angekommen sind, wird die Funktion `Fakultaet` erneut aufgerufen, dieses Mal aber mit dem Wert 5 (n-1). Die Multiplikation kann noch nicht ausgeführt werden, da die Funktion `Fakultaet(5)` dazu einen Wert zurückliefern müsste.

Das ist aber noch nicht möglich, da die Funktion `Fakultaet`, dieses Mal mit dem Parameter 5 zuerst ausgeführt wird. Aber auch diese Funktion kann keinen Wert zurückliefern, da die Funktion erneut mit dem Parameter 4 aufgerufen wird.

Dieses Schema setzt sich so lange fort, bis n den Wert 1 hat. In diesem Fall, gibt die Funktion `Fakultaet(n-1)` sofort einen Wert zurück. Dieses Mal ist die Bedingung in der `if`-Abfrage wahr (n=0), und es wird 1 zurückgegeben, ohne dass die Funktion erneut aufgerufen wird.

Dann kehren die anderen Funktionen nacheinander zurück und berechnen jeweils den Wert ihrer Fakultät.

Wie Sie sehen, passiert im Hintergrund viel mehr, als man zunächst gedacht hätte, da die Zeile, die die Rekursion bewirkt, doch recht einfach aussieht. Genau das ist die Stärke der Rekursion. Eine Formel lässt sich intuitiv, ohne großen Unterschied zur mathematischen Definition umsetzen.

Um die Funktion vollständig zu machen, müssten Sie noch überprüfen, ob die übergebene Zahl negativ ist und gegebenenfalls eine Fehlermeldung ausgeben und das Programm abbrechen, da die Fakultätsfunktion für negative Zahlen nicht definiert ist.

Das Gegenstück zu einer rekursiven Definition ist eine iterative Definition. Eine iterative Definition ist eine »direkte« Beschreibung einer Funktion.

Die rekursive Funktion aus Listing 5.8 kann man in eine iterative Funktion umwandeln. Die folgende Funktion ist beispielsweise eine iterative Darstellung der rekursiven Funktion zur Berechnung der Fakultät.

```
int Fakultaet(int n)
{
    int j = 1;

    for(int i=1;i<=n;i++)
    {
        j *= i;
    }

    return j;
}
```

In dieser Funktion wird die lokale Variable j deklariert. Danach wird eine for-Schleife ausgeführt, in der die Fakultätsberechnung verlagert wurde.

In der Schleife wird die Variable i deklariert und mit 1 initialisiert. Die Schleife läuft bis zur Zahl n und multipliziert i bei jedem Durchlauf mit j.

Zum Schluss wird der Wert der Variablen j, die das Ergebnis der Fakultätsberechnung enthält, zurückgegeben. Wichtig ist dabei, die Variable j mit 1 zu initialisieren, da man sonst mit 0 multiplizieren würde, und das Ergebnis immer 0 wäre.

In diesem Fall wird die richtige Anzahl der Multiplikationen direkt durch eine Schleife ausgeführt. Im rekursiven Fall wird die Anzahl der Multiplikationen durch die Höhe des Stapels und damit der Funktionsaufrufe bestimmt.

Dieser kurze Abschnitt beinhaltet noch lange nicht alles, was mit Rekursionen möglich ist. Wenn Sie mehr zu diesem Thema wissen wollen, muss ich Sie auf die entsprechende Fachliteratur verweisen. Aber auch wenn Sie nicht alles in diesem Abschnitt verstanden haben, ist das kein Beinbruch, denn wir werden in diesem Buch keine weitere Rekursion einsetzen. Wenn Sie sich weiterhin intensiv mit C++ auseinandersetzen und das Buch nach einem halben Jahr wieder zur Hand nehmen, werden Sie über Rekursionen schmunzeln.

Der Compiler berücksichtigt den Zusatz inline nicht, wenn Sie die Funktion rekursiv verwenden, da der Compiler vorher nicht wissen kann, wie oft eine Funktion in der Rekursion aufgerufen werden würde und den Code deshalb nicht einsetzen kann.

Zusammenfassung

Wenn Sie eine Aufgabenstellung durch ein Programm lösen möchten, sollten Sie die Aufgabe so lange analysieren, bis Sie herausgefunden haben, wie Sie sie möglichst elegant in verschiedene kleine Teile aufteilen können. Jedes dieser Teilprobleme wird dann von einer Funktion gelöst.

Jede Funktion, die Sie schreiben, sollten Sie dabei so planen, dass sie eine genau definierte Aufgabe übernimmt und unabhängig von den übrigen Programmteilen arbeiten kann.

Der Abschnitt über Rekursionen dient der Vollständigkeit. Rekursionen kommen in der Spieleprogrammierung kaum zum Einsatz, da man rekursive Funktionen zwar elegant formulieren kann. Ihre iterativen Pendants sind aber in der Regel bezüglich Speicherverbrauch und Geschwindigkeit effizienter.

Kapitel 6

Zeiger

Zeiger (Pointer) sind ein sehr leistungsfähiges, aber zu Beginn auch nicht ganz einfach zu verstehendes Werkzeug.

Zeiger erfüllen im Prinzip zwei Aufgaben. Zum einen kann man mit ihnen direkt auf Speicherstellen zugreifen und diese manipulieren. Zum anderen spielen Zeiger eine wichtige Rolle bei der dynamischen Speicherverwaltung.

In diesem Kapitel lernen Sie, wie Zeiger funktionieren, wie man Sie sinnvoll einsetzt und was mit ihnen möglich ist.

6.1   Der Adressoperator

In den vorangegangenen Kapiteln haben Sie bereits erfahren, dass der Compiler Speicher für jede Variable, die Sie deklarieren, reserviert. Eine Variable wird an einer Adresse im Speicher angelegt und benötigt eine bestimmte Anzahl an Byte, die von ihrem Typ abhängig ist. Die folgende Abbildung zeigt einen Speicherbereich, in dem eine Variable vom Typ int und eine Variable vom Typ short deklariert wurden.

Der Speicherbereich, den Sie in Abbildung 6.1 sehen, ist Teil des Hauptspeichers des Computers, in dem alle Daten und Programme gespeichert werden. Die kleinste Einheit, die man im Hauptspeicher ansprechen kann, ist ein Byte. Jedes einzelne Byte im Hauptspeicher hat eine bestimmte Adresse, und genau an einer solchen Adresse erzeugt der Compiler eine Variable, wenn sie deklariert wird. Dabei kann eine Variable mehrere Byte belegen. So benötigt eine Integer-Variable vier Byte, eine Variable von Typ char ein Byte usw. Wie viel Speicher die Variablen der verschiedenen Typen benötigen, können Sie in Kapitel 3 nachlesen.

Abb. 6.1:
Speicheraus-
schnitt mit
zwei Variablen

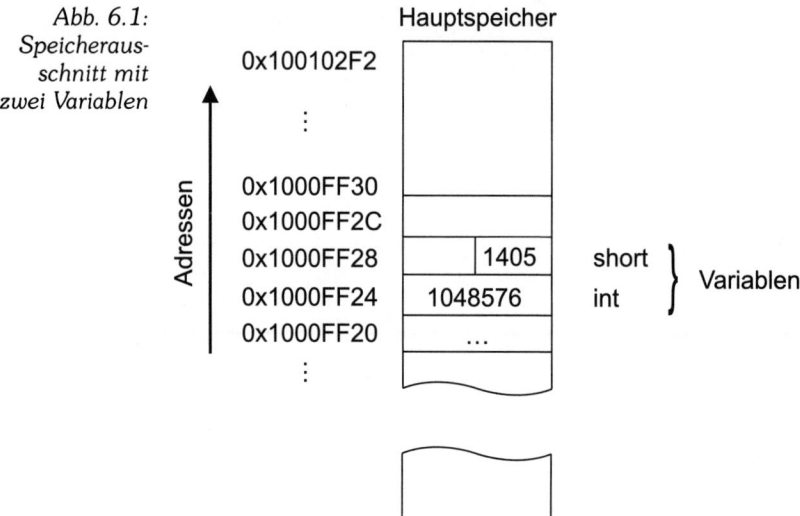

Normalerweise müssen Sie die Adresse einer Variablen im Speicher nicht kennen, da sich der Compiler um die richtige Adressierung kümmert, wenn Sie eine Variable verwenden. Sie können sich diese Informationen aber trotzdem mit Hilfe des Adressoperators besorgen.

Das Zeichen für den Adressoperator (&) kennen Sie bereits. Es ist nämlich das gleiche Zeichen, das auch für die bitweise UND-Verknüpfung verwendet wird. Der Compiler kann aber aus dem Zusammenhang erkennen, um welchen Operator es sich handelt.

Das folgende Listing zeigt, wie man den Adressoperator einsetzt.

Listing 6.1:
Anzeige der
Variablen-
adressen mit
dem Adress-
operator

```
 1: // Nutzung des Adressoperators zur Anzeige der
 2: // Adressen von Variablen
 3:
 4: #include <iostream.h>
 5:
 6: int a = 1;
 7: int b = 2;
 8: int c = 3;
 9:
10: void main(void)
```

```
11: {
12:     int d = 4;
13:     int e = 5;
14:
15:     cout << "a hat die Adresse " << &a << '\n';
16:     cout << "b hat die Adresse " << &b << '\n';
17:     cout << "c hat die Adresse " << &c << '\n';
18:     cout << "d hat die Adresse " << &d << '\n';
19:     cout << "e hat die Adresse " << &e << '\n';
20: }
```

Wenn Sie das Programm ausführen, werden Sie zunächst feststellen, dass der Computer die Adressen in hexadezimaler Schreibweise ausgibt. In der Computertechnik ist es üblich, Adressen auf diese Weise anzugeben, aber es sollte Ihnen keine Schwierigkeiten bereiten, hexadezimale Zahlen umzurechnen.

An welchen Adressen der Compiler die Variablen genau anlegt, lässt sich vorher nicht sagen, und die Adressen können sich auch ändern, wenn Sie das Programm häufiger starten.

Interessant ist aber, dass man an den Adressen der globalen Variablen, die in den Zeilen 6 bis 8 deklariert wurden, sehen kann, dass sie jeweils einen Abstand von vier Byte haben. Das ist auch kein Wunder, da es sich um Integer-Werte handelt, die vier Byte belegen.

Die lokalen Variabeln, die in der main-Funktion in den Zeilen 12 und 13 deklariert werden, haben völlig andere Adressen als die globalen Variablen, da Sie erst zur Laufzeit, wenn die main-Funktion ausgeführt wird, auf dem Stack erzeugt werden.

Der Wert, der einer Variablen zugewiesen wird, hat keine Auswirkungen auf ihre Adresse. Wenn Sie einer der Integer-Variablen einen neuen Wert zuweisen, ändert sich nur der Wert, der an der entsprechenden Speicheradresse gespeichert ist, nicht aber die Adresse selbst. Jedes Mal, wenn Sie eine Variable verwenden, schaut der Compiler an der Adresse nach, an der die Variable erzeugt wurde und holt oder verändert ihren Wert.

6.2   Zeiger deklarieren

Jetzt, wo Sie genauer über die Speicherung von Variablen Bescheid wissen, können wir uns näher mit Zeigern beschäftigen.

Ein Zeiger ist eine Variable, die eine Speicheradresse enthält.

Eigentlich ganz einfach. Variablen kennen Sie schon zur Genüge, und was eine Speicheradresse ist, haben Sie auch erfahren. Ein Zeiger ist also eine spezielle Art von Variable, die eine Speicheradresse enthält.

Die Deklaration eines Zeigers unterscheidet sich eigentlich kaum von der Deklaration einer Variablen. Es gibt jedoch einen kleinen Unterschied:

```
int Gehalt    = 3000;   // Variable vom Typ Integer
int *pGehalt = 0;       // Zeiger vom Typ Integer
```

Um einen Zeiger zu deklarieren, müssen Sie den Typ angeben, den der Zeiger haben soll, danach folgt ein Stern und dann der Name des Zeigers. Sie können den Stern dabei sowohl direkt an den Typ, direkt an den Namen oder mit Abstand in beide Richtungen schreiben, der Compiler akzeptiert jede Form:

```
int *pGehalt1 = 0;
int* pGehalt2 = 0;
int * pGehalt3 = 0;
```

Das p vor dem Namen steht für die englische Bezeichnung für Zeiger, Pointer, und wird häufig eingesetzt, damit schon am Variablennamen deutlich wird, dass es sich um einen Zeiger handelt.

Die Zeiger oben wurden alle mit dem Wert 0 initialisiert. Die Initialisierung von Zeigern ist noch wichtiger als die Initialisierung von Variablen, da das unabsichtliche Modifizieren von Werten an bestimmten Speicheradressen fatale Folgen haben kann. So könnte es z.B. passieren, dass Sie die Rücksprungadresse von Funktionen ändern, was in völlig unvorhersehbarem Verhalten des Programms resultieren würde. Sie sollten prinzipiell vorsichtig beim Umgang mit Zeigern sein, die Initialisierung der Zeiger ist dabei eine Grundvoraussetzung.

Bei der Initialisierung mit 0 handelt es sich um eine Besonderheit im Zusammenhang mit Zeigern. Zeiger, die lokal deklariert, aber nicht initialisiert werden, enthalten einen undefinierten Wert. Es ist aber nicht möglich, einem Zeiger direkt eine Speicheradesse zuzuweisen. Wenn Sie versuchen, einen konstanten Wert oder eine Variable einem Zeiger zuzuweisen, erzeugt dies einen Compilerfehler.

```
int Wert = 1000;
int *p;

p = 123456;   // Fehler !
p = Wert;     // Fehler !
```

Sie können Zeiger nur mit dem Wert 0 initialisieren, und 0 ist auch der einzige Wert, den Sie einem Zeiger zur Laufzeit zuweisen können. Sie können einem Zeiger aber natürlich den Wert eines anderen Zeigers oder die Adresse einer Variablen mit Hilfe des Adressoperators zuweisen.

In den meisten C++-Compiler ist die Konstante `NULL` definiert. Diese Konstante wird häufig verwendet, um zum Ausdruck zu bringen, dass es sich um eine Zeigerinitialisierung handelt.

```
int *p = NULL;     // Ist äquivalent zu int *p = 0;
```

Wofür kann man den oben deklarierten Zeiger nutzen? Nun, die einfachste Möglichkeit ist, ihn auf eine Variable »zeigen« zu lassen.

```
int Gehalt    = 3000;   // Variable vom Typ Integer
int *pGehalt = 0;       // Zeiger vom Typ Integer

pGehalt = &Gehalt;      // Dem Zeiger pGehalt wird die Adresse
                        // der Variablen Gehalt zugewiesen

cout << pGehalt << " " << &Gehalt << '\n';
```

In diesem Codefragment werden eine Variable und ein Zeiger gleichen Typs deklariert. Dem Zeiger wird anschließend mit Hilfe des Adressoperators die Adresse der Variablen zugewiesen. Abbildung 6.2 verdeutlicht diesen Vorgang:

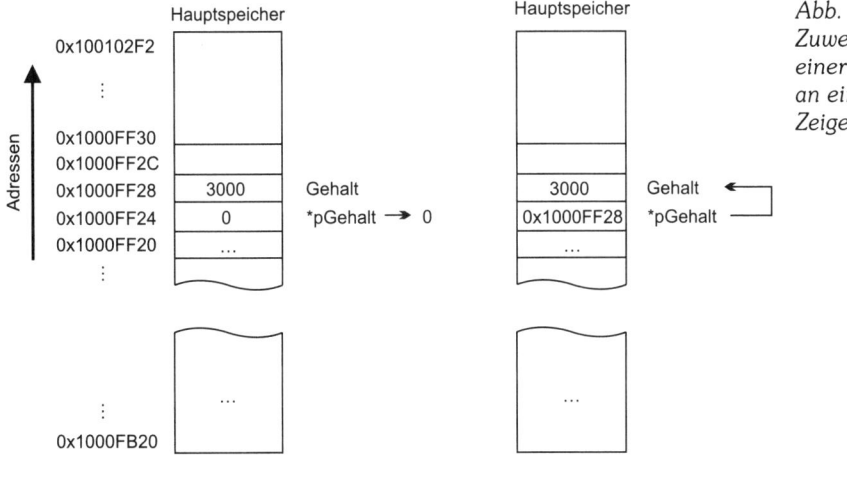

Abb. 6.2: Zuweisung einer Adresse an einen Zeiger

Welchen Typ Sie für einen Zeiger wählen, hängt davon ab, wofür Sie ihn einsetzen wollen. Die Größe, die ein Zeiger benötigt, hängt von der Plattform ab, auf der Sie arbeiten. Visual C++ 6.0 ist ein 32-Bit Compiler, und auch alle heutigen PC-Prozessoren haben eine 32-Bit Architektur, d.h. jede Adresse ist 32 Bit, also 4 Byte, lang. Dabei ist es egal, welchem Typ von Zeiger Sie verwenden.

6.3 Zeiger dereferenzieren

Zeiger zu deklarieren, ihnen dann Adressen von Variablen zuzuweisen, und diese dann auszugeben, ist nicht die einzige Verwendungsmöglichkeit von Zeigern. Viel interessanter wird es, wenn man Zeiger dereferenziert.

Wenn man einen Zeiger dereferenziert bedeutet dies, dass man auf den Wert, der an der Adresse, die im Zeiger gespeichert ist, zugreift. Man könnte auch sagen, dass man auf den Wert zugreift, auf den der Zeiger zeigt. Dieser Zugriff erfolgt durch den Dereferenzierungsoperator (*). Das folgende Beispiel zeigt die Verwendung dieses Operators:

Listing 6.2: Zugriff auf den Wert eine Variablen durch Dereferenzierung

```
 1: // Dereferenzieren eines Zeigers
 2:
 3: #include <iostream.h>
 4:
 5: int Gehalt   = 3000;
 6: int *pGehalt = 0;
 7:
 8:
 9: void main(void)
10: {
11:     pGehalt = &Gehalt;
12:
13:     cout << "Der Wert von Gehalt ist " << Gehalt << '\n';
14:
15:     cout << "Der Wert an der Adresse auf die "
16:          << "pGehalt zeigt, ist " << *pGehalt << '\n';
17: }
```

In Zeile 5 wird die Variable Gehalt vom Typ Integer deklariert und mit 3000 initialisiert. Danach wird der Zeiger pGehalt deklariert. In der ersten Anweisung der main-Funktion wird dem Zeiger die Adresse der Variablen Gehalt zugewiesen. In Zeile 15 erfolgt der Zugriff auf den Wert der Variablen Gehalt durch Dereferenzierung des Zeigers pGehalt.

114

Der Stern (*) kommt im Zusammenhang mit Zeigern in zwei unterschiedlichen Versionen vor. Zum einen wird der Stern genutzt, um bei der Deklaration zu kennzeichnen, dass es sich um einen Zeiger handelt.

```
int *p = 0;  // Deklaration und Initialisierung eines Zeigers
```

Auf der anderen Seite dient der Stern als Dereferenzierungsoperator, mit dem man in der Lage ist, auf die im Zeiger abgelegte Speicheradresse zuzugreifen.

```
Wert = *pGehalt;  // Dereferenzierung eines Zeigers
```

Mit Hilfe des Dereferenzierungsoperators kann man aber nicht nur auf die Werte von Variablen zugreifen, man kann Sie sogar verändern. Sie müssen nur dem dereferenzierten Zeiger einen Wert zuweisen. Das folgende Listing zeigt, wie das geht.

```
1: // Veränderung einer Variable mit Hilfe eines Zeigers
2:
3: #include <iostream.h>
4:
5: int Gehalt   = 3000;
6: int *pGehalt = 0;
7:
8:
9: void main(void)
10: {
11:     pGehalt = &Gehalt;
12:
13:     *pGehalt = 5000;
14:
15:     cout << "Der Wert von Gehalt ist " << Gehalt << '\n';
16:
17:     cout << "Der Wert an der Adresse auf die "
18:          << "pGehalt zeigt, ist " << *pGehalt << '\n';
19: }
```

Listing 6.3:
Nutzung eines
Zeigers, um
eine Variable
zu verändern

Das Programm aus Listing 6.3 unterscheidet sich kaum vom letzten Listing. Es gibt jedoch eine Veränderung. In Zeile 13 ist die Anweisung

```
*pGehalt = 5000;
```

hinzugekommen. Durch diese Anweisung wird der Adresse, die in pGehalt gespeichert ist, der Wert 5000 zugewiesen. Da pGehalt in Zeile 11 die Adresse der Variablen Gehalt zugewiesen wurde, steht an dieser Adresse jetzt nicht mehr der Wert 3000, sondern 5000. Es handelt sich also um eine indirekte Wertzuweisung an die Variable Gehalt. An diesem Beispiel kann man sehen, wie mit Hilfe von Zeigern der Wert einer Variablen verändert werden kann, ohne direkt auf sie zuzugreifen.

Wenn Sie die letzten Beispiele verstanden haben, kennen Sie nun die grundlegende Funktionsweise von Zeigern. Machen Sie sich die Zusammenhänge noch einmal genau deutlich.

✘ Der Adressoperator liefert die Adresse einer Variablen.

✘ Ein Zeiger kann die Adresse einer Variablen speichern.

✘ Mit dem Dereferenzierungsoperator greift man auf den Wert zu, der an der Adresse steht, auf die der Zeiger verweist.

Die Beispiele, die Sie sich bisher im Zusammenhang mit Zeigern angeschaut haben, zeigten, wie man mit Zeigern auf Variable zugreift. Man hätte aber die Variablen auch direkt verwenden können, ohne überhaupt einen Zeiger einzusetzen. Die Beispiele dienten dazu, Sie mit dem Konzept der Zeiger vertraut zu machen, und Ihnen ihre Funktion näherzubringen. In den nächsten Abschnitten lernen Sie, bei welchen Problemstellungen man Zeiger sinnvoll einsetzen kann.

Zum Schluss dieses Abschnitts möchte ich Ihnen noch ein Beispiel zeigen, an dem man sehen kann, welche Folgen der unvorsichtige Gebrauch von Zeigern haben kann. Sehen Sie sich dazu das folgende Beispiel an.

Listing 6.4:
Zugriff auf
eine ungültige
Adresse

```
1: // Dereferenzieren einer ungültigen Adresse
2:
3: #include <iostream.h>
4:
5: int a = 1;
6: int *p = 0;
7:
8:
9: void main(void)
10: {
11:     a = *p;
12: }
```

Obwohl dieses Programm sehr kurz ist, hat es große Auswirkungen. Wenn Sie das Programm ausführen, wird Ihnen eine Windows-Fehlermeldung angezeigt, die folgendermaßen aussieht.

Abb. 6.3:
Fehlermeldung
beim Zugriff
auf eine ungül-
tige Adresse

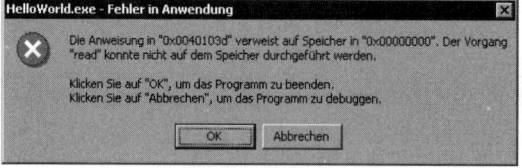

Die Fehlermeldung aus Abbildung 6.3 sollte bei Ihnen fast genauso aussehen. Wahrscheinlich ist aber die erste Adresse, 0x0040103d, in Ihrer Fehlermeldung etwas anders.

Die Fehlermeldung wird verursacht, da das Programm versucht, der Variablen a den Inhalt der Speicheradresse zuzuweisen, auf die p zeigt. p wurde mit 0 initialisiert und zeigt somit nicht auf eine gültige Speicheradresse.

6.4   Zeiger und Funktionen

Im letzten Kapitel, das die Funktionen behandelte, haben Sie gelernt, dass sich Variablen, die Sie an eine Funktion übergeben haben, in der Funktion wie lokale Variablen verhalten. Es war nicht möglich, die Werte von Variablen außerhalb der Funktion zu verändern, es sei denn, es handelte sich um globale Variablen.

Diese Beschränkung lässt sich mit Zeigern leicht umgehen. Stellen Sie sich vor, Sie übergeben einer Funktion nicht die Variable, sondern einen Zeiger auf die Variable. Auf diese Weise haben Sie Zugriff auf die Variable, da Sie nun die Adresse der Variablen kennen und ihren Wert verändern können.

Das folgende Programm kennen Sie schon aus dem letzten Kapitel, es enthält aber ein paar wesentliche Änderungen.

```
 1 // Zeiger als Funktionsparameter
 2:
 3: #include <iostream.h>
 4:
 5: // Prototypdeklaration
 6: void Zugriff(int *x, int *y);  // zwei Zeiger übergeben
 7:
 8: // Deklaration einer globalen Variable
 9: int gVar = 100;
10:
11: void main(void)
12: {
13:     // Deklaration einer lokalen Variable
14:     int lVar = 50;
15:
16:     cout << "Globale Variable:" << gVar << '\n';
17:     cout << "Lokale  Variable:" << lVar << '\n';
18:
19:     Zugriff(&gVar,&lVar);
20:
21:     cout << "Globale Variable:" << gVar << '\n';
22:     cout << "Lokale  Variable:" << lVar << '\n';
23: }
```

Listing 6.5: Zeiger als Funktionsparameter

```
24:
25:
26: void Zugriff(int *x, int *y)
27: {
28:     *x += 2;
29:     *y *= 5;
30:
31:     cout << "x hat jetzt den Wert " << *x << '\n';
32:     cout << "y hat jetzt den Wert " << *y << '\n';
33: }
```

Im letzten Kapitel diente das Programm dazu, zu zeigen, dass die Veränderung von Funktionsparametern keinen Einfluss auf den Wert der Variablen außerhalb der Funktion hat. Der Funktion Zugriff wurden dazu zwei Integer-Variablen übergeben. Diese Variablen wurden einmal vor der Funktion, dann in der Funktion und schließlich nach dem Funktionsaufruf ausgegeben. An der Ausgabe kann man erkennen, dass sich die Werte nur innerhalb der Funktion verändert haben und keine Auswirkungen auf die Variablen haben.

Wenn Sie das Programm so wie in Listing 6.5 eingeben und ausführen, werden Sie sehen, dass sich die Werte dieses Mal ändern.

Die erste Modifikation im Vergleich zum ursprünglichen Programm hat in Zeile 6, bei der Deklaration des Prototyps stattgefunden. Der Funktion müssen nicht mehr Integer-Variablen, sondern Zeiger vom Typ Integer übergeben werden. Die Änderung des Prototyps hat zur Folge, dass in Zeile 19 nicht mehr Variablen, sondern Zeiger auf die Variablen übergeben werden. In diesem Fall geschieht das direkt mit Hilfe des Adressoperators. Anstatt des Adressoperators hätte man auch zwei Zeiger deklarieren können, diesen die Adresse der Variablen zuweisen und dann die Zeiger übergeben können. Der Funktionsaufruf sähe dann so aus:

```
int *pgVar = &gVar;
int *plVar = &lVar;

Zugriff(pgVar,plVar);
```

In der Funktion Zugriff, die in Zeile 26 beginnt, muss jetzt mit den Zeigern auf die Variablen gearbeitet werden, anstatt direkt mit den Variablen. In den Zeilen 28 und 29 wird deshalb der Dereferenzierungsoperator benutzt, um auf die Variablen zugreifen zu können. Auch in den Zeilen 31 und 32 muss man die Zeiger dereferenzieren, um die Werte der Variablen ausgeben zu können.

An diesem Beispiel lässt sich erkennen, dass man, wenn man einer Funktion Zeiger auf Variablen übergibt, mit den tatsächlichen Adressen arbeitet, an denen die Variablen gespeichert sind. So ist man in der Lage, die Werte der Variablen zu verändern. Einen Funktionsaufruf, bei dem man die Adresse einer Variablen an eine Funktion übergibt, nennt man *Call by Reference* (Aufruf mit einem Verweis auf die Variablen).

Sie können diese Methode z.B. dann einsetzen, wenn Sie eine Funktion benötigen, die mehr als nur einen Wert zurück gibt. Sie müssen dann Variablen für die Rückgabewerte deklarieren und der Funktion anschließend Zeiger auf diese Variablen übergeben. In der Funktion können Sie dann den Variablen mit Hilfe der Zeiger Werte zuweisen.

Wann immer es möglich und sinnvoll ist, sollten Sie direkt mit den Variablen arbeiten. Der Zugriff auf Variablen über Zeiger ist etwas langsamer als der direkte Zugriff auf die Variable, da der Computer zusätzliche Zeit für die Dereferenzierung benötigt.

6.5 Arrays

Array ist das englische Wort für Feld oder Anordnung. Bei einem Feld in einer Programmiersprache handelt es sich um eine Sammlung von Werten gleichen Typs. Alle Werte in einem Feld werden über den gleichen Namen angesprochen. Ein einzelner Wert im Feld wird über seinen Index identifiziert.

6.5.1 Statische Arrays

Bei statischen Arrays handelt es sich um Felder, bei denen die Anzahl der Elemente schon beim Erstellen des Quellcodes festgelegt wird. Durch die folgende Anweisung wird ein Feld von zehn Integer-Variablen angelegt.

```
int ZahlenFeld[10];
```

Die Deklaration eines Feldes sieht wie die Deklaration einer Variablen aus. Zusätzlich müssen Sie hinter dem Namen der Variablen noch in eckige Klammern schreiben, wie viele Elemente das Feld haben soll. Dadurch wird der Compiler veranlasst, Speicher für das Feld zu reservieren. In diesem Fall wird Speicher für zehn Integer-Variablen reserviert.

Der Zugriff auf die Feldelemente ist sehr einfach und unterscheidet sich nicht vom Zugriff auf eine Variable. In C++ müssen Sie darauf achten, dass das erste Element eines Feldes immer den Index 0 hat. Wenn Sie dem ersten Element des Feldes den Wert 150 zuweisen wollen, geschieht dies mit folgender Anweisung:

```
ZahlenFeld[0] = 150;
```

Die Konsequenz aus der Festlegung, dass das erste Element den Index 0 hat, ist, dass das letzte Element in diesem Feld den Index 9 hat. Das folgende Programm zeigt, wie man Werte in ein Feld einliest und wieder ausgibt.

Listing 6.6:
Zugriff auf
Feldelemente

```
1: // Lesen und Schreiben von Werten in ein Feld
2:
3: #include <iostream.h>
4:
5: #define ELEMENTE 10
6:
7: int ZahlenFeld[ELEMENTE];
8:
9: void main(void)
10: {
11:     int i =0;
12:
13:     for(i=0;i<ELEMENTE;i++)
14:     {
15:         cout << "Wert für " << i << ". Element: ";
16:         cin >> ZahlenFeld[i];
17:     }
18:
19:     for(i=0;i<ELEMENTE;i++)
20:     {
21:         cout << "Wert in ZahlenFeld[" << i << "] : "
22:             << ZahlenFeld[i] << '\n';
23:     }
24: }
```

In der fünften Zeile in Listing 6.6 wird die Konstante ELEMENTE mittels #define mit dem Wert 10 belegt.

In der siebten Zeile wird dann das Feld mit zehn Elementen deklariert. Dieses Feld wird durch die for-Schleife, die in Zeile 13 beginnt, mit Werten gefüllt, die der Benutzer eingibt. Eine zweite for-Schleife gibt diese Werte anschließend wieder aus.

Achten Sie darauf, dass die for-Schleifen bei 0 beginnen und bis zum Wert 9 (i<ELEMENTE) laufen. Auf diese Weise ist gewährleistet, dass Sie auf gültige Werte zugreifen.

Sie können statische Felder nur mit konstanter Größe erzeugen, d.h. dass Sie für die Festlegung der Feldgröße nur Konstanten, die mit const oder #define erzeugt wurden, sowie literale Konstanten verwenden können. Das folgende Beispiel zeigt verschiedene Arten, Felder zu erzeugen.

```
const int GROESSE = 100;
#define ELEMENTE 1000

bool Belegungen[GROESSE];
char Buchstaben[ELEMENTE];
short Zahlen[100 + 77 + 3 + 1];
```

Die Festlegung der Feldgröße zur Laufzeit durch Variablen ist auf diese Weise nicht möglich. Wenn Sie den folgenden Code eingeben, werden Sie eine Fehlermeldung erhalten, die besagt, dass ein konstanter Ausdruck erwartet wird.

```
int i = 10;
char Buchstaben[i];    // Fehler, konstanter Ausdruck erwartet
```

Felder initialisieren

Neben der Methode, ein Feld durch eine Schleife zu initialisieren, gibt es noch die Möglichkeit, Felder bei der Deklaration zu initialisieren. Wenn Sie ein Feld global deklariert haben, wird jedes Element des Feldes wie eine globale Variable behandelt und mit einer 0 initialisiert. Sie können den Elementen aber auch andere Werte geben. Dabei schreiben Sie nach dem Feldnamen ein Gleichheitszeichen und die Werte, die die Elemente bekommen sollen. Die Werte müssen dabei in geschweifte Klammern, durch Kommata getrennt, eingegeben werden.

```
int ZahlenFeld[5] = { 5, 9, 1000, 1, 42 };
```

Wenn Sie ein Feld auf diese Weise deklarieren, können Sie auf die Angabe der Feldgröße in den eckigen Klammern verzichten, da der Compiler aus der Anzahl der Elemente entnehmen kann, wie groß das Feld sein soll.

```
int ZahlenFeld[] = { 7, 12, 42 };  // Erzeugung eines Feldes
                                   // mit drei Elementen
```

Die Größe eines Feldes können Sie mit Hilfe von sizeof ermitteln. sizeof gibt dabei die Größe des Feldes in Byte zurück. Ein short-Feld mit acht Elementen hat z.B. eine Größe von 16 Byte. Wenn Sie die Anzahl der Feldelemente ermitteln wollen, müssen Sie den Wert, den sizeof zurückliefert, noch durch die Größe der Feldelemente teilen.

```
int Feld[10];
int FeldGroesse = sizeof(Feld) / sizeof(int);
```

Wenn Sie die Größe auf diese Weise berechnen, müssen Sie darauf achten, dass Sie den Typ in der zweiten sizeof-Anweisung verändern, wenn sich der Typ des Feldes ändert. Die folgende Anweisung umgeht dieses Problem, indem sie nicht direkt den Typ des Feldes verwendet, sondern die Größe eines Feldelementes.

121

```
int Feld[10];
int FeldGroesse = sizeof(Feld) / sizeof(Feld[0]);
```

Probleme bei der Nutzung von Feldern

Ein typischer Fehler beim Einsatz von Feldern ist, die Grenzen des Feldes zu überschreiten und auf undefinierte oder ungültige Speicherbereiche zuzugreifen. Dieses Problem entsteht dadurch, dass Sie als Feldindex auch Werte angeben können, die nicht mehr innerhalb des Feldes liegen. Bei einem Feld der Größe 10 können Sie durchaus auf das zwölfte Element zugreifen, z.B. durch die Anweisung:

```
int ZahlenFeld[10];
int i = ZahlenFeld[12];
```

Der Compiler fängt solche Fehler nicht ab. Für die Einhaltung der Feldgrenzen in Ihren Programmen tragen Sie die Verantwortung. Im Beispiel oben kann man schnell erkennen, dass auf ein ungültiges Feldelement zugegriffen wurde. Wenn die Zugriffe aber innerhalb von komplexen Schleifen, in denen die Indizes automatisch berechnet werden, stattfinden, wird die Fehlersuche schwierig.

Das Problem dabei ist, dass Sie in dem Moment, in dem Sie einen Index außerhalb der eigentlichen Feldgröße angeben, mit nicht dafür vorgesehenen Speicherbereichen arbeiten. Die folgende Abbildung verdeutlicht diese Problematik.

Abb. 6.4:
Zugriff auf
einen Index
außerhalb des
Feldes

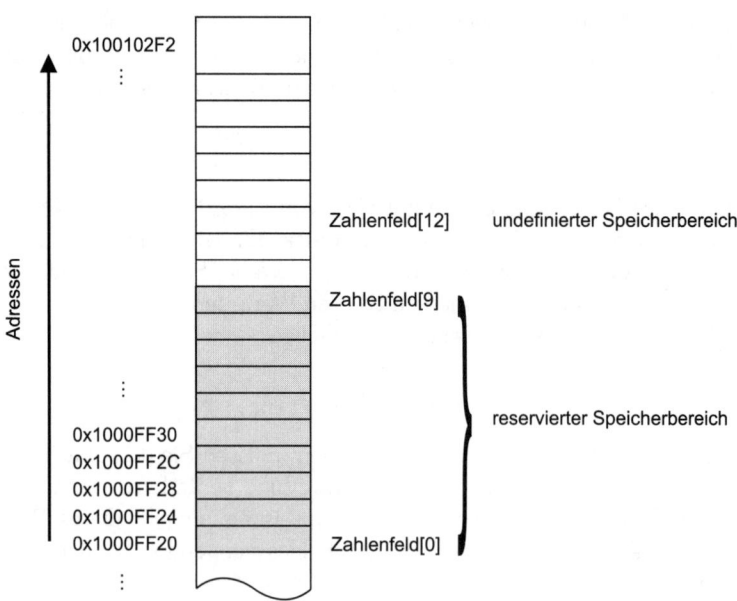

Wenn Sie Glück haben, stürzt das Programm bei einem solchen Zugriff sofort ab. Dann merken Sie wenigstens, dass etwas mit dem Programm nicht stimmt. Schlimmer ist es, wenn das Programm seltsame Ergebnisse produziert oder scheinbar falsche Berechnungen durchführt, die nicht direkt mit Feldzugriffen in Zusammenhang zu stehen scheinen. Dann wird die Fehlersuche aufwändig und mühsam.

Achten Sie deshalb unbedingt darauf, dass Sie Zugriffe auf Elemente außerhalb der Feldgrenzen vermeiden.

Speicherzugriff und Indexberechnung

In diesem Zusammenhang wollen wir uns näher mit dem Speicherzugriff auf Feldelemente beschäftigen. Wie schon erwähnt, reserviert der Compiler zu Beginn des Programms Speicher für das Feld. Wenn Sie ein Feld des Typs int mit 10 Elementen deklarieren, reserviert der Compiler 40 Byte. Bei einem Zugriff auf ein Feldelement anhand des Index geht der Compiler folgendermaßen vor:

Zuerst holt sich der Compiler die Adresse des ersten Feldelements. Anschließend multipliziert er den Index mit der Größe des Datentyps und addiert ihn zu dieser Adresse. Mit der Größe des Datentyps ist die Anzahl der Byte, die die verschiedenen Datentypen belegen, gemeint.

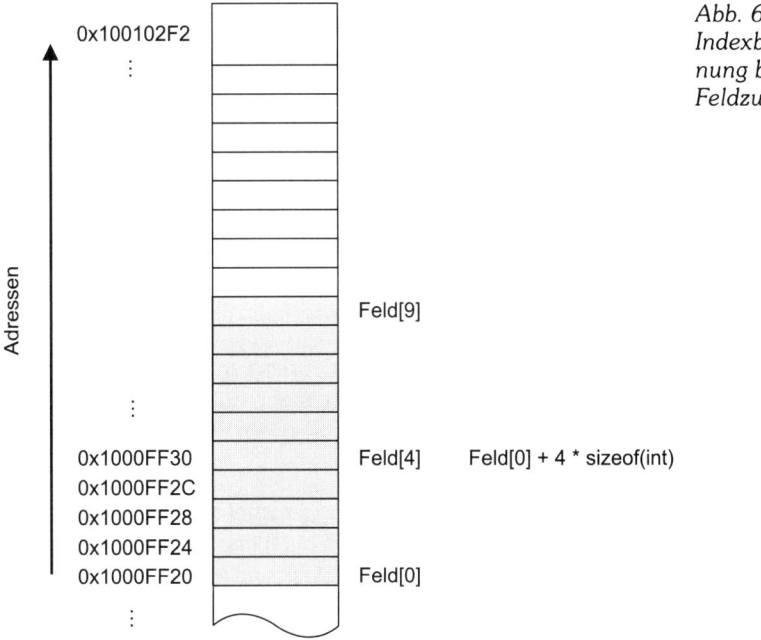

Abb. 6.5: Indexberechnung beim Feldzugriff

123

Der Compiler speichert intern nur die Adresse des ersten Feldelements. Der Zugriff auf die übrigen Elemente erfolgt durch die Adressberechnung, die in Abbildung 6.5 dargestellt ist. Die Adresse des ersten Feldelementes wird in einem Zeiger gespeichert. Diesen Zeiger können Sie im Programm auch nutzen, und er ist sogar schon vorhanden. Der Feldname kann wie ein Zeiger genutzt werden. Das folgende Programm macht das deutlich.

Listing 6.7:
Zeiger und
Feld

```
1: // Array oder Zeiger
2:
3: #include <iostream.h>
4:
5: int Feld[3];
6: int *pFeld = 0;
7:
8: void main(void)
9: {
10:     Feld[0] = 1;
11:     Feld[1] = 2;
12:     Feld[2] = 3;
13:
14:     pFeld = Feld;
15:
16:     cout << Feld[0] << '\n';
17:
18:     cout << *pFeld << '\n';
19:
20:     cout << *Feld << '\n';
21: }
```

In der 5. Zeile in Listing 6.7 wird ein Feld vom Typ Integer mit drei Elementen deklariert. In der 6. Zeile wird ein Zeiger gleichen Typs deklariert und mit 0 initialisiert. In den Zeilen 10 bis 12 der main-Funktion wird das Feld mit Werten belegt.

Interessant wird es ab Zeile 14. Hier wird dem Zeiger pFeld die Adresse des Feldes, genauer gesagt die Adresse des ersten Feldelements, zugewiesen. In Zeile 16 wird der Wert des ersten Feldelements ausgegeben.

In Zeile 18 wird der Zeiger pFeld dereferenziert und ausgegeben. Es wird also der Wert, der an der Adresse steht, auf die pFeld zeigt, ausgegeben. In diesem Fall ist das der Wert 1, also der Wert, den das erste Feldelement enthält.

Zeile 20 zeigt schließlich, dass Feld nichts anderes ist, als ein Zeiger auf das erste Feldelement, und dass Feld auch genau wie ein Zeiger behandelt werden kann. In C++ lassen sich Zeiger und Felder fast gleich behandeln. Der Unterschied liegt nur darin, dass bei einer Felddeklaration Speicher für die Anzahl der Feldelemente reserviert wird, und ein Zeiger auf das erste Feld-

124

element über den Namen des Feldes zur Verfügung gestellt wird. Bei einer Zeigerdeklaration wird kein zusätzlicher Speicher reserviert.

Es gibt noch weitere interessante Möglichkeiten, die in diese Richtung gehen und unter dem Begriff Zeigerarithmetik zusammengefasst werden. Schauen Sie sich das folgende Programm an.

```
1: // Zeigerarithmetik
2:
3: #include <iostream.h>
4:
5: int    intFeld[3];
6: short shortFeld[3];
7:
8: int    *pIntFeld   = 0;
9: short *pShortFeld = 0;
10:
12: void main(void)
13: {
14:     intFeld[0] = 10;
15:     intFeld[1] = 20;
16:     intFeld[2] = 30;
17:
18:     shortFeld[0] = 50;
19:     shortFeld[1] = 60;
20:     shortFeld[2] = 70;
21:
22:     pIntFeld   = intFeld;
23:     pShortFeld = &shortFeld[0];
24:
25:     pIntFeld++;
26:
27:     cout << *pIntFeld << '\n';
28:
29:     cout << *(pShortFeld + 2) << '\n';
30:
31:     cout << *(pIntFeld + 1) << '\n';
32:
33:     cout << pShortFeld[1] << '\n';
34: }
```

Listing 6.8:
Zeiger-
arithmetik

In den ersten 20 Zeilen werden Felder und Zeiger deklariert und mit Werten versehen. In Zeile 22 wird der Zeiger pIntFeld auf das erste Element des Feldes intFeld gesetzt. In diesem Fall handelt es sich sowohl bei pIntFeld, als auch bei intFeld um einen Zeiger. In Zeile 23 wird dem Zeiger pShortFeld die Adresse des ersten Feldelements von shortFeld zugewiesen. Dieses Mal wird dafür aber nicht direkt der Zeiger auf das Feld verwendet. Die

125

Adresse des ersten Elements wird mit Hilfe des Adressoperators ermittelt und `pshortFeld` zugewiesen.

In Zeile 25 wird der Zeiger `pIntFeld` inkrementiert und enthält dadurch die Adresse des nächsten Elements. Wenn man Zeiger inkrementiert wird die Adresse, die sie enthalten, nicht um eins erhöht, sondern um die Anzahl der Byte, die ihr Typ belegt. So erhöht sich z.B. die Adresse, die in einem Integer-Zeiger gespeichert ist, um vier Byte, wenn man ihn inkrementiert. Die Adresse, die in einem `short`-Zeiger gespeichert ist, würde sich um zwei Byte erhöhen.

In den Zeilen 29 und 31 wird jeweils ein Wert zur Adresse des Zeigers addiert, bevor dieser dereferenziert wird. Die Zeiger selbst ändern sich jedoch nicht.

Die Anweisung in Zeile 33 zeigt ein weiteres Beispiel, wie man Zeiger einsetzen kann. Da Zeiger und Felder gleich behandelt werden, wird durch diese Anweisung das zweite Element des Feldes `shortFeld` ausgegeben. Durch die Verwendung der eckigen Klammern behandelt C++ den Zeiger wie ein Feld, und man benötigt keine Dereferenzierung.

Beim Rechnen mit Zeigern betrachtet C++ die Werte der Zeiger als Einheit der Datentypen. Jeder Anweisung, die den Wert eines Zeigers verändert, liegt die Größe des Datentyps zu Grunde.

Da es sich bei `pIntFeld` um einen Zeiger des Typs Integer handelt, würde folgende Anweisung

```
pIntFeld += 10;
```

den Zeiger um 40 Byte weiter nach vorne rücken.

Feldelemente zuweisen

In C++ ist es nicht möglich, die Werte, die in einem Feld enthalten sind, einem anderen Feld zuzuweisen. Die folgenden Anweisungen

```
int Feld1[10];
int Feld2[10];

// Initialisierung von Feld1

Feld2 = Feld1;  // Fehler !!
```

führen leider nicht dazu, dass die Elemente von `Feld1` kopiert werden, sondern erzeugen einen Compilerfehler. Wenn Sie die Werte, die in einem Feld enthalten sind, einem anderen Feld zuweisen wollen, können Sie dies z.B. mit Hilfe von Schleifen machen.

```
int Feld1[10];
int Feld2[10];

// Initialisierung von Feld1

for(int i=0;i<10;i++)
{
    Feld2[i] = Feld1[i];
}
```

Mit Hilfe dieser Schleife kopieren Sie den Inhalt von `Feld1` Element für Element in `Feld2`.

Neben dieser Methode gibt es auch noch die Möglichkeit, ganze Speicherbereiche direkt an eine andere Speicherstelle zu kopieren. Wie das funktioniert, lernen Sie in einem der nächsten Kapitel.

6.5.2 Strings

Strings haben wir bisher nur als konstante Zeichenketten kennen gelernt. Wir wollen uns jetzt anschauen, wie man Strings auch zur Laufzeit des Programms verändern kann. Ein String ist in C++ ein Feld aus Zeichen, also ein Feld mit Werten vom Typ `char`. In C++ existiert, anders als in anderen Programmiersprachen, wie z.B. Pascal, Java oder Basic, kein eigener Datentyp für Strings.

In C++ können Sie Strings wie jedes andere Feld auch anlegen und initialisieren:

```
char String[] = {'H','e','l','l','o','W','o','r','l','d'};
```

Da das Anlegen von Zeichenketten auf diese Art sehr umständlich ist, bietet C++ einen gesonderten Weg für Strings, so dass man folgende einfache Initialisierung verwenden kann.

```
char String[] = "Hello World";
```

Dieser String hat eine Länge von 12 Byte. 5 Byte werden für `Hello` benötigt, dann folgt ein Byte für das Leerzeichen und dann wieder 5 Byte für `World`. Das zwölfte Byte wird für eine Endkennung benötigt, die durch den Compiler automatisch ans Ende des Strings angehängt wird. Bei dieser Endkennung handelt es sich um das Null-Zeichen. Für das Null-Zeichen wird oft das Zeichen `'\0'` oder einfach nur 0 verwendet.

Diese Endkennung ist nötig, damit der Compiler entscheiden kann, wann ein String beendet ist. Sie haben gelernt, dass sich der Compiler nur einen

Zeiger auf den Anfang eines Feldes merkt. Er speichert in diesem Zusammenhang keine Informationen darüber ab, wie groß ein Feld ist.

Wenn Sie einen String ausgeben wollen, werden so lange Zeichen ausgegeben bis das Null-Zeichen gelesen wird. Diese Stelle wird als das Ende des Strings interpretiert. Das folgende Programm zeigt diese Technik.

Listing 6.9:
Null-Zeichen
als Endken-
nung für
Strings

```
1: // Arbeit mit Strings
2:
3: #include <iostream.h>
4:
5: char String[] = "Der Hund spielt im Garten\n";
6:
7: void main(void)
8: {
9:     cout << String;
10:
11:    String[8] = '\0';
12:
13:    cout << String << '\n';
14:
15:    String[8] = ' ';
16:
17:    cout << String;
18: }
```

In der 5. Zeile in Listing 6.9 wird ein String deklariert. Dieser String wird in der 9. Zeile ausgegeben. In der 11. Zeile wird das Leerzeichen nach Hund durch das Zeichen '\0', das das Ende eines Strings markiert, ersetzt. Wenn der String in Zeile 13 erneut ausgegeben wird, können Sie erkennen, dass der hintere Teil des Strings nicht mehr ausgegeben wird. In Zeile 15 wird das Zeichen '\0' wieder durch das ursprüngliche Leerzeichen ersetzt, und der String wird erneut, dieses mal auch wieder in der anfänglichen Form, ausgegeben.

In C und C++ gibt es Funktionen zur String-Verarbeitung, die Sie nutzen können. Damit der Compiler über diese Funktionen Bescheid weiß, müssen Sie die Header-Datei string.h einbinden. Eine Funktion in diesem Header ist strlen (string length), mit der man die Länge einer Zeichenkette bestimmen kann. Dazu muss man der Funktion den String übergeben. Der Rückgabewert der Funktion ist die Länge des Strings. Da die Länge nicht negativ werden kann, gibt diese Funktion einen Wert vom Typ unsigned int zurück.

```
char String[] = "HelloWorld";
unsigned int Laenge = strlen(String);
```

strlen gibt in diesem Beispiel den Wert 10 zurück. Das Null-Zeichen am Ende des Strings wird von strlen nicht mitgezählt.

Weil man Strings wie Felder von Zeichen behandeln kann, ist es möglich, Strings zeichenweise zu durchsuchen und durch beliebige Zeichen zu ersetzen. Das folgende Programm zeigt, wie das geht.

```
 1: // Ersetzen von Zeichen in Strings
 2:
 3: #include <iostream.h>
 4: #include <string.h>     // Header für Stringfunktionen
 5:
 6: char String[] = "Der Hund spielt im Garten\n";
 7:
 8: void main(void)
 9: {
10:     cout << String;
11:
12:     cout << "Ersetzt alle 'e' durch 'X'\n";
13:
14:     for(unsigned int i=0;i<strlen(String);i++)
15:     {
16:         if('e' == String[i])
17:         {
18:             String[i] = 'X';
19:         }
20:     }
21:
22:     cout << String;
23: }
```

Listing 6.10: Ersetzen von Zeichen innerhalb von Strings

In der 4. Zeile wird die Header-Datei string.h eingebunden, mit der die Funktion strlen zur Verfügung gestellt wird. In der 6. Zeile wird ein String deklariert, in dem in der for-Schleife, die ab Zeile 14 beginnt, jedes kleine e, das in dem String vorkommt, durch ein X ersetzt wird.

Im letzten Abschnitt haben Sie gelernt, dass man Felder nicht direkt an andere Felder zuweisen kann, sondern die Felder elementweise kopieren muss. Das gleiche gilt auch für Strings.

```
char String1[] = "HelloWorld";
char String2[11];

for(unsigned int i=0;i<strlen(String1);i++)
{
    String2[i] = String1[i];
}
```

```
String2[10] = '\0';    // Am Ende muss das Null-Zeichen
                       // eingetragen werden
```

An diesem Beispiel sind zwei Dinge zu beachten:

1. Es muss genügend Speicherplatz für den String und das Null-Zeichen reserviert werden.

2. Beim Kopieren muss das Null-Zeichen zum String, in den kopiert wird hinzugefügt werden, da strlen die Länge ohne das Null-Zeichen liefert.

Da es sehr häufig vorkommt, dass Strings kopiert werden müssen, gibt es dafür eine Funktion. Mit strcpy (string copy) kann man einen String in einen anderen kopieren.

Der Funktion strcpy müssen zwei Argumente übergeben werden. Das erste Argument ist ein char-Zeiger, der auf den String zeigt, in den kopiert werden soll. Das zweite Argument ist ein Zeiger auf den String, der kopiert werden soll. Der Rückgabewert ist ein Zeiger auf den String, in den kopiert wurde. Der Prototyp von strcpy sieht folgendermaßen aus:

```
char* strcpy(char* Ziel, char* Quelle);
```

Das folgende Programm zeigt, wie man strcpy einsetzt.

Listing 6.11: Nutzung von strcpy

```
 1: // Nutzung von strcpy
 2:
 3: #include <iostream.h>
 4: #include <string.h>
 5:
 6: char String1[11];
 7: char String2[11];
 8:
 9: void main(void)
10: {
11:     strcpy(String1,"HelloWorld");
12:
13:     cout << String1 << '\n';
14:
15:     strcpy(String2,String1);
16:
17:     cout << String2 << '\n';
18: }
```

In den Zeilen 6 und 7 werden zwei Strings der Länge 11 deklariert. In der 11. Zeile wird in den String String1 die Zeichenkette HelloWorld kopiert. strcpy kopiert das Null-Zeichen mit, so dass Sie sich darum nicht kümmern müssen. In der 15. Zeile wird der Inhalt von `String1` in `String2` kopiert, so dass jetzt beide Strings die Zeichenkette `HelloWorld` enthalten.

Einige weitere interessante Funktionen zur Stringverarbeitung werden Sie in Kapitel 8 kennen lernen.

6.5.3 Mehrdimensionale Felder

Felder lassen sich nicht nur eindimensional nutzen. Manchmal ist es wünschenswert, Felder zu nutzen, die zwei oder mehr Dimensionen haben. Ein typisches Beispiel, in dem man ein zweidimensionales Feld nutzt, ist eine Matrix oder ein Schachbrett. Ein Schachbrett besteht aus insgesamt 64 Feldern, die in jeweils 8 Zeilen und 8 Spalten unterteilt sind. In C++ würde man ein Schachbrett folgendermaßen deklarieren:

```
char Schachbrett[8][8];
```

Diese Feld kann insgesamt 64 Variablen vom Typ `char` speichern. Wenn Sie den König in der achten Zeile in die vierte Spalte setzen würden, könnten Sie dies mit folgender Anweisung erreichen:

```
Schachbrett[7][3] = 'K';
```

Abbildung 6.6 zeigt den Aufbau des Feldes.

Mit dem Wert in der ersten eckigen Klammer wird die Zeile identifiziert, der Wert in der zweiten Klammer gibt die Spalte an.

Felder mit mehr als zwei Dimensionen kommen in der Praxis kaum vor. Es gibt aber eine Reihe von mathematischen Anwendungen, die intensiven Gebrauch von Matrizen mit mehreren Dimensionen machen.

Mit einem dreidimensionalen Feld lassen sich beispielsweise Koordinaten im 3-dimensionalen Raum beschreiben. Ein solches Feld speichert dann einen Wert anhand seiner x-, y- und z-Koordinate.

Bei Feldern mit mehr als drei Dimensionen bekommt man ein Problem damit, sich die Struktur des Feldes vorzustellen. In C++ lassen sich dennoch Felder mit beliebiger Dimension deklarieren.

```
int Matrix[3][4];
int KoordinatenWerte[10][10][10];
int SechsDimensionalesFeld[5][6][7][8][9][10];
```

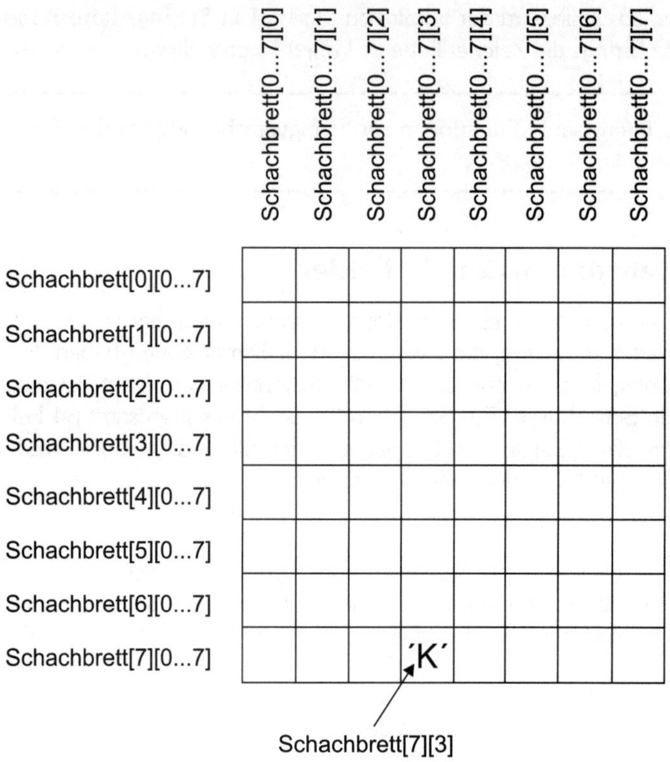
Schachbrett[0...7][0]
Schachbrett[0...7][1]
Schachbrett[0...7][2]
Schachbrett[0...7][3]
Schachbrett[0...7][4]
Schachbrett[0...7][5]
Schachbrett[0...7][6]
Schachbrett[0...7][7]
Schachbrett[0][0...7]
Schachbrett[1][0...7]
Schachbrett[2][0...7]
Schachbrett[3][0...7]
Schachbrett[4][0...7]
Schachbrett[5][0...7]
Schachbrett[6][0...7]
Schachbrett[7][0...7]
'K'
Schachbrett[7][3]

Abb. 6.6: Zweidimensionales Feld

6.6 Strukturen

Strukturen haben bei genauer Betrachtung nicht unbedingt etwas mit Zeigern zu tun. Trotzdem möchte ich Ihnen Strukturen an dieser Stelle vorstellen, da in den folgenden Abschnitten Strukturen verwendet werden.

Strukturen werden immer dann eingesetzt, wenn Sie mit Daten arbeiten, die in einem logischen Zusammenhang stehen. Strukturen erlauben es, solche Daten zusammenzufassen. Eine Struktur kann, im Gegensatz zu einem Feld, Daten verschiedener Typen enthalten. Sie könnten in einer Struktur z.B. Daten über die Mitarbeiter eines Betriebs speichern. Die Struktur wäre dann folgendermaßen aufgebaut:

```
struct Mitarbeiter
{
    char  Name[50];
    float Gehalt;
    bool  Verheiratet;
    int   AnzahlKinder;
};
```

Durch den oben stehenden Code wurde noch kein Speicherplatz reserviert, es handelt sich lediglich um die Definition der Struktur mit dem Namen Mitarbeiter. Sie können sich diese Definition wie die Erzeugung eines benutzerdefinierten Typs mittels typedef vorstellen.

Sie können Mitarbeiter nach der Definition der Struktur wie jeden anderen Datentyp behandeln und Variablen vom Typ Mitarbeiter deklarieren.

```
Mitarbeiter Meier, Mueller;
```

Der Zugriff auf die einzelnen Elemente der Struktur ist denkbar einfach. Sie müssen dazu nur den Namen der Variablen, gefolgt von einem Punkt (.) und dem Namen des Elements, auf das Sie zugreifen wollen, schreiben. Das Gehalt des Mitarbeiters Meier kann man wie folgt verändern:

```
Meier.Gehalt = 550241.50f;
```

Natürlich können Sie auch alle anderen C++-Operatoren auf die Elemente der Struktur anwenden. So lässt sich die Anzahl der Kinder leicht erhöhen:

```
Meier.AnzahlKinder++;
```

Sie können auch Strukturen definieren, die andere Strukturen enthalten. Auf diese Weise entsteht eine hierarchische Zusammensetzung von Strukturen. Sehen Sie sich dazu den folgenden Quellcodeausschnitt an.

```
struct Mitarbeiter
{
    char  Name[50];
    float Gehalt;
    bool  Verheiratet;
    int   AnzahlKinder;
};


struct Firma
{
    double Umsatz;
    double Gewinn;
    Mitarbeiter Vorstand;
};

Firma DieFirma;
```

In dem Moment, in dem Sie eine Variable vom Typ Firma deklarieren, wird sowohl Speicherplatz für die Elemente Umsatz und Gewinn als auch für die Struktur Vorstand reserviert. Wenn Sie auf die Elemente von Vorstand zugreifen wollen, können Sie dies wie folgt erreichen:

```
DieFirma.Vorstand.Gehalt = 500000.0f;
```

133

Auf die Elemente Umsatz und Gewinn können Sie immer noch durch

```
DieFirma.Umsatz = 20000000.0f;
DieFirma.Gewinn =  1500000.0f;
```

zugreifen.

Strukturen als Feldelemente

Strukturen lassen sich auch als Feldelemente nutzen. Sie müssen dazu zuerst die Struktur definieren und anschließend ein Feld, das den Typ der Struktur hat, anlegen:

```
struct Mitarbeiter
{
    char  Name[50];
    float Gehalt;
    bool  Verheiratet;
    int   AnzahlKinder;
};

struct Firma
{
    double Umsatz;
    Mitarbeiter Vorstand;
    Mitarbeiter Angestellte[100];
};

Firma DieFirma;
```

Der Zugriff auf die Elemente der Struktur funktioniert genauso wie bei einzelnen Strukturen, nur dass Sie zusätzlich den Index des Feldelements angeben müssen, auf das Sie zugreifen wollen. Danach können Sie auf die Elemente der Struktur, wie gewohnt, mit der Punktnotation zugreifen.

```
DieFirma.Angestellte[12].AnzahlKinder = 2;
DieFirma.Angestellte[0].Gehalt = 75000.0f;
strcpy(DieFirma.Angestelle[51].Name,"Thomas Meier");
```

Zeiger auf Strukturen

Es ist auch möglich, mit Hilfe von Zeigern auf die Elemente einer Struktur zuzugreifen. Lassen Sie uns dazu noch einmal die Mitarbeiter-Struktur anschauen.

```
struct Mitarbeiter
{
    char  Name[50];
    float Gehalt;
    bool  Verheiratet;
    int   AnzahlKinder;
} Angestellter;
```

Wie Sie an diesem Beispiel sehen, ist es auch möglich, eine Variable vom Typ der Struktur direkt hinter der Struktur zu deklarieren. Wenn Sie gleich mehrere Variablen anlegen wollen, müssen Sie die Namen mit Kommata trennen. Einen Zeiger vom Typ dieser Struktur können Sie mit

```
Mitarbeiter *pAngestellter;
```

anlegen. Die Adresse der Struktur erhalten Sie durch den Adressoperator. Folgende Anweisung lässt pAngestellter auf die Struktur Angestellter zeigen.

```
pAngestellter = &Angestellter;
```

Der Zugriff auf einzelne Elemente über den Zeiger erfolgt mittels Dereferenzierung.

```
(*pAngestellter).Verheiratet = true;
(*pAngestellter).AnzahlKinder = 4;
```

Die Klammern müssen gesetzt werden, da der Punkt, der genutzt wird, um auf Elemente zuzugreifen, eine höhere Priorität hat, als der Dereferenzierungsoperator.

Da der Zugriff auf Elemente mit Hilfe von Zeigern sehr häufig vorkommt, und die Schreibweise mit den Klammern und dem Dereferenzierungsoperator recht umständlich ist, wurde in C++ ein Operator eingeführt, der diese Schreibweise vermeidet und gleichzeitig deutlich macht, dass es sich um einen Zugriff auf ein Element durch einen Zeiger handelt. Dieser Operator ist eine Kombination aus dem Minuszeichen und dem Größer-als-Zeichen (->). Die folgenden Zeilen zeigen den Zugriff auf die Elemente mit Hilfe des neuen Operators.

```
pAngestellter->Verheiratet = true;
pAngestellter->AnzahlKinder = 4;
```

Dieser Operator (->) hat keinen eigenen Namen. Wie der Punkt (.) wird er Element-Auswahl-Operator genannt.

6.7   Dynamische Speicherverwaltung

Alle Variablen, Felder oder Strukturen, die Sie bisher kennen gelernt haben, sind statisch. D.h., dass ihre Größe schon beim Programmstart bekannt ist, und der benötigte Speicher vor dem Start des Programms reserviert werden kann.

135

Was passiert aber, wenn Sie die Länge eines Strings vorher nicht kennen oder nicht wissen, wie viele Elemente ein Array enthalten soll? Sie müssten versuchen, die maximale Anzahl von Zeichen, die ein String hat, den Sie verwenden wollen, abzuschätzen. Das Gleiche gilt für die Größe von Feldern.

Stellen Sie sich vor, Sie bekommen den Auftrag, die Bevölkerung einer Stadt zu erfassen. Für den Namen der Bewohner deklarieren Sie ein `char`-Feld, das bis zu 50 Zeichen enthalten kann. An dieser Stelle werden Sie auf zwei Probleme stoßen. Erstens werden Sie feststellen, dass es ein paar Leute gibt, die einen Namen haben, der aus mehr als 50 Zeichen besteht. Zum zweiten verschwenden Sie sehr viel Speicher, da die meisten Namen nur eine Länge von 15 bis 25 Zeichen haben.

Auf das gleiche Problem werden Sie auch mit anderen statischen Feldern stoßen. Sie müssen also eine Lösung finden, die es ermöglicht, exakt so viel Speicher zu reservieren, wie benötigt wird. Diese Möglichkeit gibt es. Sie heißt dynamische Speicherverwaltung, und Zeiger spielen dabei eine wesentliche Rolle.

6.7.1 Speicherbereiche

Bisher haben Sie zwei Speicherbereiche kennen gelernt, den Datenbereich und den Stack.

Im Datenbereich des Programms werden die globalen Variablen angelegt. Diese Variablen werden beim Programmstart erzeugt und beim Beenden des Programms automatisch wieder freigegeben. Lokale Variablen und Funktionsparameter werden auf dem Stack erzeugt, und wenn der Gültigkeitsbereich der Variablen verlassen wird, wird der benötigte Speicher wieder frei gegeben.

Ein weiterer Speicherbereich ist der Heap. Auf dem Heap wird der Speicher angelegt, den Sie dynamisch während des Programmablaufs benötigen. Sie können auf dem Heap Variablen, Felder oder Strukturen dynamisch erzeugen. Leider müssen Sie Speicher, den Sie auf dem Heap anfordern, auch selber wieder frei geben. Ansonsten bleibt der Speicher dauerhaft blockiert.

Neben Speicher, den Sie dynamisch anlegen, sollten Sie auch Felder, die sehr viel Speicherplatz benötigen, auf dem Heap anlegen. Bei sehr großen Feldern, die auf dem Stack angelegt werden sollen, kann es zu Problemen kommen, da Sie nicht feststellen können, ob der Speicher auf dem Stack ausreichend ist. Wenn Sie Speicher dynamisch auf dem Heap anlegen, können Sie kontrollieren, ob die Speicherreservierung erfolgreich war.

6.7.2   new und delete

In C++ können Sie Speicher auf dem Heap mit Hilfe des Schlüsselworts
new anfordern. Sie müssen dazu angeben, von welchen Typ die Variable
sein soll, die Sie anlegen möchten. Um eine Variable von Typ int auf dem
Heap anzulegen, müssen Sie Folgendes schreiben:

```
new int;
```

Der Rückgabewert von new ist eine Speicheradresse, unter der der ange-
forderte Speicher reserviert wurde. Diese Speicheradresse müssen Sie in
einem Zeiger speichern.

```
unsigned int* pZeiger = 0;
pZeiger = new unsigned int;
```

Sie können den Zeiger auch direkt bei der Deklaration mit dem Wert, den
new zurück gibt, initialisieren.

```
short* pShortPointer = new short;
```

Der Datentyp des Speicherbereichs, den Sie anfordern, und der des
Zeigers, dem Sie die Adresse des angeforderten Speicherbereichs zuweisen,
müssen identisch sein.

Sie können den so reservierten Speicher mit Hilfe des Zeigers wie eine Variable nutzen. Um Werte in den Speicherbereich zu schreiben, nutzen Sie
wie gewohnt den Dereferenzierungsoperator.

```
short* pZahl = new short;

*pZahl = 12;

cout << *pZahl;
```

Speicher, den Sie auf dem Heap angelegt haben, ist nicht initialisiert, und
Sie müssen außerdem bei jeder Speicherreservierung durch new prüfen, ob
der Speicher, den Sie angefordert haben, auch angelegt werden konnte. Es
kann passieren, dass kein freier Speicher mehr zur Verfügung steht, und
new deshalb fehlschlägt. In diesem Fall gibt new NULL oder 0 zurück. Sie sollten sich immer vergewissern, ob der Zeiger, den Sie zurückbekommen
haben, nicht den Wert 0 hat.

```
int *pZahl = new int;

if(NULL == pZahl)   //  oder if(0 == pZahl)
{
    cout << "Es steht kein Speicher mehr zur Verfügung\n";
}

*pZahl = 12;
```

137

Da Sie mit new Speicher auf dem Heap anlegen, müssen Sie sich selbst darum kümmern, dass nicht mehr benötigter Speicher wieder frei gegeben wird. Nicht frei gegebener Speicher steht Ihrem und anderen Programmen nicht zur Verfügung.

Speicher können Sie mit delete wieder frei geben. delete können Sie sich wie das Gegenstück zu new vorstellen. Sie müssen bei der Verwendung von delete einen Zeiger angeben, der auf Speicherplatz zeigt, den Sie frei geben wollen.

```
int *pZahl = new int;

// Nutzung von pZahl

// Der Speicherbereich auf den pZahl zeigt,
// wird nicht mehr benötigt

delete pZahl;
pZahl = 0;
```

Durch delete wird nicht etwa der Zeiger pZahl gelöscht, sondern es wird nur der Speicherbereich wieder frei gegeben, auf den pZahl zeigt. In pZahl ist aber immer noch die Adresse enthalten, an der sich der reservierte Speicher befand. Sie dürfen jetzt aber nicht mehr auf diesen Speicher zugreifen. Um nicht versehentlich auf diesen Speicher zuzugreifen, weist man dem Zeiger nach einer delete-Operation oft 0 zu. Das folgende Programm soll die Funktionsweise von new und delete verdeutlichen.

Listing 6.12:
Arbeiten mit
new und delete

```
 1: // Speicher reservieren und freigeben
 2:
 3: #include <iostream.h>
 4:
 5: void main(void)
 6: {
 7:     int* pZahl1 = 0;
 8:     int* pZahl2 = 0;
 9:     int* pZahl3 = 0;
10:
11:     pZahl1 = new int;
12:     pZahl2 = new int;
13:
14:     cout << "Es wurde Speicher an den Adressen "
15:         << pZahl1 << " und "
16:         << pZahl2 << " reserviert\n";
17:
18:     *pZahl1 = 25;
19:     *pZahl2 = 15;
20:
```

```
21:        *pZahl1 *= *pZahl2;
22:
23:        // pZahl2 wird nicht mehr gebraucht
24:        delete pZahl2;
25:
26:        // pZahl1 löschen
27:        delete pZahl1;
28:
29:        cout << "pZahl1 zeigt noch auf " << pZahl1 << '\n';
30:
31:        // Obwohl die Adressen nicht mehr gültig sind
32:        // haben sich die Zeiger nicht verändert.
33:        cout << pZahl1 << " " << pZahl2 << '\n';
34:
35:        // neuen Speicher reservieren
36:        pZahl3 = new int;
37:        pZahl1 = new int;
38:
39:        cout << pZahl3 << " " << pZahl1 << '\n';
40:
41:        *pZahl3 = 1;
42:        *pZahl1 = 10;
43:
44:        cout << *pZahl1 << " " << *pZahl3 << '\n';
45:
46:        // Programmende: Speicher wieder freigeben
47:        delete pZahl1;
48:        delete pZahl3;
49: }
```

Wichtig ist, dass Sie Speicher, der reserviert wurde, auch wieder frei geben. Es kommt häufig vor, dass durch den nachlässigen Umgang mit Zeigern Speicherstellen entstehen, auf die nicht mehr zugegriffen werden kann.

Memory Leaks

Dieser Fehler ist so häufig, dass es dafür einen Begriff gibt. Mit Memory Leak ist ein Teil im Speicher gemeint, der reserviert, aber nicht wieder freigegeben wurde. Wörtlich übersetzt heißt Memory Leak Speicherleck.

Memory Leaks können auf verschiedene Weise entstehen. Die nachfolgenden Anweisungen erzeugen beispielsweise ein Memory Leak:

```
int* pZahl = new int;   // zum 1. Mal Speicher reservieren

// Nutzung von pZahl

pZahl = new int;        // zum 2. Mal Speicher reservieren
                        // Adresse des 1. Speicherbereichs
                        // geht verloren
```

139

```
// Nutzung von pZahl

delete pZahl;          // Speicher wieder freigeben
```

In diesem Codefragment wird zweimal Speicher mit new reserviert. Die Adresse des angelegten Speichers wird dem Zeiger pZahl zugewiesen. Leider wird der Speicher, der beim ersten Mal reserviert wurde, nicht mehr frei gegeben. Da dem Zeiger pZahl durch den zweiten Aufruf von new eine neue Adresse zugewiesen wird, besteht kein Verweis mehr auf den Speicherbereich, der beim ersten Aufruf von new reserviert wurde. Deshalb kann er auch im Nachhinein nicht mehr frei gegeben werden. An dieser Stelle entsteht also eine Lücke im Speicher, auf die nicht mehr zugegriffen werden kann, und die auch nicht mehr frei gegeben werden kann.

Abb. 6.7:
Entstehung
eines Memory
Leak

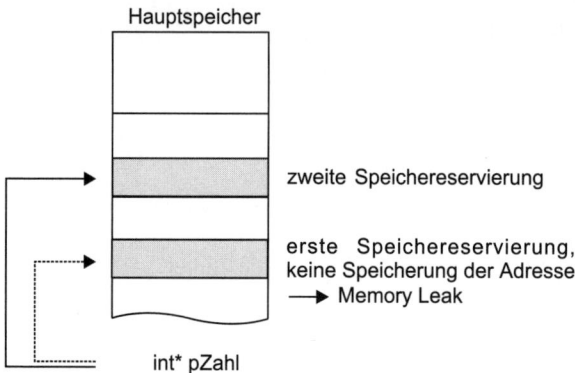

Ein weiterer Programmierfehler, bei dem Memory Leaks entstehen, ist Speicherbereich in einer Funktion durch einen lokalen Zeiger zu reservieren, und diesen dann nicht wieder frei zu geben. Anders als lokal reservierter Speicher in einer Funktion, wird der Speicher auf dem Heap nicht automatisch bei Verlassen der Funktion wieder frei gegeben. Sie müssen auch Speicher, den Sie dynamisch in einer Funktion angelegt haben, wieder mittels delete frei geben.

Einige Compiler und Compilerzusätze sind in der Lage, Memory Leaks automatisch zu finden. Leider verfügt die Edition von Visual C++, die dem Buch beiliegt, nicht über diese Funktion. In Visual C++ haben Sie erst ab der Ausbaustufe *Professional* die Möglichkeit, Memory Leaks automatisch durch den Compiler finden zu lassen.

Speicher für Arrays reservieren

Einen Speicherbereich für ein Array zu reservieren, geschieht ähnlich wie die Speicherreservierung für eine Variable. In diesem Fall müssen Sie new neben dem Typ noch die Größe, die das Feld haben soll, mitteilen.

```
int* pArray = new int[10];
```

Der Clou an dieser Anweisung ist, dass der Wert in den eckigen Klammern variabel sein darf. Auf diese Weise ist es möglich, exakt so viel Speicher für das Feld zu reservieren, wie Sie wirklich benötigen. Das folgende Programm zeigt dazu ein Beispiel.

```
 1: // Ein Feld dynamischer Größe
 2:
 3: #include <iostream.h>
 4:
 5: void main(void)
 6: {
 7:   int Anzahl = 0;
 8:   int *pIntFeld = 0;
 9:   int Summe = 0;      // Zum Aufsummieren der Zahlen
10:   int i;              // Zählvariable für die Schleifen
11:
12:   cout << "Wie viele Zahlen wollen Sie eingeben ? ";
13:   cin  >> Anzahl;
14:
15:   if(Anzahl > 0)
16:   {
17:     pIntFeld = new int[Anzahl]; // Speicher reservieren
18:
19:     if(pIntFeld)
20:     {
21:       cout << "Es wurde ein Feld mit " << Anzahl
22:            << " Elementen reserviert. "
23:            << "Geben Sie jetzt die Zahlen ein:\n";
24:
25:       for(i=0;i<Anzahl;i++)
26:       {
27:         cin >> pIntFeld[i];
28:       }
29:
30:       cout << "Folgende Zahlen wurden eingegeben:\n";
31:
32:       for(i=0;i<Anzahl;i++)
33:       {
34:         cout << pIntFeld[i] << '\n';
35:
```

Listing 6.13: Dynamische Speicherplatz- reservierung für ein Feld

```
36:          // Zahlen aufsummieren
37:          Summe += pIntFeld[i];
38:      }
39:      cout << "Summe der Zahlen: " << Summe << '\n';
40:
41:      // Reservierten Speicher wieder freigeben !!!!
42:      delete[] pIntFeld;
43:   }
44: }
45:}
```

Das Programm aus Listing 6.13 legt ein Feld an, dessen Größe der Benutzer zur Laufzeit bestimmen kann. In dieses Feld werden dann Zahlen von der Tastatur eingelesen. Nachdem das Feld mit Zahlen gefüllt wurde, wird die Summe der eingegebenen Zahlen berechnet, und die Zahlen werden wieder ausgegeben.

Ab der 7. Zeile werden vier Variablen deklariert. Die Variable Anzahl dient dazu, zu speichern, wie viele Elemente das Feld haben soll. Der Zeiger pIntFeld wird benötigt, um die Adresse des dynamisch erzeugten Feldes zu speichern. In der Variablen Summe wird die Summe der eingegebenen Zahlen gespeichert. Bei der Variablen i handelt es sich lediglich um eine Zählvariable, die für die Schleifen benötigt wird.

In Zeile 17 wird Speicher für ein Feld reserviert. Die Anzahl der Feldelemente wird durch die vorher eingegebene Variable Anzahl bestimmt. Besonders wichtig ist, dass Sie den Speicher, den Sie für das Feld reserviert haben, auch wieder frei geben. Dazu wird in Zeile 42 delete genutzt. Hinter delete stehen eine öffnende und eine schließende eckige Klammer. Durch diese Notation wird der Compiler angewiesen, nicht nur die Variable, auf die pIntFeld zeigt, zu löschen, sondern den gesamten Speicherbereich, der für das Feld reserviert wurde.

Zusammenfassung

In diesem Kapitel haben Sie gelernt, dass mit Zeigern ein flexibles Instrument zur Verfügung steht, mit dem man auf Variablen, Felder und Strukturen zugreifen kann, und das auch bei der dynamischen Speicherverwaltung eine entscheidende Rolle spielt.

Die Deklaration eines Zeigers besteht aus dem gewünschten Typ, gefolgt von einem Stern (*) und dem Namen. Mit der Deklaration eines Zeigers ist noch nicht sichergestellt, dass er auf gültigen Speicher zeigt. Mit dem Adressoperator (&) kann man einem Zeiger die Adresse einer Variablen zuweisen. An den Wert einer Variablen oder eines Feldes, auf den ein Zeiger zeigt, gelangt man mit Hilfe des Dereferenzierungsoperators (*).

Wenn Sie innerhalb einer Funktion auf eine Variable zugreifen möchten, die außerhalb der Funktion deklariert wurde, müssen Sie der Funktion einen Zeiger auf diese Variable übergeben.

Sie haben gelernt, wie man ein- und mehrdimensionale Felder anlegt, und wie man auf die einzelnen Feldelemente zugreift. Strings sind in C++ Felder von character-Variablen. Für ein solches Feld müssen Sie immer zusätzlichen Speicher für die Endkennung, das Null-Zeichen ('\0'), vorsehen. An diesem Null-Zeichen erkennt der Compiler, wann der String zu Ende ist.

Des weiteren haben Sie erfahren, wie Zeiger bei der dynamischen Speicherverwaltung zum Einsatz kommen, und dass Sie immer auf die korrekte Freigabe des reservierten Speicherplatzes achten müssen, damit keine Memory Leaks entstehen.

143

Kapitel 7

Der Debugger

An dieser Stelle wollen wir einen kleinen Zwischenstopp beim Erlernen der Programmiersprache C++ machen und uns mit dem *Debugger*, der Teil von Visual C++ ist, vertraut machen.

Wenn der Compiler Ihr Programm anstandslos übersetzt hat, können Sie davon ausgehen, dass das Programm syntaktisch korrekt ist und starten wird, wenn Sie es ausführen wollen. Leider lässt die syntaktische Korrektheit eines Programms noch keine Rückschlüsse darüber zu, ob das Programm auch richtig abläuft. Allzu oft reagiert das Programm nicht mehr, stürzt ab oder liefert nicht das gewünschte Ergebnis. Schuld sind meist falsche Wertzuweisungen, logische Fehler im Programmaufbau oder ein falsch eingesetzter Zeiger.

An dieser Stelle fängt die Fehlersuche an, die oft mühsam, lästig und zeitaufwändig ist.

Bei kommerziellen Softwareprodukten macht die Zeit, die für Fehlersuche und die Tests nötig ist, fast die Hälfte der gesamten Entwicklungskosten aus.

Glücklicherweise stellt Visual C++ ein Werkzeug zur Verfügung, das die Fehlersuche wesentlich erleichtert, den Debugger. Bei diesem Debugger handelt es sich um einen integrierten Debugger, d.h., dass Sie kein separates Programm starten müssen und direkt in der IDE auf die Suche nach Fehlern gehen können.

Für die Entstehung des Begriffs Debugger, der vom englischen Wort Bug kommt, das Wanze oder Käfer heißt, gibt es mehrere Erklärungen. Die zwei bekanntesten sind die folgenden.

Zu der Zeit, als Programme noch auf Stapeln von Lochkarten gespeichert wurden, kam es vor, dass die Stapel durch unsachgemäße Lagerung von Wanzen und Käfern befallen wurden. Die Lochkarten mussten vor der Nutzung vom Ungeziefer befreit, also debuggt werden.

Wenn die zweite Geschichte stimmt, dann kommt der Begriff daher, dass eine Wanze einen Schalter in einem Röhrenrechner lahmgelegt hat, und die Programmierer erst nach tagelanger Fehlersuche im Programm auf die Idee gekommen sind, den Computer auseinander zu bauen und die Wanze gefunden haben.

Welche Geschichte auch immer stimmt, heutige Programme, die der Suche nach Fehlern in einem Programm dienen, heißen Debugger.

Debugger bieten meist verschiedene Möglichkeiten, um nach Fehlern zu suchen. Zunächst müssen Sie das Programm oder das Projekt, in dem Sie nach Fehlern suchen wollen, laden. Auf der CD befindet sich ein Beispielprojekt, an dem ich Ihnen die Funktionsweise des Debuggers erläutern möchte. Laden Sie aus dem Verzeichnis KAPITEL8 im Ordner DEBUGGER die Datei *debug.dsw*. Sie können dazu entweder einen Doppelklick auf die Datei machen oder im Menüpunkt DATEI in Visual C++ den Menüpunkt ARBEITSBEREICH ÖFFNEN wählen und dann *debug.dsw* laden.

Wenn Sie die Beispiele von der CD, die dem Buch beiliegt, noch nicht installiert haben, sollten Sie dies spätestens jetzt tun. Sie können die Beispiele nicht direkt von der CD starten, da Visual C++ beim Kompilieren versuchen würde, auf die CD zu schreiben, was leider nicht möglich ist.

Visual C++ zeigt Ihnen nach dem Öffnen von *debug.dsw* den Quelltext der Datei *debug.cpp* an.

Das Programm besteht aus zwei Funktionen, Multipliziere und Addiere. Der ersten Funktion müssen als Parameter zwei Integer-Werte übergeben werden, die zweite benötigt zwei Zeiger auf Integer-Werte. Der Rückgabewert ist bei beiden Funktionen ein Integer-Wert. In der main-Funktion werden die drei Variablen Zahl1, Zahl2 und Ergebnis deklariert. Die Variablen Zahl1 und Zahl2 erhalten Werte von der Tastatur, der Variablen Ergebnis wird zuerst das Ergebnis, das die Funktion Multipliziere zurück gibt zugewiesen. Danach werden in einer while-Schleife solange Werte zu dieser

Variablen hinzu addiert, bis sie einen Wert, der größer oder gleich 1000 ist, annimmt.

Starten Sie das Programm nicht wie gewohnt durch Drücken der Tastenkombination Strg+F5 oder durch *Ausführen*, sondern drücken Sie einfach F10. Wenn Visual C++ fragt, ob die Datei neu erstellt werden soll, drücken Sie auf JA. Dadurch wird der Debugger aktiv, und Sie befinden sich im Modus der schrittweisen Programmausführung. Die folgende Abbildung zeigt, was Sie auf Ihrem Bildschirm sehen sollten.

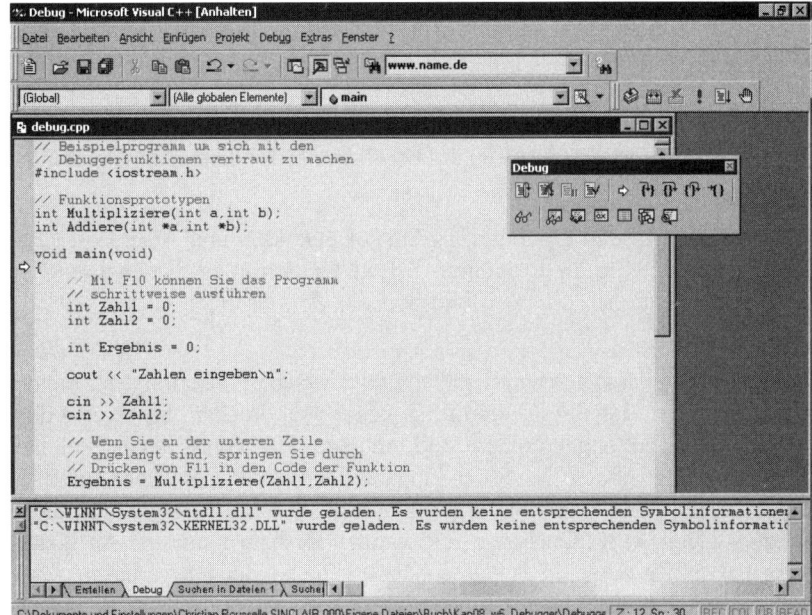

Abb. 7.1:
Visual C++ im
Debugmodus

7.1 Schrittweise Programmausführung

Schrittweise Programmausführung bedeutet, dass das Programm nicht, wie bisher komplett abläuft, sondern vor jeder Anweisung anhält. Der kleine gelbe Pfeil (zu sehen in Abbildung 7.1) zeigt Ihnen, bis zu welcher Quelltextstelle das Programm schon ausgeführt wurde. Die Zeile, in der sich der Pfeil befindet, wurde noch nicht ausgeführt. Momentan befindet sich der Pfeil am Anfang der main-Funktion, da noch keine Anweisung ausgeführt wurde.

Mit der schrittweisen Ausführung können Sie genau nachvollziehen, welche Quellcodeteile Ihr Programm durchläuft, und Sie können so feststellen, wo sich Fehler im Ablauf des Programmflusses befinden.

Die schrittweise Ausführung bietet mehrere Möglichkeiten, das Programm ablaufen zu lassen. Sie finden die verschiedenen Optionen unter dem Menüpunkt DEBUG in Visual C++. Dieses Menü erscheint erst, wenn Sie sich bereits im Debug-Modus befinden. Die relevanten Einträge sind dort:

✘ IN AUFRUF SPRINGEN

✘ AUFRUF ALS EIN SCHRITT

✘ AUSFÜHREN BIS RÜCKSPRUNG

✘ AUSFÜHREN BIS CURSOR

Diese vier Punkte lassen sich auch über Tasten oder Tastenkombinationen ausführen.

Mit den ersten beiden Optionen, IN AUFRUF SPRINGEN und AUFRUF ALS EIN SCHRITT können Sie Ihr Programm Schritt für Schritt nachvollziehen. Sie können in Funktionen springen und dort alle Anweisungen einzeln ausführen.

Probieren Sie es aus, drücken Sie F10, und der gelbe Pfeil springt zur ersten Anweisung, int Zahl = 0. Wenn Sie weiter F10 drücken, bis Sie bei den cin-Anweisungen angekommen sind, müssen Sie jeweils eine Zahl (im DOS-Fenster) eingeben. Nach der Eingabe der zweiten Zahl steht der Pfeil in der Zeile, in der der Funktionsaufruf erfolgt. Kommentare gehören nicht mit zum eigentlichen Quellcode und werden deshalb ignoriert. An dieser Stelle haben Sie zwei Möglichkeiten. Wenn Sie wieder F10 drücken, wird die Funktion vom Debugger in einem Schritt komplett ausgeführt. Wenn Sie F11 drücken, also den Modus IN AUFRUF SPRINGEN wählen, springen Sie in die Funktion und können dort die Ausführung des Quellcodes weiter beobachten. Wenn Sie am Ende der Funktion angelangt sind und F10 oder F11 drücken, springen Sie zurück ins Hauptprogramm.

Wenn Sie ein Programm im Debug-Modus ausführen, können Sie es jederzeit mit der Tastenkombination ⇧+F5 oder über den Punkt DEBUG BEENDEN im Menü DEBUG beenden.

Neben den beiden vorgestellten Modi AUFRUF ALS EIN SCHRITT und IN AUFRUF SPRINGEN, bietet der Debugger noch zwei weitere Möglichkeiten. Mit AUSFÜHREN BIS RÜCKSPRUNG führt der Debugger die Funktion, in der Sie sich befinden, aus und Sie gelangen zurück an die Stelle im Quellcode an der die Funktion aufgerufen wurde. Mit der Option AUSFÜHREN BIS CURSOR führt der Debugger den Quellcode bis zu der Stelle aus, an der Sie den Cursor positioniert haben.

7.2 Überwachen von Variablen

Eine weitere interessante Möglichkeit, die der Debug-Modus bietet, ist es, Variablen überwachen zu können. Vielleicht haben Sie schon festgestellt, dass Visual C++ den Wert von Variablen anzeigt, wenn man sich im Debug-Modus mit der Maus über ihnen befindet. Es gibt aber noch eine komfortablere Art, sich die Werte von Variablen anzeigen zu lassen. Starten Sie dazu den Debug-Modus für das Programm DEBUG erneut, z.B. durch Drücken der Taste F10. Wählen Sie nun aus dem Menü ANSICHT den Punkt DEBUG-FENSTER und dort VARIABLEN. Visual C++ blendet dann ein Fenster ein, das alle Variablen enthält, die sich im aktuellen Kontext befinden. Solange Sie in der main-Funktion sind, sind das die Variablen Zahl1, Zahl2 und Ergebnis. Wenn Sie beispielsweise in die Funktion Multipliziere springen, werden in dem Fenster die Variablen a,b und Ergebnis angezeigt. Wenn sich der Wert einer Variablen durch die Ausführung von Anweisungen ändert, hebt Visual C++ die Änderung rot hervor.

Die folgende Abbildung zeigt das Fenster zur Überwachung von Variablen. In der linken unteren Ecke des Fensters können Sie zwischen den drei Modi AUTO, LOKAL oder THIS wählen. Wenn Sie AUTO wählen, zeigt Ihnen Visual C++ die Werte von Variablen nach einem bestimmten Auswahlkriterium an. Wenn Sie sich für LOKAL entscheiden, zeigt Ihnen Visual C++ die Variablen an, die lokal zur Funktion deklariert wurden, in der Sie sich gerade befinden. Was THIS zu bedeuten hat, werden Sie in einem der folgenden Kapitel erfahren.

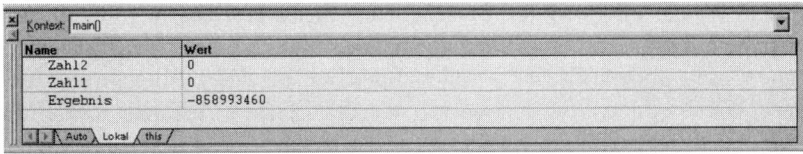

Abb. 7.2: Fenster zum Überwachen der Variablen

7.3 Überwachung

Ein weiteres Debug-Fenster ist das Fenster Überwachung, das Sie auch aus dem Menü ANSICHT wählen können. Die Funktion dieses Fensters ähnelt der Funktion des Fensters zur Überwachung von Variablen sehr stark. Hier gibt Visual C++ jedoch nicht vor, welche Variablen überwacht und angezeigt

149

werden. Sie können die für Sie interessanten Variablen selbst bestimmen. Dazu müssen Sie nur einen Doppelklick in das Fenster machen und den Namen der Variablen, deren Wert Sie interessiert, eingeben.

7.4 Aufrufliste

Die Aufrufliste ist immer dann hilfreich, wenn das Programm durch einen Fehler angehalten wird, abgestürzt ist, oder wenn Sie erfahren wollen, wie Sie zur aktuellen Position im Quellcode gelangt sind. Visual C++ zeigt zwar meistens die genaue Stelle an, an der ein Fehler aufgetreten ist, wenn diese Stelle aber in einer Funktion liegt, ist nicht immer klar, aus welchem Quellcodeteil die Funktion aufgerufen wurde. In diesem Fall gibt die Aufrufliste genau darüber Auskunft.

Abb. 7.3:
Aufrufliste in
der Funktion
Multipliziere

```
Multipliziere(int 12, int 12) line 36
main() line 19 + 13 bytes
mainCRTStartup() line 206 + 25 bytes
KERNEL32! 77e892a6()
```

Sie zeigt an, von welcher Codestelle die gerade aktuelle Funktion mit welchen Parametern aufgerufen wurde. Somit haben Sie die Möglichkeit, die Reihenfolge der Aufrufe nachzuvollziehen, durch die Sie in zum aktuellen Quellcodeteil gelangt sind. Zusätzlich werden die an die Funktion übergebenen Werte, wie in Abbildung 7.3 zu sehen angezeigt.

7.5 Speicheransicht

Das Fenster SPEICHER zeigt Ihnen den Inhalt des Arbeitsspeichers an. Standardmäßig beginnt die Anzeige bei der Adresse 0x00000000, an der meistens nicht viel Interessantes zu sehen ist. Erst wenn Sie aus einem der Überwachungsfenster eine Variable mit der Maus in das Speicherfenster ziehen, zeigt Ihnen Visual C++ den Speicher an dieser Adresse an. Auf diese Weise können Sie feststellen, wie der Speicher während des Programmablaufs aussieht, und wie er sich verändert.

Wenn Sie in diesem Fenster mit der rechten Maustaste klicken, erscheint ein Kontextmenü wie in Abbildung 7.4.

In diesem Kontextmenü können Sie wählen, auf welche Weise der Speicher dargestellt werden soll.

150

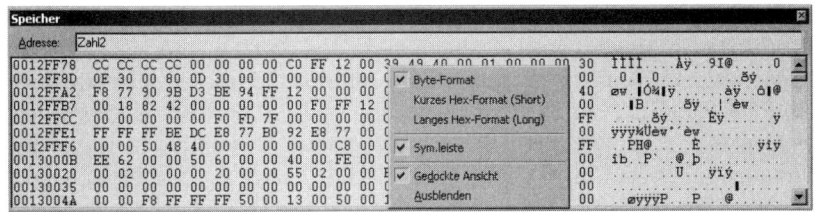

7.6   Register

Sie können sich auch den Inhalt der Register des Prozessors und deren Veränderung während des Programmablaufs anzeigen lassen. Leider würde
eine Beschreibung der Register und deren Aufgabe den Rahmen des Buches
sprengen. Wenn Sie sich für die Abläufe in dieser Ebene interessieren, sollten Sie am besten einen Blick in ein Assemblerbuch werfen. Buchempfehlungen finden Sie im Anhang.

7.7   Disassemblierung

Wenn Sie den Punkt DISASSEMBLIERUNG aus dem Menü DEBUG-FENSTER
wählen, zeigt Ihnen Visual C++ den Assemblercode Ihres Programms an.
Der Assemblercode wird durch den Compiler erzeugt. Anhand des Assem-
blercodes können Sie sehen, welche Anweisungen der Prozessor auf unters-
ter Ebene verarbeitet. Wenn Sie Assembler beherrschen, werden Sie keine
Schwierigkeiten mit diesem Fenster haben, wenn nicht, nützt Ihnen diese
Ansicht Ihres Programms nicht allzu viel.

Obwohl es nicht zwingend nötig ist, Assembler zu können, wenn man in einer höheren Programmiersprache programmiert, hilft es trotzdem zu verstehen, was im Computer wirklich vor sich geht. Im Anhang finden Sie
Buchempfehlungen zu diesem Thema.

7.8   Setzen von Breakpoints

Um den Debug-Vorgang komfortabler zu machen, ist es möglich, Breakpoints (Haltepunkte) zu setzen. Mit Hilfe von Breakpoints sind Sie in der
Lage, das Programm an jedem beliebigen Punkt zu unterbrechen, ohne
dass Sie den Quellcode Zeile für Zeile ausführen müssen.

Einen Breakpoint setzen Sie, indem Sie den Cursor in die Zeile setzen, in der Sie das Programm unterbrechen wollen und dort F9 drücken. Mit F9 können sie den Breakpoint auch wieder entfernen. In dieser Zeile erscheint ein roter Kreis, der die Stelle markiert, an der das Programm unterbrochen werden wird. Der Debugger hält das Programm jedes Mal an, wenn der Programmablauf an diese Stelle kommt. D.h., dass das Programm, wenn Sie einen Breakpoint z.B. in eine Schleife legen, jedes Mal anhält, wenn die Schleife ausgeführt wird.

Wenn Sie einen Breakpoint festgelegt haben, können Sie das Programm durch Drücken von F5 starten. Das Programm wird dann, an den von Ihnen festgelegten Breakpoints anhalten, und Sie können z.B. die Werte von Variablen untersuchen. Sie können sich entscheiden, ob Sie das Programm bis zum Ende, bis zum nächsten Breakpoint oder aber schrittweise ausführen wollen.

7.9 Debug und Release

Der Compiler kann zwei verschiedene Versionen Ihres Programms erzeugen, eine Debug-Version und eine Release-Version. Nur wenn Sie mit der Debug-Version arbeiten, stehen Ihnen die in diesem Kapitel beschriebenen Möglichkeiten zur Programmanalyse zur Verfügung. Im Debug-Modus generiert der Compiler Debugging-Informationen, die das Programm wesentlich größer machen. Im Release-Modus verzichtet der Compiler auf Debug-Informationen und führt Optimierungen mit dem Quellcode durch.

Wenn Sie ein neues Projekt anlegen, befinden Sie sich zunächst im Debug-Modus. Sie werden in diesem Modus auch den Großteil Ihres Programms entwickeln, da Sie auf diese Weise leicht analysieren und Fehler finden können. Erst wenn Sie das Programm fertiggestellt haben, ist es sinnvoll eine Release-Version Ihres Programms zu kompilieren. Die Release-Version ist wesentlich kleiner und schneller.

Um eine Release-Version eines Programms zu erstellen, wählen Sie aus dem Menü ERSTELLEN den Eintrag AKTIVE KONFIGURATION WÄHLEN. In dem Fenster, das dann erscheint, müssen Sie die Release-Version wählen und das Programm erneut kompilieren. Visual C++ erstellt die Release-Version Ihres Programms dann automatisch. Damit die Debug-Version nicht überschrieben wird, legt Visual C++ zwei getrennte Verzeichnisse unter den Namen DEBUG und RELEASE in Ihrem Projekt-Ordner an.

Neben den Einstellungen Debug- oder Release-Modus, können Sie noch weitere, viel komplexere Einstellungen für Ihr Projekt über den Eintrag EINSTELLUNGEN aus dem PROJEKT-Menü vornehmen.

Zusammenfassung

In diesem Kapitel haben Sie die Funktionsweise des Debuggers kennen gelernt. Mit dem Debugger steht Ihnen ein sehr leistungsfähiges Werkzeug zur Verfügung, um Fehler in Ihren Programmen zu finden.

Kapitel 8

Ausgewählte Themen

In diesem Kapitel möchte ich Ihnen Funktionen und Verfahrensweisen vorstellen, die in die bisherigen Kapitel thematisch nicht gepasst haben, aber dennoch so wichtig und nützlich sind, dass ich Ihnen diese Dinge nicht vorenthalten möchte.

8.1 Werteübergabe an die main-Funktion

Die `main`-Funktionen, die Sie bisher verwendet haben, hatten weder einen Rückgabewert noch hat die `main`-Funktion Argumente übergeben bekommen. Es gibt jedoch eine Fülle von nützlichen Werkzeugen, denen man Werte über die Kommandozeilen übergeben kann.

Um Werte von der Kommandozeile zu verarbeiten, oder genereller, um Übergabeparameter verarbeiten zu können, benötigt die `main`-Funktion einen speziellen Aufbau:

```
void main(int argc, char* argv[])
{
}
```

Die Namen der Parameter können Sie wie immer frei wählen. Man findet die oben stehenden Bezeichnungen für diese Parameter jedoch sehr häufig. Das erste Argument `argc` enthält die Anzahl der an die `main`-Funktion übergebenen Werte, wobei der Name des Programms selbst immer der erste Wert ist. D.h., selbst wenn ein Programm keine Werte übergeben bekommen hat, hat `argc` den Wert 1.

155

argv[] ist ein Feld von Zeichenketten und enthält die eigentlichen Parameter. Der Name des Programms, das aufgerufen wurde, steht immer in argv[0].

Listing 8.1:
Ausgabe der
Argumente

```
1: // main-Funktion mit Argumentübergabe
2:
3: #include <iostream.h>
4:
5:
6: void main(int argc, char* argv[])
7: {
8:     cout << argc << '\n';
9:
10:    for(int i=0;i<argc;i++)
11:    {
12:        cout << argv[0] << '\n';
13:    }
14: }
```

Das Programm aus Listing 8.1 gibt die Anzahl der Argumente, die einem Programm übergeben wurden, sowie die Argumente selbst aus. In einem »echten« Programm würden die Argumente in der for-Schleife behandelt, und das Programm sollte entsprechend der gewünschten Funktion reagieren.

Die Programmargumente können Sie dem Programm übergeben, indem Sie es von der Kommandozeile aus aufrufen. Eine andere Möglichkeit besteht darin, Visual C++ mit der Übergabe der Argumente zu beauftragen. Wählen Sie dazu im Menü PROJEKT den Eintrag EINSTELLUNGEN. In dem Fenster, das anschließend aufgeht, müssen Sie die Karteikarte DEBUG wählen. Dort gibt es einen Eintrag PROGRAMMARGUMENTE, in dem Sie die Parameter schreiben können, die Sie dem Programm übergeben wollen.

Sollten Sie einen Übergabeparameter eingegeben haben und in den Release-Modus wechseln, müssen Sie diesen Eintrag dort erneut vornehmen. Visual C++ trennt streng zwischen den Einstellungen für den Release- und den Debug-Modus. Deshalb müssen Sie die gewünschten Einstellungen immer in beiden Modi vornehmen.

Neben der Nutzung von Programmargumenten ist es auch möglich, dass die main-Funktion einen Wert zurückgibt. Sie müssen dazu genau wie bei jeder anderen Funktion den Typ des Wertes spezifizieren, der zurückgegeben werden soll. Wenn Sie einen Rückgabewert deklarieren, sollten Sie auch einen Wert mittels return zurückgeben.

156

Der Rückgabewert der main-Funktion gibt häufig den Status des Programms zurück. So bedeutet eine Rückgabewert von −1 meist, dass ein Fehler während des Programms aufgetreten ist. Ein Rückgabewert von 0 bedeutet hingegen, dass das Programm erfolgreich abgearbeitet werden konnte. Der Rückgabewert kann aber auch genutzt werden, um Werte zwischen zwei Programmen auszutauschen. So könnte ein aufrufendes Programm Werte an die main-Funktion übergeben. Mit diesen Werten werden Berechnungen durchführt, und der Rückgabewert könnte z.B. das Ergebnis der Berechnung sein. Der folgende Codeausschnitt zeigt dazu einen beispielhaften Programmaufbau.

```
int main(int argc, char* argv[])
{
    if(1 == argc)
    {
        cout << "Es wurden zu wenig Argumente übergeben\n";
        return -1;   // Fehlerwert zurückgeben
    }

    // Berechnungen durchführen
    ...

    return 0;
}
```

8.2   Formatierte Ausgabe mit printf

Sie werden feststellen, dass es sehr häufig wünschenswert ist, Strings linksbündig oder Zahlen etwa mit einer festen Anzahl von Nachkommastellen zu formatieren. Mit cout kann man die Ausgabe zwar sehr flexibel formatieren, in den meisten Fällen ist die Funktion printf aber ausreichend. Um die Funktion printf nutzen zu können, müssen Sie die Header-Datei stdio.h einbinden.

stdio steht für Standard-Input-Output. Die in dieser Header-Datei deklarierten Funktionen bieten Unterstützung bei der Arbeit mit Dateien oder der Ein- und Ausgabe über die Tastatur und den Bildschirm.

Im Quellcode sieht die Einbindung dieser Header-Datei genauso aus wie die von iostream.h:

```
#include <stdio.h>
```

157

printf hat den folgenden Aufbau:

```
int printf(const char *format [, argument]...);
```

Der Rückgabewert ist die Anzahl der Zeichen, die ausgegeben wurden, oder ein negativer Wert, wenn ein Fehler während der Ausgabe aufgetreten ist.

Das erste Argument dieser Funktion ist eine Zeichenkette. Das const bedeutet dabei nicht, dass Sie nur konstante Zeichenketten übergeben können, sondern dass die Funktion printf die übergebene Zeichenkette wie eine konstante Zeichenkette behandelt, also nicht verändert.

Nach der Zeichenkette können weitere Argumente folgen. Diese Argumente sind aber optional, d.h. sie können folgen, müssen aber nicht. Die Notation in eckigen Klammern findet man häufig, wenn zum Ausdruck gebracht werden soll, dass etwas optional ist. Bei den Parametern, die der Zeichenkette folgen, handelt es sich um Variablen oder Konstanten, die formatiert oder an einer bestimmten Stelle in der Zeichenkette auf den Bildschirm ausgegeben werden sollen. Wenn die Variablen in der Zeichenkette platziert werden sollen, muss die Zeichenkette mit bestimmten Platzhaltern versehen werden. Diese Platzhalter bestehen aus einem Prozentzeichen, gefolgt von einer Zeichenkombination, mit der man die Formatierung und den Variablentyp festlegen kann. Der Aufbau der Platzhalter sieht folgendermaßen aus:

```
%[Ausrichtung][Breite][.Nachkommastellen]Typ
```

Hier sind alle Angaben, bis auf den Typ, optional. Über Ausrichtung können Sie bestimmen, ob die Zahl oder die Zeichenkette links oder rechtsbündig ausgegeben werden soll, oder ob Sie führende Nullen ausgeben wollen. Die wichtigsten Ausrichtungsmöglichkeiten sind im Folgenden aufgelistet.

✗ - linksbündige Ausgabe

✗ + der auszugebenden Zahl wird ein Vorzeichen vorangestellt (+ oder -)

✗ 0 die auszugebende Zahl wird von links mit Nullen aufgefüllt

Mit der Angabe Breite bestimmen Sie, wie viel Platz für die Ausgabe veranschlagt werden soll. Sie sollten an dieser Stelle darauf achten, dass Sie genügend Platz vorsehen. Wenn Sie z.B. weniger Platz angeben, als eine Ganzzahl benötigt, gibt die Funktion printf trotzdem die gesamte Zahl aus, damit gewährleistet ist, dass der Wert immer korrekt ausgegeben wird, auch wenn dies nicht zur vorgegebenen Formatierung passt.

Über die Angabe .Nachkommastellen, geben Sie die Genauigkeit an, mit der eine Zahl ausgegeben werden soll. An dieser Stelle, lässt printf, anders als bei der Angabe Breite, Stellen weg. Wenn Sie einen Wert von fünf für die Nachkommastellen festlegen, die Zahl aber mehr als fünf Nachkommastellen hat, fallen alle Stellen nach der fünften weg.

Zum Schluss müssen Sie noch den Typ der Variablen oder Konstanten angeben, die Sie ausgeben wollen. Tabelle 8.1 zeigt, auf welche Art die Typen interpretiert werden können.

Zeichen	Variablen-/Konstantentyp	Ausgabeformat
c	char	einzelnes Zeichen
d	short, int	Dezimalwert
i	short, int	Dezimalwert
u	unsigned int, unsigned short	vorzeichenloser Dezimalwert
o	short, int	Oktalwert
x oder X	short, int	Hexadezimalwert
f	float, double	Fließkommawert
e oder E	float, double	Fließkommawert in Exponential-schreibweise
s	char[], char*	String

Tabelle 8.1: Typzeichen und ihre Interpretation

Wenn Sie eine Zahl in Hexadezimalschreibweise ausgeben, gibt die Funktion printf automatisch ein Präfix mit aus, an dem Sie erkennen, dass es sich um eine hexadezimale Zahl handelt. Der Unterschied in den Schreibweisen mit kleinem x oder großem X besteht lediglich darin, dass das Präfix im ersten Fall 0x und im zweiten Fall 0X ist. Das Gleiche gilt für die Exponentialschreibweise, auch hier können Sie ein kleines e oder ein großes E verwenden.

Listing 8.1 zeigt ein Beispiel zum Einsatz von printf.

```
 1: // Beispiel für die Nutzung der Funktion printf
 2:
 3: #include <stdio.h>
 4:
 5: void main(void)
 6: {
 7:     // Ausgabe einer Zeichenkette
 8:     printf("Hello World\n");
 9:
10:     int Zahl1 = 4200;
11:
12:     // dezimale Ausgabe
13:     printf("Dezimal: %d\n",Zahl1);
14:
```

Listing 8.2: Nutzung der Funktion printf

159

```
15:      // hexadezimale Ausgabe
16:      printf("Hexadezimal: %x\n",Zahl1);
17:
18:      int Zahl2 = 10000;
19:
20:      // jeweils 6 Stellen für die Ausgabe vorsehen
21:      printf("Monatsgehalt: %6d DM\n",Zahl1);
22:      printf("Monatsgehalt: %6d DM\n",Zahl2);
23:
24:      printf("Führende Nullen: %06d\n",33);
25:
26:      // Messwerte mit unterschiedlichen Formatierungen
27:      double Messwert = 1.563012;
28:
29:      printf("Messwert: %f\n",Messwert);
30:      printf("Messwert: %2.8f\n",Messwert);
31:      printf("Messwert: %1.6f\n",Messwert);
32:      printf("Messwert: %10.3f\n",Messwert);
33:
34:      // Links- und rechsbündige Textausgabe
35:      char str[] = "Test";
36:
37:      printf("Dies ist eine %20s Ausgabe\n",str);
38:      printf("Dies ist eine %-20s Ausgabe\n",str);
39:
40:      // Ausgabe mehrerer Werte
41:      printf("%6d %6d %3.4f %s",Zahl1,Zahl2,Messwert,str);
42: }
```

Die Funktion printf gibt es in mehreren Ausführungen. Eine davon ist z.B. sprintf, mit der Sie formatiert in einen String oder in einen Speicherbereich schreiben können. sprintf funktioniert wie printf, außer dass man zuerst den String übergeben muss, in den geschrieben werden soll. Bei der Verwendung von sprintf müssen Sie darauf achten, dass Sie für den String, in den Sie schreiben wollen, genügend Speicher reservieren.

Der folgende Quellcodeabschnitt zeigt, wie man sprintf einsetzt.

```
char str[50];

int x = 100;
int y =  50;

sprintf(str,"Hallo %d + %d = %d",x,y,x+y);

printf("In str steht %s\n",str);
```

8.3   Dateiarbeit

Dateien kommen immer dann zum Einsatz, wenn man Daten über längere Zeit, und sei es nur vom Ausschalten des Computers bis zum nächsten Einschalten, speichern will. C++ bietet viele Dateibehandlungsroutinen, von denen die meisten in der Datei `stdio.h` deklariert sind.

Wir sollten zunächst zwei Arten von Dateien unterscheiden, *Textdateien* und *Binärdateien*. Textdateien enthalten die Daten lesbar im ASCII-Format. Wenn Sie eine solche Datei in einem Texteditor wie Notepad oder auch Visual C++ öffnen, können Sie sich den Inhalt direkt anschauen. Anders verhält es sich mit Binärdateien. Binärdateien enthalten die Daten in dem Format, in dem sie der Computer abspeichert. Wenn beispielsweise eine Integer-Variable im Binärformat gespeichert wird, benötigt diese Variable in der Datei, wie im Speicher auch, vier Byte, egal welchen Wert sie hat. Wenn Sie eine Binärdatei öffnen, werden Sie nur ein Gewirr von Symbolen, Buchstaben und Zahlen sehen, die aber wenig Sinn zu machen scheinen, da man sie nicht direkt lesen kann.

Obwohl es möglich ist, Text und Binärinformationen in die gleiche Datei zu schreiben, kommt dies in der Praxis kaum vor. Aus diesem Grund möchte ich Ihnen die Arbeit mit Textdateien und die Arbeit mit Binärdateien getrennt voneinander vorstellen.

8.3.1   Arbeit mit Textdateien

Zunächst einmal müssen Sie festlegen, wie die Datei heißen soll, mit der Sie arbeiten wollen, und wozu Sie die Datei benötigen. Sie könnten z.B. eine neue Datei anlegen, eine vorhandene Datei überschreiben oder sich dafür entscheiden, eine Datei nur zum Lesen zu öffnen. Alle diese Operationen sind mit der Funktion `fopen` möglich. `fopen` hat folgenden Aufbau:

```
FILE* fopen(const char* Dateiname, const char* Modus);
```

Das erste Argument ist der Name der Datei. Wenn Sie hier nur einen einfachen Namen angeben (z.B. `"Datei.txt"`), wird nach der Datei im aktuellen Verzeichnis gesucht. Sie können aber auch einen Pfad angeben. Bei der Pfadangabe ist darauf zu achten, dass Sie die Verzeichnisnamen mit zwei Backslashs (`\\`). trennen (z.B. `"C:\\Programme\\Datei.txt"`), da C++ die folgenden Zeichen sonst als Steuerzeichen interpretieren würde (siehe Kapitel 3).

Der zweite Parameter gibt den Modus an, in dem die Datei geöffnet werden soll. Dafür sind folgende Werte möglich:

`"r"`   nur lesen

`"w"`   neue Datei erzeugen und schreiben

`"a"`   in vorhandene Datei schreiben (anhängen)

`"r+"`   lesen und schreiben

`"w+"`   neue Datei erzeugen, lesen und schreiben

`"a+"`   in vorhandene Datei schreiben (anhängen) und lesen

Bei den oben stehenden Modi gibt es einige Besonderheiten. So muss die Datei bei den Modi, die mit r beginnen, bereits existieren, sonst gibt fopen eine Fehlermeldung zurück. Bei den Modi, die mit w beginnen, wird eine Datei falls vorhanden, überschrieben. Der Inhalt der alten Datei geht dabei verloren. Bei den Modi, die mit a beginnen, werden neue Daten an die Datei angehängt, wenn bereits eine Datei mit gleichem Namen im Pfad existiert; ansonsten wird eine neue Datei erzeugt.

Der Rückgabewert von fopen ist ein Zeiger auf eine Struktur vom Typ FILE, die von fopen automatisch angelegt wird. Diesen Zeiger benötigen Sie immer dann, wenn Sie mit der Datei, die Sie mit fopen geöffnet haben, weiterarbeiten wollen. In der FILE-Struktur werden Informationen zur Datei gespeichert. Der Rückgabewert von fopen ist NULL, wenn ein Fehler aufgetreten ist. Typische Fehler sind, dass die Datei nicht gefunden werden konnte, oder dass die Datei von einer anderen Anwendung gerade geöffnet wurde, und Sie deshalb nicht zugreifen können.

Die einfachste Möglichkeit, in eine Datei zu schreiben, bietet die Funktion fprintf. Ihr Aufbau ist genauso wie der Aufbau von sprintf, mit der Ausnahme, dass der erste Parameter ein Zeiger auf eine FILE-Struktur anstatt eines Strings sein muss.

```
int fprintf(FILE *Datei, const char *format [,argument ]...);
```

Damit die Datei lesbar bleibt, sollten Sie darauf achten, dass Sie zeilenweise in die Datei schreiben, d.h., dass Sie ca. alle 80 Zeichen einen Zeilenumbruch mit '\n' vorsehen.

Um Zeichenketten zeilenweise aus einer Datei lesen zu können, gibt es die Funktion fgets. Diese Funktion hat den folgenden Aufbau:

```
char *fgets(char *String, int Max, FILE *Datei);
```

Der erste Parameter, String, muss auf ein char-Feld zeigen, in das die Zeichenkette, die aus der Datei gelesen wird, gespeichert werden soll. Der zweite Parameter, Max, ist ein Integer-Wert, der angibt, wie viele Zeichen maximal gelesen werden sollen. Dieser Parameter darf die Größe des Feldes, auf das String zeigt, nicht übersteigen. Der letzte Parameter ist wiederum ein Zeiger auf eine FILE-Struktur. Eine Besonderheit der Funktion besteht darin, solange Zeichen aus der Datei zu lesen und in String zu speichern, bis entweder Max Zeichen gelesen wurden, oder bis die Funktion auf einen Zeilenumbruch trifft.

Wenn Sie aus einer Datei lesen, deren Inhalt und Größe Sie nicht kennen, werden Sie auf das Problem stoßen, dass Sie feststellen müssen, wann Sie am Dateiende angelangt sind. Um dieses Problem zu lösen, gibt es die Funktion feof. Dieser Funktion müssen Sie einen Zeiger auf eine FILE-Struktur übergeben. Der Rückgabewert ist ungleich NULL, wenn das Dateiende erreicht ist, ansonsten wird NULL zurückgegeben.

Wenn Sie mit der Bearbeitung einer Datei fertig sind, müssen Sie diese wieder schließen. Dazu gibt es die Funktion fclose, die als Parameter den Zeiger auf die FILE-Struktur der Datei übergeben bekommt, die Sie schließen wollen. Nach dem Schließen einer Datei können Sie keine weiteren Zeichenketten in die Datei schreiben, außer Sie öffnen sie erneut.

Das folgende Programm ist ein Beispiel für den Umgang mit Dateien:

```
1:  // Arbeiten mit Textdateien
2:
3:  #include <iostream.h>
4:  #include <stdio.h>
5:
6:  void main(void)
7:  {
8:      FILE *Datei;
9:      int Zahl = 0;
10:
11:     cout << "Geben Sie eine Zahl ein: ";
12:     cin >> Zahl;
13:
14:     // Datei test.txt anlegen und zum Schreiben
15:     // öffnen, wenn die Datei bereits vorhanden
16:     // ist, wird sie überschrieben
17:     Datei = fopen("c:\\test.txt","w");
18:
19:     if(NULL == Datei)
20:     {
21:         // Fehler aufgetreten, Programm verlassen
22:         return;
23:     }
24:
```

Listing 8.3:
Arbeit mit
Textdateien

163

```
25:     fprintf(Datei,"Sie können Strings oder Zahlen\n");
26:     fprintf(Datei,"(%d) in eine Datei schreiben",Zahl);
27:
28:     // Datei schliessen
29:     fclose(Datei);
30:
31:     // Datei erneut öffnen, dieses mal zum lesen
32:     Datei = fopen("c:\\test.txt","r");
33:
34:     // Puffer mit einer Länge von 256 Zeichen,
35:     // in den gelesen wird
36:     char Puffer[256];
37:
38:     if(NULL == Datei)
39:     {
40:         // Fehler aufgetreten, Programm verlassen
41:         return;
42:     }
43:
44:     // Solange das Dateiende noch nicht erreicht ist,
45:     // wird zeilenweise auf der Datei gelesen
46:     while(!feof(Datei))
47:     {
48:         fgets(Puffer,255,Datei);
49:         cout << Puffer;
50:     }
51:
52:     // Datei schliessen
53:     fclose(Datei);
54: }
```

In Listing 8.3 wird zuerst eine Datei mit der Option "w" angelegt. Wenn bereits eine Datei unter gleichem Namen und Pfad vorhanden ist, wird diese Datei überschrieben. In den Zeilen 25 und 26 werden zwei Zeilen in die Datei geschrieben. Danach wird die Datei geschlossen und erneut geöffnet, dieses Mal mit der Option "r", um aus der Datei zu lesen. Die while-Schleife in Zeile 44 zeigt, wie man so lange aus der Datei lesen kann, bis das Dateiende erreicht ist.

8.3.2   Arbeit mit Binärdateien

Binärdateien werden wie Textdateien mit fopen geöffnet und mit fclose geschlossen. Wenn Sie eine Binärdatei öffnen oder anlegen wollen, müssen Sie den Modus, in dem die Datei geöffnet werden soll, um ein b ergänzen.

Außerdem nutzt man andere Funktionen, um in die Datei zu schreiben und aus der Datei zu lesen. Diese Funktionen sind fwrite und fread. Bei der Verwendung dieser Funktionen arbeitet man mit Datenblöcken. fwrite schreibt einen Datenblock mit einer bestimmten Größe in eine Datei, fread ließt einen Datenblock aus einer Datei. Der Aufbau der Funktionen ist fast gleich:

```
size_t fwrite(const void *Puffer, size_t Groesse,
              size_t Anzahl, FILE *Datei);

size_t fread(void *Puffer, size_t Groesse,
             size_t Anzahl, FILE *Datei);
```

Der jeweilige Rückgabewert sowie die Parameter Groesse und Anzahl sind vom Typ size_t. Dieser Typ ist nichts anderes als ein vorzeichenloser Integer-Wert, der die Bezeichnung size_t hat, um auszudrücken, dass es sich um eine Größeninformation handelt. Puffer sind Zeiger vom Typ void. Einen void-Zeiger können Sie sich als einen Zeiger von einem unbestimmten Typ vorstellen. In diesen beiden Funktionen muss ein solcher Zeiger verwendet werden, da sie sowohl einfache Datentypen wie short, int oder char als auch komplexere, wie ganze Strukturen oder Arrays verarbeiten können.

Aus diesem Grund müssen Sie auch die exakte Groesse angeben, damit die Funktion entscheiden kann, wie viele Byte sie lesen oder schreiben muss. Mit dem Parameter Anzahl bestimmen Sie, wie oft ein Lese- oder Schreibvorgang durchgeführt werden soll. Insgesamt werden von beiden Funktionen Groesse * Anzahl Byte bearbeitet. Als letzten Parameter müssen Sie einen Zeiger vom Typ FILE übergeben, der auf eine von fopen erzeugte Struktur zeigt.

Der Rückgabewert ist die Anzahl der Elemente, die erfolgreich gelesen oder geschrieben werden konnten.

Das folgende Programm zeigt, wie man mit fwrite einfache Datentypen und komplexe Strukturen oder Felder in eine Datei schreiben kann und diese mit fread wieder auslesen kann.

```
1: // Arbeiten mit Binärdateien
2:
3: #include <iostream.h>
4: #include <stdio.h>
5: #include <string.h>
6:
7: // Definition einer Struktur
```

Listing 8.4:
Zugriff auf
Binärdateien

165

```
 8: struct Person
 9: {
10:   char Name[50];
11:   int  Alter;
12:   char Geschlecht;
13: };
14:
15: void main(void)
16: {
17:     // Variablendeklaration
18:     short Feld[5] = { 1, 7, 8, 15, 23 };
19:     double Messwert = 1.1456;
20:     Person Person1, Person2;
21:
22:     // Datei c:\test.bin zum schreiben öffnen
23:     FILE *Datei = fopen("c:\\test.bin","w");
24:
25:     // die Strukturen mit Werten belegen
26:     strcpy(Person1.Name,"Michael Meier");
27:     Person1.Alter = 31;
28:     Person1.Geschlecht = 'm';
29:
30:     strcpy(Person2.Name,"Katja Müller");
31:     Person2.Alter = 22;
32:     Person2.Geschlecht = 'w';
33:
34:     // die Strukturen in die Datei schreiben
35:     fwrite(&Person1,sizeof(Person1),1,Datei);
36:     fwrite(&Person2,sizeof(Person2),1,Datei);
37:
38:     // das short-Feld in die Datei schreiben
39:     fwrite(Feld,sizeof(Feld[0]),5,Datei);
40:
41:     // den Messwert in die Datei schreiben
42:     fwrite(&Messwert,sizeof(Messwert),1,Datei);
43:
44:     // Datei schliessen
45:     fclose(Datei);
46:
47:     // und wieder zum Lesen öffnen
48:     Datei = fopen("c:\\test.bin","r");
49:
50:     // Strukturen im umgekehrter Reihenfolge lesen
51:     fread(&Person2,sizeof(Person2),1,Datei);
52:     fread(&Person1,sizeof(Person1),1,Datei);
53:
54:     cout << Person1.Name << '\n';
55:     cout << Person2.Name << '\n';
56:
```

```
57:    // Feld aus der Datei lesen und ausgeben
58:    fread(Feld,sizeof(Feld[0]),5,Datei);
59:
60:    for(int i=0;i<5;i++)
61:    {
62:        cout << Feld[i] << '\n';
63:    }
64:
65:    // den Messwert lesen und ausgeben
66:    fread(&Messwert,sizeof(Messwert),1,Datei);
67:    cout << Messwert << '\n';
68:
69:    // Schliessen der Datei
70:    fclose(Datei);
71:}
```

In Listing 8.4 können Sie sehen, wie einfach die Nutzung der Funktionen
fread und fwrite ist , um Daten in Dateien zu schreiben. Dazu wird wie
schon im vorherigen Listing eine Datei angelegt. In diese Datei werden zunächst zwei Strukturen, danach ein Feld und anschließend ein Wert vom
Typ double geschrieben. Nach dem Schließen der Datei in Zeile 45 wird sie
erneut geöffnet, und die Daten werden mit fread wieder gelesen und anschließend ausgegeben.

Wichtig ist dabei, dass Sie die richtige Größe der Elemente angeben und die
Reihenfolge beachten. Sie müssen Elemente in der gleichen Reihenfolge
auslesen, in der Sie sie in die Datei geschrieben haben. In den Zeilen 50
und 51 wird zuerst in die Struktur Person2 und anschließend in die Struktur
Person1 gelesen. Dadurch stehen die Elemente, die vorher in Person2
standen, jetzt in Person1 und umgekehrt.

8.4   type-cast

Mit type-cast oder casten bezeichnet man die Umwandlung von Werten eines Typs in Werte eines anderen Typs. Wenn Sie z.B. versuchen, einen
Wert vom Typ float an eine Variable von Typ int zuzuweisen, erhalten
Sie eine Warnung vom Compiler. Wenn Sie die Zuweisung jedoch auf
folgende Art durchführen:

```
float f = 1.4f;
int   i = (int)f;
```

teilen Sie dem Compiler mit, dass die Zuweisung des Werts eines anderen
Typs gewollt ist, und die Warnung bleibt aus. Der Typ, in den der Wert um-
gewandelt werden soll, wird dabei in runde Klammern eingeschlossen und

vor den Wert geschrieben. Diese Konstruktion wird auch als Cast-Operator bezeichnet.

In C++ können Sie einen Wert eines Typs in fast alle anderen Typen umwandeln. Das Resultat wird jedoch nicht immer dem von Ihnen beabsichtigten Ergebnis entsprechen. Sie sollten daher besonders vorsichtig beim Einsatz des Cast-Operators sein und das Ergebnis stets überprüfen.

Sie werden feststellen, dass Casts besonders häufig im Zusammenhang mit Zeigern auftreten.

8.5   Dynamische Datenstrukturen

An dieser Stelle wollen wir uns den dynamischen Datenstrukturen zuwenden. Bisher haben Sie gelernt, dass man Felder statisch, indem man die Größe bei der Programmierung vorgibt oder dynamisch, indem man die Größe zur Laufzeit bestimmt, anlegen kann.

Stellen Sie sich vor, Sie wollen Personendaten erfassen. Dazu sehen Sie ein dynamisches Feld vor, bei dem der Benutzer, bevor er die Personendaten eingibt, festlegen kann, wie viele Datensätze eingegeben werden sollen. So weit, so gut. Was passiert aber, wenn sich der Benutzer verzählt hat, oder wenn eine weitere Person hinzukommt? Sie müssten die Größe des Feldes ändern. Leider gibt es in C++ keine Möglichkeit, die Größe eines Feldes zur Laufzeit anzupassen.

Wenn Sie eine Datenstruktur benötigen, die zur Laufzeit wachsen oder schrumpfen kann, kommen Listen ins Spiel. Die Idee, die hinter der Verwendung von Listen steht, ist es, nur dann ein neues Element zu erzeugen, wenn es benötigt wird, und dieses mit den anderen Elementen zu verbinden.

Die Verbindung oder Verkettung der Elemente wird über Zeiger gelöst, wobei jedes Element aus den eigentlichen Daten sowie aus einem Zeiger besteht, der auf das nächste Element in der Liste zeigt. Die Struktur einer Liste ist in Abbildung 8.1 dargestellt.

Die erste Liste nennt man eine einfach verkettete Liste, da jedes Element nur einen Zeiger auf seinen Nachfolger besitzt. Im zweiten Fall spricht man von einer doppelt verketteten Liste. Hier hat jedes Element zwei Zeiger. Der erste zeigt auf den Nachfolger, der zweite zeigt auf den Vorgänger.

Einfach verkettete Liste

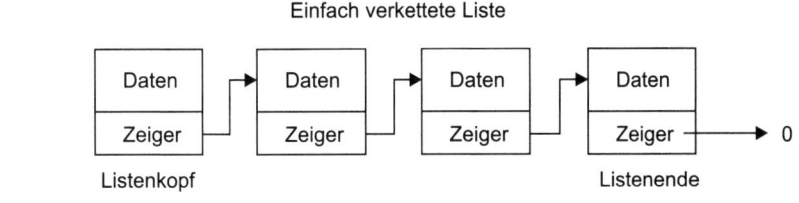

Doppelt verkettete Liste

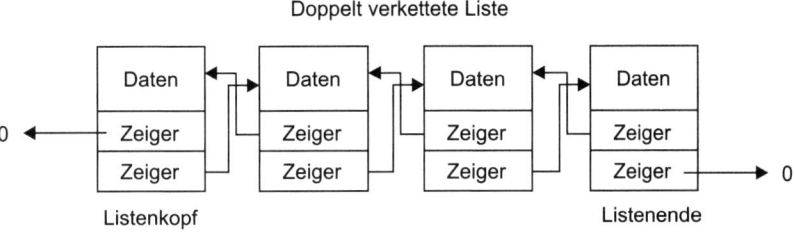

Der Nachfolgezeiger des letzten Elements in der Liste zeigt auf 0, um zu kennzeichnen, dass kein weiteres Element folgt. Das Gleiche gilt für den Vorgängerzeiger des ersten Elements.

Der Vorteil einer doppelt verketteten Liste ist, dass man sich in der Liste in zwei Richtungen bewegen kann. Man gelangt von einem Element sowohl zum Vorgänger als auch zum Nachfolger. Bei einer einfach verketteten Liste kann man nur auf den Nachfolger zugreifen. Deshalb muss man, wenn eine Operation auf ein Vorgängerelement durchgeführt werden soll, wieder am Listenanfang beginnen und sich zum gewünschten Element vorarbeiten.

Das erste Element einer Liste wird auch als Listenkopf bezeichnet, dass letzte als Endelement. Die Elemente in Listen oder verketteten Strukturen werden auch als Knoten bezeichnet. Im Zusammenhang mit Listen werden Sie auch häufig die englischen Begriffe *Head* und *Tail* (Kopf und Schwanz) finden.

Die Definition eines Listenelements könnte folgendermaßen aussehen:

```
struct Knoten
{
    char Name[50];
    int  Alter;

    // Zeiger auf den Nachfolger
    Knoten* Nachfolger;
};
```

Die Deklaration eines Zeigers vom gleichen Typ, den auch die gerade definierte Struktur hat, mag im ersten Moment vielleicht komisch aussehen, ist aber für die Nutzung von Listen zwingend notwendig. Wie Sie sehen, haben wir nur einen Zeiger definiert, der auf den jeweiligen Nachfolger zeigen soll. Es wird sich also um eine einfach verkettete Liste handeln.

Um mit der Liste arbeiten zu können, benötigen wir zuerst einen Listenkopf. Mit der oberen Definition lässt sich ein Listenkopf sehr leicht anlegen.

```
Knoten Listenkopf;
```

Das war alles. Sie brauchen nur eine Variable von Typ Knoten anzulegen und diese als Listenkopf behandeln. Sie sollten die Elemente der Struktur mit Werten belegen:

```
strcpy(Listenkopf.Name,"Andreas");
Listenkopf.Alter = 50;

// da noch kein weiteres Element existiert,
// wird der Nachfolgezeiger auf NULL gesetzt
Listenkopf.Nachfolger = NULL;
```

Denken Sie immer daran, den Nachfolgezeiger mit NULL zu initialisieren. Sonst könnte es passieren, dass dieser Zeiger einen Wert enthält, der versehentlich als Adresse des Nachfolgers interpretiert wird.

Als nächstes wollen wir ein neues Element anlegen. Da dieser Vorgang dynamisch während des Programmablaufs durchgeführt werden soll, erzeugen wir das neue Element mit new.

```
Knoten *Element;

Element = new Knoten;

strcpy(Element->Name,"Beate");
Element->Alter = 24;
Element->Nachfolger = NULL;
```

Da die Struktur in diesem Fall dynamisch angelegt wurde, müssen Sie auf die Elemente mit dem Zugriffsoperator -> anstatt mit . zugreifen

Nach der Wertzuweisung an die Elemente, müssen wir noch den Nachfolgezeiger des Listenkopfes auf das neue Element setzen.

```
Listenkopf->Nachfolger = Element;
```

Durch die letzten Anweisungen ist im Speicher folgende Struktur entstanden.

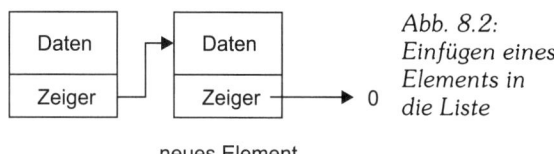

neues Element

Als nächstes wollen wir eine Funktion schreiben, die einen Zeiger auf das letzte Element in der Liste zurück gibt. Diese Funktion wird benötigt, um Elemente an die Liste anhängen zu können.

```
Knoten* Letztes(void)
{
    // auf die Struktur zeigen
    Knoten* p = &Listenkopf;

    while(NULL != p->Nachfolger)
    {
        p = p->Nachfolger;
    }

    return p;
}
```

In der Funktion wird ein Zeiger p deklariert, der zu Beginn auf den Listenkopf zeigt. Danach wird der Zeiger in der while-Schleife so lange von Element zu Element weitergerückt, bis ein Element keinen Nachfolger mehr hat. Wenn man bei diesem Element angekommen ist, muss es sich um das letzte Element handeln, und man kann den Wert zurückgeben. Diese Funktion funktioniert auch, wenn bisher nur der Listenkopf vorhanden ist. In diesem Fall wird die Anweisung in der while-Schleife nicht ausgeführt, und die Funktion gibt einen Zeiger auf den Listenkopf zurück.

Mit Hilfe der Funktion Letztes können wir jetzt ganz einfach eine Funktion schreiben, die ein neues Element an das Ende der Liste anhängt.

```
void NeuesElement(char* Name, int Alter)
{
    Knoten* Element = new Knoten;

    strcpy(Element->Name,Name);
    Element->Alter = Alter;
    Element->Nachfolger = NULL;

    Knoten* p = Letztes();
    p->Nachfolger = Element;
}
```

171

In dieser Funktion wird ein neues Element erzeugt und mit den übergebenen Werten belegt. Anschließend wird der Nachfolgezeiger des bisher letzten Elements auf das neue Element gesetzt.

Die letzten beiden Anweisungen der Funktion

```
Knoten* p = Letztes();
p->Nachfolger = Element;
```

könnte man auch eleganter schreiben:

```
Letztes()->Nachfolger = Element;
```

Welche der Varianten Sie bevorzugen, hängt davon ab, welche für Sie persönlich besser lesbar und leichter zu verstehen ist.

Als nächstes wollen wir noch eine Funktion schreiben, die alle Elemente der Liste, angefangen beim Listenkopf, ausgeben kann. Dazu wird ein Zeiger deklariert, der zu Beginn auf den Listenkopf zeigt, die Elemente diese Knotens ausgibt und so lange zum nächsten Knoten weitergerückt wird und die Elemente ausgibt, bis das Ende der Liste erreicht ist.

```
void ElementeAusgeben(void)
{
    Knoten* p = &Listenkopf;

    while(NULL != p)
    {
        cout << p->Name << " " << p->Alter << '\n';
        p = p->Nachfolger;
    }
}
```

Was jetzt noch fehlt, ist eine Funktion zum Löschen der Liste. Dazu können wir wieder die Funktion Letztes nutzen. Dabei müssen Sie darauf achten, dass alle Elemente, bis auf den Listenkopf, gelöscht werden dürfen, da der Listenkopf nicht dynamisch mit new erzeugt wurde.

```
void ListeLoeschen(void)
{
   while(NULL != Listenkopf.Nachfolger)
   {
       Knoten* p = &Listenkopf;
       while(Letztes() != p->Nachfolger)
       {
           p = p->Nachfolger;
       }

       delete Letztes();
       p->Nachfolger = NULL;
   }
}
```

Hier macht es sich negativ bemerkbar, dass die Listenelemente nur in eine Richtung verkettet sind. Aus diesem Grund muss die Liste für jedes Element erneut von Beginn an durchlaufen werden. Die äußere while-Schleife läuft so lange, bis der Nachfolger des Listenkopfes NULL ist, die Liste also kein Element mehr enthält. In der Schleife wird der Zeiger p bei jedem Durchlauf auf den Listenkopf gesetzt und so lange auf das nächste Element gesetzt, bis der Nachfolger von p gleich dem letzten Element ist. Wenn dies der Fall ist, kann das letzte Element der Liste gelöscht werden. Dann muss noch der Nachfolgezeiger des bisher vorletzten Elementes auf NULL gesetzt werden. Ansonsten würde dieser Zeiger auf undefinierten Speicher zeigen, und beim nächsten Durchlauf könnte man nicht erkennen, wo die Liste endet. Die folgende Abbildung zeigt diesen Vorgang.

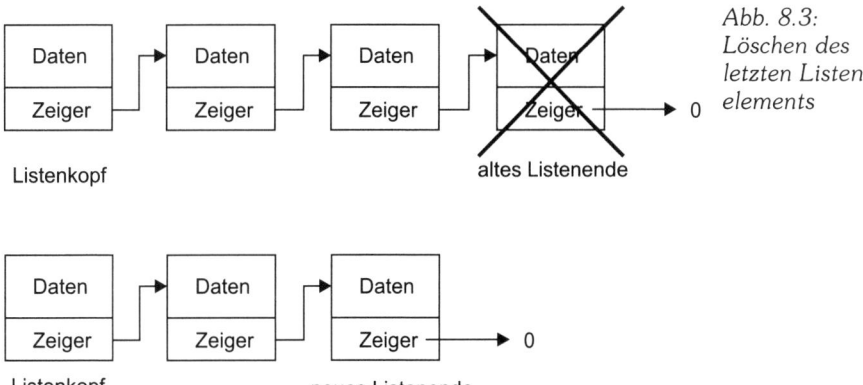

Abb. 8.3:
Löschen des
letzten Listen-
elements

Das folgende Programm zeigt, wie man die Funktionen, die wir zur Listenverwaltung geschrieben haben, einsetzen kann.

```
1: // Arbeiten mit einer Liste
2: #include <iostream.h>
3: #include <stdio.h>
4: #include <string.h>
5:
6: struct Knoten
7: {
8:    char Name[50];
9:    int  Alter;
10:   // Zeiger auf den Nachfolger
11:   Knoten* Nachfolger;
12: };
13:
14:
15: Knoten* Letztes(void);
```

Listing 8.5:
Ein Beispiel zu
den Listen-
funktionen

173

```
16: void NeuesElement(char* Name, int Alter);
17: void ElementeAusgeben(void);
18: void ListeLoeschen(void);
19:
20: // den Listenkopf deklarieren
21: Knoten Listenkopf;
22:
23: void main(void)
24: {
25:     cout << "Daten für den Listenkopf angeben\n";
26:
27:     cout << "Alter: ";
28:     cin  >> Listenkopf.Alter;
29:     cout << "Name : ";
30:     cin  >> Listenkopf.Name;
31:
32:     cout << "Daten eingeben (Alter -1 für Ende)\n";
33:
34:      int  Alter = 0;
35:      char Puffer[50];
36:
37:     // bei einer -1 wird die Eingabe abgebrochen
38:     while(-1 != Alter)
39:     {
40:         cout << "Alter: ";
41:       cin  >> Alter;
42:
43:         if(-1 != Alter)
44:         {
45:             cout << "Name : ";
46:             cin  >> Puffer;
47:             NeuesElement(Puffer,Alter);
48:         }
49:     }
50:
51:     ElementeAusgeben();
52:
53:     ListeLoeschen();
54: }
55:
56: Knoten* Letztes(void)
57: {
58:     Knoten* p = &Listenkopf;
59:
60:     while(NULL != p->Nachfolger)
61:     {
62:         p = p->Nachfolger;
63:     }
64:
```

```
65:     return p;
66: }
67:
68: void NeuesElement(char* Name, int Alter)
69: {
70:     Knoten* Element = new Knoten;
71:
72:     strcpy(Element->Name,Name);
73:     Element->Alter = Alter;
74:     Element->Nachfolger = NULL;
75:
76:     Letztes()->Nachfolger = Element;
77: }
78:
79: void ElementeAusgeben(void)
80: {
81:     Knoten* p = &Listenkopf;
82:
83:     while(NULL != p)
84:     {
85:         cout << p->Name << " " << p->Alter << '\n';
86:         p = p->Nachfolger;
87:     }
88: }
89:
90: void ListeLoeschen(void)
91: {
92:     while(NULL != Listenkopf.Nachfolger)
93:     {
94:         Knoten* p = &Listenkopf;
95:
96:         while(Letztes() != p->Nachfolger )
97:         {
98:             p = p->Nachfolger;
99:         }
100:
101:         delete Letztes();
102:         p->Nachfolger = NULL;
103:     }
104: }
```

Das Programm aus Listing 8.5 baut mit Hilfe der Funktionen, die wir in diesem Abschnitt geschrieben haben, eine Liste auf. Jedes Element enthält dabei die Information Alter und Name. In der main-Funktion wird zuerst der Listenkopf mit Werten gefüllt. Danach können weitere Elemente in die Liste eingefügt werden. Die Werte der Elemente werden so lange von der Tastatur eingelesen, bis der Benutzer für Alter den Wert -1 eingibt. Dann wer-

175

den alle Listenelemente ausgegeben und der dynamisch angelegte Speicher wird wieder freigegeben.

Das Programm ist zwar ein einfach zu verstehendes Beispiel für die Nutzung von Listen, es gibt aber einige Kritikpunkte. So wäre es wünschenswert, wenn man auf die Sonderbehandlung des Listenkopfes verzichten könnte. Ein größeres Problem ist aber, dass die Implementierung sehr unflexibel ist. Wenn Sie die Elemente erweitern wollen, z.B. einen Eintrag Adresse zu den Personendaten hinzufügen wollen, müssen Sie viele Funktionen ändern und erweitern. Der Code, der für die Listenverwaltung zuständig ist, ist zu stark mit dem der Elementverwaltung verknüpft.

Im nächsten Kapitel lernen Sie deshalb, wie man eine Liste eleganter implementieren kann.

Es gibt noch eine Fülle anderer, viel komplexerer dynamischer Datenstrukturen, z.B. Stacks, Bäume oder Hashtabellen. Wenn Sie sich für dieses Gebiet interessieren, kann ich Sie auf die Buchempfehlungen, die Sie im Anhang finden, verweisen.

8.6 Ein Programm in Module aufteilen

Wenn ein Programm, wie in Listing 8.5, eine gewisse Größe erreicht, ist es sinnvoll, das Programm auf mehrere Dateien aufzuteilen. Diese Aufteilung sollte so erfolgen, dass logisch zusammenhängende Teile in einer Datei zusammengefasst werden. Man spricht dann auch von Modulen. So könnte man das Programm aus Listing 8.5 in drei Dateien aufteilen.

Typischerweise würde man eine neue Header-Datei, z.B. *Liste.h*, für die Definition der Knoten-Struktur und die Prototypen der Listenfunktionen anlegen. In eine weitere Datei, *Liste.cpp*, würde man die Definition der Funktionen verlagern. Die eigentliche Funktionalität des Programms würde in einer separaten Datei stehen, die die Deklaration der Variablen Listenkopf, die main-Funktion und die Funktionsaufrufe enthält. In dieser Datei müssen Sie die Listenfunktionen durch

```
#include "Liste.h"
```

verfügbar machen. Die include-Anweisung für die Datei Liste.h steht in Anführungszeichen und nicht wie bisher in spitzen Klammern. Das liegt daran, dass Visual C++ die Dateien, die in spitzen Klammern stehen, in den Standardpfaden für Header-Dateien sucht. Bei Dateien in Anführungszeichen sucht Visual C++ im aktuellen Pfad.

Mehrere Dateien zu einem Projekt hinzuzufügen, ist eigentlich ganz einfach. Wie man ein neues Projekt anlegt und eine einzelne Datei hinzufügt, wissen Sie bereits. Genauso können Sie auch bei jeder weiterer Datei vorgehen. Sie sollten dabei cpp-Dateien zu den QUELLCODEDATEIEN im Arbeitsbereich hinzufügen und Header-Dateien zum Ordner HEADER-DATEIEN. Beachten Sie, dass die Ordnerstruktur nicht wirklich auf Ihrer Festplatte angelegt wird, sondern nur in Visual C++ vorhanden ist, um eine bessere Übersicht zu gewährleisten. Die folgende Abbildung zeigt die Struktur des Projekts MODUL, aufgeteilt in mehrere Dateien.

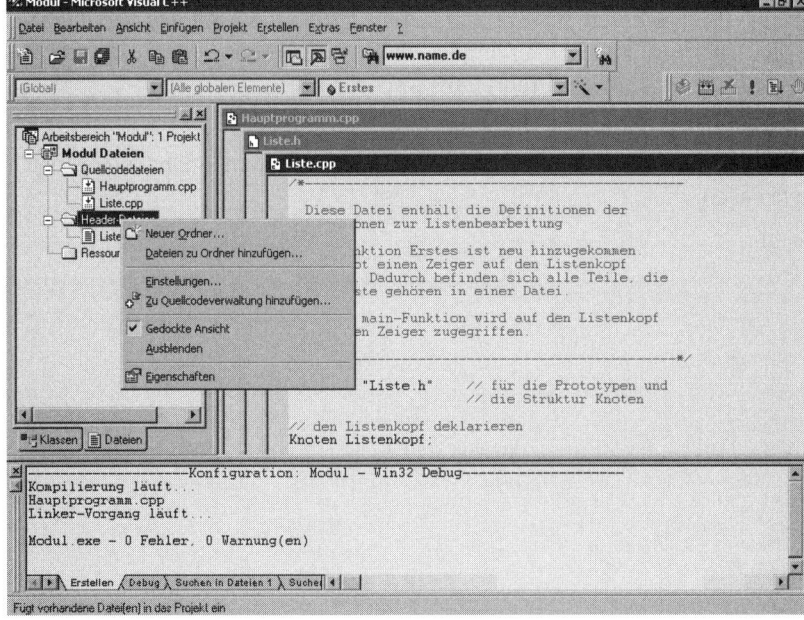

Abb. 8.4:
Das Programm
Liste, aufge-
teilt in meh-
rere Module

Unter den Beispielen zu diesem Kapitel befindet sich unter anderem ein Ordner MODUL, in dem Sie ein Projekt finden, das die Aufteilung des Programms auf die oben beschriebene Weise zeigt. Viele der folgenden, komplexeren Beispiele sind auf mehrere Dateien verteilt. Machen Sie sich also mit diesem Konzept vertraut.

Zusammenfassung

In diesem Kapitel haben Sie gelernt, wie man auf Parameter, die an die `main`-Funktion übergeben werden, zugreifen kann, und wie man diese auswertet.

Mit `printf` und den verwandten Funktionen `sprintf` und `fprintf` haben Sie eine einfache Möglichkeit kennen gelernt, wie man die Ausgabe auf den Bildschirm, in einen String oder in eine Datei formatieren kann.

Sie haben den Unterschied zwischen Binär- und Textdateien erfahren und wissen, welche Funktionen man im Umgang mit diesen Dateitypen nutzen kann.

Der wichtigste Abschnitt in diesem Kapitel war der über Listen, in dem Sie eine einfache, dennoch sehr häufig genutzte Datenstruktur und einige Probleme, die bei deren Einsatz auftauchen können, kennen gelernt haben. Diese Datenstruktur kommt immer dann zum Einsatz, wenn ein Datenbestand zur Laufzeit des Programms wachsen kann.

Im letzten Abschnitt haben Sie erfahren, dass es ab einer gewissen Größe sinnvoll ist, ein Programm in mehrere, logisch zusammenhängende Module aufzuteilen.

Kapitel 9

Objektorientierte Programmierung

In diesem Kapitel kommen wir zur eigentlichen Stärke von C++, der objektorientierten Programmierung (OOP). Die OOP ist mittlerweile zu einer Grundlage der modernen Softwareentwicklung geworden.

Im Gegensatz zu reinen objektorientierten Sprachen wie z.B. Java sind Sie in C++ nicht gezwungen, objektorientiert zu entwickeln. Sie können die OOP da einsetzen, wo Sie es für sinnvoll halten.

Bisher bestanden unsere Programme aus Anweisungen und Funktionsaufrufen. Mit der richtigen Kombination haben wir erreicht, dass das Programm die ihm zugedachten Aufgaben erfüllt. Die Strukturierung des Programms mit Hilfe von Funktionen und die im letzten Kapitel vorgestellte Aufteilung eines größeren Programms in Module trägt zwar zur Übersichtlichkeit bei, für sehr große Programme wird aber auch dieser Ansatz problematisch, da die Menge an Daten und die verfügbaren Funktionen zunehmend unüberschaubarer werden.

In der OOP versucht man, dem entgegen zu wirken, indem man Daten und Funktionen, die in Beziehung stehen, zusammenfasst. Dabei rückt man von der eher abstrakten Struktur der früheren Programmierweise ab und führt ein Konzept ein, das dem menschlichen Denken vertrauter ist.

Die OOP ist keine Sammlung von neuen Anweisungen oder Funktionen, sie ist ein anderer Ansatz, Software zu entwickeln. Bei der OOP rücken die ausführliche Analyse des Problems und die Planung des Programms in den Vordergrund.

9.1 Objekte

Einer der grundlegenden Begriffe der OOP ist der des Objekts. Bei Objekten handelt es sich oft um Gegenstände oder Dinge des täglichen Lebens, die man im Programm wie eine Variable verwenden kann. Ziel ist es, dass man die Variable weitestgehend so wie den Gegenstand, den sie repräsentiert, verwenden kann.

Stellen Sie sich z.B. ein Objekt Auto vor, das selbständig Angaben über sein Aussehen wie z.B. seine Farbe oder die Anzahl der Türen speichern kann. Außerdem verfügt das Auto-Objekt über einen Mechanismus, mit dem man festlegen kann, welche Farbe es hat oder ihm mitteilen kann, dass es sich in Bewegung setzen soll.

Das Prinzip, Daten und zugehörige Funktionalitäten in einem Objekt zusammenzufassen, nennt man Kapselung. Die Kapselung bietet viele Vorteile. Zum einen hat man auf diese Weise zusammengehörige Daten an einer Stelle im Programm. Außerdem haben nur die Objekte selbst direkten Zugriff auf ihre Daten, und sie können nur durch den Aufruf spezieller Funktionen manipuliert werden. Ein weiterer Vorteil ist, dass ein Programmierer, der Objekte eines anderen benutzt, nicht wissen muss, wie die Funktionen, die er verwendet, arbeiten, und was genau mit den Daten passiert. Durch die Kapselung wird dies weitestgehend vor dem Programmierer verborgen, und es reicht, wenn man eine Schnittstelle zur Verfügung gestellt bekommt, ohne dass Daten oder die Funktionalität offen gelegt werden.

9.2 Klassen

In einer Klasse werden die Daten und Funktionen für eine Gruppe von Objekten festgelegt. Die Definition einer Klasse ähnelt stark der einer Struktur.

```
class Auto
{
    // Deklaration von Daten und Funktionen
};
```

Die Daten, die Sie in einer Klasse deklarieren, können sowohl Variablen einfacher Typen wie char, int, float usw. als auch komplexer Typen, wie Felder, Strukturen oder andere Klassen sein.

Als Beispiel wollen wir uns eine Klasse anschauen, mit der man Autos repräsentieren könnte. In der Auto-Klasse soll gespeichert werden, wie alt das Auto ist, die Höchstgeschwindigkeit und der Aufenthaltsort. Außerdem sollten wir Funktionen vorsehen, mit denen man die Werte der Variablen festlegen kann, und es sollte zusätzlich eine Funktion geben, die alle Variablen ausgibt.

Die Daten, die in einer Klasse deklariert werden, heißen auch Attribute oder Member (Mitglieder). Bei den Funktionen, die zu einer Klasse gehören, spricht man von Methoden. Wenn man die Methoden eines Objekts aufruft, spricht man auch davon, dem Objekt Nachrichten oder Botschaften zu senden. In der folgenden Klasse werden Attribute und die zugehörigen Methoden der Auto-Klasse deklariert:

```
class Auto
{
    int m_Alter;
    int m_Geschindigkeit;
    char* m_Ort;

    void AlterFestlegen(int Alter)
    {
        m_Alter= Alter;
    }

    void GeschwindigkeitFestlegen(int Geschwindigkeit)
    {
        m_ Geschwindigkeit = Geschwindigkeit;
    }

    void FahreNach(char* Ort)
    {
        if(m_Ort)
        {
            delete m_Ort;
        }
        m_Ort = new char[strlen(Ort)+1];
        strcpy(m_Ort,Ort);
    }

    void Info(void)
    {
        cout << "Dieses Auto hat " << Tueren << "Türen"
             << " fährt maximal " << m_Geschwindigkeit
             << " und befindet sich in " << m_Ort << '\n';
    }
};
```

In der Klasse Auto werden die Attribute m_Alter, m_Geschwindigkeit und m_Ort deklariert. Das m_, das dem Attributnamen vorangestellt ist, steht für Member und soll kennzeichnen, dass die Variable zur Klasse gehört. In der

181

Klasse wurden vier Methoden definiert, mit denen man Werte für die Attribute festlegen und diese ausgeben kann.

Damit die Definition der Klasse bei umfangreicheren Methoden nicht unübersichtlich wird, ist es möglich, nur die Prototypen der Methoden mit in die Klasse aufzunehmen und die Definition der Methoden nach der Klassendefinition oder in einer anderen Datei vorzunehmen. Wenn Sie eine Methode außerhalb der Klasse definieren wollen, müssen Sie kennzeichnen, zu welcher Klasse die Methode gehört. Zu diesem Zweck gibt es den Bereichsoperator (::). Mit Hilfe dieses Operators kann man ausdrücken, dass es sich bei einer Methode eindeutig um ein Element einer Klasse handelt. Die Methode AlterFestlegen würde man z.B. folgendermaßen außerhalb der Klasse definieren.

```
class Auto
{
    // Daten

    // Methoden
    void AlterFestlegen(int Alter);
};

void Auto::AlterFestlegen(int Alter)
{
    m_Alter= Alter;
}
```

Auf diese Weise ist die Definition der Methode AlterFestlegen eindeutig. Sie können nun in einem Programm mehrfach Funktionen mit dem Namen AlterFestlegen verwenden, ohne dass Konflikte entstehen.

Die Definition der Methoden außerhalb der Klasse ist der Normalfall. Sie sollten für die Klassendefinition eine Datei, z.B. *Auto.h* und für die Implementierung der Funktionen eine weitere Datei, z.B. *Auto.cpp*, anlegen.

9.2.1 Objekte instantieren

Das Anlegen eines Objektes einer Klasse wird auch als Instantierung bezeichnet. Um ein Objekt der Klasse Auto zu instantieren, müssen Sie, wie bei der Deklaration einer Variablen, den Klassennamen gefolgt von dem Namen, den das Objekt haben soll, eingeben.

```
Auto Privatwagen;
```

In diesem Moment wird Speicherplatz für die Daten des Objekts Privatwagen angelegt. Sie können jetzt in gewohnter Weise mehrere Objekte oder auch Felder von Objekten anlegen.

```
Auto Firmenwagen[5];

Auto *Wagenpool = new Auto[25];
```

Wenn Sie einen Zeiger vom Typ einer Klasse anlegen, wird dies noch nicht als Instantierung bezeichnet, sondern erst wenn Sie Speicher für das Objekt reservieren.

9.2.2 Zugriffsbeschränkungen

Auf die Attribute und Methoden in einer Klasse kann nicht ohne weiteres zugegriffen werden. Diese Einschränkung ist Teil der Kapselung und wird das Geheimnisprinzip genannt, da die Klasse ihre Daten in der Regel verbirgt.

Der Zugriff auf die Klassenelemente wird durch drei Schlüsselworte geregelt. Der Zusatz public sorgt dafür, dass man von außen auf die Elemente der Klasse zugreifen kann. Wenn man für Methoden oder Attribute das Schlüsselwort private benutzt, kann nur innerhalb der Klasse auf sie zugegriffen werden. Das dritte Schlüsselwort, protected, wird später behandelt.

```
class Auto
{
    private:

        int m_Alter;
        int m_Geschindigkeit;
        char* m_Ort;

    public:

        void AlterFestlegen(int Alter);
        void GeschwindigkeitFestlegen(int Geschwindigkeit);
        void FahreNach(char* Ort);
        void Info(void);
};
```

Wenn Sie die Klasse, wie oben dargestellt, definieren, ist es möglich, die vier Methoden der Klasse aufzurufen. Es besteht aber keine Möglichkeit, direkt auf die Attribute zuzugreifen, da sie im Abschnitt private deklariert wurden.

Die folgende Abbildung zeigt ein Objekt der Klasse Auto.

183

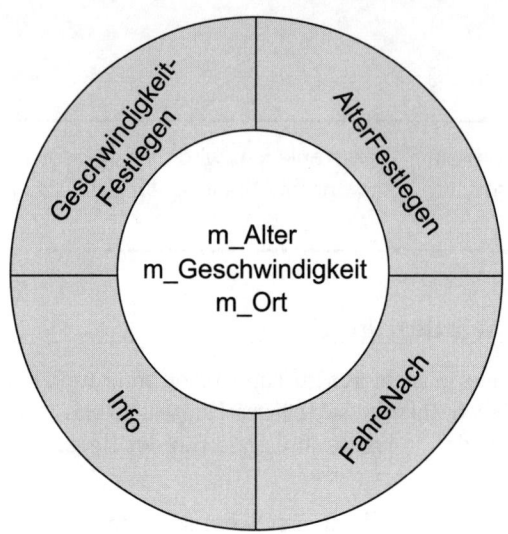

Abbildung 9.1 soll verdeutlichen, dass auf die Attribute `m_Alter`, `m_Geschwindigkeit` und `m_Ort` nicht von außen, sondern nur über die zugehörigen Methoden zugegriffen werden kann.

Der folgende Codeausschnitt zeigt, wie man die Methoden der Klasse nutzt.

```
Auto PrivatWagen;

PrivatWagen.AlterFestlegen(5);            // gültige
PrivatWagen.GeschwindigkeitFestlegen(180); // Methodenaufrufe

PrivatWagen.m_Alter = 10;      // Fehler, kein Zugriff auf
                               // privates Element erlaubt
```

Der Versuch eines Zugriffs auf das Attribute erzeugt einen Compilerfehler. Erst wenn Sie die Attribute auch im Abschnitt `public` deklarieren, haben Sie vollen Zugriff und können die Werte direkt lesen oder setzen. Sie können auch Methoden, die Sie dem Nutzer der Klasse nicht zur Verfügung stellen wollen, im `private`-Bereich der Klasse deklarieren. Solche Methoden übernehmen häufig Teilaufgaben, und es wäre deshalb nicht sinnvoll, sie direkt aufzurufen.

Sie sollten Attribute immer `private` deklarieren, damit Sie nur durch Methoden, die zur Klasse gehören, modifiziert werden können. Dadurch haben Sie die Möglichkeit zu kontrollieren, welche Werte den Attributen zugewiesen werden sollen, und können bei ungültigen Werten entsprechend reagieren. Sehen Sie sich dazu die folgende Implementierung der Funktion `AlterFestlegen` an:

```
void Auto::AlterFestlegen(int Alter)
{
    if(Alter < 0 || Alter > 100)
    {
        cout << "Der Wert ist ungültig\n";
    }
    else
    {
        m_Alter= Alter;
    }
}
```

Die Daten und Methoden in einer Klasse sind, anders als bei einer Struktur, immer private, wenn Sie keines der Schlüsselworte zur Zugriffbeschränkung verwenden.

9.3   Konstruktoren und Destruktoren

Immer wenn Sie in C++ ein Objekt instantieren, wird eine spezielle Methode aufgerufen, der Konstruktor. Der Konstruktor wird häufig verwendet, um die Attribute des Objekts zu initialisieren oder um Speicher für die Attribute zu reservieren. Der Konstruktor muss exakt denselben Namen haben wie die Klasse. Ein Konstruktor kann keine Werte zurückgeben, Sie dürfen deshalb bei der Deklaration des Konstruktors keinen Rückgabetyp, auch nicht void, angeben. Einen Konstruktor für die Klasse Auto würde man folgendermaßen deklarieren:

```
class Auto
{
    private:
      // Deklaration der Attribute

    public:

        Auto();    // Konstruktor

      // Deklaration der Methoden
};
```

Die Implementierung des Konstruktors sieht wie die einer gewöhnlichen Methode aus:

```
Auto:: Auto(void)
{
    int m_Alter;
```

```
        int m_Geschwindigkeit;
        char* m_Ort;
}
```

Es ist aber auch möglich, einem Konstruktor Parameter bei der Instantierung des Objekts zu übergeben.

```
class Auto
{
    public:

        // Konstruktor mit Parametern
        Auto(int Alter,int Geschwindigkeit,char *Ort);

};
```

Die Implementierung des Konstruktors muss dementsprechend geändert
werden.

```
Auto::Auto(int Alter,int Geschwindigkeit,char *Ort)
{
    m_Alter  = Alter;
    m_Geschwindigkeit = Geschwindigkeit;

    // Speicher reservieren und String kopieren
    m_Ort   = new char[strlen(Ort)+1];
    strcpy(m_Ort,Ort);
}
```

Sie können aber auch in einer Klasse mehrere Konstruktoren zur Verfügung
stellen. Diese müssen sich, wie beim Überladen von Funktionen, in der
Parameteranzahl oder bei den Typen der verwendeten Parameter unterscheiden.

Natürlich können Sie auch Methoden der Klasse überladen. Dazu müssen
Sie genau wie beim Überladen von Funktionen (Kapitel 5) vorgehen.

Die folgende Klassendefinition zeigt, wie man beide Konstruktoren verwendet.

```
public:

        Mitarbeiter(void);
        Mitarbeiter(int Alter,int Gehalt);

// ...

};
```

186

```
class Auto
{
    public:

    // 1.Konstruktor
      Auto();

    // 2.Konstruktor
      Auto(int Alter,int Geschwindigkeit,char *Ort);
};
```

Je nachdem, wie Sie ein Objekt der Klasse instantieren, wird der passende Konstruktor aufgerufen.

```
Auto PrivatWagen;              // Aufruf des 1. Konstruktors
Auto FirmenWagen(3,200,"Köln"); // Aufruf des 2. Konstruktors
```

Wenn Sie eine Klasse deklarieren, ohne einen Konstruktor zu deklarieren, erzeugt der Compiler einen Standardkonstruktor, der aber keine Anweisungen enthält.

Beim Destruktor handelt es sich um das Gegenstück des Konstruktors. Er wird aufgerufen, wenn der Speicher für ein Objekt frei gegeben wird. Das kann auf unterschiedliche Arten passieren. Die erste Möglichkeit ist, dass der Gültigkeitsbereich, in dem das Objekt deklariert wurde, verlassen wird, oder wenn ein Objekt, das auf dem Heap erzeugt wurde, mit delete gelöscht wird. Der Destruktor kann z.B. genutzt werden, um Speicher, der vom Objekt reserviert wurde, wieder frei zu geben oder um vom Objekt geöffnete Dateien wieder zu schließen. Ein Destruktor kann weder Rückgabewerte noch Parameter haben, da er nicht vom Programmierer, sondern automatisch aufgerufen wird. Aus diesem Grund existiert auch immer nur ein Destruktor in jeder Klasse. Der Destruktor bekommt den Namen wie die Klasse nur mit einer vorangestellten Tilde (~).

```
class Auto
{
    public:
        // Konstruktoren
        Auto();
        Auto(int Alter,int Geschwindigkeit,char *Ort);

        // Destruktor
        ~Auto();
};
```

187

Ein Destruktor für die Klasse Auto würde Speicher, der für das Attribut m_Ort reserviert wurde, frei geben.

```
Auto::~ Auto()
{
    // Nur wenn Speicher reserviert wurde,
    // muss dieser auch wieder freigegeben werden
    if(m_Ort)
    {
        delete m_Ort;
    }
}
```

Wenn Sie einen Breakpoint innerhalb des Destruktors platzieren, können Sie sehen, an welcher Stelle der Destruktor aufgerufen wird.

9.4 Ein Beispiel zur objektorientierten Programmierung

In diesem Abschnitt will ich Ihnen ein etwas komplexeres Beispiel für den Einsatz der OOP in einem Programm zeigen. Als Grundlage soll dazu die Liste dienen, die wir im letzten Kapitel auf traditionelle Wiese implementiert haben.

Im ersten Schritt sollten Sie sich die Aufgabe der Liste noch einmal vor Augen führen und genau analysieren, welche Komponenten und Funktionen sie hat.

Eine Komponente ist schnell identifiziert, der Knoten. Wir sollten also auf jeden Fall eine Klasse für die Knoten anlegen.

```
class Knoten
{
    // Attribute
    char* m_Name;
    int   m_Alter;

    // Zeiger auf den nächsten Knoten
    Knoten* m_Nachfolger;
};
```

Ein Knoten kann beliebige Attribute enthalten, er muss aber immer einen Zeiger auf seinen Nachfolger beinhalten. Zusätzlich sehen wir die Funktion Ausgabe vor, die die im Knoten enthaltenen Attributwerte ausgibt. Mit den Methoden SetzeAlter und SetzeName kann man den Attributen Werte zuweisen. Mit der Methode `SetzeNachfolger` können Sie den Zeiger auf den nachfolgenden Knoten setzen.

Um uns den Aufwand zu sparen, immer durch die gesamte Liste laufen zu müssen, wenn wir auf einen Vorgängerknoten zugreifen wollen, fügen wir ein weiteres Attribut, den Zeiger `m_Vorgaenger`, hinzu, der auf den jeweiligen Vorgänger des Knotens zeigt. Damit man auf dieses Attribut zugreifen kann, benötigen wir noch die beiden Methoden `SetzeVorgaenger` und `HoleVorgaenger`.

Außerdem sollten wir noch einen Konstruktor vorsehen, der die Attribute initialisiert, da es besonders wichtig ist, den Vorgänger- und Nachfolgezeiger auf 0 zu setzen. Da wir den Speicher für den Namen dynamisch anlegen, muss der Speicher, der für das Attribut `m_Name` reserviert wurde, im Destruktor wieder freigegeben werden.

```
class Knoten
{
    public:
        // Konstruktor
        Knoten(void);

        // Destruktor
        ~Knoten();

        // Methoden
        void SetzeAlter(int Alter);
        void SetzeName(char* Name);

        void SetzeNachfolger(Knoten* Nachfolger);
        Knoten* HoleNachfolger(void);

        void SetzeVorgaenger(Knoten* Vorgaenger);
        Knoten* HoleVorgaenger(void);

        void Ausgabe(void);

    private:
        // Attribute
        char* m_Name;
        int   m_Alter;

        // Zeiger auf den nächsten Knoten
        Knoten* m_Nachfolger;

        // Zeiger auf den vorherigen Knoten
        Knoten* m_Vorgaenger;
```

```
};
```

Diese Definition für die Knoten-Klasse sieht schon recht komplett aus und unterstützt mehr Operationen als unsere ursprüngliche Liste. Was noch fehlt, ist die Implementierung der Methoden:

```
// Initialisierung der Attribute im Konstruktor
Knoten::Knoten(void)
{
    m_Vorgaenger = 0;
    m_Nachfolger = 0;
    m_Name       = 0;
    m_Alter      = 0;
}

// Wenn Speicher reserviert wurde, muss dieser wieder
// freigegeben werden
Knoten::~Knoten()
{
    if(m_Name)            // ist äquivalent zu if(0 == m_Name)
    {
        delete m_Name;
    }
}

// das Alter zuweisen
void Knoten::SetzeAlter(int Alter)
{
    m_Alter = Alter;
}

// den Namen zuweisen
void Knoten::SetzeName(char* Name)
{
    // Wenn Speicher reserviert wurde, muss
    // dieser zuerst freigegeben werden
    if(m_Name != 0)
    {
        delete m_Name;
    }
    // Feld mit passender Größe reservieren
    m_Name = new char[strlen(Name)+1];

    strcpy(m_Name,Name);
}

// Das Attribut m_Nachfolger auf de übergebenen Wert setzen
void Knoten::SetzeNachfolger(Knoten* Nachfolger)
```

```
{
    m_Nachfolger = Nachfolger;
}

// Zeiger auf den Nachfolger zurückgeben
Knoten* Knoten::HoleNachfolger(void)
{
    return m_Nachfolger;
}

// Vorgängerzeiger setzen
void Knoten::SetzeVorgaenger(Knoten* Vorgaenger)
{
    m_Vorgaenger = Vorgaenger;
}

// Vorgängerzeiger zurückgeben
Knoten* Knoten::HoleVorgaenger(void)
{
    return m_Vorgaenger;
}

// Werte der Attribute ausgeben
void Knoten::Ausgabe(void)
{
    cout << "Name:  " << m_Name  << '\n';
    cout << "Alter: " << m_Alter << '\n';
}
```

Eine Alternative zum Setzen der Knotenattribute mit Hilfe der Funktionen SetzeName und SetzeAlter besteht darin, einen zweiten Konstruktor einzuführen und diesem direkt Werte für die Attribute m_Alter und m_Name zu übergeben.

```
Knoten::Knoten(int Alter, char* Name)
{
    m_Vorgaenger = 0;
    m_Nachfolger = 0;
    m_Alter      = Alter;
    // Speicher reservieren und anschließend kopieren
    m_Name = new char[strlen(Name)+1];
    strcpy(m_Name,Name);
}
```

Auf diese Weise kann man die Attribute des Knoten schon bei der Erzeugung komfortabel mit Werten belegen:

```
Knoten *EinKnoten = new Knoten(35,"Schmitz");
```

191

Nachdem wir nun eine Klasse für die Knoten definiert und die zugehörigen Methoden implementiert haben, fehlt uns noch die eigentliche Listenfunktionalität. Für die Liste sehen wir wiederum eine Klasse vor. Diese Klasse hat im Gegensatz zu der Liste aus dem letzten Kapitel einen Zeiger auf den Listenkopf und einen Zeiger auf das Listenende.

Außerdem benötigen wird in der Klasse noch die öffentlichen Methoden Hinzufuegen, mit der man einen Knoten zu der Liste hinzufügt, Ausgeben, mit der man den gesamten Inhalt der Liste ausgeben kann sowie Loeschen, die alle Knoten der Liste löscht.

Indem wir einen Zeiger auf das Listenende vorgesehen haben, können wir auf eine Methode verzichten, die das letzte Listenelement zurück gibt. Sie werden sehen, dass wir uns dadurch eine Menge Aufwand beim Einfügen von Knoten in die Liste und beim Löschen der Liste sparen. Lassen Sie uns aber zuerst einen Blick auf die Klassendefinition der Liste werfen.

```
class Liste
{
    public:
        Liste(void);    // Konstruktor
        ~Liste();       // Destruktor

        void Hinzufuegen(Knoten* NeuerKnoten);
        void Ausgeben(void);
        void Loeschen(void);

    private:
        Knoten* Listenende;
        Knoten* Listenkopf;
};
```

Was jetzt noch fehlt, ist der Quellcode zu den Methoden der Klasse Liste.

```
// Den Zeiger Listenkopf und Listenende
// zu Beginn mit 0 initialisieren
Liste::Liste(void)
{
    Listenkopf = Listenende = 0;
}


// Wenn die Liste gelöscht werden soll, müssen auch alle
// Knoten gelöscht werden
Liste::~Liste()
{
    Loeschen();
}


// Knoten zur Liste hinzufügen
```

```
void Liste::Hinzufuegen(Knoten* NeuerKnoten)
{
    // Wenn die Liste leer war, muss sowohl der Kopf-
    // als auch der Endezeiger auf den 1. Knoten zeigen
    if(0 == Listenkopf)
    {
        Listenkopf = NeuerKnoten;
        Listenende = NeuerKnoten;
    }
    // sonst wird der neue Knoten hinter dem Zeiger
    // Listenende eingefügt, der Vorgänger des neuen
    // Knotens ist somit der Knoten, auf den Listenende
    // momentan zeigt. Zum Schluss muss Listenende noch
    // auf den neuen Knoten gesetzt werden
    else
    {
        Listenende->SetzeNachfolger(NeuerKnoten);
        NeuerKnoten->SetzeVorgaenger(Listenende);
        Listenende = NeuerKnoten;
    }
}

// Alle Knoten der Liste ausgeben
void Liste::Ausgeben(void)
{
    Knoten* p = Listenkopf;

    // Solange p nicht 0 ist
    while(p)
    {
        // können die Attribute ausgegeben werden
        p->Ausgabe();
        // und p wird auf den nächsten Knoten gesetzt
        p = p->HoleNachfolger();
    }
}

// Alle Knoten der Liste löschen
void Liste::Loeschen(void)
{
    while(Listenende->HoleVorgaenger())
    {
        Listenende = Listenende->HoleVorgaenger();
        delete Listenende->HoleNachfolger();
        Listenende->SetzeNachfolger(0);
    }
}
```

193

Das war alles. Die Liste ist komplett. Sie sollten noch jeweils eine Header-Datei und eine cpp-Datei für die Klasse und die Implementierung der Methoden anlegen. Danach können Sie die Liste nutzen. Ein einfaches Programm, das die Funktionalität der Liste nutzt, könnte folgendermaßen aussehen:

Listing 9.1:
Nutzung
der Liste

```
1: // Demonstration der Listenfunktionen
2:
3: #include "Liste.h"  // Listenklasse soll genutzt werden
4:
5: void main(void)
6: {
7:     Liste DieListe;   // Liste instantieren
8:
9:     // neuen Knoten erzeugen, 2. Konstruktor aufrufen
10:     Knoten *k = new Knoten("Horst",12);
11:
12:     // Knoten hinzufügen
13:     DieListe.Hinzufuegen(k);
14:
15:     // neuen Knoten mit einfachem Konstruktor erzeugen
16:     k = new Knoten();
17:
18:     // Attribute mit Werten belegen
19:     k->SetzeName("Heinz");
20:     k->SetzeAlter(68);
21:
22:     // Knoten hinzufügen
23:     DieListe.Hinzufuegen(k);
24:
25:     // Knoten in Listen ausgeben
26:     DieListe.Ausgeben();
27:
28:     // die Liste löschen
29:     DieListe.Loeschen();
30: }
```

In der 7. Zeile in Listing 9.1 wird eine Variable der Klasse Liste erzeugt. Danach wird ein Knoten erzeugt und zur Liste hinzugefügt. Der Knoten wird mit Hilfe des Konstruktors erzeugt, der die Attribute m_Alter und m_Name automatisch setzt. In Zeile 16 wird ein weiterer Knoten, diesmal mit dem einfachen Konstruktor, erzeugt. Deshalb müssen die Attribute in den Zeilen 19 und 20 separat gesetzt werden. Auch dieser Knoten wird zur Liste hinzugefügt. In Zeile 26 werden die Attribute der Liste ausgegeben, und die Liste wird in Zeile 29 schließlich gelöscht.

Das explizite Löschen der Liste wäre gar nicht nötig, da die Liste in Zeile 7 statisch erzeugt wurde. Die Methode Loeschen wird sogar zweimal aufgerufen. Einmal im Programm selbst und einmal, wenn die `main`-Funktion verlassen wird. Dann wird der Destruktor der Liste aufgerufen, da der Gültigkeitsbereich verlassen wird. Im Destruktor wird die Methode `Loesche` erneut aufgerufen.

Sie können mit dem Debugger sogar nachvollziehen, wie der Konstruktor der Liste aufgerufen wird, indem Sie einen Breakpoint auf die Zeile 29 legen und von dort aus F11 drücken.

Diese Liste bietet gegenüber der Liste, die wir im vorangegangenen Kapitel implementiert haben, einen entscheidenden Vorteil.

Zunächst wurde die Repräsentation der Knoten vollständig von der Listenfunktionalität getrennt. Sie brauchen in der Listen-Klasse keinerlei Informationen über die Knoten. Aus diesem Grund ist es möglich, jede Klasse in der Liste zu verwenden, die Methoden bereitstellt, mit denen man auf den Nachfolger und den Vorgänger zugreifen kann. Sie haben jetzt also die Möglichkeit, eine Liste von beliebigen Objekten anzulegen. Sie brauchen dazu nur die Klasse `Knoten` ändern oder eine neue Klasse anlegen und in der Listen-Klasse alle Vorkommen der Klasse `Knoten` gegen die gewünschte Klasse austauschen.

9.4.1 Eine Funktion zum Löschen von Knoten

Zum Schluss wollen wir uns noch anschauen, wie man einen Knoten aus der Liste löschen kann. Um auch diese Operation einfach zu halten, fügen wir das Attribut `AktuellePosition` vom Typ `Knoten*` zu der Listen-Klasse hinzu. Dieser Zeiger zeigt auf den gerade aktuellen Knoten in der Liste. Zum Setzen der aktuellen Position kommen vier neue Methoden hinzu.

```
void ErsterKnoten(void);

void LetzterKnoten(void);

bool NaechsterKnoten(void);

bool VorherigerKnoten(void);
```

Mit der Methode `ErsterKnoten` setzt man den Zeiger `AktuellePosition` auf den Listenkopf, mit `LetzterKnoten` auf das Listenende. Wenn die Liste leer ist und eine dieser Methoden aufgerufen wird, erhält `AktuellePosition` den Wert 0.

Mit der Methode `NaechsterKnoten` wird der Zeiger `AktuellePosition` um eine Position nach vorne (auf den nächsten Knoten) gesetzt, mit `VorherigerKnoten` um eine Position nach hinten (auf den Vorgängerknoten). Beide

Methoden geben true zurück, wenn die Methode erfolgreich war, sonst false. Der Zeiger wird immer nur bis maximal zum Endknoten vorgerückt, danach haben weitere Aufrufe der Methode NaechsterKnoten keine Auswirkungen mehr. Das Gleiche gilt für die Methode VorherigerKnoten.

Außerdem benötigen wir noch die Methoden

```
Knoten* HoleAktueller(void);
```

```
void KnotenLoeschen(void);
```

HoleAktueller gibt den Zeiger auf den aktuellen Knoten zurück. Mit KnotenLoeschen wird der Knoten gelöscht, auf den AktuellerKnoten zeigt.

Die Klasse Liste hat jetzt folgendes Aussehen:

```
class Liste
{
    public:
        Liste(void);
        ~Liste();

        void Hinzufuegen(Knoten* NeuerKnoten);
        void Ausgeben(void);
        void Loeschen(void);

        bool NaechsterKnoten(void);
        bool VorherigerKnoten(void);
        void ErsterKnoten(void);
        void LetzterKnoten(void);
        Knoten* HoleAktueller(void);
        void KnotenLoeschen(void);

    private:
        Knoten* Listenende;
        Knoten* Listenkopf;
        Knoten* AktuellerKnoten;
};
```

Die Implementierung der Methoden sollte Ihnen keine Schwierigkeiten bereiten. Wenn Sie doch auf ein Problem stoßen sollten, finden Sie den Quelltext zum gesamten Programm natürlich bei den Beispielen. Wir wollen uns an dieser Stelle nur die Implementierung und die Nutzung der Funktion KnotenLoeschen anschauen. Abbildung 9.2 soll den Löschvorgang verdeutlichen.

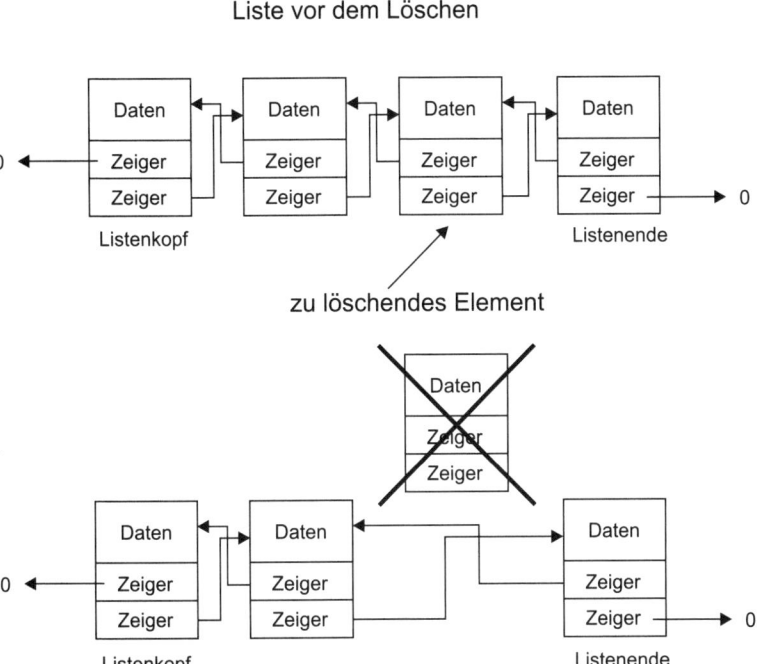

Abb. 9.2:
*Löschen eines
Knotens*

Wir nehmen an, dass der Zeiger AktuellerKnoten auf dem Element steht, das Sie löschen möchten. In der Funktion KnotenLoeschen müssen Sie dafür sorgen, dass die Attribute m_Vorgaenger und m_Nachfolger der beiden Knoten, die in der Liste vor und nach dem zu löschenden Knoten eingetragen sind, korrekte Werte erhalten. Zudem soll der Zeiger AktuellerKnoten nach dem Löschen auf dem Knoten stehen, der Vorgänger des gelöschten Knotens war. Ein Spezialfall ist das Löschen des Listenkopfes und des Listenendes. In diesem Fall müssen diese beiden Zeiger zusätzlich angepasst werden.

Da dieser Vorgang ein wenig kompliziert ist, sollten wir einen Blick auf den Quellcode werfen.

```
// Löscht den Knoten, auf den AktuellerKnoten zeigt
void Liste::KnotenLoeschen(void)
{
  // Wenn AktuellerKnoten auf einen gültigen Knoten zeigt
  if(AktuellerKnoten)
  {
    // testen, ob das Listenende gelöscht werden soll
    if(AktuellerKnoten == Listenende)
    {
        AktuellerKnoten = Listenende->HoleVorgaenger();
```

197

```
                delete Listenende;
                Listenende = AktuellerKnoten;

                // Wenn die Liste jetzt leer ist
                if(0 == Listenende)
                {
                    // muss der Listenkopf auch auf 0 zeigen
                    Listenkopf = 0;
                }
                else
                {
                    // ansonsten Nachfolgezeiger auf 0 setzen
                    Listenende->SetzeNachfolger(0);
                }
            }
            // testen, ob der Listenkopf gelöscht werden soll
            else if(AktuellerKnoten == Listenkopf)
            {
                AktuellerKnoten = Listenkopf->HoleNachfolger();
                delete Listenkopf;
                Listenkopf = AktuellerKnoten;
                // Wenn die Liste jetzt leer ist
                if(0 == Listenkopf)
                {
                    // muss das Listenende auch auf 0 zeigen
                    Listenkopf = 0;
                }
                else
                {
                    // ansonsten Vorgängerzeiger auf 0 setzen
                    Listenkopf->SetzeVorgaenger(0);
                }
            }
            // Wenn AktuellerKnoten auf einen anderen Knoten zeigt
            else
            {
                Knoten* p = AktuellerKnoten;

                // Der Knoten soll nach dem Löschen vor dem
                // gelöschten Argument stehen
                AktuellerKnoten = AktuellerKnoten->HoleVorgaenger();
                // Das Element, auf das p zeigt aus der Liste
                // nehmen und löschen
                AktuellerKnoten->SetzeNachfolger(p->HoleNachfolger());
                p->HoleNachfolger()->SetzeVorgaenger(AktuellerKnoten);
                delete p;
            }
        }
    }
}
```

198

Zuerst muss geprüft werden, ob der Zeiger `AktuellerKnoten` überhaupt schon auf einen Knoten zeigt. Wenn das nicht der Fall ist, ist die Liste leer, und es wird kein Knoten gelöscht.

Danach müssen zwei Fälle gesondert behandeln werden. Diese Fälle treten ein, wenn entweder der Knoten am Listenkopf oder am Listenende gelöscht wird.

Wenn der Zeiger `AktuellerKnoten` auf das Listenende zeigt, muss er zunächst auf den Vorgängerzeiger gesetzt werden. Dann kann der Knoten, der momentan das Listenende, ist gelöscht werden. Der Zeiger `Listenende` kann jetzt auch auf den Vorgänger verschoben werden. Jetzt muss geprüft werden, ob die Liste durch das Löschen leer geworden ist. Wenn das der Fall ist, muss auch der Zeiger `Listenkopf` auf 0 gesetzt werden. Wenn die Liste nicht leer ist, muss noch der Nachfolgezeiger des letzten Knotens auf 0 gesetzt werden.

Dieser Vorgang läuft analog, wenn der Knoten am Listenkopf gelöscht werden soll.

Für jeden anderen Knoten wird zuerst die Position des gerade aktuellen Knotens gespeichert. Dann wird der Zeiger `AktuellerKnoten` auf seinen Vorgänger gesetzt. Der Nachfolgezeiger dieses Knotens wird auf den Knoten gesetzt, der der Nachfolger des zu löschenden Knotens ist. Außerdem muss noch der Vorgängerzeiger des Knotens, der in der Liste nach dem zu löschenden Knoten steht, auf den Knoten gesetzt werden, auf den der Zeiger `AktuellerKnoten` zeigt.

Jetzt ist der zu löschende Knoten nicht mehr Teil der Liste (Abbildung 9.2), da nur noch der Zeiger `p` auf ihn verweist. Und somit kann er gelöscht werden.

Zusammenfassung

In diesem Kapitel haben Sie die Grundbegriffe der objektorientierten Programmierung kennen gelernt und wissen, wie Sie in C++ umgesetzt werden.

Mit Objekten ist man in der Lage, logisch zusammengehörige Daten und Funktionen zusammenzufassen. Mit einem Objekt wird oft ein Gegenstand oder ein Vorgang modelliert.

Die verschiedenen Typen von Objekten werden mit Hilfe von Klassen beschrieben. Durch das Zugriffskonzept sind Sie in der Lage, Attribute einer Klasse zu verbergen und Methoden zum Zugriff auf die Attribute bereitzustellen.

Konstruktoren übernehmen die Aufgabe der Initialisierung der Attribute und der Reservierung von Speicherplatz. In den Destruktoren sollten Sie dynamisch reservierten Speicher wieder freigeben oder z.B. benutzte Dateien schließen.

Im letzten Abschnitt haben Sie den Einsatz der OOP in einem etwas komplexeren Beispiel kennen gelernt. In diesem Beispiel gibt es zwei Objekttypen. Die Liste stellt Methoden zur Verfügung, mit denen man Objekte vom Typ Knoten verwalten kann. Momentan kann man Knoten in die Liste einfügen, Knoten löschen und den Inhalt der Liste ausgeben.

Kapitel 10

MSDN –
das Hilfesystem

In den nächsten Kapiteln werden wir uns intensiv mit der Entwicklung von Programmen für Windows beschäftigen. Windows ist ein sehr komplexes System, das eine Vielzahl von Funktionen zur Verfügung stellt. Der Umfang ist so groß, dass niemand die exakte Schreibweise oder die genaue Anzahl der Parameter jeder Funktion kennen kann.

Aus diesem Grund ist jeder Programmierer darauf angewiesen, ein komfortables Hilfesystem nutzen zu können. Microsoft stellt dazu das MSDN (Mircosoft Developer Network) bereit. In diesem Hilfesystem finden Sie, neben einer kompletten Dokumentation aller C++-Funktionen und einer Beschreibung aller Windows-Funktionen auch konkrete Beispielprogramme und Hilfestellungen zu bestimmten Problemen. Sogar ganze Bücher werden bereitgestellt.

Da sich der Umfang sehr schnell ändert und das Hilfesystem ständig erweitert wird, wäre es sehr aufwändig und schwierig, die Dokumentation zu übersetzen. Aus diesem Grund werden Sie vorwiegend englische Texte vorfinden.

Neben dem MSDN befinden sich noch zwei weitere Hilfesysteme auf der CD, die dem Buch beiliegt. Es handelt sich um die Hilfe zu DirectX 7 und DirectX 8. Um nicht bei jedem neuen Produkt, das Microsoft auf den Markt bringt, die komplette MSDN überarbeiten zu müssen, gibt es zu jedem neuen Produkt ein separates Hilfesystem, das erst nach einiger Zeit in das MSDN eingearbeitet wird.

Installation

Wenn Sie Visual C++ installiert haben, wird das Setup-Programm für das Hilfesystem automatisch gestartet. Wenn Sie das Setup-Programm abgebrochen haben oder das Hilfesystem einzeln installieren wollen, so können Sie dies, indem Sie *Setup.exe* aus dem Ordner *VC6\MSDN_VCB*, der sich auf der CD befindet, die dem Buch beiliegt, starten. Wenn Sie das Hilfesystem mit Visual C++ zusammen installiert haben, befindet es sich im Startmenü mit im Ordner *Microsoft Visual C++ 6.0*. Wenn Sie es ohne Visual C++ installiert haben, wird ein eigener Eintrag im Startmenü erzeugt.

Nutzung des Hilfesystems

Bei allen Dokumenten, die sich im MSDN befinden, handelt es sich um komprimierte HTML-Dokumente. Zur Anzeige wird ein Browser-ähnliches Programm eingesetzt, das auf dem Internet Explorer aufbaut. Aus diesem Grund muss der Internet Explorer installiert sein, um das Hilfesystem nutzen zu können. Dadurch, dass HTML als Dokumentformat genutzt wird, ist es auch möglich, Links zu Seiten im Internet direkt im MSDN zu nutzen. Das Anzeigefenster ist, wie in Abbildung 10.1 zu sehen in zwei Bereiche unterteilt.

Abb. 10.1: MSDN Browser

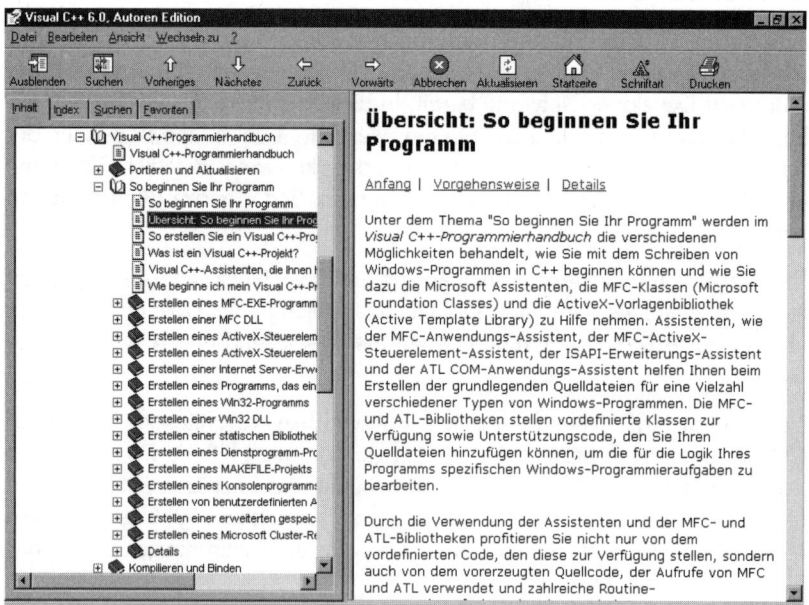

202

Auf der linken Seite befindet sich das Bedienfeld, auf der rechten Seite werden die Dokumente angezeigt. Im Bedienfeld kann man auswählen, ob man sich den Inhalt des MSDN anschauen möchte. Man kann im Index nach Schlüsselwörtern suchen oder im Abschnitt Suchen eine Volltextsuche durchführen. Unter Favoriten kann man Dokumente speichern, die man häufig benötigt und deshalb einen schnellen Zugriff auf diese Dokumente wünscht.

Über die Karteikarte INHALT erhalten Sie eine Ansicht all der Themen, die im MSDN vorhanden sind. Dazu gehört z.B. eine Einführung in Visual C++ oder Informationen zur Windows-Programmierung.

Wenn Sie nach der Dokumentation zu einer Funktion, z.B. `printf` suchen, müssen Sie das MSDN starten, die Karteikarte INDEX wählen und dort `printf` eingeben. Sie können die Funktion, die Sie suchen aber auch in Visual C++ eingeben, sie markieren und F1 drücken. Das Hilfesystem startet dann automatisch und zeigt die Dokumentation der Funktion an.

Der Aufbau der Dokumente, die Funktionen erläutern, ist immer gleich. Zu Beginn des Dokuments steht der Name der Funktion, danach folgt ein Abschnitt, der erklärt, was die Funktion macht. Darunter befindet sich der Prototyp der Funktion, an dem Sie die Anzahl und Typen der Argumente erkennen können. Danach folgen Informationen über die Dateien, wie z.B. den Header, die Sie benötigen, wenn Sie die Funktion einsetzen wollen. Als nächstes wird der Rückgabewert und die Bedeutung der Parameter erläutert. Zum Schluss findet sich meistens ein kurzes Beispiel zum Einsatz der Funktion sowie Verweise auf ähnliche oder verwandte Funktionen.

Das Hilfesystem zu DirectX 7 und DirectX 8 ist genauso aufbaut wie die MSDN Library. Die DirectX 8 Hilfe wird automatisch zusammen mit dem DirectX 8 SDK installiert. Die Hilfe zu DirectX 7 finden Sie auf der CD-ROM im Ordner *DXSDK8a\dx7doc*.

Kapitel 11

Windows-Grundlagen

In diesem Kapitel werden Sie Ihr erstes »echtes« Programm für Windows schreiben und die Grundlagen der Windowsprogrammierung kennen lernen. Unsere bisherigen Programme liefen zwar auch unter Windows, sie basierten aber auf dem Konzept von DOS-Programmen, d.h., dass sie Zeile für Zeile abgelaufen sind und sich nicht daran gestört haben, ob noch ein anderes Programm auf dem Computer läuft, ob der Anwender ein Fenster schließt oder mit der Maus klickt. Sie werden feststellen, dass bei Windows-Programmen alles ein wenig anders ist.

Windows ist ein sehr komplexes System, und leider können nicht alle vorgestellten Funktionen detailliert behandelt werden.

11.1 Ereignisgesteuerte Programmierung

Windows ist ein ereignisgesteuertes Betriebssystem. Bei einem Ereignis kann es sich z.B. um einen Mausklick, um das Schließen eines Fensters oder um das Drücken einer Taste der Tastatur handeln. Auf jedes dieser Ereignisse muss entsprechend reagiert werden. Es ist also nicht mehr möglich, dass sich ein Programm ausschließlich mit der Aufgabe beschäftigt, für die es eigentlich geschrieben wurde. Es muss auch auf die verschiedensten Ereignisse reagieren können.

11.2 Windows-Datentypen

Unter Windows steht das Windows Platform SDK (Software Development Kit) zur Entwicklung von Programmen zur Verfügung. Das Windows Platform SDK ist eine Sammlung von nützlichen Funktionen und der dazugehörigen Dokumentationen, die es erleichtern, Programme für Windows zu entwickeln.

Das Windows Platform SDK enthält viele neue Datentypen. Bei den meisten von ihnen handelt es sich um Datentypen, die Sie bereits kennen, die aber einen anderen Namen bekommen haben.

Die nachfolgende Tabelle enthält eine Auflistung von Datentypen, die Ihnen unter Windows häufig begegnen werden.

Tabelle 11.1:
Windows-
Datentypen

Datentyp	Beschreibung
BOOL	boolescher Wert (32 Bit)
BYTE	vorzeichenloser 8 Bit Wert
COLORREF	32 Bit Wert für Farbinformationen
DWORD	32 Bit Wert (unsigned int)
LONG	32 Bit Wert (int)
LPARAM	32 Bit Wert als Funktionsparameter
LPCSTR	Zeiger auf eine konstante Zeichenkette
LPSTR	Zeiger auf eine Zeichenkette
LPVOID	Zeiger auf einen undefinierten Typ
LRESULT	32 Bit Rückgabewert
UINT	unsigned int
WNDPROC	Zeiger auf eine Windows Funktion
WORD	unsigned short
WPARAM	16 Bit Wert als Funktionsparameter

Wie Sie sehen, haben viele Datentypen nur eine andere Bezeichnung bekommen. Der Typ BOOL unterscheidet sich unter Windows vom Typ bool, den Sie bisher verwendet haben. Unter Windows hat dieser Datentyp eine Länge von vier anstatt einem Byte, und Sie können Variablen dieses Typs beliebige Werte zuweisen. Alle Werte, die ungleich 0 sind, werden als true interpretiert; nur der Wert 0 wird wie false behandelt.

Der Typ BYTE kann Werte von 0 bis 255 speichern. Der Typ COLORREF ist nichts anderes als ein Integer-Wert, der eingeführt wurde, um Farbinformationen zu speichern. Der Typ `DWORD` kann für vorzeichenlose, `LONG` für vorzeichenbehaftete Integer-Variablen verwendet werden.

`LPARAM` und `WPARAM` kommen im Zusammenhang mit der Windows-Nachrichtenbehandlung, die auch in diesem Kapitel behandelt wird, zum Einsatz.

Für Strings sind die beiden Typen `LPCSTR` und `LPSTR` definiert. `LPCSTR` wird für konstante Zeichenketten verwendet, `LPSTR` für beliebige.

`LPVOID` wurde definiert, um mit Zeigern auf noch unbestimmte Typen arbeiten zu können. Es kommt schon mal vor, dass eine Windows-Funktion einen Zeiger auf einen Block von Daten zurückgibt. Von der aufrufenden Funktion wird erst später entschieden, wie dieser Block behandelt werden soll.

`LRESULT` findet man sehr häufig als Rückgabewert von Funktionen. Der Rückgabewert einer Funktion gibt unter Windows häufig darüber Auskunft, ob eine Funktion erfolgreich ausgeführt werden konnte, oder ob sie fehlgeschlagen ist.

`UINT` und `WORD` sind vorzeichenlose, ganzzahlige Typen, wobei `UINT` eine Länge von vier Byte hat, `WORD` hat eine Länge von zwei Byte.

Mit `WNDPROC` wurde ein Typ definiert, in dem ein Zeiger auf eine Funktion abgespeichert werden kann.

Die Anzahl der Funktionen im Windows SDK ist so groß, dass eine Beschreibung jeder einzelnen Funktion im Rahmen dieses Buchs unmöglich ist. Wir werden aber im Laufe der nächsten Kaptitel einige Funktionen kennen lernen. Für einen vollständigen Überblick können Sie auf die MSDN Library zurückgreifen.

Neben neuen Datentypen und Funktionen enthält das Windows SDK auch eine Reihe von Makros. Ein Makro erfüllt eine gewisse Aufgabe, wie eine Funktion, nur dass ein Makro mit Textersetzung mittels `#define` arbeitet.

Um diese neuen Datentypen und Makros verwenden zu können, müssen Sie die Header-Datei *windows.h* in Ihre Windows-Programme aufnehmen.

11.3 Ungarische Notation

Zusätzlich zu den Typbezeichnungen aus Tabelle 11.1 verwendet Microsoft noch ein Standardverfahren, um Konstanten, Variablen und Funktionen zu benennen. Der Standard, den Microsoft benutzt, wird Ungarische Notation genannt. In diesem Standard wird festgelegt, dass eine Variable eines bestimmten Typs mit einem Präfix beginnen muss. Auf diese Weise kann man im späteren Programm bei der Verwendung der Variablen schon am Namen erkennen, von welchem Typ sie ist. Die folgende Tabelle zeigt die Präfixe, die in der Ungarischen Notation verwendet werden:

Tabelle 11.2:
Präfixe der
Ungarischen
Notation

Präfix	Variablentyp
b	BOOL
by	BYTE oder UCHAR (unsigned char)
c	char
dw	DWORD (unsigned long)
h	Handle
i	int
l	LONG (long)
lp	Long Pointer
msg	Message
n	number (short oder int)
sz, str	String, char[]
w	WORD (unsigned short)

Die Ungarische Notation beschreibt aber nicht nur Variablenpräfixe. Wenn man Variablen verwendet, die aus mehr als einem Wort zusammengesetzt sind, sollten beide Worte mit Großbuchstaben beginnen. Eine Variable vom Typ Integer, die den Status eines Spielers beschreibt, würde iSpielerStatus heißen.

Für die Namen von Funktionen gilt die gleiche Konvention, bis auf das Präfix für den Typ. Eine Funktion, mit der man festlegt, wie ein Fenster erscheinen soll, heißt ShowWindow.

Konstanten werden durchgängig mit Großbuchstaben geschrieben, und einzelne Worte werden durch einen Unterstrich getrennt.

Sie brauchen diese Regeln in Ihren Programmen nicht zu befolgen, und Sie können auch weiterhin die gewohnten Typbezeichnungen nutzen. Sie sollten diese Konzepte jedoch kennen, da sowohl die Hilfe als auch jede Windows-Funktion diese Datentypen nutzt.

11.4 Handle

Unter Windows muss jedes Objekt, wie z.B. ein Programm, ein Fenster oder ein Icon, eindeutig identifizierbar sein, damit es vom Betriebssystem verwaltet werden kann. Die Verwaltung der verschiedenen Objekte geschieht unter Windows mit Hilfe der Handle (Griffe). Unter einem Handle können Sie sich eine Identifikationsnummer vorstellen, mit der Sie Zugriff auf ein bestimmtes Objekt haben.

Jeder Objekttyp hat einen zugeordneten Handle-Typ. Ein Fenster-Handle hat den Typ HWND, ein Handle für eine Bitmapgrafik hat den Typ HBITMAP usw..

Unter Windows werden Objekte wie Icons, Cursor, Menüs oder Grafiken als Ressourcen bezeichnet.

11.5 Ein Projekt für ein Windows-Programm

Wie schon für unsere Programme muss auch ein Projekt für ein Windows-Programm angelegt werden. Dieses Mal müssen Sie jedoch, wie in Abbildung 11.1 dargestellt, eine Win32-Anwendung anstatt einer Win32-Konsolenanwendung anlegen.

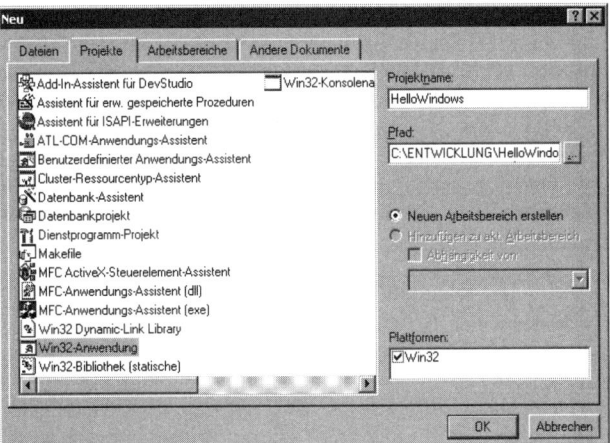

Abb. 11.1:
Anlegen einer
Win32-An-
wendung

Wählen Sie die Option EIN LEERES PROJEKT, nachdem Sie den Dialog aus Abbildung 11.1 mit OK bestätigt haben. Danach können Sie auf FERTIGSTELLEN klicken, damit das Projekt angelegt wird. Fügen Sie anschließend eine neue Datei zum Ordner Quellcodedateien hinzu. Nennen Sie diese Datei, da es sich um Ihr erstes Windows-Programm handelt, *Hello-Windows.cpp*.

209

11.6 WinMain

Der erste Unterschied, den Sie bei einem Windows-Programm feststellen werden, ist, dass sich das Aussehen der main-Funktion geändert hat. Diese Funktion muss nun den folgenden Aufbau haben:

```
int WINAPI WinMain(HINSTANCE hInstance,
                   HINSTANCE hPrevInstance,
                   LPSTR lpCmdLine,
                   int nCmdShow)
{
    return 0;
}
```

Das Einzige, was Ihnen bekannt vorkommen dürfte, ist der Rückgabewert. Der Rückgabewert kann, wie auch schon zuvor, benutzt werden, damit das Programm anzeigen kann, ob es erfolgreich beendet worden ist, oder ob ein Fehler während der Ausführung des Programms auftrat.

Mit WINAPI wird die Aufrufkonvention für eine Funktion bestimmt. Aufrufkonventionen legen fest, wie Parameter an die Funktion übergeben werden, oder welche Funktion sich um die Behandlung des Stacks kümmert. Bei einer Funktion, bei der Sie die WINAPI Aufrufkonvention angeben, werden die Parameter z.B. von links nach rechts, im Gegensatz zur sonst üblichen Reihenfolge von rechts nach links übergeben. Wenn Sie nicht vorhaben, Programmteile in Assembler zu schreiben, müssen Sie nicht wissen, welche Auswirkungen die Aufrufkonventionen genau haben. Wichtig ist jedoch, dass Sie WINAPI bei Verwendung der WinMain-Funktion angeben.

Als nächstes wollen wir uns die vier Parameter der WinMain-Funktion anschauen. Diese Parameter werden jedem Programm, das unter Windows abläuft, durch das Betriebssystem übergeben.

HINSTANCE hInstance: Dieser Parameter ist ein Handle, mit dem man auf die Instanz der Applikation zugreifen kann. Dieses Handle kann man sich wie einen Zeiger vorstellen, mit dem man Zugriff auf den Status der Applikation hat.

HINSTANCE hPrevInstance: Dieser Parameter spielt keine Rolle mehr. In älteren Windows-Versionen konnte man ihn nutzen, um festzustellen, ob das Programm schon läuft und eine zweite Version des Programms ausgeführt werden soll.

LPSTR lpCmdLine: Dieser Parameter ist ein Zeiger auf einen String, der die Kommandozeile enthält, die dem Programm übergeben wurde. Einem Windows-Programm kann man Kommandozeilenargumente übergeben, indem man es aus einem DOS-Fenster startet oder eine Verknüpfung anlegt und die Parameter mit in die Verknüpfung einträgt.

int nCmdShow: Dieser Parameter enthält Informationen darüber, wie das Fenster des Programms geöffnet werden soll. Ein Fenster kann z.B. zu Beginn maximiert sein oder in den Hintergrund verschoben werden.

11.7 Fenster

Die meisten Windows-Programme setzen auf die eine oder andere Art Fenster ein und bei fast allen Elementen, die Sie unter Windows benutzen, handelt es sich um Fenster. Manchmal besteht ein Programm nur aus einem einfachen Dialogfenster, wie z.B. der Windows-Taschenrechner, und bei manchen Anwendungen werden gleichzeitig viele Fenster parallel eingesetzt. Selbst ein Spiel benötigt unter Windows ein Fenster, in dem es ablaufen kann, und deshalb wollen wir uns ansehen, wie man Fenster erzeugt.

11.7.1 Fensterklassen

Um ein Fenster erzeugen zu können, müssen Sie zuerst eine Fensterstruktur anlegen. In dieser Struktur werden Informationen über das Fenster, wie das benutzte Icon, die Hintergrundfarbe oder das Menü, festgelegt. Die Struktur, in der diese Informationen festgelegt werden, heißt WNDCLASSEX. Es handelt sich um keine Klasse im Sinne von C++, sondern um eine Struktur, in der man die Klasse, d.h. die Eigenschaften eines Fensters, festlegt. Das Anhängsel EX werden Sie häufig im Namen von Strukturen oder Funktionen finden, die in Windows benutzt werden. Es steht für extended (erweitert), und Sie können daran erkennen, dass eine ältere Struktur oder Funktion gleichen Namens existiert. Häufig bleiben alte Funktionen und Strukturen in Windows aus Kompatibilitätsgründen erhalten. In diesem Fall gibt es die Struktur WNDCLASS und WNDCLASSEX. Diese Struktur hat folgenden Aufbau.

```
typedef struct _WNDCLASSEX {
        UINT      cbSize;
        UINT      style;
        WNDPROC   lpfnWndProc;
        int       cbClsExtra;
        int       cbWndExtra;
        HINSTANCE hInstance;
        HICON     hIcon;
        HCURSOR   hCursor;
        HBRUSH    hbrBackground;
        LPCTSTR   lpszMenuName;
        LPCTSTR   lpszClassName;
```

211

```
        HICON       hIconSm;
}
```

`UINT cbSize`: In dieser Variablen müssen Sie die Größe der Struktur in Byte speichern. Unter Windows und speziell in DirectX werden Sie häufig die Größe von Strukturen in der Struktur selbst angeben müssen. Anhand dieser Größe kann Windows oder DirectX feststellen, um welche Version der Struktur es sich handelt.

`UNIT style`: Mit dieser Variable legen Sie die Stile oder Eigenschaften des Fensters fest. Dazu müssen Sie Konstanten angeben, die über die bitweise ODER-Verknüpfung kombiniert werden können. Eine Auflistung dieser Konstanten finden Sie in der MSDN-Hilfe. Wir werden die Stile `CS_DBLCLKS`, `CS_HREDRAW`, `CS_VREDRAW` und `CS_OWNDC` verwenden. Wenn Sie den Stil angeben, wird festgelegt, dass das Fenster eine Nachricht erhält, wenn der Benutzer einen Doppelklick im Fenster durchgeführt hat. Mit `CS_HREDRAW` und `CS_VREDRAW` wird bestimmt, dass das Fenster neu gezeichnet wird, wenn sich die Breite oder die Höhe des Fensters ändert. `CS_OWNDC` legt fest, dass das Fenster über einen eigenen Device Context verfügen soll. Was ein Device Context ist, werden Sie in Kapitel 12 lernen.

`WNDPROC lpfnWndProc`: Hier müssen Sie einen Zeiger auf eine Callback-Funktion angeben, die Nachrichten behandelt, die das Fenster erhält. In C++ erhält man die Adresse einer Funktion, wie auch die Adresse eines Feldes, indem man den Namen der Funktion angibt. Eine genaue Beschreibung von Nachrichten und deren Behandlung erhalten Sie im nächsten Abschnitt.

`int cbClsExtra`: Diese Variable kann genutzt werden, um Speicher für zusätzliche Klasseninformationen zu reservieren. Normalerweise wird `cbClsExtra` kaum genutzt und kann auf 0 gesetzt werden.

`int cbWndExtra`: Mit dieser Variable verhält es sich ähnlich wie mit `cbClsExtra`, und sie kann deshalb auch auf 0 gesetzt werden.

`HINSTANCE hInstance`: Hier müssen Sie die Instanz der Anwendung, die das Fenster verwendet, angeben. Die Instanz ist einer der Parameter, die der `WinMain`-Funktion übergeben wird.

`HICON hIcon`: Mit dem Setzen dieser Variablen können Sie das Icon des Programms festlegen. Dazu können Sie die Funktion `LoadIcon` verwenden. Mit `LoadIcon` können Sie entweder selbstdefinierte Icons laden oder Standardicons verwenden.

`HCURSOR hCursor`: Wenn Sie einen anderen Mauscursor verwenden möchten, müssen Sie ein Handle dieses Cursors hier angeben. Cursor kann man mit der Funktion `LoadCursor` laden.

`HBRUSH hbrBackground`: Diese Variable gibt die Hintergrundfarbe des zu erstellenden Fensters an. Dazu muss ein Handle eines Brush (Pinsel) angegeben werden. Ein Brush wird unter Windows immer dort verwendet, wo Flächen mit einer bestimmten Farbe oder in einem Muster gefüllt werden sollen. Mit Hilfe der Funktion `CreateBrushIndirect` können Sie einen selbstdefinierten Pinsel anlegen oder mit der Funktion `GetStockObject` auf einen vordefinierten Pinsel zurückgreifen.

`LPCTSTR lpszMenuName`: Wenn das Fenster, das Sie erzeugen, ein Menü haben soll, dann geben Sie hier den Namen dieses Menüs an. Wenn kein Menü verwendet werden soll, wird diese Variable auf `NULL` gesetzt.

`LPCTSTR lpszClassName`: Dieser Variablen müssen Sie einen Namen zuweisen, der die Klasse identifiziert.

`HICON hIconSm`: Hier können Sie wiederum ein Icon angeben. Dieses Mal handelt es sich jedoch um das kleine Icon, das links neben dem Fenstertitel erscheint.

Nachdem Sie die `WNDCLASSEX`-Struktur mit Werten belegt haben, müssen Sie die Funktion `RegisterClassEx` aufrufen, mit der Sie Ihre gerade erzeugte Fensterklasse in Windows bekannt machen, um Sie nutzen zu können. `RegisterClassEx` hat nur einen Parameter, nämlich einen Zeiger auf eine `WNDCLASSEX`-Struktur.

Durch den Aufruf der Funktion `RegisterClassEx` wird noch kein Fenster erzeugt. Um das Fenster zu erzeugen, müssen Sie die Funktion `CreateWindowEx` aufrufen. `CreateWindowEx` hat wieder eine Menge Parameter und folgenden Aufbau:

```
HWND CreateWindowEx(
  DWORD      dwExStyle,
  LPCTSTR    lpClassName,
  LPCTSTR    lpWindowName,
  DWORD      dwStyle,
  int        x,
  int        y,
  int        nWidth,
  int        nHeight,
  HWND       hWndParent,
  HMENU      hMenu,
  HINSTANCE  hInstance,
  LPVOID     lpParam
);
```

Der Rückgabewert hat den Type `HWND` und steht für ein Handle eines Fensters. Immer, wenn Sie mit dem Fenster arbeiten wollen, müssen Sie dieses

Handle angeben. Aus diesem Grund sollten Sie das Fenster-Handle in einer Variablen speichern.

`dwExStyle`: Hier können Sie erweiterte Fensterstile angeben. In den meisten Fällen werden Sie diesen Parameter nicht nutzen, so dass Sie ihn auf `NULL` setzen können.

`LPCTSTR lpClassName`: An dieser Stelle müssen Sie den Klassennamen angeben, den Sie in der `WNDCLASSEX`-Struktur verwendet haben. Dieser Klassenname ist Windows bekannt, wenn Sie `RegisterClassEx` aufgerufen haben.

`LPCTSTR lpWindowsName`: Der String, den Sie hier angeben, wird in der Titelleiste des Fensters erscheinen.

`DWORD style`: Dieser Parameter gibt an, welche Art von Fenster Sie erzeugen wollen. Auch hier gibt es wieder eine Vielzahl von Konstanten, die Sie verwenden können. Für unsere Zwecke ist es ausreichend, wenn das Fenster über die Stile `WS_OVERLAPPEDWINDOW` und `WS_VISIBLE` verfügt. `WS_OVERLAPPEDWINDOW` spezifiziert ein Fenster, das über ein Systemmenü jeweils einen Knopf zum Minimieren und Maximieren sowie über einen Knopf zum Schließen des Fensters verfügt. `WS_VISIBLE` gibt an, dass das Fenster von Beginn an sichtbar ist. Wenn Sie wissen wollen, welche anderen Konstanten es gibt, und welche Bedeutung sie haben, finden Sie diese Informationen in der MSDN-Hilfe.

`int x, y`: Diese beiden Parameter geben die x- und y-Koordinate in Bildschirmpunkten an, an der das Fenster dargestellt werden soll.

`int nWidth, nHeight`: Hier können Sie die Breite und die Höhe des Fensters, wiederum in Pixeln, angeben.

`HWND hWndParent`: Wenn das Fenster, das erzeugt werden soll, ein untergeordnetes Fenster eines bereits bestehenden Fensters ist, müssen Sie das Fenster-Handle des übergeordneten Fensters hier angeben. Da wir ein Hauptfenster erzeugen, wird dieser Parameter auf `NULL` gesetzt.

`HMENU hMenu`: Dieser Parameter wird verwendet, wenn das Fenster ein Menü haben soll.

`HINSTANCE hInstance`: Hier müssen Sie, wie schon zuvor bei der `WNDCLASSEX`-Struktur, die Instanz der Anwendung, die der `WinMain`-Funktion übergeben wurde, angeben.

`LPVOID lpParam`: Diesen Parameter werden Sie im Zusammenhang mit Spielen kaum nutzen. Er wird benutzt, wenn man eine MDI-Anwendung (multi document interface), wie z.B. Microsoft Word, erstellen will. In MDI-

Anwendungen gibt es ein Hauptfenster, in dem mehrere untergeordnete Fenster verwendet werden können.

Nach dieser scheinbar endlosen Beschreibung von Variablen und Parametern sind wir nun in der Lage, ein Fenster zu erzeugen. Damit unser erstes Windows-Programm übersichtlich bleibt, werden wir für die Initialisierung der Struktur und die Erzeugung des Fensterseine Funktion schreiben. Ich habe diese Funktion CreateMainWindow genannt.

Da wir den Wert hInstance, der der WinMain-Funktion übergeben wurde, sowohl in der WNDCLASSEX-Struktur als auch beim Aufruf von CreateWindowEx benötigen, übergeben wir diesen Wert als Parameter an unsere Funktion CreateMainWindow.

Der Rückgabewert ist das Fenster-Handle des erzeugten Fensters, das wir später noch benötigen werden.

```
HWND CreateMainWindow(HINSTANCE hInstance)
{
  WNDCLASSEX wndClass;  // WNDCLASSEX Struktur

  // Struktur initialisieren
  wndClass.cbSize = sizeof(WNDCLASSEX);       // Größe angeben
  wndClass.style  = CS_DBLCLKS | CS_OWNDC |   // Standard
                    CS_HREDRAW | CS_VREDRAW;  // Stile

  // Callback-Funktion angeben (nächstes Kapitel)
  wndClass.lpfnWndProc = MessageHandler;

  wndClass.cbClsExtra  = 0;            // Zusätzliche Angaben,
  wndClass.cbWndExtra  = 0;            // werden nicht benötigt
  wndClass.hInstance   = hInstance;    // Anwendungsinstanz

  // Weisser Pinsel, zum Füllen des Fensterhintergrunds
  wndClass.hbrBackground =
      (HBRUSH)GetStockObject(WHITE_BRUSH);

  // Standard-Mauscursor verwenden
  wndClass.hCursor      = LoadCursor(NULL, IDC_ARROW);

  // Das Fenster soll kein Menü haben
  wndClass.lpszMenuName  = NULL;

  // Der Name der Fensterklasse, wird noch beim Aufruf von
  // CreateWindowEx benötigt
  wndClass.lpszClassName = "WindowClass";

  // Icons für das Fenster festlegen
  wndClass.hIcon    = LoadIcon(NULL, IDI_WINLOGO);
```

```
wndClass.hIconSm  = LoadIcon(NULL, IDI_WINLOGO);

// Fensterklasse registrieren, damit sie von CreateWindowEx
// verwendet werden kann
RegisterClassEx(&wndClass);

// Der Rückgabewert von CreateWindowEx ist auch der
// Rückgabewert der Funktion
return CreateWindowEx(
            NULL,                      // Ohne erweiterte
                                       // Stile
            "WindowClass",             // Klassenname
            "Ein einfaches Fenster",// Fenstertitel
            WS_OVERLAPPEDWINDOW |      // Fenster
            WS_VISIBLE,                // Eigenschaften
            0, 0,                      // Anfangsposition
            400, 300,                  // Größe
            NULL,                      // Handle des
                                       // Elternfensters
            NULL,                      // Handle des Menüs
            hInstance,                 // Anwendungs-
                                       // instanz
            NULL);                     // nicht benötigt
}
```

11.8 Nachrichten

Windows ist ein Multitasking-Betriebssystem, d.h. es können mehrere Programme quasi gleichzeitig ausgeführt werden, und alle Programme müssen von Windows verwaltet werden. Dazu gehört z.B. die Information, ob das Programm gerade aktiv ist, ob ein Fenster vergrößert wird, ob es Eingaben von der Tastatur erhält, oder ob der Benutzer einen der Mausknöpfe gedrückt hat.

Aus diesem Grund gibt es unter Windows Nachrichten (Messages). Windows versendet permanent Nachrichten an alle aktiven Programme, um diese auf dem Laufenden zu halten. Für alle Programme wird ein Nachrichtenpuffer angelegt, in dem Nachrichten für das Programm gespeichert werden, bis sie vom Programm behandelt werden. Auch unsere Programme müssen ab jetzt auf Nachrichten reagieren können.

Der Nachrichtenpuffer wird auch als Nachrichtenschlange (Messagequeue) bezeichnet. In einer Schlange werden zuerst die Nachrichten behandelt, die zuerst in den Puffer aufgenommen wurden.

Wenn Sie die Nachrichten, die Windows versendet, abfangen und behandeln wollen, müssen Sie eine Funktion zur Verfügung stellen, die von Windows aufgerufen werden kann, wenn eine Nachricht für Ihr Programm oder Ihr Fenster vorliegt. Eine solche Funktion, die zwar in Ihrem Programm definiert wird, aber nicht von Ihrem, sondern von einem anderen Programm aufgerufen wird, nennt man Callback-Funktion. Die Callback-Funktion für die Behandlung von Windows-Nachrichten hat einen festgelegten Aufbau:

```
LRESULT CALLBACK MessageHandler(HWND hWnd,
                                UINT msg,
                                WPARAM wParam,
                                LPARAM lParam);
```

Der Parameter hWnd ist ein Fenster-Handle und gibt das Fenster an, dass die Nachricht erhalten hat. Der Parameter msg enthält die eigentliche Nachricht, die gesendet wurde. Unter Windows gibt es eine Fülle von Nachrichten, deren genaue Bedeutung Sie in der MSDN Hilfe finden können. Tabelle 11.3 zeigt einige Nachrichten, die Ihnen unter Windows sehr häufig begegnen werden. Alle Nachrichten haben den Präfix WM_ für Windows Message.

Nachricht	Bedeutung
WM_CLOSE	das Fenster wird geschlossen
WM_COMMAND	eine Menüauswahl wurde getroffen
WM_CREATE	das Fenster wird erzeugt
WM_DESTROY	das Fenster wird entfernt
WM_LBUTTONDBLCLK	Doppelklick der linken Maustaste
WM_LBUTTONDOWN	die linke Maustaste wurde gedrückt
WM_MOUSEMOVE	die Maus wurde bewegt
WM_MOVE	das Fenster wurde verschoben
WM_PAINT	Fenster muss neu gezeichnet werden
WM_QUIT	Programm soll beendet werden
WM_SIZE	Größe des Fensters wurde verändert
WM_USER	benutzerdefinierte Nachricht

Tabelle 11.3: Die gebräuchlichsten Nachrichten unter Windows

Zu jeder Nachricht werden die Parameter wParam und lParam übergeben. Welche Bedeutung diese Parameter genau haben, hängt von der Nachricht ab, die gesendet wurde. Wenn z.B. die Nachricht WM_LBUTTONDBLCLK gesendet wird, enthält der Parameter wParam Informationen darüber, ob während des Doppelklicks eine Taste, wie [Strg] oder [Alt], gedrückt wurde. Der Parameter lParam enthält die Koordinaten des Mauszeigers.

Damit Sie nicht alle denkbaren Nachrichten selbst behandeln müssen, bietet Windows eine Funktion, die sich um unbehandelte Nachrichten kümmert.

Diese Funktion heißt `DefWindowProc` und hat die gleichen Parameter wie die Callback-Funktion.

Eine Callback-Funktion, die die Nachrichten `WM_CREATE`, `WM_LBUTTONDBLCLK` und `WM_CLOSE` behandelt, sieht folgendermaßen aus:

```
LRESULT CALLBACK MessageHandler(HWND hWnd,
                                UINT msg,
                                WPARAM wParam,
                                LPARAM lParam)
{
    // Entscheiden, welche Nachricht empfangen wurde
    switch(msg)
    {
        case WM_CREATE:
                // Initialisierungen für das Fenster
                return 0;
            break;

        case WM_LBUTTONDBLCLK:
                // Mausposition in lParam
                return 0;
            break;

        case WM_CLOSE:
                // Programm oder Fenster schließen
                return 0;
            break;
    }

    // Wenn eine andere Nachricht gesendet wurde,
    // Standardfunktion aufrufen
    return DefWindowsProc(hWnd,msg,wParam,lParam);
}
```

Mit der Implementierung einer Callback-Funktion und der Festlegung dieser Funktion in der Fensterklasse ist Ihr Programm aber immer noch nicht in der Lage, Nachrichten zu verarbeiten. Sie müssen die `WinMain`-Funktion dazu noch ein wenig erweitern. In der `WinMain`-Funktion müssen Sie eine Funktion aufrufen, mit der Sie feststellen können, ob Nachrichten für Ihr Programm oder Fenster vorliegen. Diese Funktion heißt `GetMessage` und hat den folgenden Aufbau.

```
BOOL GetMessage(
    LPMSG lpMsg,
    HWND  hWnd,
    UINT  wMsgFilterMin,
    UINT  wMsgFilterMax
);
```

Der erste Parameter dieser Funktion ist ein Zeiger auf eine Struktur vom Typ MSG. Die Struktur, auf die lpMsg zeigt, wird durch GetMessage mit Werten belegt. Der Parameter hWnd enthält das Handle des Fensters, für das überprüft werden soll, ob Nachrichten vorliegen. Wenn Sie an dieser Stelle NULL angeben, werden alle Nachrichten für das Programm empfangen. Mit den Parametern wMsgFilterMin und wMsgFilterMax können Sie den Umfang der Nachrichten, die Sie empfangen wollen, einschränken. Normalerweise setzt man diese Werte auf 0. Auf diese Weise können alle möglichen Nachrichten empfangen werden.

GetMessage gibt nur dann 0 zurück, wenn die Nachricht WM_QUIT, die anzeigt, dass die Anwendung beendet werden soll, empfangen wird. Bei allen anderen Nachrichten wird ein Wert ungleich 0 zurückgegeben.

Wenn Sie eine Nachricht mit GetMessage erhalten haben, müssen Sie noch dafür sorgen, dass Windows Ihre Callback-Funktion aufrufen kann. Dazu müssen Sie die Funktion DispatchMessage aufrufen, der Sie einen Zeiger auf die Nachricht, die von GetMessage empfangen wurde, übergeben müssen.

Mit diesen beiden Funktionen kann man eine Schleife, die alle Nachrichten empfängt und an die Callback-Funktion weiterleitet, folgendermaßen programmieren:

```
// In dieser Struktur, werden Nachrichteninformationen
// gespeichert
MSG msg;

// Diese Schleife läuft solange, bis die Nachricht WM_QUIT
// empfangen wird

while(GetMessage(&msg,NULL,0,0))
{
    // Nachricht an die Callbackfunktion senden
    DispatchMessage(&msg);
}
```

Diese Schleife empfängt so lange Nachrichten und gibt sie an die Callback-Funktion weiter, bis GetMessage die Nachricht WM_QUIT empfängt. Dann gibt GetMessage FALSE zurück, und die Schleife wird beendet.

Eine solche Schleife werden Sie in fast jeder Win32-Anwendung wiederfinden, die Nachrichten behandelt. Diese Konstruktion wird auch Hauptnachrichtenschleife oder Message Pump genannt.

219

In der Nachrichtenschleife werden Sie häufig den Aufruf der Funktion `TranslateMessage` finden, die Nachrichten, die durch Drücken bestimmter Tasten (z.B. der Tasten F1 – F12) umwandelt. Wenn Sie planen, solche Nachrichten zu behandeln, sollten Sie die MSDN-Hilfe konsultieren.

11.8.1 Nachrichten versenden

Neben dem Empfangen und der Behandlung von Nachrichten haben Sie auch die Möglichkeit, Nachrichten selber zu verschicken. Dazu gibt es zwei verschiedene Funktionen, deren Prototypen sich sehr ähnlich sehen.

```
BOOL PostMessage(
     HWND hWnd,
     UINT Msg,
     WPARAM wParam,
     LPARAM lParam
);

LRESULT SendMessage(
     HWND hWnd,
     UINT Msg,
     WPARAM wParam,
     LPARAM lParam
);
```

Die Parameter sind bei beiden Funktionen gleich, der erste ist das Handle des Fensters, an das die Nachricht gesendet werden soll. Der zweite Parameter ist die Nachricht. Beim dritten und vierten Parameter handelt es sich um Informationen, die mit der Nachricht gesendet werden. Wie Sie sehen, stimmen diese Parameter mit den Parametern der Callback-Funktion überein, da genau diese Parameter ja auch empfangen werden müssen.

Der Unterschied zwischen den beiden Funktionen ist, dass `PostMessage` die Nachricht, die gesendet werden soll, nur in den Nachrichtenpuffer einträgt und sofort zurückkehrt. Der Rückgabewert dieser Funktion ist vom Typ `BOOL` und gibt Auskunft darüber, ob die Nachricht in den Nachrichtenpuffer eingetragen werden konnte, oder ob ein Fehler aufgetreten ist.

Wenn Sie `SendMessage` verwenden, wird die Callback-Funktion der entsprechenden Anwendung sofort aufgerufen und `SendMessage` kehrt erst dann zurück, wenn die Nachricht abgearbeitet wurde. Dadurch ist es möglich, dass `SendMessage` einen Wert zurück gibt. Dabei handelt es sich um den Wert, der in der Callback-Funktion bei Behandlung der entsprechenden

Nachricht zurückgegeben wird. Sie sollten `SendMessage` nur dann verwenden, wenn Sie eine Nachricht mit hoher Priorität senden, die sofort behandelt werden soll oder deren Rückgabewert Sie benötigen.

Es gibt eine spezielle Funktion, `PostQuitMessage` mit nur einem Parameter, die genutzt werden kann, um das Programm zu beenden.

11.9 Hello Windows

Mit Hilfe der Funktion `CreateMainWindow`, der Callback-Funktion und der Nachrichtenschleife können wir nun unser erstes Windows-Programm, das auch als Ausgangspunkt für alle weiteren Programme dienen wird, schreiben.

Das Programm soll nur ein leeres Fenster mit dem Titel HELLO WINDOWS auf dem Bildschirm darstellen und das Programm beenden, wenn das Fenster geschlossen wird.

Die Funktion `CreateMainWindow` können wir dabei komplett übernehmen, es besteht jedoch ein wenig Änderungsbedarf an der Callback-Funktion und der `WinMain`-Funktion.

Die Callback-Funktion muss nur die Nachricht `WM_DESTROY` behandeln, die gesendet wird, sobald das Fenster geschlossen wird, da wir unsere Anwendung dann beenden wollen. Wenn die Nachricht `WM_DESTROY` gesendet wird, senden wir die Nachricht `WM_QUIT` durch Aufruf der Funktion `PostQuitMessage`, durch die die Hauptnachrichtenschleife beendet wird. Die Callback-Funktion sieht also folgendermaßen aus:

```
LRESULT CALLBACK MessageHandler(HWND hwnd, UINT msg,
                        WPARAM wParam, LPARAM lParam)
{
    // testen, um welche Nachricht es sich handelt
    switch(msg)
    {
        // wenn das Fenster geschlossen wird, wird
        // WM_QUIT gesendet, um das Programm zu beenden
        case WM_DESTROY:
                PostQuitMessage(0);
                return 0;
            break;
}
```

```
// Wenn wir uns nicht um die Nachricht gekümmert haben,
// wird sie an die Standardnachrichtenverarbeitung von
// Windows weitergeleitet

return (DefWindowProc(hwnd, msg, wParam, lParam));
}
```

In der `WinMain`-Funktion muss das Fenster erzeugt werden, und die Hauptnachrichtenschleife muss ihre Arbeit aufnehmen. Der folgende Codeausschnitt zeigt den Anfang des Programms und die `WinMain`-Funktion.

```
#include <windows.h>

// Anwendungsfenster erzeugen
HWND CreateMainWindow(HINSTANCE hInstance);

// Callback Funktion zur Nachrichtenbehandlung
LRESULT CALLBACK MessageHandler(HWND hwnd, UINT msg,
                                WPARAM wParam,
                                LPARAM lParam);

// globale Variable für das Fensterhandle
HWND hWnd = 0;

int WINAPI WinMain(HINSTANCE hInstance,
                   HINSTANCE hPrevInstance,
                   LPSTR lpCmdLine,
                   int nCmdShow)
{
    // Fenster erzeugen und Handle speichern
    hWnd = CreateMainWindow(hInstance);

    // Wenn der Rückgabewert 0 ist, ist ein
    // Fehler aufgetreten
    if(0 == hWnd)
    {
        MessageBox(0,"Fenster konnte nicht erzeugt werden",
                     "Fehler",MB_OK);
        return 0;
    }

    // Struktur, in der Informationen zur Nachricht
    // gespeichert werden
    MSG msg;

    // Diese Schleife läuft bis die Nachricht
    // WM_QUIT empfangen wird
    while(GetMessage(&msg,NULL,0,0))
    {
```

```
        // Nachricht an die Callbackfunktion senden
        TranslateMessage(&msg);
        DispatchMessage(&msg);
    }

    // Rückgabewert an Windows
    return 0;
}
```

Zuerst muss die Header-Datei *windows.h* eingebunden werden, damit die Funktionen und Konstanten aus dem Windows Plattform SDK zur Verfügung stehen. Als nächstes folgen die Prototypen der Funktion CreateMainWindow und der Callback-Funktion MessageHandler. Danach wird die globale Variable hWnd deklariert, in der das Handle des Fensters gespeichert wird, das mit CreateMainWindow erzeugt wurde.

In der WinMain-Funktion wird diese Funktion als erstes aufgerufen. Wenn der Rückgabewert 0 ist, ist ein Fehler beim Anlegen des Fensters aufgetreten und die Funktion MessageBox wird aufgerufen. Mit der Funktion MessageBox kann man Meldungen ausgeben, sie hat folgenden Aufbau:

```
int MessageBox(
    HWND hWnd,
    LPCTSTR lpText,
    LPCTSTR lpCaption,
    UINT uType
);
```

Der erste Parameter ist ein Fenster-Handle, mit dem Sie festlegen können, zu welchem Fenster die Meldung gehört. Sie können an dieser Stelle auch NULL angeben. Der zweite Parameter ist ein String, der den Meldungstext angibt. Mit dem Parameter lpCaption legen Sie den Fenstertitel fest. Mit uType können Sie Konstanten für eine Kombination von Icons und Knöpfen angeben, die auf dem Meldungsfenster angezeigt werden sollen. Eine genaue Beschreibung der Konstanten finden Sie in der MSDN-Hilfe. Der Aufruf der Funktion MessageBox auf die folgende Art

```
MessageBox(0,"Fenster konnte nicht erzeugt werden",
           "Fehler", MB_OK | MB_ICONEXCLAMATION);
```

erzeugt ein Meldungsfenster wie in Abbildung 11.2.

Abb. 11.2:
Meldungs-
fenster

223

Der zweite Teil der `WinMain`-Funktion besteht aus der Hauptnachrichten-schleife, die erst beendet wird, wenn die Funktion `PostQuitMessage` in der Callback-Funktion aufgerufen wird.

Den kompletten Quellcode des Programms finden Sie bei den Beispielen im Ordner *Kapitel_12*.

Zusammenfassung

In diesem Kapitel haben Sie die Grundlagen der Windows-Programmierung kennen gelernt. Sie wissen nun, dass Windows ein ereignisgesteuertes Multitasking-Betriebssystem ist. Sie haben erfahren, welche Konventionen für die Bezeichnung von Variablen und Funktionen gelten, und welche Typen neu eingeführt wurden.

Handle sind ein zentraler Bestandteil von Windows, mit deren Hilfe Ressourcen wie Fenster, Cursor, Icons oder Menüs verwaltet werden.

Die `main`-Funktion hat unter Windows die Bezeichnung `WinMain` bekommen und verfügt über einige zusätzliche Parameter.

Sie haben erfahren, wie Fenster, die von fast jeder Windows-Anwendung eingesetzt werden, erzeugt werden, und wie Nachrichten unter Windows verwendet werden, um die Programme über Ereignisse zu unterrichten. Durch die Verwendung des Nachrichtenkonzepts ändert sich die Struktur des Programms im Gegensatz zu unseren bisherigen Programmen sehr stark, da der Behandlung von Nachrichten eine große Rolle zukommt.

Kapitel 12

Das GDI

In diesem Kapitel wollen wir uns näher mit dem Windows GDI (Graphics Device Interface) beschäftigen. Das GDI verarbeitet alle Funktionsaufrufe, mit denen Text oder Grafik auf einem Gerät ausgegeben werden sollen. Das GDI ist sowohl für die Ausgabe auf den Bildschirm als auch auf Drucker oder Plotter verantwortlich. Sie können es sich wie eine Schicht zwischen Windows und den Treibern der verschiedenen Geräte vorstellen, wobei das GDI dabei die Aufgabe übernimmt, die Funktionsaufrufe an die Treiber weiterzugeben, die ihrerseits die Ausgabe auf dem Gerät erzeugen.

12.1 Device Context

Ein Device Context (DC) ist eine Datenstruktur, die Informationen über ein Ausgabegerät oder ein Fenster enthält. Immer, wenn Sie eine GDI-Funktion nutzen wollen, müssen Sie einen zugehörigen Device Context angeben. In der Windows API (Application Programming Interface, Programmierschnittstelle) gibt es die Funktion GetDC, die einen Device Context für ein Fenster liefert. Der Prototyp der Funktion sieht folgendermaßen aus:

```
HDC GetDC(HWND hWnd);
```

Diese Funktion benötigt ein Fenster-Handle als Parameter und gibt das Handle des Device Contexts für das Fenster (HDC) zurück. Mit diesem Device Context können Sie graphische Ausgaben in das Fenster vornehmen. Der Rückgabewert der Funktion ist NULL, wenn ein Fehler aufgetreten ist.

Wenn Sie der Funktion `GetDC` NULL übergeben, bekommen Sie ein Handle des Desktop-DC zurück, mit dem Sie direkt auf den Desktop zeichnen können.

Wenn Sie einen Device Context nicht länger benötigen, müssen Sie die Funktion `ReleaseDC` aufrufen, die den Speicher, der für den Device Context benutzt wird, wieder frei gibt.

```
int ReleaseDC(HWND hWnd,HDC DC);
```

Diese Funktion benötigt das Fenster-Handle und das Handle des Device Context als Parameter. Der Rückgabewert ist 1, wenn der Speicher frei gegeben werden konnte und 0, wenn ein Fehler aufgetreten ist.

12.1.1 Pixel

Wenn Sie einen Device Context nutzen, um in ein Fenster zu zeichnen, werden dadurch einzelne Bildschirmpunkte verändert. Diese Bildschirmpunkte werden durch die Grafikkarte erzeugt, der Bildschirm übernimmt nur die Ausgabe. Der Bildschirm ist, in Abhängigkeit von der von Ihnen gewählten Auflösung, in eine bestimmte Anzahl von Bildschirmpunkten aufgeteilt.

Diese Punkte werden auch Pixel genannt. Wenn Sie z.B. eine Auflösung von 1024 * 768 eingestellt haben, zeigt Ihr Monitor insgesamt über 750.000 Pixel an. Die Positionen der Pixel gibt man relativ zur linken oberen Bildschirmecke an. Das Pixel in der linken oberen Ecke hat die Koordinaten (0,0), das Pixel in der rechten unteren Ecke hat die Koordinaten (1023,767) und das Pixel in der Bildschirmmitte entsprechend (511,383).

Jedes dieser Pixel kann eine bestimmte Farbe annehmen. Die Anzahl der zur Verfügung stehenden Farben hängt von der Farbtiefe ab, die Sie eingestellt haben. Die folgende Tabelle zeigt gängige Werte für die Farbtiefe.

Tabelle 12.1:
Farbtiefe und
Farbanzahl der
verschiedenen
Modi

Farbtiefe in Bit	Anzahl verschiedener Farben
8	256
15 (High Color)	32768
16 (High Color)	65536
24 (True Color)	16777216
32 (True Color)	16777216

Heutzutage wird kaum eine niedrigere Farbtiefe als 15 oder 16 Bit genutzt, da die Qualität der Darstellung z.B. von Grafiken oder Fotos bei weniger als

15 Bit deutlich nachlässt. Ab 24 Bit werden die Farbmodi als True Color (Echtfarben) bezeichnet, da das menschliche Auge nicht mehr Farben unterscheiden kann. Beim Modus mit 32 Bit handelt es sich im Prinzip auch um den 24 Bit Modus. Aus Effizienzgründen werden hier aber 4 anstatt drei 3 pro Pixel verwendet.

Die Einstellung der Auflösung und der Farbtiefe können Sie in den Anzeigeeigenschaften in der Systemsteuerung vornehmen.

12.2 Die Nachricht WM_PAINT

Immer, wenn ein Fenster teilweise oder komplett neu gezeichnet werden muss, sendet Windows die Nachricht WM_PAINT. Das passiert meist dann, wenn das Fenster durch ein anderes verdeckt wurde und anschließend wieder in den Vordergrund gebracht wird, oder wenn es maximiert wird. Immer, wenn Sie grafische Ausgaben in das Fenster machen wollen, müssen Sie die Nachricht WM_PAINT behandeln, um zu gewährleisten, dass der Inhalt des Fensters korrekt aktualisiert wird. Dazu müssen Sie zuerst die Funktion

```
HDC BeginPaint(HWND hWnd, LPPAINTSTRUCT lpPaint);
```

aufrufen. Durch den Aufruf dieser Funktion teilen Sie Windows mit, dass Sie sich darum kümmern, den Inhalt des Fensters wieder korrekt herzustellen.

Der erste Parameter ist das Fenster-Handle, der zweite Parameter ist ein Zeiger auf eine Variable vom Typ PAINTSTRUCT. Diese Variable wird von Windows für Sie belegt, Sie müssen sie nur zur Verfügung stellen. In dieser Variablen werden z.B. Informationen über den Bereich des Fensters, der verdeckt wurde, gespeichert. Viel wichtiger ist aber, dass die Funktion ein Device Context Handle zurück gibt, das Ihnen den Zugriff auf das Fenster gestattet.

Nachdem Sie alle gewünschten Zeichenfunktionen aufgerufen haben, müssen Sie am Ende der Behandlung vom WM_PAINT noch die Funktion

```
EndPaint(HWND hWnd, LPPAINTSTRUCT lpPaint);
```

aufrufen. Durch den Aufruf dieser Funktion teilen Sie Windows mit, dass Sie mit dem Zeichnen in das Fenster fertig sind.

Sie sollten die Funktionen BeginPaint und EndPaint nur in Verbindung mit der Behandlung einer WM_PAINT-Nachricht aufrufen.

12.2.1 GDI-Funktionen zur Textausgabe

Da wir das Zeichen in ein Fenster mit Hilfe des GDI bisher eher theoretisch behandelt haben, wollen wir uns nun ein einfaches Beispiel anschauen, das zeigt, wie man Text in ein Fenster ausgibt.

Als Grundlage dient dazu das Programm aus dem letzten Kapitel, mit dem wir ein Fenster erzeugt haben. Die einzige Änderung, die nötig ist, ist die Behandlung der Nachricht WM_PAINT in der Callback-Funktion WinProc.

```
LRESULT CALLBACK WindowFunc(HWND hwnd, UINT msg, WPARAM
                    wparam, LPARAM lparam)
{
    // testen, um welche Nachticht es sich handelt
    switch(msg)
    {
        // das Fenster soll geschlossen werden
        case WM_DESTROY:
                PostQuitMessage(0);
                return 0;
            break;

        // das Fenster soll neu gezeichnet werden
        case WM_PAINT:
                PAINTSTRUCT ps;
                HDC hDC;

                // Handle des DC mit BeginPaint holen
                hDC = BeginPaint(hWnd,&ps);

                // Den Text "Hallo" 10 mal ausgeben
                for(int i=0;i<200;i+=20)
                {
                    TextOut(hDC,i,i,"Hallo",5);
                }

                // mitteilen, dass wir fertig sind
                EndPaint(hWnd,&ps);

                return 0;
            break;
    }

    return(DefWindowProc(hwnd, msg, wparam, lparam));
}
```

Die switch-Anweisung wurde so verändert, dass jetzt auch die Nachricht WM_PAINT behandelt wird. Wenn eine solche Nachricht vorliegt, wird die Funktion BeginPaint aufgerufen, um Windows mitzuteilen, dass wir uns um das Zeichnen des Fensters kümmern und um ein Handle des Fenster Device

Context zu bekommen. Mit diesem Device Context Handle können wir dann Text in das Fenster ausgeben. Dazu benutzen wir die Funktion `TextOut`.

Dieser Funktion müssen Sie fünf Parameter übergeben. Der erste ist ein Handle des Device Contexts, danach folgen die x- und y-Koordinate, an die der Text platziert werden soll. Der Koordinatenursprung ist dabei die linke obere Ecke des Fensters. Der vierte Parameter ist der Text, den Sie ausgeben wollen. Als letztes müssen Sie noch angeben, wie viele Zeichen des Textes `TextOut` ausgeben soll.

In der oben gezeigten Callback-Funktion wird der String `Hallo` zehnmal in das Fenster ausgegeben und dabei jedes mal 20 Pixel in x- und y-Richtung versetzt.

12.2.2 Texte farbig darstellen

Um die Textfarbe zu verändern, gibt es die Funktion

```
SetTextColor(HDC hDC, COLORREF crColor);
```

Der erste Parameter dieser Funktion ist wieder ein Handle eines Device Contexts. Der zweite Parameter hat den Typ `COLORREF`. Hinter diesem Typ verbirgt sich ein vorzeichenloser Integertyp (`DWORD`). Mit diesem Parameter geben Sie die Farbe an, die bei den nächsten Aufrufen von Textfunktionen genutzt werden soll.

Der Wert, den Sie übergeben, wird als RGB-Wert interpretiert. Im RGB-Schema wird jede Farbe aus ihrem Rot-, Grün- und Blauanteil zusammengesetzt. Da Windows für Farbdarstellungen maximal 24 Bit verwendet, wurden für jeden Farbanteil 8 Bit vorgesehen. Um eine Farbe zusammenzustellen, müssen Sie den Rot-, Grün-, und Blauanteil der Farbe angeben. Kräftiges Rot erhalten Sie beispielsweise, indem Sie für den Rotanteil 255 angeben und die anderen beiden Farbanteile auf 0 setzen.

Um die Farbe anzugeben, gibt es zwei einfache Möglichkeiten. Zum einen können Sie mit dem RGB-Makro arbeiten, bei dem Sie die Farbanteile folgendermaßen angeben:

```
SetTextColor(hDC,RGB(255,0,0));    // Textfarbe auf rot setzen

SetTextColor(hDC,RGB(255,0,255)); // Farbe auf gelb setzen

SetTextColor(hDC,RGB(255,255,255)); // Farbe auf weiß setzen
```

Eine weitere anschauliche Möglichkeit besteht darin, die Farbe als hexadezimalen Wert anzugeben. Der Wert wird folgendermaßen interpretiert:

```
0x00bbggrr    // jeweils zwei hexadezimal Stellen pro Farbe
```

Das niederwertigste Byte (rr) enthält den Wert für die Rotintensität, das zweite Byte (gg) den Wert für Grün und das dritte Byte (bb) den Wert für Blau. Das höchstwertigste Byte wird nicht genutzt und bleibt deshalb auf 0. Wenn Sie diese Farbangabe bevorzugen, können Sie die oben stehenden Anweisungen folgendermaßen schreiben:

```
SetTextColor(hDC,0x00ff0000);   // Textfarbe auf blau setzen

SetTextColor(hDC,0x00ff00ff);   // Farbe auf gelb setzen

SetTextColor(hDC,0x00ffffff);   // Farbe auf weiß setzen
```

Die führenden Nullen haben keine Bedeutung und können auch weglassen werden.

Der folgende Codeausschnitt zeigt, wie man mit SetTextColor und dem RGB-Makro Text in unterschiedlichen Rottönen ausgibt.

```
case WM_PAINT:
        PAINTSTRUCT ps;
        HDC hDC;

        hDC = BeginPaint(hWnd,&ps);

        for(int i=0;i<200;i+=20)
        {
            SetTextColor(hDC,RGB(i,0,0));

            TextOut(hDC,i,i,"Hallo",5);
        }

        EndPaint(hWnd,&ps);

        return 0;
break;
```

Aus einer Farbangabe im RGB-Modus resultiert immer ein 24 Bit Wert. Dies würde voraussetzen, dass Ihre Grafikkarte immer mit einem 24 Bit Farbmodus arbeitet. Wie Sie wissen, ist es aber auch möglich, einen Modus mit weniger Farben einzustellen. Wenn eine Farbe, die Sie angeben nicht vorhanden ist, berechnet Windows, bei welcher der momentan zur Verfügung stehenden Farben der geringste Unterschied erkennbar ist und nutzt diese.

12.2.3 GDI-Funktionen zur Grafikausgabe

Neben Funktionen zur Textausgabe stellt das GDI auch Funktionen zur Ausgabe von Grafik bereit. Wir wollen uns mit den Funktionen

```
BOOL Rectangle(HDC hDC, int x1, int y1, int x2, int y2);

BOOL Ellipse(HDC hDC, int x1, int y1, int x2, int y2);

BOOL LineTo(HDC hDC, int x, int y);

BOOL MoveToEx(HDC hDC, int x, int y, LPPOINT lpPoint);
```

beschäftigen. Wie gewohnt, benötigt jede dieser Funktionen das Device Context Handle als ersten Parameter. Bei der Funktion Rectangle und Ellipse müssen Sie vier weitere Parameter angeben, die ein Rechteck beschreiben. Die Funktion Rectangle zeichnet das angegebene Rechteck in das Fenster. Die Funktion Ellipse erzeugt aus diesen Angaben, wie Abbildung 12.1 dargestellt, eine Ellipse.

übergebenes Rechteck

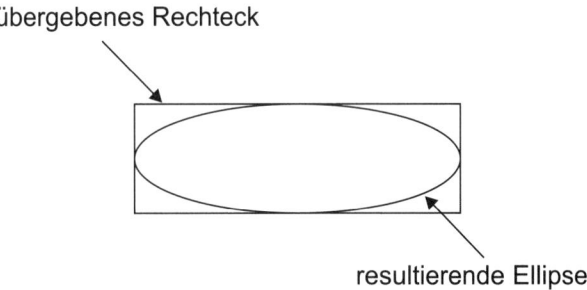

resultierende Ellipse

Abb. 12.1:
Erzeugung
einer Ellipse

Mit den beiden Funktionen LineTo und MoveToEx können Sie Linien in das Fenster zeichnen. Windows erzeugt für jedes Fenster eine Art Cursor, der als Ausgangspunkt für Linienfunktionen genutzt wird. Mit der Funktion MoveToEx legen Sie die Position dieses Cursors fest. Mit LineTo können Sie eine Linie von der aktuellen Cursorposition bis zur angegebenen x-y-Koordinate zeichnen. Danach wird die Cursorposition auf diese Koordinate gesetzt.

MoveToEx hat einen zusätzlichen Parameter, lpPoint, den Sie benutzen können, um die Position des Punktes vor der Bewegung zu erhalten. Wenn Sie sich nicht für die Position interessieren, übergeben Sie einfach NULL.

Der Rückgabewert ist bei allen Funktionen TRUE, wenn sie erfolgreich ausgeführt werden konnten, und FALSE, wenn ein Fehler auftrat.

So wie Sie einen Pinsel angeben müssen, um die Hintergrundfarbe eines Fensters festzulegen, müssen Sie einen neuen Stift (Pen) erzeugen, um die Farbe für Linien und Striche festzulegen.

Einen neuen Stift legt man mit der Funktion

```
HPEN CreatePen(int fnPenStyle, int nWidth, COLORREF crColor);
```

an. Der erste Parameter gibt den Stil des Stifts an. Sie können hier festlegen, ob die Linien, die mit dem Stift gezeichnet werden sollen, durchgängig, gepunktet oder gestrichelt dargestellt werden sollen. Der zweite Parameter gibt die Breite in Pixeln an, die der Stift haben soll. Über den dritten Parameter geben Sie die Farbe des Stifts an.

Mit der Funktion CreatePen legen Sie den Stift nur an, er wird aber noch nicht benutzt. Um den Stift auch zum Zeichnen zu nutzen, müssen Sie ihn noch mit dem Device Context verbinden. Das geschieht mit der Funktion SelectObject. Wenn Sie die Funktion aufrufen, müssen Sie den Device Context und den Stift angeben. Wenn Sie den Stift nicht mehr benötigen, müssen Sie ihn mit der Funktion DeleteObject löschen.

Der folgende Codeausschnitt zeigt, wie die Funktionen genutzt werden.

```
case WM_PAINT:

    PAINTSTRUCT ps;
    HDC hDC;

    // Handle des Device Context anfordern
    hDC = BeginPaint(hWnd,&ps);

    // drei neue Stift mit verschiedenen
    // Farben und Strichstärken erzeugen
    HPEN PenRed   = CreatePen(PS_SOLID,3,RGB(255,0,0));
    HPEN PenGreen = CreatePen(PS_SOLID,2,RGB(0,255,0));
    HPEN PenBlue  = CreatePen(PS_SOLID,1,RGB(0,0,255));

    // den ersten Stift wählen und zwei Ellipsen zeichnen
    SelectObject(hDC,PenBlue);
    Ellipse(hDC,60,5,340,250);
    Ellipse(hDC,150,190,250,210);

    // den zweiten Stift wählen und zwei Rechtecke zeichnen
    SelectObject(hDC,PenGreen);
    Rectangle(hDC,110,40,160,80);
    Rectangle(hDC,240,40,290,80);

    // den dritten Stift wählen und drei Striche zeichnen
    SelectObject(hDC,PenRed);
```

```
MoveToEx(hDC,200,120,NULL);
LineTo(hDC,180,150);
LineTo(hDC,220,150);
LineTo(hDC,200,120);

// die Stifte müssen wieder gelöscht werden
DeleteObject(PenRed);
DeleteObject(PenGreen);
DeleteObject(PenBlue);

// mitteilen, dass die Zeichenoperationen beendet sind
EndPaint(hWnd,&ps);

return 0;
```

break;

Als weiteres Beispiel für eine GDI-Funktion möchte ich Ihnen

`COLORREF SetPixel(HDC hDC, int x, int y, COLORREF crcolor);`

vorstellen. Mit dieser Funktion können Sie einen Pixel an einer bestimmten Stelle im Fenster in einer bestimmten Farbe setzen. Der Rückgabewert der Funktion ist die Farbe des Pixels, der durch den Aufruf der Funktion überschrieben wird.

Neben den hier vorgestellten Funktionen zur Grafik und Textausgabe gibt es noch eine Vielzahl weiterer Funktionen in beiden Kategorien. Um einen Überblick über alle Funktionen zu erhalten, müssen Sie in der MSDN Library nach »Painting and Drawing Functions« und »Drawing Text« suchen.

12.3 Maus-Nachrichten

In diesem Abschnitt wollen wir uns mit Nachrichten beschäftigen, die von Windows versendet werden, damit Sie Maus-Ereignisse behandeln können. Wir wollen die folgenden Nachrichten näher betrachten.

WM_LBUTTONDOWN

WM_RBUTTONDOWN

WM_MOUSEMOVE

Die Nachrichten WM_LBUTTONDOWN und WM_RBUTTONDOWN werden gesendet, sobald Sie den linken bzw. den rechten Mausknopf drücken. Mit der Nachricht WM_MOUSEMOVE wird angezeigt, dass die Maus gerade bewegt wird.

Wie alle Nachrichten werden auch diese in der Callback-Funktion behandelt. Im Wert lParam wird die Position (x- und y-Koordinate) der Maus gespeichert. Der Wert wParam gibt an, ob noch weitere Tasten, wie z.B. ⇧ gedrückt wurden.

Dass nur ein Parameter verwendet wird, liegt daran, dass lParam ein 32 Bit Wert ist, so dass für jede Koordinate ein Wertebereich von 0 bis 65535 zur Verfügung steht. Die x-Koordinate ist in den ersten zwei Byte gespeichert, danach folgt die y-Koordinate. Windows stellt die beiden Makros LOWORD und HIWORD zur Verfügung, die einen einfachen Zugriff auf die Koordinaten ermöglichen. Die nächsten beiden Codezeilen zeigen, wie Sie die Koordinaten mit diesen Makros erhalten.

```
int x = LOWORD(lParam);
int y = HIWORD(lParam);
```

Neben diesen Nachrichten gibt es noch weitere, die bei Mouse-Ereignissen gesendet werden. Einen kompletten Überblick finden Sie in der Hilfe unter dem Stichwort »Mouse Input Messages«.

12.3.1 Invalidate

Mit der Funktion Invalidate können Sie Windows veranlassen, das Fenster neu zu zeichnen. Diese Funktion hat folgenden Aufbau:

```
BOOL Invalidate(HWND hWnd,CONST RECT* lpRect, BOOL bErase);
```

Der erste Parameter ist das Fenster Handle, der zweite ist ein Zeiger auf eine Struktur vom Typ RECT, mit dem man einen Bereich des Fensters angeben kann. Wenn Sie an dieser Stelle einen Bereich angeben, wird Windows nur diesen Bereich neu zeichnen. Wenn Sie für diesen Parameter NULL übergeben, wird das ganze Fenster neu gezeichnet. Der letzte Parameter gibt an, ob das Fenster gelöscht werden soll. Das bedeutet, dass Windows den Fensterhintergrund mit der Pinselfarbe, die Sie beim Erzeugen des Fensters angelegt haben, füllt.

Da Sie mit der RECT-Struktur noch sehr oft arbeiten werden, wollen wir uns ihren Aufbau näher anschauen.

```
typedef struct tagRECT{
    LONG left;
    LONG top;
    LONG right;
    LONG bottom;
} RECT;
```

Wie Sie schon bemerkt haben werden, kann man mit Hilfe der Struktur RECT Rechtecke angeben. Mit den Elementen left und top geben Sie die linke obere Ecke des Rechtecks an, mit right und bottom die rechte untere Ecke.

Sie können Rechtecke folgendermaßen definieren:

```
RECT r;
```

```
r.top    = 0;
r.left   = 0;
r.right  = 100;
r.bottom = 150;
```

Sie können aber auch einfacher

```
RECT r = { 0, 0, 100, 150};
```

schreiben. Wenn Sie Variablen vom Typ RECT verwenden, sollten Sie sich merken, dass die Koordinaten top und left zum Rechteck gehören, bottom und right aber nicht. Wenn Sie also ein RECT wie oben angeben, fängt es bei (0,0) an und endet bei (99,149).

Der folgende Quellcodeabschnitt enthält eine Callback-Funktion, die die Behandlung von Maus-Nachrichten und die Nutzung von Invalidate zeigt.

```
LRESULT CALLBACK WindowFunc(HWND hwnd, UINT msg, WPARAM
                            wParam, LPARAM lParam)
{
    HDC hDC; // Handle für einen Device Context deklarieren

    // testen, um welche Nachricht es sich handelt
    switch(msg)
    {
        // das Fenster soll geschlossen werden
        case WM_DESTROY:
                PostQuitMessage(0);
                return 0;
            break;

        // wenn der linke Knopf gedrückt ist
        case WM_LBUTTONDOWN:

                int x1,y1,x2,y2;

                // Device Context Handle holen
                hDC = GetDC(hWnd);

                // Maus Koordinaten speichern und ein
                // 50*50 Pixel großes Rechteck zeichnen
```

235

```
                        x1 = LOWORD(lParam);
                        y1 = HIWORD(lParam);
                        x2 = x1 + 50;
                        y2 = y1 + 50;
                        Rectangle(hDC,x1,y1,x2,y2);

                        // Device Context wieder freigeben
                        ReleaseDC(hWnd,hDC);

                        return 0
                    break;

            // wenn der rechte Knopf gedrückt ist
            case WM_RBUTTONDOWN:

                        // Windows anweisen, das
                        // Fenster neu zu zeichnen
                        InvalidateRect(hWnd,0,TRUE);

                        return 0;
                    break;

            // Wenn die Mause bewegt wird
            case WM_MOUSEMOVE:

                        int x,y;
                        char String[25];

                        // Device Context Handle holen
                        hDC = GetDC(hWnd);

                        // Maus Koordinaten speichern
                        x = LOWORD(lParam);
                        y = HIWORD(lParam);

                        // String, der die Mauskoordinaten
                        // enthält ausgeben
                        sprintf(String,"%-4d %-4d",x,y);
                        TextOut(hDC,0,0,String,strlen(String));

                        // Device Context wieder freigeben
                        ReleaseDC(hWnd,hDC);
                        return 0;
                    break;
        }

        return(DefWindowProc(hwnd, msg, wParam, lParam));
    }
```

Die erste Nachricht, die behandelt wird, ist `WM_LBUTTONDOWN`. Wenn diese Nachricht von Windows gesendet wird, wird an die Stelle, an der die Maustaste gedrückt wurde, ein 50*50 Pixel großes Rechteck gezeichnet. Um die Koordinaten zu erhalten, werden die Makros `LOWORD` und `HIWORD` genutzt.

Wenn der rechte Knopf gedrückt wird, wird die Funktion `Invalidate` aufgerufen, und Windows zeichnet das Fenster neu. Da wir die Nachricht `WM_PAINT` nicht behandeln, wird das Fenster gelöscht.

Wenn die Nachricht `WM_MOUSEMOVE` gesendet wird, werden die Mauskoordinaten mit Hilfe der Funktion `TextOut` an die Position (0,0) des Fensters ausgegeben.

Leider geht der Inhalt des Fenster verloren, wenn Sie das Fenster in den Hintergrund schieben oder die Größe verändern. In diesem Fall wird der Fensterinhalt gelöscht und alles, was vorher im Fenster war, geht verloren. Wie man dieses Problem umgehen kann, erfahren Sie im nächsten Kapitel.

Zusammenfassung

In diesem Kapitel haben Sie gelernt, was das Windows GDI ist und wie es funktioniert. Sie haben mit Hilfe der GDI-Funktionen Text und Grafik wie Ellipsen, Rechtecke und Linien in ein Fenster gezeichnet. Außerdem wissen Sie jetzt, wie man auf verschiedene Maus-Nachrichten reagieren kann.

237

Kapitel 13

Vererbung

Wenn Sie häufig Programme schreiben, werden Sie feststellen, dass Sie immer wieder auf die gleichen Problemstellungen in etwas abgewandelter Form treffen. Da aber immer ein paar kleine Unterschiede zwischen den Aufgaben bestehen, kann man den bereits vorhandenen Code nicht problemlos wiederverwenden und ist gezwungen, den Code entweder komplett neu zu entwickeln oder ihn mühsam anzupassen.

An dieser Stelle setzt ein weiteres Konzept der objektorientierten Programmierung an, die Vererbung.

Die Vererbung bietet die Möglichkeit, auf die Funktionalität und die Daten von bereits bestehenden Klassen zurückzugreifen, diese anzupassen oder zu verändern und ggf. um neue Methoden und Attribute zu erweitern. Zum anderen kann man mit Hilfe der Vererbung Klassen in Kategorien einteilen und Beziehungen zwischen den Klassen herstellen.

13.1 Klassen für geometrische Objekte

Damit das Konzept der Vererbung deutlich wird, wollen wir zunächst mit den GDI-Funktionen, die Sie im letzten Kapitel kennen gelernt haben, Klassen für geometrische Objekte schreiben, mit denen wir Rechtecke, Kreise und Dreiecke zeichnen können.

13.1.1 Rechtecke

Die erste Klasse soll Rechtecke repräsentieren. Ein Rechteck hat jeweils eine x- und eine y-Koordinate, an der es im Fenster dargestellt werden soll sowie Breite und Höhe. Damit stehen die Attribute der Klasse schon fest:

```
m_x        // Die x-Koordinate des Rechtecks
m_y        // Die y-Koordinate des Rechtecks
m_Width    // Die Höhe des Rechtecks
m_Height   // Die Breite des Rechtecks
```

Zu jedem dieser Attribute benötigen wir eine Methode, die den entsprechenden Wert setzt. Außerdem sehen wir zwei Konstruktoren vor, einen Standardkonstruktor, der keine Parameter hat und die Attribute mit 0 initialisiert und einen zweiten Konstruktor, mit dem man Werte für alle Attribute festlegen kann. Außerdem benötigen wir noch die Funktion Draw, die das Rechteck in das Fenster zeichnet. Da man einen Device Context benötigt, um in ein Fenster zu zeichnen, wird dafür ein Parameter vorgesehen.

Der Aufbau der Klasse sieht folgendermaßen aus:

```
class Rechteck
{
    private:
        int m_x, m_y;
        int m_Width, m_Height;

    public:

        // Konstruktoren
        Rechteck(void);
        Rechteck(int x, int y, int Width, int Height);

        // Methoden zum Setzen der Werte
        void SetX(int x);
        void SctY(int y);
        void SetWidth(int Width);
        void SetHeight(int Height);

        // Mit dieser Methode wir das Rechteck gezeichnet
        void Draw(HDC hDC);
};
```

Lassen Sie sich nicht von der Mischung aus deutschen und englischen Bezeichnungen verwirren. Sie sollen sich damit langsam an die Windows-Welt gewöhnen, in der alle Funktionen englische Namen haben. Deshalb werden wir auch langsam dazu übergehen, englische Namen für die Klassen und Funktionen zu nutzen, die wir implementieren.

Als nächstes wollen wir uns die Implementierung der Methoden und der Konstruktoren anschauen.

```
Rechteck::Rechteck(void)
{
    m_x = m_y = 0;
    m_Width = m_Height = 0;
}

Rechteck::Rechteck(int x, int y, int Width, int Height)
{
    m_x = x;
    m_y = y;
    m_Width = Width;
    m_Height = Height;
}

void Rechteck::SetX(int x)
{
    m_x = x;
}

void Rechteck::SetY(int y)
{
    m_y = y;
}

void Rechteck::SetWidth(int Width)
{
    m_Width = Width;
}

void Rechteck::SetHeight(int Height)
{
    m_Height = Height;
}
```

241

```
void Rechteck::Draw(HDC hDC)
{
    Rectangle(hDC, m_x, m_y, m_x + m_Width, m_y + m_Height);
}
```

Das waren schon alle Methoden der Klasse Rechteck. Sie sollten keine Probleme haben, die Funktionsweise der vorgestellten Methoden zu verstehen, und deshalb wollen wir uns sofort mit der nächsten Klasse beschäftigen.

13.1.2 Kreise

Im den GDI-Funktionen gibt es keine Funktion, mit der man einen Kreis zeichnen könnte. Vielmehr wird ein Kreis als ein Spezialfall einer Ellipse betrachtet, bei der die Breite und die Höhe des umgebenden Rechtecks gleich sind. Deshalb wollen wir eine Klasse schreiben, die Kreise zeichnen kann. Dazu benötigt man neben der x- und y-Koordinate noch den Radius des Kreises.

```
class Kreis
{
    private:
        int m_x, m_y;
        int m_Radius;

    public:

        // Konstruktoren
        Kreis(void);
        Kreis(int x, int y, int Radius);

        // Methoden zum Setzen der Werte
        void SetX(int x);
        void SetY(int y);
        void SetRadius(int Radius);

        // Mit dieser Methode wir der Kreis gezeichnet
        void Draw(HDC hDC);
};
```

Sehen Sie sich die Implementierung der Methoden der Klasse Kreis an. Sie werden feststellen, dass sich die beiden Konstruktoren und die Methoden zum Setzen der Werte kaum von denen der Klasse Rechteck unterscheiden.

```
Kreis::Kreis(void)
{
    m_x = m_y = 0;
    m_Width = m_Height = 0;
}

Kreis::Kreis(int x, int y, int Radius)
{
    m_x = x;
    m_y = y;
    m_Radius = Radius;
}

void Kreis::SetX(int x)
{
    m_x = x;
}

void Kreis::SetY(int y)
{
    m_y = y;
}

void Kreis::SetRadius(int Radius)
{
    m_Radius = Radius;
}

void Kreis::Draw(HDC hDC)
{
  Ellipse(hDC,m_x,m_y,m_x + m_Radius * 2,m_y + m_Radius * 2);
}
```

Die Methode Draw sieht ein wenig anders aus als bei der Klasse Rechteck. Bei der Funktion Ellipse müssen Sie die Breite und die Höhe des Rechtecks angeben, das den Kreis umgibt. Die Breite und die Höhe entsprechen dem Durchmesser des Kreises. Da der Durchmesser genau doppelt so groß ist wie der Radius, müssen Sie den Wert m_Radius * 2 übergeben.

13.1.3 Dreiecke

Als nächstes ist die Definition der Klasse Dreieck an der Reihe. Auch diese Klasse ähnelt den anderen beiden sehr stark. Anstatt der Breite und der Höhe beim Rechteck oder dem Radius beim Kreis, bekommt diese Klasse das Attribut m_Size, mit dem die Höhe des Dreiecks festgelegt wird. Um den Code einfach zu halten, wird dieser Wert auch für die Länge der Dreiecksunterseite verwendet.

243

```
class Dreieck
{
    private:
        int m_x, m_y;
        int m_Size;

    public:

        // Konstruktoren
        Dreieck(void);
        Dreieck(int x, int y, int Size);

        // Methoden zum Setzen der Werte
        void SetX(int x);
        void SetY(int y);
        void SetSize(int Size);

        // Mit dieser Methode wir das Dreieck gezeichnet
        void Draw(HDC hDC);
};
```

Auch hier sind sich die Funktionen zum Setzen der Attribute sehr ähnlich.
Der einzige größere Unterschied befindet sich wieder in der Funktion Draw,
in der das Dreieck durch Kombination der Aufrufe der Funktionen Move-
ToEx und LineTo gezeichnet wird:

```
Dreieck::Dreieck(void)
{
    m_x = m_y = 0;
    m_Size = 0;
}

Dreieck::Dreieck(int x, int y, int Radius)
{
    m_x = x;
    m_y = y;
    m_Size = Size;
}

void Dreieck::SetX(int x)
{
    m_x = x;
}

void Dreieck::SetY(int y)
{
    m_y = y;
}
```

```
void Dreieck::SetSize(int Size)
{
    m_Size = Size;
}

void Dreieck::Draw(HDC hDC)
{
    MoveToEx(hDC,m_x,m_y,0);
    LineTo(hDC,m_x - m_Size / 2, m_y + m_Size);
    LineTo(hDC,m_x + m_Size / 2, m_y + m_Size);
    LineTo(hDC,m_x,m_y);
}
```

Den kompletten Quellcode zu diesen Klassen finden Sie bei den Beispielen im Ordner *Kapitel14\GeometrischeObjekte*. Dieses Programm besteht aus den folgenden Modulen:

```
GeometrischeObjekte.cpp    // Hauptprogramm

Rechteck.h, Recheck.cpp    // Klasse für Rechtecke

Dreieck.h, Dreieck.cpp     // Klasse für Dreiecke

Kreis.h, Kreis.cpp         // Klasse für Kreise
```

Im Hauptprogramm wird ein Fenster erzeugt und angezeigt. In der Callback-Funktion wird die Nachricht WM_PAINT behandelt. Dort wird jeweils ein Objekt der Klassen Rechteck, Dreieck und Kreis erzeugt, die dann in das Fenster gezeichnet werden.

13.2 Eine Basisklasse erstellen

Wenn Sie den Quellcode für das Beispiel *GeometrischeObjekte* anschauen oder die Klassen selber geschrieben haben, werden Sie bemerkt haben, dass Sie sehr häufig den gleichen Code eingeben müssen. Die Klassen sind sich sehr ähnlich, genauer gesagt stimmen manche Methoden völlig überein, wobei andere den gleichen Namen, aber andere Funktionalität besitzen. Es gibt aber auch Methoden, wie z.B. SetSize, die nur in einer Klasse benötigt werden.

Dass diese Klassen sehr viele Gemeinsamkeiten haben, ist kein Zufall, denn wenn man die Klassen allgemeiner betrachtet, fallen alle in die Kategorie geometrische Form. Wenn Sie sich die Klassen als Hierarchie vorstellen würden, sähe dies folgendermaßen aus:

Abb. 13.1:
Klassen-
hierarchie

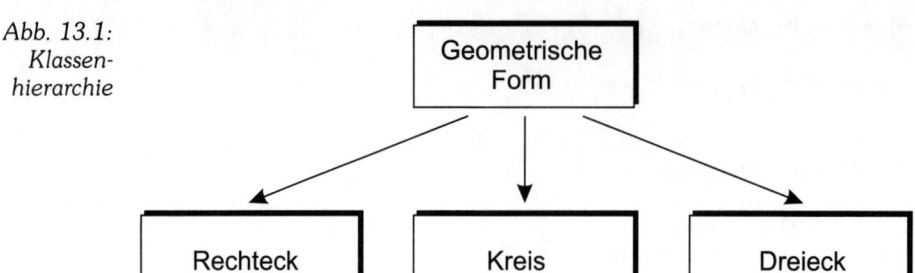

Für solche Beziehungen von Klassen untereinander gibt es in der objekt-orientierten Programmierung ein Konzept, das diese Verwandtschaften modelliert. Es handelt sich dabei, wie eingangs erwähnt, um die Vererbung. Mit Hilfe der Vererbung versucht man verwandte Klassen in Kategorien ein-zuteilen.

Lassen Sie uns anschauen, welche Gemeinsamkeiten zwischen den Klassen Rechteck, Kreis und Dreieck bestehen. In jeder Klasse gibt es die Attribute m_x, m_y sowie die Methoden SetX und SetY. Diese Methoden stimmen exakt überein. Eine besondere Stellung nimmt die Methode Draw ein. Sie ist zwar auch in allen Klassen vorhanden, doch hat sie in jeder Klasse eine spezielle Funktion.

Wir definieren also, dass unsere geometrischen Formen auf jeden Fall ein Koordinatenpaar (x- und y-Wert) sowie jeweils eine Methode zum Setzen der Werte haben muss. Die Methode Draw lassen wir für einen Moment außen vor. Lassen Sie uns eine Klasse GeometrischeForm mit diesen Eigen-schaften definieren:

```
class GeometrischeForm
{
    protected:
        int m_x, m_y;

    public:

        // Konstruktoren
        GeometrischeForm();
        GeometrischeForm(int x, int y);

        void SetX(int x);
        void SetY(int y);
};
```

```
GeometrischeForm::GeometrischeForm(void)
{
    m_x = m_y = 0;
}

GeometrischeForm::GeometrischeForm(int x, int y)
{
    m_x = x;
    m_y = y;
}

void GeometrischeForm::SetX(int x)
{
    m_x = x;
}

void GeometrischeForm::SetY(int y)
{
    m_y = y;
}
```

Mit dieser Definition haben wir lediglich festgelegt, dass eine geometrische Form eine Position hat, und dass man diese Position durch die Konstruktoren oder die Methoden `SetX` und `SetY` festlegen kann. Welches Aussehen die Form hat, wird nicht festgelegt.

Vielleicht haben Sie das Schlüsselwort `protected` in der Klassendefinition entdeckt. `protected` regelt, genauso wie `public` und `private`, den Zugriff auf Attribute und Methoden. Welche Bedeutung `protected` genau hat, sehen wir im nächsten Abschnitt. Für den Moment können Sie annehmen, dass sich Attribute und Methoden, die mit dem Schlüsselwort `protected` deklariert worden sind, genau so verhalten, als seien sie mit `private` deklariert worden.

13.2.1 Ableitung

Da unsere drei Klassen `Rechteck`, `Kreis` und `Dreieck` auf den Grundlagen der Klasse `GeometrischeForm` aufbauen, können wir sie von dieser Klasse ableiten. Dadurch erben die drei Klassen alle Eigenschaften der Klasse `GeometrischeForm`, d.h. sie erhalten ihre Attribute und Methoden.

Durch die Vererbung wird eine *ist-ein*-Beziehung zum Ausdruck gebracht. Ein Rechteck ist, genauso wie ein Kreis und ein Dreieck, eine geometrische Form. Da die geometrische Form über Attribute und Methoden verfügt, die

247

die Position festlegen, verfügen abgeleitete Klassen automatisch über diese Funktionalität.

Eine Klasse, die von einer anderen erbt, wird als die abgeleitete Klasse bezeichnet. Die Klasse, von der geerbt wird, ist die Basisklasse. In unserem Beispiel ist GeometrischeForm die Basisklasse und Rechteck, Kreis und Dreieck sind die abgeleiteten Klassen.

Im folgenden Beispiel wollen wir uns ansehen, wie man die Vererbung in C++ ausdrückt. Dazu wollen wir die Klasse Rechteck von der Klasse GeometrischeForm ableiten. Zuerst muss immer die Basisklasse definiert werden. Bei der Deklaration der abgeleiteten Klasse wird nach dem Klassennamen ein Doppelpunkt, der Typ der Ableitung (z.B. public) und danach der Name der Basisklasse geschrieben:

```
class Rechteck : public GeometrischeForm
```

Auf den Typ der Ableitung gehen wir im nächsten Abschnitt ein, zunächst verwenden wir immer public.

Der folgende Quellcode zeigt die genaue Definition der beiden Klassen.

```
// Klasse GeometrischeForm

class GeometrischeForm
{
    protected:
        int m_x, m_y;

    public:

        GeometrischeForm();
        GeometrischeForm(int x, int y);

        void SetX(int x);
        void SetY(int y);
};

// Klasse Rechteck

class Rechteck : public GeometrischeForm
{
    protected:
        int m_Width, m_Height;
```

```
  public:

    Rechteck();
    Rechteck(int x, int y, int Width, int Height);

    void SetWidth(int Width);
    void SetHeight(int Height);

    void Draw(HDC hDC);
};
```

Durch diese Definition erhält die Klasse Rechteck alle Elemente der Klasse GeometrischeForm. Wenn Sie ein Objekt des Typs Rechteck verwenden, können Sie die Methoden der Basisklasse wie gewohnt aufrufen:

```
Rechteck r;
```

```
r.SetX(10);
```

Durch diese Anweisung wird die Funktion SetX, die in der Basisklasse definiert ist, aufgerufen. Sie können auch die Klassen Kreis und Dreieck von der Klasse GeometrischeForm ableiten. Sie sparen sich so die dreifache Implementierung der Methoden SetX und SetY sowie die Deklaration der Attribute m_x und m_y. Obwohl dies bei diesem kleinen Beispiel kaum ins Gewicht fällt, ergibt sich dadurch bei großen Projekten ein erheblicher Zeitgewinn.

Auch die Behebung von Fehlern oder die Erweiterungen der Klasse lassen sich so viel komfortabler einbauen. Stellen Sie sich vor, Sie wollten überprüfen, ob die übergebenen Werte für x und y positiv sind. Wenn Sie ohne Vererbung arbeiten würden, müssten Sie den Code an drei verschiedenen Stellen ändern.

13.2.2 public, private und protected

Insgesamt gibt es in C++ drei Schlüsselworte, die den Zugriff auf Attribute einer Klasse steuern: public, private und protected.

Bisher haben wir Attribute, die zu unseren Klassen gehörten, immer als private deklariert. Leider ist es in abgeleiteten Klassen nicht möglich, auf private Elemente der Basisklasse zuzugreifen. Es wäre natürlich möglich, die Attribute in der Basisklasse als public zu deklarieren. Dann könnte man auch in der abgeleiteten Klasse auf diese Attribute zugreifen. Der Nachteil wäre aber, dass es dann auch möglich ist, von außen auf diese Attribute der Basisklasse zuzugreifen.

Das ist natürlich nicht wünschenswert. Um dies zu verhindern, verwendet man für die Attribute in einer Basisklasse das Schlüsselwort `protected` (geschützt). Attribute, die in der Basisklasse als `protected` deklariert werden, sind vor dem direkten Zugriff von außen geschützt, erlauben aber abgeleiteten Klassen trotzdem noch den Zugriff.

Weiter oben habe ich erwähnt, dass der Typ der Ableitung auch beeinflusst werden kann. Bisher haben wird nur die Vererbung mit `public` kennen gelernt. Die `public`-Vererbung ist auch die gebräuchlichste Art der Vererbung. Es ist aber auch möglich, das Schlüsselwort `private` zu nutzen. Dadurch können Sie erreichen, dass Attribute und Methoden, die in der Basisklasse `public` waren, in der abgeleiteten Klasse `private` sind.

13.2.3 Konstruktoren und Destruktoren

Wenn Sie eine Instanz einer Klasse erzeugen, wird zuerst der Konstruktor der Basisklasse und dann der Konstruktor der abgeleiteten Klasse aufgerufen. Das Gleiche gilt auch für Destruktoren.

Diese Vorgehensweise ist sinnvoll, da sonst nicht gewährleistet wäre, dass Speicher, der im Konstruktor der Basisklasse reserviert und später genutzt wird, in der abgeleiteten Klasse zur Verfügung steht. Aus diesem Grund muss auch der Destruktor der Basisklasse aufgerufen werden, da nur so reservierter Speicher der Basisklasse wieder frei gegeben werden kann.

Es gibt aber noch einige andere Punkte zu beachten. Wenn Sie in einer abgeleiteten Klasse einen Standardkonstruktor bereitstellen, müssen Sie auch dafür sorgen, dass die Basisklasse über einen Standardkonstruktor verfügt.

Normalerweise wird bei der Instanzierung einer abgeleiteten Klasse der Konstruktor der Basisklasse aufgerufen. Wenn die Basisklasse aber über mehrere Konstruktoren verfügt, können Sie auch einen der anderen Konstruktoren aufrufen. Der folgende Quellcode zeigt dazu ein Beispiel.

```
class Basis
{
    public:

        Basis()
        {
            b = 0;
        }

        Basis(int a, int c)
        {
            b = a + c;
        }
```

```
    protected:

        int b;
};

class AbgeleiteteKlasse
{
    public:

        AbgeleiteteKlasse() : Basis(5,7)
        {
            int v = 0;
        }

    protected:

        int v;
};
```

In diesem Beispiel wird bei der Instanzierung der Klasse Abgeleitete-Klasse nicht der Standardkonstruktor der Klasse Basis aufgerufen, sondern ihr zweiter Konstruktor mit den Werten 5 und 7.

13.2.4 Virtuelle Methoden

In einem der letzten Abschnitte haben wir gesagt, dass zwischen einer Basisklasse und einer abgeleiteten Klasse eine *ist-ein*-Beziehung besteht. Aus diesem Grund ist die folgende Anweisung in C++ möglich:

```
GeometrischeForm* Form = new Rechteck;
```

Im ersten Augenblick sieht es so aus, als ob die Typen in dieser Anweisung nicht zusammenpassen. Da die Klasse Rechteck aber von Geometrische-Form abgeleitet ist, ist diese Anweisung gültig.

Sie können über den Zeiger Form die Methoden der Klasse Geometrische-Form aufrufen.

```
Form->SetX(10);
Form->SetY(20);
```

Es ist aber nicht ohne weiteres möglich, Methoden der Klasse Rechteck aufzurufen.

```
Form->Draw(hDC);    // Fehler Draw ist kein Element von
                    // GeometrischeForm
```

251

Um Zugriff auf Methoden der abgeleiteten Klasse zu haben, müssen Sie die Methode Draw mit in die Klasse GeometrischeForm aufnehmen und sie als virtuell deklarieren:

```
class GeometrischeForm
{
    protected:
        int m_x, m_y;

    public:

        GeometrischeForm();
        GeometrischeForm(int x, int y);

        void SetX(int x);
        void SetY(int y);

        virtual void Draw(HDC hDC)
};
```

Die Methode Draw führt keine Anweisungen aus. Wenn Sie die Klasse so verändern, können Sie aber die Methode Draw aufrufen:

```
GeometrischeForm* Form = new Rechteck;

Form->Draw(hDC);
```

Durch diesen Aufruf wird nun nicht die Methode Draw der Klasse GeometrischeForm aufgerufen, sondern die Methode Draw der Klasse Rechteck.

Hier könnte man den Eindruck haben, dass an dieser Stelle die falsche Methode aufgerufen wurde. Dieses scheinbar »merkwürdige« Verhalten des Compilers lässt sich erklären. Da wir bei der Definition der Methode Draw das Schlüsselwort virtual verwendet haben, und Form ein Objekt einer abgeleiteten Klasse ist, schaut der Compiler beim Aufruf einer solchen Methode nach, ob sie in der abgeleiteten Klasse vorhanden ist. Ist dies der Fall, wird die Methode der abgeleiteten Klasse aufgerufen.

Diese Verhaltensweise bringt einige große Vorteile mit sich, auf die ich im letzten Abschnitt dieses Kapitels näher eingehen werde. Lassen Sie uns den folgenden Quellcodeausschnitt anschauen:

```
GeometrischeForm* Form;

Form = new Rechteck(70,90,50,50);
Form->Draw(hDC);

Form = new Kreis(120,200,40);
Form->Draw(hDC);
```

```
Form = new Dreieck(10,10,100);
Form->Draw(hDC);
```

Wenn Sie den oben stehenden Quellcode eingeben und ausführen, werden Sie feststellen, dass die Draw-Methode des jeweiligen Objekts aufgerufen wird. Die Draw-Methode verhält sich polymorph, d.h. dass der Compiler aus dem Zusammenhang erkennen kann, welche Draw-Methode aufgerufen werden muss.

13.2.5 Abstrakte Basisklassen

Eine abstrakte Klasse ist in C++ eine Klasse, von der kein Objekt anlegt werden kann. In unserem Beispiel ist es z.B. wenig sinnvoll, ein Objekt der Klasse GeometrischeForm anzulegen. Diese Klasse dient nur als Basisklasse für die Klassen Rechteck, Kreis und Dreieck.

Um deutlich zu machen, dass die Klasse nicht benutzt werden soll, kann man Sie in C++ zu einer abstrakten Klasse machen. Dazu müssen Sie die virtuelle Methode Draw mit 0 initialisieren:

```
virtual void Draw(HDC hDC) = 0;
```

Eine Methode, die Sie auf diese Weise deklariert haben, nennt man auch eine rein virtuelle oder abstrakte Methode. Klassen, die mindestens eine abstrakte Methode haben, sind auch abstrakt.

Wenn Sie jetzt versuchen, ein Objekt der Klasse GeometrischeForm anzulegen, wird der Compiler Ihnen eine Fehlermeldung ausgeben:

```
GeometrischeForm EineForm;    // Fehler !
                              // Instanz von abstrakter Klasse
                              // kann nicht erstellt werden
```

Mit abstrakten Klassen lassen sich noch weitere Konzepte und Vorgehensweisen umsetzen.

13.3 Verwaltung der Objekte in einer Liste

Zum Schluss dieses Kapitels wollen wir uns noch ein etwas komplexeres Beispiel ansehen, das zeigt, wie die Vererbung bei konkreten Problemen eingesetzt werden kann.

Nehmen Sie an, Sie wollen ein Programm schreiben, das die verschiedenen geometrischen Formen, die wir in diesem Kapitel verwendet haben, in ein Fenster zeichnet. Die Objekte sollen jeweils an der Stelle im Fenster erscheinen, an der der Benutzer die linke Maustaste drückt.

Auf den ersten Blick scheint dies eine recht einfach zu lösende Aufgabe zu sein. Wir können beim Erhalt der Nachricht WM_LBUTTONDOWN die gewünschte geometrische Form, also ein Rechteck, einen Kreis oder ein Dreieck, an die entsprechende Position im Fenster zeichnen.

Das Problem ist, dass wenn das Fenster minimiert wird oder ein anderes Fenster vor unser Fenster geschoben wird, der Inhalt des Fensters verloren geht.

Eine Lösung wäre, die Objekte, die wir beim Drücken der Maustaste erzeugen, in einer Liste zu speichern und beim Erhalt der Nachricht WM_PAINT alle in der Liste gespeicherten Objekte erneut zu zeichnen. Auf diese Weise ist gewährleistet, dass alle Objekte dargestellt werden, auch wenn der gesamte Fensterinhalt erneut gezeichnet werden muss.

Da wir mit drei verschiedenen Objekttypen arbeiten, wäre es denkbar, jeweils eine Liste für Rechtecke, Kreise oder Dreiecke anzulegen. Wenn Sie sich an den Aufbau der Liste und der Knoten aus Kapitel 9 erinnern, würde dies auch bedeuten, dass Sie drei verschiedene Knotentypen anlegen müssen.

Mit Hilfe der Vererbung und der Polymorphie können wir uns diesen Aufwand sparen und nur einen Knoten, der einen Zeiger vom Typ GeometrischeForm enthält verwenden:

```
class Knoten
{
    public:
        // Konstruktoren
        Knoten(void);
        Knoten(GeometrischeForm* Form);

        // Destruktor
        ~Knoten();

        // Methoden
        void SetForm(GeometrischeForm* Form);
        GeometrischeForm* GetForm(void);

        void SetzeNachfolger(Knoten* Nachfolger);
        Knoten* HoleNachfolger(void);
```

```
        void SetzeVorgaenger(Knoten* Vorgaenger);
        Knoten* HoleVorgaenger(void);

    private:
        // Attribute
        GeometrischeForm* m_Form;

        // Zeiger auf den nächsten Knoten
        Knoten* m_Nachfolger;

        // Zeiger auf den vorherigen Knoten
        Knoten* m_Vorgaenger;
};
```

Wenn wir den Knoten so definieren, genügt es, nur eine einzige Liste anzulegen und alle geometrischen Objekte in dieser Liste zu speichern. Der folgende Quellcodeauszug zeigt die Callback-Funktion sowie global definierte Variablen und Konstanten.

```
 1: // global definierte Konstanten und Variablen
 2:
 3: #define RECHTECK 1
 4: #define DREIECK  2
 5: #define KREIS    3
 6:
 7: int WelchesObjekt = RECHTECK;
 8:
 9: Liste ObjektListe;
10:
11: /*
12:    ....
13: */
14:
15: LRESULT CALLBACK WindowFunc(HWND hwnd, UINT msg, WPARAM
16:                             wParam, LPARAM lParam)
17: {
18:     GeometrischeForm* Form = NULL;
19:     Knoten* kn            = NULL;
20:     int x = 0;
21:     int y = 0;
22:
23:     HDC hDC;
24:
25:     // testen, um welche Nachricht es sich handelt
26:     switch(msg)
27:     {
28:         // das Fenster soll geschlossen werden
29:         case WM_DESTROY:
30:                 PostQuitMessage(0);
```

Listing 13.1:
In der Call-
back-Funktion
wird die Liste
aufgebaut

255

```
31:              return 0;
32:        break;
33:
34:        // nächstes Objekt wählen
35:        case WM_RBUTTONDOWN:
36:
37:              WelchesObjekt++;
38:              if(WelchesObjekt > KREIS)
39:              {
40:                   WelchesObjekt = RECHTECK;
41:              }
42:        break;
43:
44:        // Objekt zeichnen und in die Liste aufnehmen
45:        case WM_LBUTTONDOWN:
46:              hDC = GetDC(hwnd);
47:
48:              // x-,y-Koordinate wird in lParam übergeben
49:              x = LOWORD(lParam);
50:              y = HIWORD(lParam);
51:
52:              // welches Objekt soll gezeichnet werden
53:              switch(WelchesObjekt)
54:              {
55:                  case RECHTECK:
56:                      Form = new Rechteck(x,y,100,100);
57:                  break;
58:
59:                  case KREIS:
60:                      Form = new Kreis(x,y,100);
61:                  break;
62:
63:                  case DREIECK:
64:                      Form = new Dreieck(x,y,100);
65:                  break;
66:              }
67:
68:              // Objekt zeichnen und speichern
69:              Form->Draw(hDC);
70:
71:              kn = new Knoten(Form);
72:              ObjektListe.Hinzufuegen(kn);
73:
74:              ReleaseDC(hwnd,hDC);
75:        break;
76:
77:        case WM_PAINT:
78:              PAINTSTRUCT ps;
79:
```

```
80:                 // Handle des Device Context anfordern
81:                 hDC = BeginPaint(hWnd,&ps);
82:
83:                 // von vorne beginnend durch die
84:                 // Liste laufen und Objekte zeichnen
85:
86:                 ObjektListe.ErsterKnoten();
87:                 kn = ObjektListe.HoleAktueller();
88:                 while(kn != 0)
89:                 {
90:                     kn->GetForm()->Draw(hDC);
91:                     kn = kn->HoleNachfolger();
92:                 }
93:
94:                 // Fenster wurde neu gezeichnet
95:                 EndPaint(hWnd,&ps);
96:
97:                 return 0;
98:         break;
99:     }
100:
101:  return (DefWindowProc(hwnd, msg, wParam, lParam));
102:}
```

Die Liste wird als globale Variable definiert. In Zeile 18 wird ein Zeiger vom Typ GeometrischeForm angelegt. In der Variable WelchesObjekt wird gespeichert, ob ein Rechteck, ein Kreis oder ein Dreieck gezeichnet werden soll. In der switch-Anweisung ab Zeile 53 wird dann schließlich das passende Objekt angelegt. Beachten Sie, dass dies in dieser Form nur möglich ist, da Rechteck, Kreis und Dreieck von der Klasse GeometrischeForm abgeleitet sind.

Wenn die Nachricht WM_PAINT gesendet wird, wird ab Zeile 86 für jedes Element, das in der Liste gespeichert ist, die Draw-Methode aufgerufen. Der Compiler kann entscheiden, ob es sich um ein Objekt der Klasse Rechteck, Kreis oder Dreieck handelt und ruft die passende Draw-Methode auf.

Den kompletten Sourcecode zu diesem Programm finden Sie im Ordner *ObjektListe* bei den Beispielen zu diesem Kapitel.

Zusammenfassung

In diesem Kapitel haben Sie Ihre Kenntnisse über die OOP vertieft. Sie haben erfahren, was man unter Vererbung versteht, was virtuelle Methoden sind, und was der Ausdruck Polymorphismus bedeutet.

Am Ende des Kapitels haben ich Ihnen ein Beispiel für den Einsatz der Vererbung in einem konkreten Problem gezeigt.

257

Das Themengebiet, das in diesem Kapitel behandelt wurde, ist sehr umfangreich, und wir konnten es leider nur sehr oberflächlich behandeln. Die hier
gezeigten Konzepte sollten jedoch für Ihre ersten Programme ausreichende
Möglichkeiten bieten. Wenn Sie etwas Erfahrung in der C++-Programmie-
rung gesammelt haben, empfehle ich Ihnen, ein Buch, das nur dieses
Thema behandelt.

Kapitel 14

DirectX

In diesem Kapitel erfahren Sie, was DirectX eigentlich genau ist, wie es sich im Laufe der Zeit entwickelt hat, aus welchen Komponenten es aufgebaut ist, und welche Verbesserung und Änderungen in der neuesten Version vorgenommen wurden.

14.1 Was ist DirectX ?

DirectX ist eine Sammlung von Komponenten und Technologien, die Entwicklern die Erstellung von Multimedia-Applikationen und Spielen unter Windows erleichtert. DirectX bietet den Entwicklern dabei Zugang zu Grafikkarten, Soundkarten und Eingabegeräten auf der Hardwareebene, ohne dass die Programmierer den genauen Aufbau der Karten kennen müssen. DirectX bietet also eine einheitliche, geräteunabhängige Schnittstelle, um Zugriff auf spezielle Hardware und deren Funktionalität zu erhalten.

DirectX beinhaltet Unterstützung im Bereich der 2D- und 3D-Grafik, beim Abspielen von Musik und Soundeffekten, bei der Behandlung von Eingabegeräten und bei der Netzwerkkommunikation.

Bei der Entwicklung von DirectX hatte Microsoft zwei primäre Ziele:

✗ Entwickler sollten sich sicher sein können, dass Ihre Applikationen auf jedem Windows-PC ohne Modifikationen und ohne Berücksichtigung verschiedener Hardwarekonfigurationen lauffähig sind.

✗ Es sollte sichergestellt sein, dass Applikationen größtmöglichen Nutzen aus neuer, spezialisierter Hardware ziehen können, so dass ein Maximum an Geschwindigkeit und Qualität der Anwendungen erreicht werden kann.

Außerdem sollte sich DirectX nahtlos in die Windows-Umgebung einfügen, so dass man beispielsweise, während man ein Spiel spielt, zu einer Textverarbeitung wechseln kann, ein paar Zeilen schreibt und später wieder zum Spiel zurückkehren kann.

14.1.1 SDK und Laufzeitumgebung

DirectX gibt es in zwei unterschiedlichen Varianten. Das DirectX SDK ermöglicht es, DirectX-Applicationen zu entwickeln, dazu sind z.B. Header-Dateien und Bibliotheken erforderlich. Die DirectX Laufzeitumgebung (Runtime) beinhaltet nur den Teil von DirectX, den man benötigt, um DirectX-Applikationen ausführen zu können. Sie wird häufig zusammen mit Spielen ausgeliefert, um sicherzustellen, dass auf dem Rechner, auf dem das Spiel installiert werden soll, eine aktuelle Version von DirectX zur Verfügung steht.

Diesem Buch liegt das DirectX 8 C++ SDK bei, das die Entwicklung von DirectX-Applikationen in C++ ermöglicht. Es gibt auch noch das DirectX VB SDK, mit dem Sie Visual Basic Programme entwickeln können. Sie können beide SDKs auf der Internet-Seite von Microsoft kostenlos herunterladen.

14.2 Die Geschichte von DirectX

Mit der Einführung von Windows 3.0 im Mai 1990 begann der Siegeszug der grafischen Benutzeroberfläche auf dem PC. Nach und nach erkannten die Entwickler die Vorteile einer einheitlichen grafischen Benutzeroberfläche und so wurden fast alle neuen PC-Anwendungen für Windows entwickelt.

Die einzige Ausnahme waren Spiele. Fast alle Spiele wurden zu dieser Zeit für DOS entwickelt. Windows hatte einfach nicht die Möglichkeiten, die die Programmierer für schelle und aufwendige Grafik- und Soundeffekte benötigten. DOS bot zwar auch keine direkte Unterstützung in dieser Richtung, man hatte aber immerhin die Möglichkeit, die Hardware selbst anzusprechen und seine eigenen Routinen zu schreiben. Dies ermöglichte zwar eine bessere Performance, brachte aber auch einige gravierende Nachteile mit sich. Man konnte nur die Funktionen einer Grafik- oder Soundkarte nutzen, von denen man auch sicher war, dass sie alle Hersteller anboten, oder man musste jede einzelne Karte separat unterstützen, was fast mit dem Aufwand einer Treiberentwicklung für jeden Kartentyp zu vergleichen war.

Der Vorteil der Windows-Architektur liegt darin, dass sich das Betriebssystem um die direkte Ansteuerung der Hardware über Treiber, die vom Hersteller geliefert werden, kümmert und dem Programmierer einen einheitlichen Satz von Funktionen zur Verfügung stellt, von denen er sich sicher sein kann, dass sie auf jedem Computer verfügbar sind. Leider waren die Funktionen in den ersten Windows-Versionen so langsam, dass man sie zwar für die Ausgabe von Text und Grafiken in Fenster verwenden konnte, sie waren aber viel zu langsam, um die Qualität der damaligen DOS-Spiele erreichen zu können.

Um auch die letzten Spiele-Programmierer davon zu überzeugen, ihre Spiele für Windows zu entwickeln, und um die Probleme mit Grafik- und Soundkarten oder Joysticks verschiedener Hersteller und damit verschiedener Technologien auszuräumen, begann Microsoft damit die Grafik- und Soundausgabe von Windows zu vereinheitlichen.

Der erste Versuch in dieser Richtung war WinG, eine Sammlung von Funktionen, die bessere Performance boten als das normale Windows-GDI, und Wavemix, mit dem es möglich war, Wave-Dateien (ein Soundformat) zu mischen und aufzubereiten. Leider fanden diese beiden Ansätze wenig Beachtung, und so entstand das Game SDK, das mit Windows 95 zum ersten Mal zur Verfügung stand. Später wurde das Game SDK zum DirectX SDK Version 1.0.

Bis zur Version DirectX 3 gab es keine direkte 3-D-Unterstützung in DirectX. Microsoft kaufte die Rechte an der 3-D-Technologie von der Firma RenderMorphics, entwickelte sie weiter und integrierte sie in eine neue Komponente, Direct3D. Mittlerweile ist DirectX bei Version 8 angelangt, und es ist im Laufe der Zeit wesentlich umfangreicher geworden, aber auch strukturierter und einfacher zu bedienen.

Nach der Version DirectX 3 folgt die Version DirectX 5. Es existierte nie eine Version DirectX 4. Microsoft hat diese Versionsnummer einfach übersprungen.

261

14.3 Die Architektur von DirectX

Die DirectX Architektur besteht im Prinzip aus zwei Schichten, der HAL (Hardware Abstraction Layer, Hardware-Abstraktionsschicht) und der HEL (Hardware Emulation Layer, Hardware-Emulationsschicht). Die erste Schicht repräsentiert Funktionen, die direkt von der Hardware unterstützt werden. Funktionen, die nicht von der Hardware unterstützt werden, können bis zu einem gewissen Grad emuliert werden. Diese Aufgabe übernimmt die HEL, indem die Funktion z.B. vom GDI ausgeführt wird.

Wenn ein DirectX-Objekt für ein bestimmtes Gerät, z.B. die Grafikkarte, kreiert wird, werden zuerst die Fähigkeiten abgefragt und gespeichert. Wenn dann bestimmte Funktionen durch die Grafikkarte ausgeführt werden sollen, prüft DirectX, ob diese Funktionen durch die Hardware (HAL) ausgeführt werden können oder ob die Funktionen von der HEL übernommen werden müssen. Natürlich sind Funktionen, die von der Hardware ausgeführt werden können, wesentlich schneller, als wenn sie softwareseitig emuliert werden müssen.

Leider werden aber nicht alle Funktionen durch die HEL emuliert, so dass manche Funktionen auf bestimmten Grafik- oder Soundkarten einfach nicht zur Verfügung stehen, wenn Sie nicht direkt unterstützt werden.

DirectX besteht aus vielen verschiedenen Komponenten, von denen jede eine bestimmte Aufgabe übernimmt. Die folgende Auflistung enthält eine Beschreibung jeder Komponente.

14.3.1 DirectDraw

DirectDraw ist die erste Komponente, die in DirectX implementiert wurde. DirectDraw erlaubt den direkten Zugriff auf die Grafikkarte und den Bildspeicher. Die größte Stärke von DirectDraw ist es dabei, Speicherbereiche schnell zwischen Hauptspeicher und Grafikkartenspeicher oder im Grafikspeicher kopieren oder verschieben zu können. Dabei können verschiedene Modifikationen an den Speicherbereichen vorgenommen werden. Dazu gehört das Maskieren von Farben und das Zerren oder Stauchen der zu kopierenden Bereiche.

DirectDraw ist auch für das Setzen der Auflösung und der Farbtiefe zuständig. Beim Clipping kann DirectDraw bestimmen, welche Bereiche gültig sind und auf den Bildschirm übertragen werden.

14.3.2 Direct3D

Direct3D ist die größte und auch komplizierteste Komponente von DirectX. Direct3D besteht aus einer Sammlung von Funktionen, mit denen Geometrietransformationen (Bewegung, Rotierung oder Skalierung) sowie Beleuchtung und Texturierung ausgeführt werden können.

Vor der Version 7 wurden alle Geometrieoperationen vom Prozessor des Computers durchgeführt. Ab der Version 7 ist es möglich, Geometrieoperationen und Lichtberechnungen vom Grafikprozessor durchführen zu lassen (T&L, Transform and Lighting), wenn dieser über entsprechende Unterstützung verfügt.

Direct3D Retained Mode

Bis zur Version 6 existierte die Komponente Direct3D Retained Mode, mit der man einfache dreidimensionale Szenen erzeugen, verwalten und darstellen konnte. Die Weiterentwicklung dieser Komponente wurde nach der Version DirectX 6 eingestellt.

Direct3D Immediate Mode

Der Immediate Mode bietet Funktionen, die auf einer tieferen Ebene angesiedelt sind als im Retained Mode, und die den Entwicklern so mehr Flexibilität bieten. Im Immediate Mode arbeitet man auf der Basis von Dreiecken und Vektoren anstatt mit komplexeren Objekten und Hierarchien. Seit DirectX 7 existiert nur noch dieser Modus.

Direct3DX Utility Library

Die Direct3DX Bibliothek wurde in DirectX 7 zur Vereinfachung eingeführt und bietet Funktionen, die die Initialisierung von Direct3D übernehmen. Zusätzlich existieren viele mathematische Funktionen beispielsweise zur Vektor- und Matrizenrechnung.

In DirectX 8 sind DirectDraw und Direct3D zusammen gefasst worden. DirectDraw wird in Version 8 nicht mehr direkt unterstützt. Wenn Sie die DirectDraw-Funktionen nutzen möchten, sind Sie auf die DirectDraw7-Schnittstellen angewiesen. Im Kapitel 17 werden Sie genau erfahren, wie Sie DirectDraw nutzen, und was DirectDraw leistet.

14.3.3 DirectSound

Mit diese Komponente sind Sie in der Lage von Hardwarebeschleunigung beim Mixen von Soundeffekten zu profitieren, und Sie können das Abspielen von Soundeffekten beeinflussen, indem Sie z.B. die Lautstärke oder die Frequenz verändern.

14.3.4 DirectMusic

DirectMusic ist im Gegensatz zu DirectSound nicht für Soundeffekte, sondern für das Abspielen von Musik, z.B. Hintergrundmusik konzipiert worden. DirectMusic bietet darüber hinaus die Möglichkeit, Musik zu komponieren.

DirectMusic und DirectSound sind in DirectX 8 zu der Komponente DirectX Audio zusammengefaßt worden. Wenn Sie Soundeffekte und Musik in DirectX 8 nutzen, werden Sie vornehmlich mit DirectMusic arbeiten, während DirectSound die Arbeit im Hintergrund erledigen wird.

14.3.5 DirectInput

DirectInput ist für alle Eingaben, egal ob sie von der Tastatur, der Maus, vom Joystick oder jedem anderen nur vorstellbaren Eingabegerät kommen, zuständig. Dazu gehört z.B. die Behandlung von Joystick-Achsen und die Abfrage von Knöpfen. DirectInput kann aber nicht nur Eingaben verarbeiten, sondern auch austeilen. DirectInput ist nämlich für die Erzeugung der ForceFeedback-Effekte verantwortlich.

14.3.6 DirectPlay

Mit Hilfe von DirectPlay können Applikationen, wie z.B. Multiplayer-Spiele, entwickelt werden, die lokale Netzwerke unterstützen oder über das Internet gespielt werden können. Dabei stehen die effiziente Kommunikation und einfache Handhabung der Verbindungen im Vordergrund.

14.3.7 DirectSetup

DirectSetup bietet Unterstützung bei der Installation der DirectX-Komponenten. Da DirectX ein komplexes System ist, steht Entwicklern so eine einfache Möglichkeit zur Verfügung, die gewünschte DirectX-Version auf dem Zielrechner zu platzieren. DirectSetup kann dabei entscheiden, welche Treiber und Komponenten installiert werden müssen.

14.4 Neuerungen in DirectX 8

DirectX 8 wurde von Microsoft im November 2000 vorgestellt. DirectX 8 enthält, wie bisher jede DirectX-Version umfangreiche Neuerungen. Die wichtigsten will ich Ihnen im Folgenden vorstellen.

14.4.1 Integration von Direct3D und DirectDraw

Die beiden bisher größten und auch wichtigsten Teile von DirectX, Direct3D und DirectDraw, wurden zu einem Teil zusammengefaßt. Dieser neue Teil heißt DirectX Graphics. DirectX Graphics wurde sehr stark auf die Unterstützung von 3-D-Applikationen ausgerichtet. Der 2-D-Bereich, der noch in der DirectX-Version 7 mit DirectDraw separat unterstützt wurde, wird nicht weiter entwickelt. Dafür bietet DirectX Graphics eine Fülle von neuen Funktionen, die dem 3-D-Bereich zugute kommen. Außerdem wurde die Direct3DX Utility Library erweitert.

An diesem Schritt zeigt sich ganz klar, dass sich der Trend in der Spieleentwicklung sehr stark auf den 3-D-Bereich richtet. Die fehlende Unterstützung für den 2-D-Bereich bedeutet aber nicht, dass in Zukunft keine 2-D-Spiele mehr entwickelt werden. Vielmehr kann man die Funktionalität, die eigentlich für den 3-D-Bereich gedacht ist, leicht benutzen, um auch zweidimensionale Spiele mit interessanten Effekten auszustatten.

14.4.2 Zusammenfassung von DirectMusic und DirectSound

Mit der Version 8 von DirectX sind auch die beiden Komponenten Direct-Music und DirectSound zu DirectX Audio zusammengefasst worden. Die Begriffe DirectSound und DirectMusic existieren zwar weiterhin, DirectMusic hat aber einen Großteil der Funktionalität von DirectSound übernommen, und es gibt keine klare Abgrenzung mehr zwischen beiden Komponenten.

14.4.3 Neuerungen an DirectInput

Mit DirectInput8 wurde die Unterstützung von neuen Joysticktypen verbessert. Die Tastaturfunktionen wurden so erweitert, dass man nun auch den Scancode einer gedrückten Taste ermitteln kann. Dadurch können Programmierer mit gewohnten Tastenbezeichnungen arbeiten. Außerdem kann man nun auch mit lokalisierten Tasten arbeiten. Eine lokalisierte Taste ist beispielsweise die Taste für den Euro AltGr + E oder die deutschen Umlaute.

Eine weiteres neues Konzept ist Action Mapping. Action Mapping erlaubt es dem Spieler, die Knöpfe und Achsen seines Joysticks oder die Tasten der Tastatur individuell an Funktionen des Spiels anzupassen. Auf diese Weise ist es für den Spieler sehr einfach, persönliche Einstellungen vorzunehmen.

14.4.4 Neuerungen an DirectPlay

DirectPlay bietet ab Version 8 die Möglichkeit, Sprache zu übertragen. So kann man sich während des Spielens über ein Netzwerk mit seinen Mitspielern unterhalten. Voraussetzung sind ein Mikrofon und natürlich Lautsprecher. Zusätzlich wurde die Netzwerkunterstützung, z.B. im Zusammenhang mit Firewalls, verbessert.

14.4.5 DirectShow

DirectShow ist neu zu DirectX 8 hinzugekommen. DirectShow war vorher Teil des DirectX Media SDK. Mit DirectShow kann man Multimedia-Dateien wie Video- und Sounddateien abspielen. Zu den unterstützten Formaten gehören z.B. AVI, MPEG oder MP3. Mit Hilfe von DirectShow könnten Sie z.B. Software DVD- oder MP3-Player entwickeln.

Die Komponenten DirectPlay, DirectShow und DirectSetup werden in diesem Buch nicht behandelt.

14.5 Abwärtskompatibilität

Jede neue DirectX-Version ist voll abwärtskompatibel zu den vorherigen Versionen. Sie brauchen also keine Angst zu haben, dass die Programme, die Sie geschrieben haben, mit neueren DirectX-Versionen nicht mehr laufen. Dahinter steckt COM, eine Technologie, die Microsoft unter anderem entwickelt hat, um sicherzustellen, dass ältere Programme problemlos mit neueren Versionen zusammenarbeiten. Was sich genau hinter COM verbirgt, und wie es funktioniert, erfahren Sie in Kapitel 16.

14.6 OpenGL – die Alternative

Die einzige echte Alternative, die es zu DirectX gibt, ist OpenGL, wobei OpenGL als reine Grafik API keine Unterstützung in den Bereichen Eingabegeräte, Sound oder Netzwerkkommunikation bietet. OpenGL ist also genau genommen, nur eine Alternative zu DirectDraw und Direct3D. Es ist aber nicht möglich, Direct3D oder DirectDraw gleichzeitig mit OpenGL zu nutzen. Sie können also entweder nur DirectX nutzen oder OpenGL mit den DirectX-Komponenten, die keine Grafik darstellen können.

Die erste Version von OpenGL wurde 1992 von SGI (Silicon Graphics) vorgestellt. Das Ziel von SGI war es, eine herstellerunabhängige API für die Entwicklung von komplexen 2D- und 3D-Grafikapplikationen zu schaffen. Heute ist OpenGL der Standard bei Softwareprodukten aus dem wissenschaftlich/technischen Bereich und ist auf sehr vielen verschiedenen Plattformen wie z.B. Windows, Unix, Linux oder Mac, verfügbar. In der Spieleprogrammierung wird OpenGL, dank des verbesserten Treibersupports der Grafikkartenhersteller mittlerweile auch sehr häufig genutzt.

Aber welche API ist nun die bessere Wahl, Direct3D oder OpenGL? OpenGL war bis zum Erscheinen von DirectX 8 etwas besser strukturiert und wurde von Anfang an sauber geplant und durchdacht. Direct3D wird aber ständig weiterentwickelt, und neue Techniken und Funktionen werden sehr schnell eingebaut. Welche API sich langfristig durchsetzen wird, oder ob es weiterhin eine Koexistenz geben wird, bleibt abzuwarten.

Zusammenfassung

DirectX bietet eine geräteunabhängige Schnittstelle, um Multimediafunktionen effizient und komfortabel unter Windows nutzen zu können. DirectX besteht aus mehreren Komponenten mit spezifischen Aufgaben.

Für die Erzeugung und Darstellung von Grafiken sind die Komponenten DirectDraw und Direc3D (DirectX Graphics) zuständig, für Musik und Soundeffekte können Sie DirectSound und DirectMusic nutzen. DirectInput unterstützt viele verschiedene Eingabegeräte, darunter auch Force-Feedback-Geräte. DirectPlay stellt Funktionen zur Netzwerkkommunikation für Multiplayer-Spiele bereit. DirectSetup bietet die einfache Installation neuer DirectX Versionen.

Im Bereich der 3-D-Grafik können Sie auf dem PC außer Direct3D/DirectX Graphics noch OpenGL nutzen. OpenGL hat den Vorteil, plattformübergreifend zur Verfügung zu stehen. In anderen Bereichen, wie z.B. der Behandlung von Joysticks oder beim Erzeugen von Sound und Musik, gibt es auf dem PC wenig Alternativen zu DirectX.

Kapitel 15

Installation von DirectX

Die Installation von DirectX ist eigentlich sehr einfach, es sind aber doch einige Punkte zu beachten. Der erste wichtige Punkt ist sicherzustellen, dass genügend Platz auf Ihrer Festplatte vorhanden ist, da während der Installation ca. 500 Mbyte Speicherplatz benötigt werden.

Wenn Sie bereits eine andere Version des DirectX SDK (z.B. das DirectX 7 SDK) installiert haben, sollten Sie diese zuerst über die Software-Einstellungen der Systemsteuerung entfernen (deinstallieren).

Um die Installation zu starten, legen Sie die CD-ROM, die dem Buch beiliegt, in Ihr CD-ROM-Laufwerk ein. Wenn Sie die Funktion, die automatisch die im CD-ROM-Laufwerk befindliche CD startet, nicht abgeschaltet haben, können Sie einfach den Punkt »DirectX 8 SDK Installieren« aus dem Menü wählen.

Sie können die Installation auch manuell starten, indem Sie in das Verzeichnis *DXSDK8a* der CD-ROM wechseln und dort die Datei *DX8a_SDK.exe* ausführen.

Nachdem Sie die Installation gestartet haben, müssen Sie wählen, in welches Verzeichnis temporäre Dateien kopiert werden sollen. Normalerweise können Sie den eingestellten Pfad verwenden, außer Sie haben nicht mehr genügend freien Speicherplatz auf Laufwerk C:\.

Nach dem Startfenster des Installationsprogramms und nach Anerkennung der Lizenzbedingungen können Sie auswählen, wie in Abbildung 15.1 dargestellt, welche Teile von DirectX installiert werden sollen.

Abb. 15.1:
Auswahl des
DirectX-Instal-
lationsumfangs

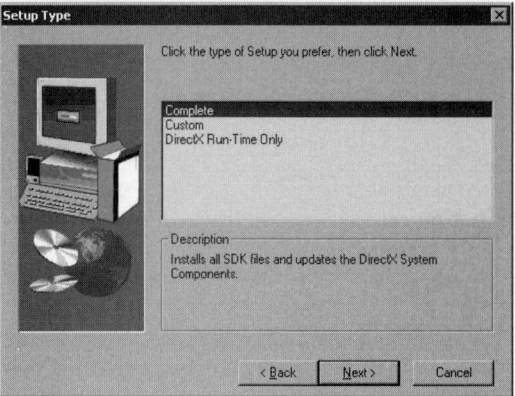

Wenn Sie COMPLETE markieren und auf NEXT drücken, wird die DirectX 8 Runtime, also der Teil, den Sie für die Ausführung von DirectX-Programmen benötigen, Header-Dateien und Bibliotheken, die Sie zur Entwicklung von eigenen DirectX-Programmen in C++ benötigen, Beispielprogramme, Werkzeuge, die DirectX-Visual-C++-Dokumentation sowie die Visual-Basic-Dokumentation und Visual Basic Beispiele, installiert.

Wenn Sie CUSTOM wählen und auf NEXT drücken, gelangen Sie in ein weiteres Menü, in dem Sie selbst wählen können, welche Komponenten installiert werden sollen. Sie könnten z.B. auf die Visual-Basic-Beispiele oder die Visual-Basic-Dokumentation verzichten, wenn Sie nicht an der Entwicklung in Visual Basic interessiert sind.

Die Option RUNTIME ONLY installiert nur den Teil, den Sie für die Ausführung von DirectX-Programmen benötigen. Wenn Sie diesen Punkt wählen, sind Sie zwar in der Lage DirectX-Programme auszuführen, Sie können aber keine eigenen Programme entwickeln.

Als nächstes können Sie wählen, ob Sie die Debug- oder die Retail-Runtime installieren möchten. Sie sollten die Debug-Runtime installieren, da so eine spezielle Version der DirectX-Bibliotheken verwendet wird, die zu jedem Fehler eine ausführliche Ausgabe im Visual C++-Ausgabefenster erzeugt. Mit Hilfe dieser Ausgaben kann man Fehler häufig wesentlich schneller finden.

Zum Schluss müssen Sie noch das Verzeichnis festlegen, in das DirectX installiert werden soll. Dies könnte z.B. *C:\Entwicklung\DirectXSDK* oder ein anderes Verzeichnis Ihrer Wahl sein.

Wenn Sie Visual C++ bereits installiert haben, wird dies von DirectX-Setup-Programm erkannt und Visual C++ wird automatisch angepasst, so dass Sie sofort DirectX-Programme entwickeln können. Ansonsten müssen Sie, bevor Sie Programme, die DirectX nutzen, schreiben können, Visual C++ folgendermaßen anpassen.

Starten Sie Visual C++ und öffnen Sie das Menü EXTRAS. Klicken Sie auf OPTIONEN und wählen Sie das Register VERZEICHNISSE. Über diesen Dialog, der in Abbildung 15.2 zu sehen ist, können Sie festlegen, welche Verzeichnisse Visual C++ beim Erstellen Ihrer Programme durchsucht. Die Suchverzeichnisse sind nach Dateitypen unterteilt. Die verschiedenen Typen können Sie über die Auswahl *Verzeichnisse anzeigen für* wählen. Um DirectX-Programme entwickeln zu können, müssen einige Veränderungen an den Einstellungen für *Include-Dateien* und die *Bibliothekendateien* vorgenommen werden. Bei den *Include-Dateien* müssen Sie hier, wie in der folgenden Abbildung gezeigt, den Pfad zum DirectX-Include-Verzeichnis einstellen. Dieses Verzeichnis befindet sich in dem Ordner, in den Sie das DirectX-SDK installiert haben.

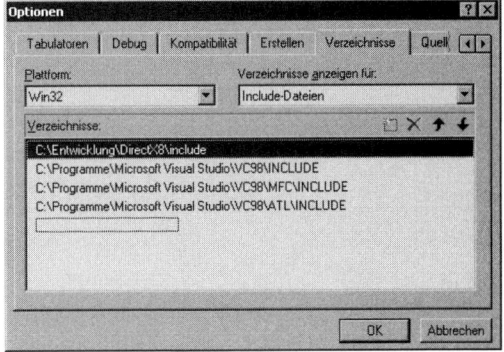

Abb. 15.2: Einstellung des Include-Verzeichnisses

Um das Verzeichnis hinzuzufügen, müssen Sie auf das untere leere Rechteck doppelklicken und das entsprechende Verzeichnis auswählen. Wenn Sie das richtige Verzeichnis gewählt haben, müssen Sie es noch mit Hilfe der Pfeiltasten nach oben schieben. Die Reihenfolge, in der die Dateien aufgelistet sind, entspricht auch der Reihenfolge, in der die Verzeichnisse durchsucht werden. Aus diesem Grund müssen Sie das DirectX-Verzeichnis ganz nach oben schieben, da es sonst passieren könnte, dass auf ältere Versionen der gleichen Dateien zugegriffen wird.

Neben dem Verzeichnis der *Include-Dateien* muss auch das Verzeichnis der *Bibliothekendateien* in gleicher Weise, wie in Abbildung 15.3 dargestellt, angepasst werden.

Abb. 15.3:
Einstellung des
Verzeichnisses
für die Biblio-
thekendateien

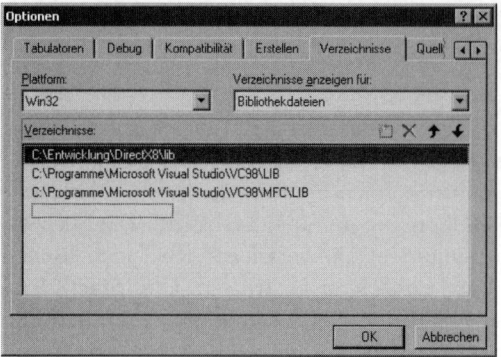

Visual C++ ist jetzt für die Verwendung von DirectX konfiguriert. Sie müssen diesen Vorgang nur einmal durchführen, außer Sie installieren den Compiler erneut.

Nachdem Sie die Installation abgeschlossen haben, wollen wir schon mal einen kurzen Blick auf DirectX werfen. Wechseln Sie dazu in das Verzeichnis, in das Sie DirectX installiert haben. Dort finden Sie die folgende Verzeichnisstruktur.

```
DirectX8
        \bin
        \doc
        \include
        \lib
        \samples
```

Im Verzeichnis *bin* finden Sie Werkzeuge rund um DirectX. Der Ordner *doc* enthält die Dokumentation zu DirectX 8. Die Dokumentation hat dabei den gleichen Aufbau wie die MSDN-Library. Der Ordner *include* enthält Header-Dateien mit den Prototypen der DirectX-Funktionen. Im Verzeichnis *lib* finden Sie alle Bibliotheken, die zu DirectX gehören. In den Bibliotheken befinden sich alle DirectX-Funktionen. Leider kann man sich den Quellcode der Funktionen nicht anschauen. Der interessanteste Ordner dürfte aber der Ordner *samples* sein. Hier finden Sie viele Beispiele in ausführbarer Form und den zugehörigen Quellcode.

Zusammenfassung

Mit Hilfe dieses Kapitels sollten Sie in der Lage sein, DirectX zu installieren und Visual C++ gegebenenfalls für die Verwendung mit DirectX anzupassen.

Kapitel 16

Einführung in COM

Wie bereits erwähnt, baut DirectX auf COM (Component Objekt Model) auf.

COM ist gerade für den Programmiereinsteiger ein komplexes Thema, da die Ziele, die mit COM verfolgt werden, für Anfänger nur schwer nachvollziehbar sind. Sie müssen COM nicht vollständig verstehen, um mit DirectX arbeiten zu können. Ich will Ihnen aber trotzdem eine kurze Einführung in das Thema geben.

Ein wichtiges Ziel, das von COM verfolgt wird, ist die Wiederverwendbarkeit von Software. Dieses Ziel wird dadurch erreicht, dass COM-Objekte, d.h. Softwarekomponenten, in fast jeder Sprache benutzt werden können, unabhängig davon, in welcher Sprache diese Komponenten geschrieben wurden. Eine weitere wichtige Eigenschaft in diesem Zusammenhang ist, dass ein COM-Objekt einmal zur Verfügung gestellte Schnittstellen (Interfaces) nicht mehr ändern kann. In einer Schnittstelle sind Funktionen des COM-Objekts zusammengefasst. Sie können sich eine solche Schnittstelle wie eine C++-Klasse mit den darin enthaltenen Methoden vorstellen.

Da die Schnittstelle nicht verändert werden kann, ist es nicht nötig, ein Programm, das ein COM-Objekt nutzt, zu verändern oder neu zu kompilieren, wenn sich das COM-Objekt ändert. Die ursprünglichen Schnittstellen müssen weiterhin vorhanden sein.

Der COM-Standard sieht vor, dass bei der Erstellung eines COM-Objekts alle Schnittstellen von einer Basisschnittstelle, `IUnknown`, abgeleitet werden müssen. In dieser Schnittstelle sind nur drei Methoden definiert: `QueryInterface`, `AddRef` und `Release`.

QueryInterface ist eine der wichtigsten Funktionen eines COM-Objekts. Diese Funktion wird benutzt, um einen Zeiger auf die Schnittstelle, mit der man arbeiten will, zu erhalten. Dazu muss die GUID (globally unique identifier) der gewünschten Schnittstelle angegeben werden. Ein GUID ist ein 128-Bit Wert, der nur ein einziges Mal vergeben werden kann, so dass sichergestellt ist, dass wenn ein bestimmter GUID auf irgendeinem Computer auf der Welt angegeben wird, die Schnittstelle eines bestimmten COM-Objekts zurückgeliefert wird. Um nicht ständig mit 128-Bit langen Werten arbeiten zu müssen, werden für die GUIDs Namen vergeben, die oft mit dem Präfix IID_ beginnen. So hat z.B. das DirectDraw-Objekt in DirectX 7 den Wert IID_DirectDraw7.

Um zu gewährleisten, dass GUIDs nur einmal vergeben werden, müssen Sie ein bestimmtes Programm nutzen, das eine eindeutige GUID erzeugt, wenn Sie selbst ein COM-Objekt erzeugen wollen.

Mit der Methode AddRef wird ein interner Zähler des COM-Objekts um eins erhöht. Dieser interne Zähler speichert wie viele Programme das COM-Objekt nutzen. Diese Methode werden Sie nur in Spezialfällen manuell aufrufen. In den meisten Fällen wird diese Methode automatisch aufgerufen, wenn Sie einen Zeiger auf eine Schnittstelle anfordern.

Die Methode Release wird von einem Programm aufgerufen, wenn das entsprechende COM-Objekt nicht mehr benutzt wird. Release dekrementiert den internen Zähler des COM-Objekts.

16.1 COM und DirectX

DirectX baut auf COM auf. Dadurch ist sichergestellt, dass jede neue Version von DirectX abwärtskompatibel zu allen vorherigen Versionen ist, da alle einmal definierten Schnittstellen auch in allen neuen DirectX-Versionen wieder vorhanden sein müssen. Ein Programm, das für DirectX 3 entwickelt wurde, wird auch unter DirectX 8 noch auf die ursprünglichen DirectX 3 Schnittstellen zugreifen können und dadurch lauffähig sein.

Leider stimmen die Versionsnummern der Schnittstellen nicht mit den DirectX-Versionsnummern überein. So hatte z.B. die DirectDraw Schnittstelle der Version DirectX 6 den Namen IDirectDraw4, in der Version 7 hatte die Schnittstelle den Namen IDirectDraw7.

16.2 Schnittstellen abfragen

DirectX bietet zwar mittlerweile einige Funktionen, die den Umgang mit COM erleichtern, trotzdem werden Sie aber einige Schnittstellen mit `Query-Interface` abfragen müssen. Für die Ermittlung des Schnittstellenzeigers muss die GUID der gewünschten Schnittstelle angegeben werden. Der folgende Codeausschnitt zeigt, wie das geht.

```
LPDIRECTDRAW  lpDD;
LPDIRECTDRAW7 lpDD7;
HRESULT hRes;

//DirectDraw-Objekt anlegen

// DirectDraw7 Schnittstelle des DirectDraw-Objekts abfragen
// und einen Zeiger auf diese Schnittstelle in lpDD7
// speichern

hRes = lpDD->QueryInterface(IDD_DirectDraw7,(void**)&lpDD7);

if(FAILED(hRes))
{
    // es ist ein Fehler aufgetreten, z.B. ist die
    // Schnittstelle nicht verfügbar
}
```

Bei Erfolg liefert `QueryInterface` den Wert `S_OK` zurück. Andernfalls wird ein Fehlercode zurückgegeben. In DirectX gibt es die beiden Makros `SUCCEEDED` (erfolgreich) und `FAILED` (fehlgeschlagen), mit denen man die Rückgabewerte von DirectX-Funktionen überprüfen kann.

Sie sollten immer eines dieser Makros verwenden, anstatt den Rückgabewert beispielsweise direkt mit `S_OK` oder `DD_OK` zu vergleichen. Denn manche Funktionen geben im Erfolgsfall nicht `S_OK`, sondern einen anderen Wert zurück, der anzeigt, dass die Funktion erfolgreich war. Das Makro `SUCCEEDED` behandelt diese Rückgabewerte korrekt, während der direkte Vergleich mit `S_OK` fehlschlägt, und sich das Programm so verhält, als wäre ein Fehler aufgetreten.

Zusammenfassung

In diesem Kapitel haben Sie die Grundlagen der COM-Technologie kennen gelernt und erfahren, dass DirectX auf COM aufbaut, und dadurch die Abwärtskompatibilität sichergestellt wird. Sie wissen jetzt, dass Sie mit `QueryInterface` auf Schnittstellen von COM-Objekten zugreifen können.

Außerdem sollten Sie sich merken, dass Sie die Makros `SUCCEEDED` und `FAILED` verwenden sollten, um DirectX-Rückgabewerte zu überprüfen.

Kapitel 17

DirectDraw

DirectDraw ist seit DirectX 8 keine separate Komponente mehr. Trotzdem will ich Ihnen DirectDraw vorstellen, da die Arbeit mit DirectDraw zum Verständnis der Arbeitsweise der zu Grunde liegenden Hardware beiträgt.

DirectDraw ermöglicht das Kopieren und den direkten Zugriff auf Speicherbereiche, die im Hauptspeicher oder auch direkt im Grafikkartenspeicher liegen können. Die Stärke von DirectDraw ist dabei die hohe Geschwindigkeit und die Möglichkeit, Veränderungen am Speicher während des Kopierens vorzunehmen.

17.1 Hintergrund

Egal, was Sie am Bildschirm sehen, sei es eine Grafik in einem Computerspiel oder der Windows-Desktop, es handelt sich immer um eine Menge von Pixeln. Diese Pixel werden auf der Grafikkarte im Bildschirmspeicher gespeichert. Sie können sich den Bildschirmspeicher wie ein Rechteck vorstellen, das alle gerade auf dem Bildschirm dargestellten Pixel speichert. Je höher die Auflösung und die Farbtiefe, desto mehr Bildschirmspeicher wird benötigt.

Die Kombination von Auflösung und Farbtiefe bezeichnet man als Video- oder Grafikmodus. Die folgende Tabelle zeigt einige typische Videomodi.

Die Tabelle zeigt nur einige Videomodi, es ist durchaus möglich, dass Ihre Grafikkarte wesentlich mehr Modi unterstützt.

Breite	Höhe	Farbtiefe
320	200	8, 16, 24, 32
640	480	8, 16, 24, 32
800	600	8, 16, 24, 32
1024	768	8, 16, 24, 32
1280	1024	8, 16, 24, 32
1600	1200	8, 16, 24, 32

Der erste Modus von 320 * 200 Bildpunkten wird kaum noch genutzt, da er für heutige Verhältnisse eine viel zu geringe Auflösung bietet. Er spielte aber unter DOS eine große Rolle. Außerdem werden Sie in Spielen kaum noch Farbtiefen von weniger als 16 Bit finden.

Unter erfahrenen Spiele- und Grafikprogrammierern ist der Videomodus ModeX berüchtigt. Dieser Modus wurde unter DOS sehr häufig genutzt, da er eine Auflösung von 320 * 200 Bildpunkten und 256 Kbyte Speicher bot.

Wenn Sie einen Modus mit 8 Bit pro Pixel wählen, stehen Ihnen 256 Farben zur Verfügung. In diesen Modi kommen Paletten zum Einsatz, mit denen Sie die 256 Farben, die Sie nutzen wollen, festlegen. Bei 16 Bit pro Pixel ergeben sich 65536 Farben, bei einem Modus mit 24 Bit Farbtiefe sind es 16,7 Millionen Farben. In diesem Modus stehen jeweils 8 Bit für Rot, Grün und Blau bereit (8:8:8). Wenn Sie einen 16-Bit-Farbmodus wählen, sieht die Sache ein wenig komplizierter aus. Die meisten Grafikkarten nutzen bei 16 Bit Farbtiefe 5 Bit für Rot, 6 Bit für Grün und 5 Bit für Blau (5:6:5). Es gibt aber auch Karten, die mit anderen Bitkombinationen, etwa 5:5:5 arbeiten und das erste Bit ignorieren oder als Information über die Transparenz des Pixels verwenden. 15- und 16-Bit-Farbmodi werden auch Hicolor-Modi genannt. Im 32-Bit-Modus stehen Ihnen, wie im 24-Bit-Modus jeweils 8 Bit für Rot, Grün und Blau zur Verfügung. Diese Modi nennt man auch Truecolor- (Echtfarb-) Modi. Das höchstwertige Byte wird im 32-Bit-Modus häufig für den Alphakanal genutzt. Der Alphakanal legt den Grad der Transparenz eines Pixels fest.

Da die Palettenmodi kaum noch in Spielen genutzt werden, und Sie nicht ganz einfach in der Handhabung sind, werde ich nicht näher auf sie eingehen. Sie finden in der Hilfe zu DirectX 7 eine genaue Beschreibung unter dem Stichwort Palette.

Ein weiterer wichtiger Parameter ist die Bildwiederholfrequenz. Sie bestimmt, wie oft das Bild pro Sekunde dargestellt wird. Die Bildwiederholfrequenz wird in Hertz (Hz) gemessen. Typische Werte liegen hier zwischen 60 und 120 Hz, wobei eine Bildwiederholfrequenz ab 75 Hz als augenschonend gilt. Die Bildwiederholfrequenz können Sie in den Einstellungen Ihrer Grafikkarte festlegen. Dabei spielt sowohl die Grafikkarte als auch der Monitor eine Rolle, da beide in der Lage sein müssen, die gewünschte Wiederholfrequenz zu liefern.

Über welche Leistungsfähigkeiten heutige Grafikkarten verfügen müssen, zeigt das folgende Beispiel:

Bei einer Auflösung von 1024 * 768 Pixeln, einer Farbtiefe von 32 Bit benötigt man nur für das aktuell dargestellte Bild schon 3 Mbyte Bildschirmspeicher. Bei einer Bildwiederholfrequenz von 75 Hz muss die Ausleselogik 225 Mbyte pro Sekunde vom Bildschirmspeicher auf den Monitor bringen. Diese enormen Datenraten stellen hohe Ansprüche an die verwendeten Komponenten wie Speicherbausteine und Controller.

17.1.1 Grafik- und Hauptspeicher

Die Größe und die Geschwindigkeit des Grafiksystems und des Hauptspeichers haben große Auswirkung auf die Performance Ihres Systems. Dies gilt besonders für grafikintensive Anwendungen, in denen typischerweise häufig Daten zwischen Hauptspeicher und Grafikspeicher ausgetauscht werden müssen.

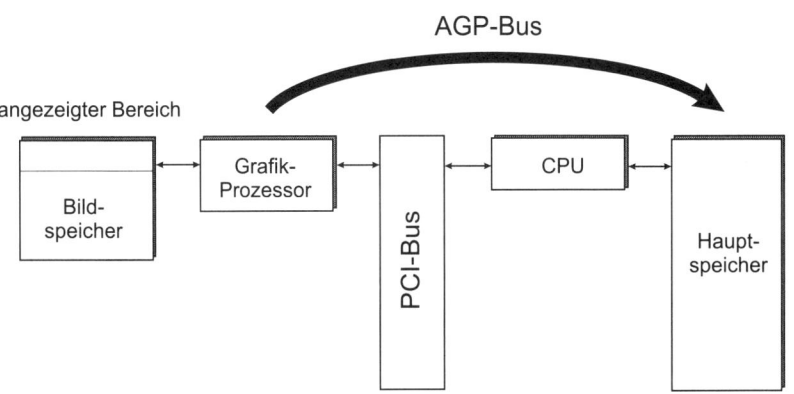

Abb. 17.1: Busstruktur mit CPU und Grafikprozessor

Abbildung 17.1 zeigt die CPU mit dem verhältnismäßig großen Systemspeicher auf der einen Seite und die Grafikkarte mit dem Grafikprozessor und dem Grafikspeicher auf der anderen Seite. Immer wenn zwei Geräte Daten miteinander austauschen wollen, geschieht dies über den Bus. Alle Geräte, wie z.B. die Grafikkarte, die Soundkarte oder die Netzwerkkarte, sind über den Bus mit der CPU und dem Hauptspeicher verbunden. Beim Informationsaustausch liest die CPU Daten aus dem Hauptspeicher und legt diese auf den Bus. Das Gerät, für welches die Daten bestimmt sind, greift dann auf den Bus zu und erhält so die Daten.

Mittlerweile hat sich der PCI-Bus als Standardbus etabliert. Der PCI-Bus verfügt über eine wesentlich höhere Geschwindigkeit als seine Vorgänger und bietet zusätzlich die Möglichkeit, Erweiterungskarten automatisch zu konfigurieren (Plug & Play).

Leider hat sich auch der PCI-Bus durch die immer höheren Datenraten, auf die Grafikanwendungen und Spiele angewiesen sind, zunehmend als Flaschenhals erwiesen. Aus diesem Grund wurde der AGP-Bus speziell für Grafikkarten entwickelt. Der AGP-Bus hat zum einen den Vorteil, schneller zu sein als der PCI-Bus, und kann außerdem direkt auf Hauptspeicherteile zugreifen, ohne dass die CPU belastet wird.

Obwohl der AGP-Bus schon über einen großen Geschwindigkeitsvorsprung gegenüber dem PCI-Bus verfügt, ist der Zugriff auf den Speicher, der sich direkt auf der Grafikkarte befindet, immer noch wesentlich schneller. Aus diesem Grund hat die Größe des Speichers auf den Grafikkarten in den letzten Jahren stetig zugenommen.

Mit dem Programm *DirectX Caps Viewer* erhalten Sie genaue Informationen, über wie viel Speicher Ihre Grafikkarte verfügt, welche Videomodi sie darstellen kann, und welche Fähigkeiten sie hat. Sie finden das Programm im Startmenü über *Programme → DirectX 8 SDK → DirectX Utilities*.

17.2 Der Einsatz von DirectDraw

Unser erstes DirectDraw-Programm soll zeigen, wie man DirectDraw initialisiert und Grafik in ein Fenster ausgibt. Obwohl sich dies recht einfach anhört, und wir eine ähnliche Aufgabe schon einmal mit Hilfe der GDI-Funktionen durchgeführt haben, werden Sie sehen, dass der Umgang mit DirectDraw viel Aufmerksamkeit verlangt.

17.2.1 Vorbereitungen

Bevor Sie eine DirectDraw-Anwendung schreiben können, müssen Sie sicherstellen, dass Sie die Pfade in Visual C++, wie in Kapitel 15 beschrieben, angepasst haben. Zusätzlich müssen Sie noch die Bibliotheken, die das Programm verwendet, zum Projekt hinzufügen. Dazu müssen Sie zuerst ein Projekt anlegen. Geben Sie dem Projekt den Namen *DirectDraw* und wählen Sie den Typ WIN32-ANWENDUNG. Fügen Sie wie gewohnt eine Datei *DirectDraw.cpp* zum Projekt hinzu.

Unser erstes Programm verwendet Konstanten, Funktionen und Objekte aus den Bibliotheken *ddraw.lib* und *dxguid.lib*. Diese Bibliotheken müssen Sie zum Projekt hinzufügen. Gehen Sie dazu folgendermaßen vor:

✘ Wählen Sie aus dem PROJEKT-Menü den Eintrag EINSTELLUNGEN.

✘ Wechseln Sie in dem Dialog in die Karteikarte LINKER.

✘ Fügen Sie, wie in Abbildung 17.2 dargestellt, *ddraw.lib* und *dxguid.lib* in das Feld *Objekt-/Bibliothek-Module* ein.

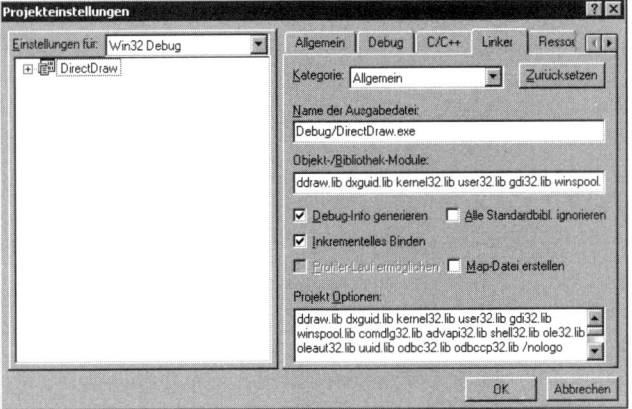

Abb. 17.2: Projektein-stellungen

Da unser erstes Windows-Programm als Ausgangspunkt dient, können Sie den Quellcode des Programms *HelloWindows.cpp* in die Datei *Direct-Draw.cpp* kopieren.

Ändern Sie den Fenstertitel in der Funktion *CreateMainWindow* von Hello Windows auf *DirectDraw*. Außerdem müssen Sie die Header-Datei `ddraw.h` durch

```
#include <ddraw.h>
```

einbinden. Da *ddraw.h* den Header *windows.h* automatisch einbindet, ist es nicht nötig, *windows.h* zusätzlich einzubinden. Es entsteht aber auch kein Nachteil, wenn Sie diesen Header nicht entfernen.

Um DirectDraw in Ihren Programmen einzusetzen, müssen Sie wenigstens diese vier Operationen durchführen:

281

1. Ein DirectDraw-Objekt anlegen.

2. Die Kooperationsebene der Anwendung festlegen.

3. Bei einer Fullscreen-Anwendung müssen Sie die Auflösung und Farbtiefe setzen oder einen Clipper bei einer Fensteranwendung festlegen.

4. Die primäre DirectDraw-Oberfläche anlegen.

Bevor wir uns genauer überlegen, wie diese Schritte durchgeführt werden, wollen wir uns zuerst anschauen, was die oben genannten Punkte zu bedeuten haben.

Als erstes muss ein DirectDraw-Objekt angelegt werden. D.h., dass wir uns Zugriff auf die Schnittstelle des DirectDraw-Objekts verschaffen müssen. Diese Schnittstelle ist der Ausgangspunkt für unsere weitere Arbeit mit DirectDraw.

Da Windows ein Multitaskingsystem ist, müssen sich alle Programme die vorhandenen Ressourcen teilen, dazu gehört auch die Grafikkarte. Mit der Festlegung der Kooperationsebene können Sie z.B. angeben, dass Sie den kompletten Zugriff auf die Grafikhardware benötigen. Wenn dies der Fall ist, können keine anderen Anwendungen auf die Grafikkarte zugreifen. Es ist aber auch möglich festzulegen, dass sich Ihre Anwendung den Bildschirmspeicher mit anderen Anwendungen teilt.

Eine Fullscreen-DirectDraw-Anwendung (Vollbild-Anwendung) hat Zugriff auf den gesamten Bildschirmspeicher, während eine Anwendung, die in einem Fenster abläuft, auch anderen Programmen Zugriff auf die Grafikkarte gestatten muss. Dann kümmert sich ein Clipper darum, dass Grafikausgaben auf das Fenster Ihrer Anwendung beschränkt bleiben.

Oberflächen sind ein wichtiges Konzept von DirectDraw. Wie zu Beginn erklärt, zeichnet sich DirectDraw dadurch aus, dass Speicherbereiche schnell kopiert werden können. Diese Speicherbereiche werden in DirectDraw als Oberfläche bezeichnet. Eine Oberfläche ist ein rechteckiger Speicherbereich, den Sie für Grafik und Grafikoperationen nutzen können. Sie werden Zeiger auf Oberflächen in vielen DirectDraw-Funktionen als Parameter wieder finden.

17.2.2 Ein DirectDraw-Objekt anlegen

Um überhaupt mit DirectDraw arbeiten zu können, müssen Sie zunächst eine Instanz eines DirectDraw-Objekts erzeugen. Die Funktion `DirectDraw-CreateEx` erzeugt ein DirectDraw-Objekt auf einfache Weise. Leider wird diese Funktion nicht auf allen Windows 95-Systemen unterstützt. Wie Sie ein DirectDraw-Objekt unter Windows 95 anlegen, zeige ich Ihnen am Ende dieses Abschnitts. `DirectDrawCreateEx` hat die folgende Syntax:

```
HRESULT WINAPI DirectDrawCreateEx(
                GUID FAR *lpGUID,
                LPVOID *lplpDD,
                REFIID_iid,
                IUnknown FAR* pUnkOuter);
```

Der erste Parameter ist die GUID der Grafikkarte, für die das DirectDraw-Objekt angelegt werden soll. In den meisten Fällen ist es ausreichend, wenn Sie hier `NULL` angeben. Dann wird das Objekt für die primäre Grafikkarte erzeugt.

Welche Ausnahmen es zu dieser Vorgehensweise gibt, finden Sie im Abschnitt *Zugriff auf weitere Grafikkarten* am Ende dieses Kapitels.

Als zweiten Wert müssen Sie die Adresse einer Variablen angeben, in die ein Zeiger auf das DirectDraw-Objekt gespeichert werden soll.

Als dritten Parameter müssen Sie `IID_IDirectDraw7` übergeben, bei allen anderen Werten wird eine Fehlermeldung zurückgeliefert.

Der vierte Parameter ist reserviert und muss auf `NULL` gesetzt werden.

Der Rückgabewert der Funktion ist vom Typ `HRESULT` und gibt Auskunft darüber, ob die Funktion erfolgreich war oder fehlgeschlagen ist. Sie sollten den Rückgabewert mit dem Makro `FAILED` überprüfen.

Der folgende Codeausschnitt zeigt, wie Sie ein DirectDraw-Objekt anlegen können.

```
// Zeiger auf das DirectDraw-Objekt
LPDIRECTDRAW7 lpDD7 = NULL;

if(FAILED(DirectDrawCreateEx(NULL,(LPVOID*)&lpDD7,
                        IID_IDirectDraw7,NULL)))
{
    // Fehlerbehandlung
}
```

Achten Sie darauf, dass Sie den type-cast für den zweiten Parameter korrekt eingeben, da die Funktion einen Zeiger vom Typ `LPVOID` verlangt.

Anstelle des Kommentars bietet es sich an, eine Fehlermeldung anzuzeigen und einen Wert zurückzugeben, der angibt, dass etwas schief gegangen ist.

283

Wenn Sie auf Probleme mit DirectX-Objekten stoßen, sollten Sie versuchen im Debug-Modus bis zur Quellcodestelle zu gelangen, in der das Problem auftritt. Wenn Sie das Ausgabefenster von Visual C++ einschalten, werden Sie dort wahrscheinlich eine Beschreibung des Fehlers finden.

Wenn Sie mit einer frühen Windows 95-Version arbeiten, könnte es sein, dass Sie einen etwas umständlicheren Weg einschlagen müssen, um ein DirectDraw-Objekt zu erzeugen. Die Funktion `DirectDrawCreateEx` steht dann nicht zur Verfügung, und Sie erhalten eine Fehlermeldung, wenn Sie versuchen, diese Funktion aufzurufen. In diesem Fall müssen Sie das DirectDraw-Objekt auf folgende Weise kreieren:

```
// Zeiger auf ein das DirectDraw-Interface
LPDIRECTDRAW lpSTDDD;

// DirectDraw-Objekt anlegen
DirectDrawCreate(NULL,&lpSTDDD,NULL);

// COM: DirectDraw7 Interface anfordern
lpSTDDD->QueryInterface(IID_IDirectDraw7,(LPVOID*)lpDD7);

// DirectDraw-Objekt freigeben
lpSTDDD->Release();
```

Zuerst müssen Sie einen Zeiger zum Standard-DirectDraw-Interface anfordern. Mit diesem Zeiger erhalten Sie dann durch Aufruf von `QueryInterface` das DirectDraw7 Interface, mit dem Sie dann weiter arbeiten können.

Wenn bei Ihnen Probleme mit `DirectDrawCreateEx` unter Windows 95 auftreten, können Sie versuchen, den Aufruf von `DirectDrawCreateEx` durch diesen Code zu ersetzen.

17.2.3 Die Kooperationsebene festlegen

Sie müssen DirectDraw nach Anlegen des Objekts mitteilen, auf welche Weise Sie auf die Grafikkarte zugreifen wollen, und wie Ihre Anwendung mit anderen Programmen kooperiert. Zu diesem Zweck stellt das DirectDraw-Objekt die Methode `SetCooperativeLevel` bereit. Diese Methode wird direkt nach dem Anlegen eines DirectDraw-Objekts aufgerufen, da viele andere DirectDraw-Funktionen die Kooperationsebene kennen müssen. Der Prototyp sieht folgendermaßen aus:

```
HRESULT SetCooperativeLevel(HWND hWnd,DWORD dwFlags);
```

Der erste Parameter ist das Handle des Fensters, in der die DirectDraw-Applikation ablaufen soll. Der zweite Parameter, dwFlags, gibt an, wie sich die Anwendung verhält, und wie sie plant, vorhandene Ressourcen zu nutzen. Dazu können Sie verschiedene Konstanten angeben. Die vier wichtigsten sind in folgender Tabelle zusammengefasst.

Flag	Bedeutung
DDSCL_ALLOWREBOOT	erlaubt dass Alt + Strg + Entf auch im Fullscreen-Modus funktioniert
DDSCL_EXCLUSIVE	exklusiver Zugriff auf die Hardware, Videomodus kann geändert werden, muss in Kombination mit DDSCL_FULLSCREEN verwendet werden
DDSCL_FULLSCREEN	Zugriff auf den gesamten Bildschirmspeicher, muss mit DDSCL_EXCLUSIVE kombiniert werden
DDSCL_NORMAL	Applikation verhält sich wie eine normale Windows-Anwendung

Tabelle 17.2: Einige Flags zum Setzen der Kooperationsebene

Neben diesen Flags gibt es noch weitere, die bestimmen, wie der Coprozessor genutzt wird, oder auf welche Art auf die Fensterverwaltung Einfluss genommen wird.

Wenn Sie eine DirectDraw-Anwendung schreiben wollen, die in einem Fenster abläuft, genügt es, wenn Sie das Flag DDSCL_NORMAL verwenden. Bei einer Fullscreen-Anwendung wird typischerweise die Kombination von DDSCL_EXCLUSIVE, DDSCL_FULLSCREEN und DDSCL_NORMAL verwendet.

Da unsere erste DirectDraw-Anwendung in einem Fenster laufen soll, sieht der Aufruf der Methode folgendermaßen aus:

```
if(FAILED(lpDD7->SetCooperativeLevel(hWnd,DDSCL_NORMAL)))
{
    // Fehlerbehandlung
}
```

lpDD7 muss ein gültiger Zeiger auf das DirectDraw-Objekt sein, das wir mit DirectDrawCreateEx erzeugt haben.

Den Begriff Kooperationsebene und SetCooperationLevel werden Sie auch bei den DirectX-Komponenten DirectInput und DirectSound finden.

17.2.4 Die primäre Oberfläche

Die primäre Oberfläche ist eine spezielle Oberfläche, die den Bildschirm-
inhalt repräsentiert. Es handelt sich um den Bereich des Grafikspeichers,
der auf dem Bildschirm dargestellt wird. Jede DirectDraw-Anwendung muss
eine primäre Oberfläche erzeugen. Die Breite, die Höhe und die Farbtiefe
der primären Oberfläche entspricht immer der Breite, der Höhe und der
Farbtiefe der aktuellen Auflösung.

Um eine primäre Oberfläche anzulegen, müssen Sie die Methode Create-
Surface des DirectDraw-Objektes aufrufen. Diese Funktion hat folgenden
Aufbau:

```
HRESULT CreateSurface(
        LPDDSURFACEDESC2 lpDDSurfaceDesc2,
        LPDIRECTDRAWSURFACE7 FAR *lplpDDSurface,
        IUnknown FAR* pUnkOuter
);
```

Der dritte Parameter ist reserviert und muss auf NULL gesetzt werden. Für
den zweiten Parameter müssen Sie einen Zeiger angeben, der auf die zu erzeugende Oberfläche verweisen soll.

Der erste Parameter ist ein Zeiger auf eine Struktur vom Typ
DDSURFACEDESC2. Durch diese Struktur werden die Eigenschaften der Oberfläche beschrieben. Die 2 am Ende des Strukturnamens rührt daher, dass es
in älteren DirectX-Versionen eine Struktur mit der gleichen Aufgabe gab,
die aber erweitert wurde.

Da die Struktur ziemlich umfangreich ist, können wir nicht alle Elemente
einzeln besprechen, Sie finden den genauen Aufbau aber in der Hilfe. Welche Einträge wir benötigen, geht aus folgendem Codeausschnitt hervor:

```
// Zeiger auf die primäre Oberfläche
LPDIRECTDRAWSURFACE7 lpDDSPrimary = NULL;

// Struktur zur Beschreibung einer Oberfläche
DDSURFACEDESC2 ddsd;

// Initialisieren und Größe festlegen
ZeroMemory(&ddsd,sizeof(ddsd));
ddsd.dwSize = sizeof(ddsd);

// Die Angabe dwCaps soll berücksichtigt werden
ddsd.dwFlags = DDSD_CAPS;

// Es soll eine primäre Oberfläche angelegt werden
ddsd.ddsCaps.dwCaps = DDSCAPS_PRIMARYSURFACE |
                      DDSCAPS_VIDEOMEMORY;
```

```
// Oberfläche anlegen
if(FAILED(lpDD7->CreateSurface(&ddsd,&lpDDSPrimary,NULL)))
{
    // Fehlerbehandlung
}
```

Zuerst müssen Sie einen Zeiger vom Typ `LPDIRECTDRAWSURFACE7` anlegen. Dieser Zeiger wird später auf die primäre Oberfläche gesetzt. Danach wird die Struktur `ddsd` vom Typ `DDSURFACEDESC2` deklariert. Als nächstes wird jedes Element der Struktur initialisiert. Da es für umfangreiche Strukturen mit vielen Elementen sehr aufwändig wäre, jedes einzeln zu initialisieren, verwendet man dazu die Funktion `ZeroMemory`. Dieser Funktion muss ein Zeiger auf die Struktur, die initialisiert werden soll, sowie die Größe der Struktur übergeben werden.

Ein weiterer Punkt, der Sie zunächst verwirren könnte, ist, dass fast jede Struktur, die in DirectX verwendet wird, ein Element hat, dem Sie die Größe der Struktur zuweisen müssen. Diese auf den ersten Blick seltsame Vorgehensweise ist nötig, da DirectX anhand der Strukturgröße feststellt, um welche Version einer Struktur es sich handelt und die Elemente nur so richtig interpretieren kann.

Danach wird dem Element `dwFlags` der Wert `DDSD_CAPS` zugewiesen. Damit geben wir an, dass das Element `ddsCaps` der Struktur `ddsd` von `CreateSurface` berücksichtigt werden soll.

`ddsd.ddsCaps.dwCaps` wird die Kombination der Werte `DDSCAPS_PRIMARYSURFACE` und `DDSCAPS_VIDEOMEMORY` zugewiesen. Damit wird festgelegt, dass es sich bei der Oberfläche, die erzeugt werden soll, um eine primäre Oberfläche handelt, die im Videomemory, also im Grafikkartenspeicher, angelegt werden soll.

Neben dem Flag `DDSCAPS_PRIMARYSURFACE` und `DDSCAPS_VIDEOMEMORY` gibt es eine Reihe weiterer Angaben, mit denen man bestimmen kann, welche Art von Oberfläche erzeugt werden soll. Mit `DDSCAPS_SYSTEMMEMORY` legen Sie z.B. eine Oberfläche im Hauptspeicher des Systems an. Die primäre Oberfläche kann aber nur im Grafikspeicher angelegt werden.

Welche Auswirkungen die verschiedenen Angaben auf die Geschwindigkeit der Anwendung haben, werden wir im nächsten Kapitel sehen.

Zum Schluss müssen Sie noch die Methode `CreateSurface` aufrufen, die die Oberfläche anlegt.

17.2.5 Clipper

Wenn Sie eine primäre Oberfläche in DirectDraw anlegen, können Sie auf den gesamten Bildschirmspeicher, der gerade angezeigt wird, zugreifen. Da unsere erste Anwendung im Fenstermodus arbeiten soll, müssen aber noch weitere Elemente wie Icons, die Startleiste oder andere Fenster im Bildschirmspeicher verwaltet werden.

Damit wir nicht versehentlich in Speicherbereiche schreiben, die nicht für das Fenster unserer Anwendung bestimmt sind, kann man den Speicherzugriff beschränken. Dazu müssen wir einen Clipper (clip, wegschneiden) einrichten.

Der Begriff Clipping bezeichnet das Entfernen von Bildteilen, bevor Sie auf dem Bildschirm dargestellt werden. Sie werden diesen Begriff auch im 3D-Grafikbereich wieder finden. Im Zusammenhang mit DirectDraw und dem Fensterbetrieb unter Windows bedeutet er, dass Ausgaben auf den Fensterbereich beschränkt werden.

Ein DirectDrawClipper-Objekt verwaltet dazu im Prinzip eine Liste, in der gültige Fensterbereiche gespeichert werden. Es reicht nicht nur den Fensterbereich Ihrer Applikation zu speichern, da es vorkommen kann, dass Ihr Fenster, wie in Abbildung 17.3 zu sehen, von anderen überdeckt werden kann.

Abb. 17.3: Überdeckung des Anwendungsfensters

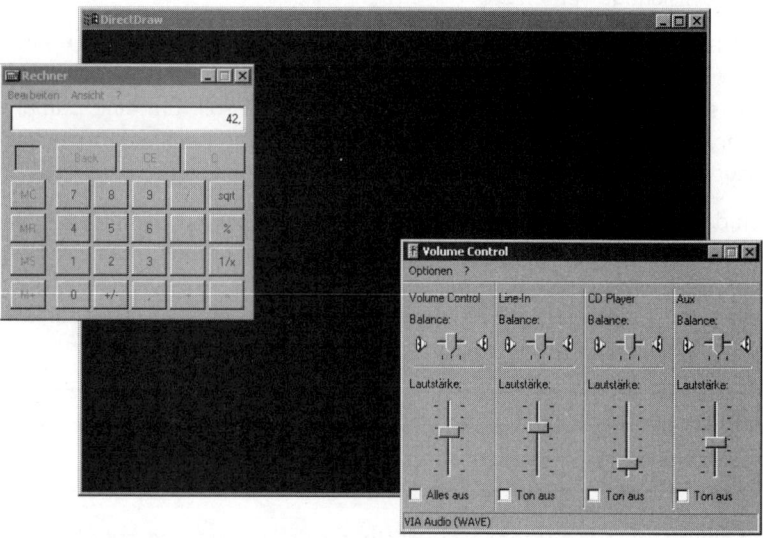

Überall dort, wo sich andere Fenster befinden, darf nicht in den Speicher geschrieben werden, da die Fensterinhalte dadurch überdeckt würden.

Um einen Clipper anzulegen, müssen Sie folgende Methode des Direct-Draw-Objekts aufrufen:

```
HRESULT CreateClipper(
        DWORD dwFlags,
        LPDIRECTDRAWCLIPPER FAR* lplpDClipper,
        IUnknown DAR* pUnkOuter
);
```

Der erste Parameter ist reserviert und muss auf 0 gesetzt werden. Der zweite Parameter ist die Adresse eines Zeigers, der auf den Clipper, der angelegt wird, zeigen soll. Auch der dritte Parameter ist reserviert und muss auf NULL gesetzt werden. Der Aufruf der Methode sieht also so aus:

```
// Zeiger auf den Clipper
LPDIRECTDRAWCLIPPER lpDDClipper = NULL;

// Clipper-Objekt anlegen
if(FAILED(lpDD7->CreateClipper(NULL,&lpDDClipper,NULL)))
{
    // Fehlerbehandlung
}
```

Nachdem Sie den Clipper angelegt haben, müssen Sie noch zwei weitere Dinge durchführen. Zuerst müssen Sie dem Clipper mitteilen, für welches Fenster er Grafikausgaben überwachen soll. Dazu rufen Sie die Methode SetHWnd des Clipper-Objekts auf.

```
HRESULT SetHWnd(DWORD flags, HWND hWnd);
```

Der erste Parameter der Methode ist wieder reserviert, und Sie müssen 0 übergeben. Als zweiten Parameter müssen Sie das Fenster-Handle des Fensters angeben, für das der Clipper arbeiten soll.

```
// Clipper mit dem Fenster verbinden
if(FAILED(lpDDClipper->SetHWnd(0,hWnd)))
{
    // Fehlerbehandlung
}
```

Dann muss der Clipper noch mit der primären Oberfläche verbunden werden. Dazu besitzt das Oberflächen-Objekt die Methode SetClipper, der Sie den Zeiger auf den Clipper übergeben müssen:

```
// Clipper mit der Oberfläche verbinden

if(FAILED(lpDDSPrimary->SetClipper(lpDDClipper)))
{
    // Fehlerbehandlung
}
```

289

Damit haben wir alle Initialisierungen, die für eine DirectDraw-Fensteranwendung nötig sind, besprochen. Wir können nun eine Funktion `Init-DirectDraw` schreiben, die sich um die Initialisierungen kümmert.

17.2.6 Blitting

Nachdem nun alle Vorbereitungen getroffen sind, können wir endlich etwas auf den Bildschirm ausgeben. DirectDraw bietet keine Methode oder Funktionen, um geometrische Objekte, wie Ellipsen oder Kurven, auf den Bildschirm auszugeben. Für solche Funktionen kommt das GDI in Frage.

Die Grafikfunktionen von DirectDraw beschränken sich auf das Kopieren und Füllen von Oberflächen.

Heutige Grafikkarten können Speicherbereiche beim Kopieren skalieren (vergrößern oder verkleinern), rotieren (drehen) oder bestimmte Farben maskieren (vom Kopieren ausschließen). Die Funktionen, die das Kopieren durchführen, werden Blit-Funktionen genannt.

Die Bezeichnung Blt oder Blit (bit block transfer) geht auf die ersten Grafikcoprozessoren zurück, die Blitter genannt wurden, da sie in der Lage waren, Speicher (Bits) blockweise zu verschieben.

Die einfachste Form eines Blits ist das Füllen einer Oberfläche mit einer bestimmten Farbe. Ein Blit kann aber auch ein Kopiervorgang sein, bei dem eine Oberfläche oder ein Teil einer Oberfläche in eine andere kopiert wird. Die folgende Abbildung verdeutlicht, wie Sie sich die Blits vorstellen können.

Abb. 17.4:
Kopieren und
Füllen von
Oberflächen

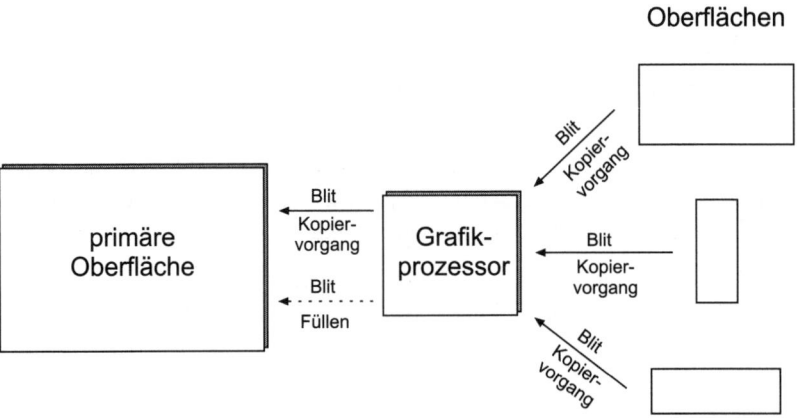

Wenn eine Oberfläche kopiert werden soll, kann diese entweder im Hauptspeicher oder Grafikkartenspeicher liegen, je nachdem, wo sie erzeugt wurde. Blits vom Grafikspeicher in den Grafikspeicher sind schneller als Blits vom Hauptspeicher in den Grafikspeicher. Die Oberfläche, die kopiert wird, nennt man die Quelloberfläche (source surface). Die Oberfläche, auf die kopiert wird, ist die Zieloberfläche (destination surface).

Wie man Oberflächen in verschiedenen Speicherbereichen erzeugt, und welche Auswirkungen dies hat, lernen Sie in Kapitel 19. In diesem Kapitel sollen Sie sich mit den Grundbegriffen vertraut machen.

Wenn eine Oberfläche oder ein Teil einer Oberfläche mit einer Farbe gefüllt werden soll, wird dies bei den meisten Grafikkarten direkt vom Grafikprozessor durchgeführt und ist somit sehr schnell.

DirectDraw verfügt über zwei Methoden, mit denen Blits durchgeführt werden können. Die Methode `BltFast` kann einen rechteckigen Bereich von einer Oberfläche auf eine andere kopieren. Diese Methode bietet wenig Einstellungsmöglichkeiten und berücksichtigt die Vorgaben des Clippers nicht. Sie ist dafür aber sehr schnell.

```
HRESULT BltFast(
    DWORD dwX,
    DWORD dwY,
    LPDIRECTDRAWSURFACE7 lpDDSrcSourface,
    LPRECT lpSrcRect,
    DWORD dwTrans
);
```

`dwX` und `dwY` bestimmen die Koordinaten, an die die Oberfläche, auf die `lpDDSrcSourface` zeigt, kopiert werden soll.

Am Koordinatensystem hat sich im Vergleich zum GDI nichts geändert. Die linke obere Ecke hat die Koordinate (0,0). Die X-Werte werden nach rechts hin größer, die Y-Werte wachsen nach unten hin.

`lpSrcRect` ist ein Zeiger auf eine Variable vom Typ `RECT`. Wenn Sie hier `NULL` angeben, wird die gesamte Oberfläche kopiert. Wenn Sie die Adresse eines Rechtecks angeben, wird dieser Teil aus der Oberfläche kopiert.

Der Parameter `dwTrans` gibt an, wie der Kopiervorgang durchgeführt werden soll. Die folgende Tabelle zeigt, welche Angaben möglich sind.

291

Tabelle 17.3:
Mögliche Flags
für BltFast

Flag	Bedeutung
DDBLTFAST_DESTCOLORKEY	Colorkey der Zieloberfläche verwenden
DDBLTFAST_NOCOLORKEY	keine Colorkeys berücksichtigen
DDBLTFAST_SRCCOLORKEY	Colorkey der Quelloberfläche berücksichtigen
DDBLTFAST_WAIT	wartet, wenn der Blitter beschäftigt ist so lange, bis die Operation ausgeführt werden kann

Die ersten drei Flags haben mit dem Konzept der Colorkeys zu tun. Mit Colorkeys können Sie Farbbereiche festlegen, die vom Kopieren ausgeschlossen (maskiert) werden sollen. Welche Bedeutung und Auswirkung diese Flags im Einzelnen haben, werden wir im nächsten Kapitel klären.

Das letzte Flag, DDBLTFAST_WAIT, wirkt sich dann aus, wenn der Blitter gerade mit einer anderen Aufgabe beschäftigt ist. Der Grafikprozessor und die CPU können unabhängig voneinander arbeiten. Wenn der Grafikprozessor eine Anweisung bekommt, kann er weitgehend selbständig arbeiten, bis er seine Aufgabe erledigt hat, ohne dass die CPU warten muss,. Dies führt im Allgemeinen zu einer erheblichen Leistungssteigerung.

Andererseits kann es aber auch dazu kommen, dass der Grafikprozessor sehr viele Anweisungen hintereinander bekommt, die er nicht alle sofort bearbeiten kann. In diesem Fall generiert BltFast die Fehlermeldung DDERR_WASSTILLDRAWING. Wenn Sie das Flag DDBLTFAST_WAIT übergeben, wartet BltFast so lange, bis der Blitter alle anstehenden Aufgaben ausgeführt hat und der gewünschte Blit ausgeführt werden kann.

Die Grafikprozessoren heutiger Grafikkarten verfügen über einen Puffer, der viele Blits speichern kann, so dass es nur noch sehr selten vorkommt, dass das Programm auf den Blitter warten muss.

Der folgende Quellcodeabschnitt zeigt, wie man die Methode BltFast nutzt.

```
LPDIRECTDRAWSURFACE7 lpDDPrimary;
LPDIRECTDRAWSURFACE7 lpDDSurface;

// Oberflächen lpDDPrimary und lpDDSurface erzeugen


// Oberfläche lpDDSurface an die Position
lpDDPrimary->BltFast(10,10,lpDDSurface,NULL,DDBLTFAST_WAIT);
```

In diesem Beispiel wird der gesamte Inhalt der Oberfläche lpDDSurface an die Koordinaten 10,10 der primären Oberfläche (lpDDPrimary) kopiert.

Bevor Sie den Blit ausführen können, müssen Sie natürlich dafür sorgen, dass die Oberflächen korrekt erzeugt worden sind.

Die zweite Methode, mit der Sie Blits ausführen können, ist Blt. Diese Methode ist in manchen Fällen etwas langsamer als BltFast, bietet aber auch mehr Flexibilität. Unter anderem kann Blt Oberflächen beim Kopieren skalieren, berücksichtigt Clipper-Informationen und übernimmt auch das Füllen von Oberflächen. Der Aufbau von Blt sieht so aus:

```
HRESULT Blt(
    LPRECT lpDestRect,
    LPDIRECTDRAWSURFACE7 lpDDSrcSurface,
    LPRECT lpSrcRect,
    DWORD dwFlags,
    LPDDBLTFX lpDDBltFx;
);
```

Der erste Parameter, lpDestRect, ist ein Zeiger auf eine Variable vom Typ RECT. In dieser Variablen können Sie ein Rechteck in der Zieloberfläche angeben, in das kopiert werden soll. lpDDSrcSurface ist der Zeiger auf die Quelloberfläche. Mit lpSrcRect können Sie ein Rechteck auf der Quelloberfläche angeben. Das Kopieren mit Blt soll die folgende Abbildung verdeutlichen.

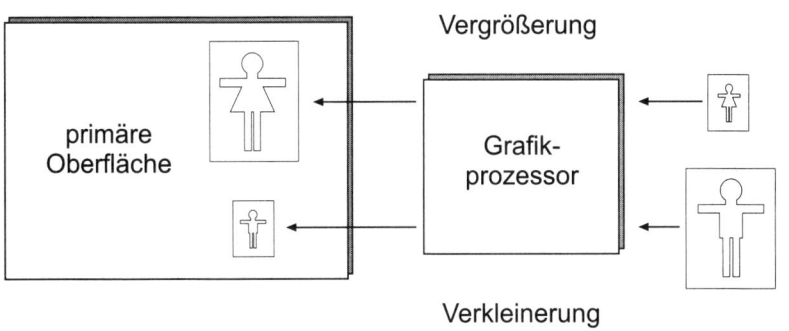

Abb. 17.5:
Skalierung bei
Kopiervorgängen

Für dwFlags können, wie schon bei BltFast, eine Reihe von Konstanten übergeben werden, die Einfluss auf den Kopiervorgang haben. Da sich diese Konstanten aber auch auf den letzten Parameter, lpDDBltFx, auswirken, wollen wir uns diesen zuerst anschauen.

In der DDBLTFX-Struktur können Effekte, die beim Kopieren oder beim Füllen von Flächen zum Einsatz kommen sollen, angegeben werden. Diese Struktur ist sehr umfangreich, so dass wir uns auch hier auf die wichtigsten Elemente beschränken. Einige Elemente, wie etwa die Flags, die mit Alpha-

293

Kanal zu tun haben, werden sowieso in DirectDraw nicht unterstützt. Die folgende Tabelle fasst die Elemente zusammen.

Tabelle 17.4:
Elemente der
Struktur
DDBLTFX

Element	Bedeutung
dwSize	Angabe der Strukturgröße
dwDDFX	Operationen, die beim Kopieren angewendet werden sollen
dwRotationAngle	Rotationswinkel – nur selten unterstützt
dwFillColor	Füllfarbe für die Oberfläche
ddckDestColorkey	Colorkey für die Zieloberfläche
ddckSrcColorkey	Colorkey für die Quelloberfläche

Dem Element dwSize müssen Sie die Größe der Struktur mit Hilfe des sizeof-Operators zuweisen.

Für das Element dwDDFX können Sie einige Konstanten angeben, mit denen die Oberfläche vor dem Kopieren um festgelegte Gradzahlen (90 oder 180) rotiert oder gespiegelt wird. Leider hängt die Durchführbarkeit dieser Funktionen stark davon ab, ob sie von der Grafikkarte unterstützt werden. Während die Spiegelung an der x- oder y-Achse häufig möglich ist, findet man für Rotationen kaum Unterstützung. Auch das Element dwRotationAngle, dem man beliebige Winkel zuweisen kann, wird kaum berücksichtigt.

Dem Element dwFillColor weisen Sie die Farbe zu, in der eine Oberfläche gefüllt werden soll. Bei den 24- oder 32-Bit-Videomodi können Sie hier einen RGB-Wert (8:8:8) angeben. Bei Videomodi mit kleineren Farbtiefen müssen Sie sich vorher über die Interpretation der Farbwerte informieren.

Die beiden Elemente ddckSrcColorkey und ddckDestColorkey haben mit Farbmaskierungen und Colorkeys zu tun.

Jetzt, wo Sie die Struktur DDBLTFX kennen, können wir auf dwFlags zurückkommen. Die folgende Tabelle enthält die wichtigsten Konstanten, die Sie angeben können.

Tabelle 17.5:
Wichtige Flags
zur Verwen-
dung der Me-
thode BltFast

Flag	Bedeutung
DDBLT_COLORFILL	das Element dwFillColor der DDBLTFX-Struktur soll berücksichtigt werden
DDBLT_DDFX	das Element dwDDFX der DDBLTFX-Struktur soll berücksichtigt werden
DDBLT_KEYDESTOVERRIDE	das Element dwDDFX der DDBLTFX-Struktur soll berücksichtigt werden

Flag	Bedeutung
DDBLT_KEYDEST	Colorkey-Informationen der Zieloberfläche berücksichtigen
DDBLT_KEYSRCOVERRIDE	das Element dwDDFX der DDBLTFX-Struktur soll berücksichtigt werden
DDBLT_KEYSRC	Colorkey-Informationen der Quelloberfläche berücksichtigen
DDBLT_ROTATIONANGLE	das Element dwRotationAngle der DDBLTFX-Struktur soll berücksichtigt werden
DDBLT_WAIT	gleiche Bedeutung wie DDBLTFAST_WAIT bei BltFast

Tabelle 17.5: Wichtige Flags zur Verwendung der Methode BltFast (Fortsetzung)

Die meisten Flags geben an, welche Elemente der Struktur DDBLRFX berücksichtigt werden sollen. Welche Operationen eine Grafikkarte unterstützt, können Sie mit Hilfe des Programms *DirectX Caps Viewer* feststellen.

Die folgenden Aufrufe zeigen einige Beispiele für die Nutzung der Methode Blt.

```
DDBLTFX BlitFX;
ZeroMemory(&BlitFX,0);
BlitFX.dwSize = sizeof(BlitFX);

// Hintergrund Farbe auf Schwarz setzen
BlitFX.dwFillColor = 0;

// die primäre Oberfläche komplett mit Schwarz füllen
lpDDSPrimary->Blt(NULL,NULL,NULL,DDBLT_COLORFILL,&BlitFX);
```

In der Struktur BlitFX wird nach der Initialisierung nur das Element dwFillColor verwendet, um die Oberfläche zu füllen. Da die Oberfläche komplett gefüllt werden soll, müssen Sie kein Rechteck angeben. Da von keiner Quelloberfläche kopiert werden soll, können auch die Parameter lpDDSrcSurface und lpSrcRect auf NULL gesetzt werden. Beim Aufruf von Blt muss dann angegeben werden, welche Elemente der BlitFX-Struktur berücksichtigt werden sollen.

Das nächste Beispiel zeigt, wie man Blt nutzen kann, um einen Bereich zu kopieren und dabei zu vergrößern.

```
LPDIRECTDRAWSURFACE7 lpDDPrimary;
LPDIRECTDRAWSURFACE7 lpDDSurface;

// primäre Oberfläche und lpDDSurface müssen gültig sein

RECT DestR, SrcR;
```

295

```
DestR.top  = 100; DestR.bottom = 400;
DestR.left = 100; DestR.right  = 400;

SrcR.top  = 100; SrcR.bottom = 200;
SrcR.left = 100; SrcR.right  = 200;

lpDDSPrimary->Blt(&DestR,&SrcR,lpDDSurface,DDBLT_WAIT,NULL);
```

Hier werden zwei Rechtecke definiert. `DestR` definiert ein Rechteck auf der Zieloberfläche, `SrcR` beschreibt ein Rechteck auf der Quelloberfläche. Da das Zielrechteck größer ist, wird der zu kopierende Bereich beim Blitten automatisch vergrößert.

Da keine weiteren Operationen während des Kopierens durchgeführt werden sollen, muss `NULL` als letzter Wert übergeben werden.

In der Dokumentation zu DirectX 7 werden Sie noch die Methode `BltBatch` finden, die aber leider von den DirectX-Entwicklern nicht implementiert worden ist und daher nicht nutzbar ist.

17.2.7 Die Funktion Error

Bei den Beispielen in diesem Kapitel haben wir den Rückgabewert bei jedem Aufruf einer DirectDraw-Funktion mit dem Makro `FAILED` überprüft. Dies sah bisher folgendermaßen aus:

```
if(FAILED(lpDD7->CreateSurface(&ddsd,&lpDDSPrimary,NULL)))
{
    // Fehlerbehandlung
}
```

Ich will Ihnen an dieser Stelle eine einfache Möglichkeit vorstellen, wie man die Fehlerbehandlung durchführen kann. Dazu schreiben wird die Funktion `Error`. In dieser Funktion wird `OutputDebugString` genutzt, um die übergebene Fehlermeldung in den Visual C++-Ausgabebereich auszugeben. Zusätzlich wird ein Fenster mit einer Fehlermeldung generiert. Die Funktion `Error` sieht so aus:

```
1: int Error(char* msg)
2: {
4:     // Nachricht ausgeben
4:     OutputDebugString(msg);
5:     OutputDebugString("\n");
6:
7:     // MessageBox ausgeben
8:     MessageBox(hWnd,msg,"Fehler",MB_OK);
```

```
 9:
10:    return -1;
11: }
```

Die Fehlermeldung müssen Sie als String übergeben. Sie sollte das Problem möglichst präzise beschreiben:

```
if(FAILED(lpDD7->CreateSurface(&ddsd,&lpDDSPrimary,NULL)))
{
    Error("Fehler beim Anlegen der Oberfläche");
    return -1;
}
```

In den Beispielprogrammen wird diese Funktion immer aufgerufen, um den Rückgabewert einer DirectX-Funktion auszuwerten.

In manchen Fällen kann es störend sein, wenn ein Meldungsfenster generiert wird, da dies bestätigt werden muss. Besonders, wenn Grafikoperationen fehlschlagen ist es möglich, dass Sie das Fenster gar nicht erst zu sehen bekommen. In solchen Fällen empfiehlt es sich, die Zeile mit dem Message-Box-Aufruf auszukommentieren und nur mit OutputDebugString zu arbeiten.

17.2.8 Freigeben von Objekten

Da das DirectDraw-Objekt, der Clipper oder auch die primäre Oberfläche COM-Objekte sind, müssen diese wieder frei gegeben werden, wenn die Anwendung beendet wird. Dazu muss die Methode Release des jeweiligen Objekts aufgerufen werden.

Für die Freigabe der DirectDraw-Objekte schreiben wir eine Funktion, die folgendermaßen aussieht:

```
 1: // die Objekte freigeben
 2: void CleanupDirectDraw(void)
 3: {
 4:     // Prüfen, ob die Zeiger gültig sind
 5:     if(NULL != lpDDSPrimary)
 6:     {
 7:         lpDDSPrimary->Release();
 8:         lpDDSPrimary = NULL;
 9:     }
10:     if(NULL != lpDDClipper)
11:     {
12:         lpDDClipper->Release();
13:         lpDDClipper = NULL;
```

Listing 17.1: CleanupDirect-Draw gibt DirectDraw-Objekte frei

```
14:    }
15:    if(NULL != lpDD7)
16:    {
17:        lpDD7->Release();
18:        lpDD7 = NULL;
19:    }
20: }
```

In dieser Funktion wird immer geprüft, ob der Zeiger auf ein Objekt zeigt. Wenn dies der Fall ist, wird die Methode Release des Objekts aufgerufen. Durch das Vergleichen des Zeigers mit NULL ist sichergestellt, dass es zu keinen Problemen kommt, wenn Sie versuchen, ein Objekt, das nicht angelegt werden konnte, freizugeben, oder die Funktion CleanUpDirectDraw versehentlich mehrmals aufrufen.

Wichtig ist auch die Reihenfolge, in der Sie die Objekte frei geben, da manche Objekte auf andere verweisen können. Das DirectDraw-Objekt muss z.B. immer als letztes frei gegeben werden.

17.2.9 Das Beispielprogramm

Das erste Beispielprogramm zu diesem Kapitel erzeugt ein Fenster, initialisiert DirectDraw und blittet einige farbige Rechtecke in das Fenster.

Wie schon erwähnt, baut es auf dem Gerüst des Windows-Programms aus den letzten Kapiteln auf. Zusätzlich verwenden wir die Funktion InitDirectDraw, die die Initialisierung von DirectDraw und die Erzeugung des Clippers übernimmt. Wenn das Programm beendet werden soll, müssen wir die Funktion CleanUpDirectDraw aufrufen, die die reservierten Ressourcen frei gibt. Diese Funktion wird in der Callback-Funktion aufgerufen, wenn die Nachricht WM_DESTROY empfangen wird.

Die Grafikausgabe wird in der Funktion Render durchgeführt. Diese Funktion sieht folgendermaßen aus:

Listing 17.2:
Die Funktion
Render zur
Grafikausgabe
mit Direct-
Draw

```
1: void Render(void)
2: {
3:     // Eine Struktur für Bliteffekte anlegen
4:     DDBLTFX DDBltFX;
5:
6:     // Initialisieren und Größe festlegen
7:     ZeroMemory(&DDBltFX,sizeof(DDBltFX));
8:     DDBltFX.dwSize = sizeof(DDBltFX);
9:
10:    RECT r;
11:    POINT p1, p2;
12:
```

```
13:    // Punkte für das spätere Rechteck festlegen
14:    p1.x =  50; p1.y =  50;
15:    p2.x = 100; p2.y = 100;
16:
17:    // Koordinaten aus dem Fenster in
18:    // Bildschirmkoordinaten umrechnen
20:    ClientToScreen(hWnd,&p1);
21:    ClientToScreen(hWnd,&p2);
22:
23:    // aus den Punkten ein Rechteck aufbauen
24:    r.left   = p1.x; r.right  = p2.x;
25:    r.top    = p1.y; r.bottom = p2.y;
26:
27:    for(int i=0;i<256;i++)
28:    {
29:        // Farbe setzen
30:        DDBltFX.dwFillColor = i*i*i;
31:
32:        // Rechteck nach rechts unten verschieben
33:        r.left++;  r.top++;
34:        r.right++; r.bottom++;
35:
36:        // Rechteck auf den Bildschirm ausgeben
37:        if(FAILED(lpDDSPrimary->Blt(&r,NULL,NULL,
38:                DDBLT_COLORFILL | DDBLT_WAIT,&DDBltFX)))
39:        {
40:            Error("Blt ist fehlgeschlagen");
41:            return;
42:        }
43:    }
44: }
```

Zu Beginn des Programms werden eine DDBLTFX-, eine RECT- sowie zwei POINT-Strukturen angelegt. Die Verwendung der POINT-Struktur ist nötig, da DirectDraw nicht mit Fensterkoordinaten arbeiten kann, sondern nur mit absoluten Bildschirmkoordinaten. Sie müssen die Koordinaten also umrechnen. Dazu gibt es die Funktion ClientToScreen. Dieser Funktion müssen Sie das Fenster-Handle und jeweils ein Koordinatenpaar des Rechtecks übergeben.

In der Schleife werden 256 Rechtecke in unterschiedlichen Farben in das Fenster geblittet und jeweils um einen Pixel verschoben. Dabei wird das Element dwFillColor auf i*i*i gesetzt. Dieser Wert hat keine bestimmte Bedeutung. Ich habe ihn gewählt, da so unabhängig vom Videomodus, unterschiedliche Farben entstehen.

Auf der CD-ROM finden Sie das Beispiel *DDFenster*, das alle beschriebenen Funktionen nutzt.

299

17.3 Eine Fullscreen-Anwendung

Die meisten Spiele laufen nicht im Fenster, sondern ausschließlich im Fullscreen-Modus. In diesem Modus hat Ihre Anwendung die alleinige Kontrolle über die Grafikkarte.

Mit einem Fullscreen-Modus zu arbeiten, ist nicht komplizierter als die Arbeit mit einem Fenster-Modus. Die Erzeugung und Verwendung des Clippers kann sogar wegfallen, da keine anderen Fenster mehr berücksichtigt werden müssen.

Die erste Änderung, die nötig ist, betrifft den Stil des verwendeten Fensters. Hier müssen Sie den Stil WS_OVERLAPPEDWINDOW gegen WS_POPUP austauschen. Dadurch werden beim Anzeigen des Fensters kein Rahmen und keine Titelleiste dargestellt.

Die nächste Änderung betrifft die Methode SetCooperativeLevel. Hier müssen Sie anstatt DDSCL_NORMAL die beiden Werte DDSCL_EXCLUSIVE und DDSCL_FULLSCREEN angeben.

Wenn Sie eine andere Auflösung oder eine andere Farbtiefe als die gerade aktuelle nutzen wollen, müssen Sie nach SetCooperativeLevel die folgende Methode aufrufen.

```
HRESULT SetDisplayMode(
        DWORD dwWidth,
        DWORD dwHeight,
        DWORD dwBPP,
        DWORD dwRefreshRate,
        DWORD dwFlags
);
```

Die ersten beiden Parameter geben die Breite und die Höhe des gewünschten Videomodus an. Sie können hier nur Wertekombinationen angeben, die einem Modus entsprechen, den Ihre Grafikkarte unterstützt. Mit dem nächsten Parameter, dwBPP, können Sie eine Farbtiefe angeben. Auch hier müssen Sie wieder darauf achten, dass die Farbtiefe von der Grafikkarte unterstützt wird. Der vierte Parameter kann zur Angabe einer gewünschten Bildwiederholfrequenz verwendet werden. Wenn Sie hier 0 übergeben, wird die Standard-Wiederholfrequenz des gewählten Modus verwendet. Der letzte Parameter ist nur dann von Bedeutung, wenn Sie einen älteren Modus mit einer Auflösung von 320*200 Bildpunkten nutzen wollen. Sie können diesen Parameter auf 0 setzen.

Als letztes können Sie noch die Funktionsaufrufe, die mit der Erzeugung des Clippers zu tun haben, weglassen. Da es sich bei allen weiteren Beispielen um Fullscreen-Anwendungen handelt, werden wir den Clipper nicht mehr einsetzen. Damit sind schon alle nötigen Änderungen durchgeführt, um einen Fullscreen-Modus einzustellen. Die geänderte Initialisierungsfunktion finden Sie im Beispiel *DDFullscreen*.

Bei einer Fullscreen-Anwendung, bei der Sie die Auflösung ändern, schaltet das DirectDraw-Objekt beim Beenden der Anwendung wieder in den zuletzt benutzten Videomodus zurück. Sie brauchen die Daten des aktuellen Videomodus also nicht zu speichern.

17.4 Nutzung von GDI-Funktionen

Aufgrund der Architektur von DirectDraw ist es möglich, GDI-Funktionen auf Oberflächen anzuwenden. Sie sollten jedoch keinen übermäßigen Gebrauch von GDI-Funktionen machen, da das GDI nicht sehr schnell arbeitet. Da das GDI aber so viele nützliche Funktionen bietet, ist es manchmal sehr nützlich, um bestimmte Ausgaben, wie z.B. Text, auf die Oberfläche vorzunehmen.

Fast alle GDI-Funktionen benötigen ein Handle des Device Context des Objekts, auf das gezeichnet werden soll. Um ein Handle einer DirectDraw-Oberfläche zu erhalten, müssen Sie die Methode:

```
HRESULT GetDC(HDC FAR* lphDC);
```

aufrufen. Wenn Sie das Handle nicht mehr benötigen, müssen Sie unbedingt

```
HRESULT ReleaseDC(HDC hDC);
```

aufrufen, da die Oberfläche zwischen den Aufrufen von `GetDC` und `ReleaseDC` für alle anderen Operationen gesperrt ist.

Der folgende Codeausschnitt zeigt, wie man Text und eine Ellipse in eine Oberfläche ausgibt.

```
HDC hDC;

if(FAILED(lpDDSPrimary->GetDC(&hDC)))
{
    Error("DC ist nicht verfügbar");
}

// Textfarbe und Ausgabemodus setzen
SetTextColor(hDC,RGB(255,0,0);
SetBkMode(TRANSPARENT);
```

```
// Text und Ellipse ausgeben
TextOut(hDC,320,200, "GDI-Text",8);
Ellipse(hDC,350,200,400,230);

// Wichtig !!! Device Context wieder freigeben
lpDDSPrimary->ReleaseDC(hDC);
```

Das Programm *DDGDI* auf der CD-ROM zeigt ein Beispiel für den Einsatz des GDI mit Oberflächen.

17.5 Bestimmung der Farbe

Wollen Sie eine Farbe, z.B. die Füllfarbe der primären Oberfläche, festlegen, müssen Sie einen RGB-Wert angeben. Dies ist in einem 32 oder 24 Bit-Modus (8:8:8) recht einfach. Hier hat jede Farbkomponente einen Wert zwischen 0 und 255. Sie können den Wert dann problemlos als Hexadezimalwert angeben.

```
DDBltFX.dwFillColor = 0x0F0F0F;
```

Bei Farbtiefen von kleiner als 24 Bit müssen Sie den Farbwert zur Laufzeit berechnen, da Sie nicht wissen können, auf welche Art die Grafikkarte, auf der Ihre Anwendung läuft, Farben darstellt. Wie eingangs erwähnt, kann dies ein 16 Bit-Modus, bei dem die Farbkomponenten im Verhältnis 5:6:5 oder 5:5:5, sein.

Glücklicherweise bietet DirectDraw eine Funktion, mit der man die Farbtiefe und das Verhältnis der Farbtiefen abfragen kann. Es handelt sich um die Methode:

```
HRESULT GetPixelFormat(LPDDPIXELFORMAT lpDDPixelFormat);
```

Sie müssen dieser Methode einen Zeiger auf eine Struktur vom Typ DDPIXELFORMAT übergeben, die die gewünschten Informationen enthält. Für unsere Zweck sind die Elemente dwRGBBitCount, dwRBitMask, dwGBitMask und dwBBitMask interessant:

dwRGBBitCount gibt die Anzahl der verwendeten Bits pro Pixel an,

dwRBitMask gibt die Bitmaske für den Rotanteil des Pixels an,

dwGBitMask gibt die Bitmaske für den Grünanteil des Pixels an,

dwBBitMask gibt die Bitmaske für den Blauanteil des Pixels an.

Die folgende Tabelle zeigt die Werte der einzelnen Elemente für einen 5:6:5 und einen 5:5:5 Modus.

Element	Wert
dwRGBBitCount 5:6:5	16
dwRBitMask	0000000000011111
dwGBitMask	0000011111100000
dwBBitMask	1111100000000000
dwRGBBitCount 5:5:5	15
dwRBitMask	0000000000011111
dwGBitMask	0000001111100000
dwBBitMask	0111110000000000

Tabelle 17.6: Bitmasken verschiedener 16 Bit Modi

Um am gewohnten System festzuhalten, das besagt, dass jede Farbkomponente einen Wert von 0 bis 255 haben kann, müssen wir ein paar Berechnungen durchführen. Zum einen muss das Pixelformat festgestellt werden; dies kann unmittelbar nach dem Setzen des gewünschten Videomodus und dem Anlegen der primären Oberfläche geschehen. Zum anderen müssen wir die Farbmasken und die Gesamtanzahl der Bits speichern. Dazu schreiben wir die Funktion DeterminePixelFormat.

```
// globale Variablen

int ShiftRed   = 0;
int ShiftGreen = 0;
int ShiftBlue  = 0;
int PosRed     = 0;
int PosGreen   = 0;
int PosBlue    = 0;


void DeterminePixelFormat(LPDIRECTDRAWSURFACE7 lpDDSurface)
{
    // Pixelformat bestimmen
    DDPIXELFORMAT ddpf;
    ddpf.dwSize = sizeof(ddpf);
    lpDDSurface->GetPixelFormat(&ddpf);

    // Position der Maske für Rot bestimmen
    while(0 == (ddpf.dwRBitMask & 1))
    {
        ddpf.dwRBitMask >>= 1;
        PosRed++;
    }

    if(ddpf.dwRBitMask == 31)
    {
```

```
        ShiftRed = 3;
    }
    else
    {
        ShiftRed = 2;
    }

    // Position der Maske für Grün bestimmen
    while(0 == (ddpf.dwGBitMask & 1))
    {
        ddpf.dwGBitMask >>= 1;
        PosGreen++;
    }

    if(ddpf. dwGBitMask == 31)
    {
        ShiftGreen = 3;
    }
    else
    {
        ShiftGreen = 2;
    }

    // Maske für blau beginnt immer bei 0
    PosBlue = 0;

    if(ddpf. dwGBitMask == 31)
    {
        ShiftBlue = 3;
    }
    else
    {
        ShiftBlue = 2;
    }
}
```

Obwohl diese Funktion kompliziert aussieht, macht sie nichts anderes, als die Anzahl der reservierten Bits für jede Farbkomponente zu zählen. Dies geschieht in der jeweiligen while-Schleife. Für die Blau-Komponente kann dieser Schritt entfallen, da sich die Bitmaske des Blauanteils immer ganz rechts befindet. In der if-Anweisung wird getestet, wie viele Bits für die Farbkomponenten zur Verfügung stehen. In Abhängigkeit davon werden die globalen Variablen gesetzt.

Mit diesen Werten können wir dann die exakte Farbe im jeweiligen Videomodus berechnen. Um dies komfortabel nutzen zu können, schreiben wir eine weitere Funktion.

```
 1: // Farbe berechnen
 2: int CalcColor(int r, int g, int b)
 3: {
 4:     switch(COLOR_DEPTH)
 5:     {
 6:         case 32:
 7:         case 24:
 8:             return ((r<<16) + (g<<8) + b);
 9:         break;
10:
11:         case 16:
12:             return ((( (r) >> ShiftRed)   << PosRed)   +
13:                     (( (g) >> ShiftGreen) << PosGreen) +
14:                     (( (b) >> ShiftBlue)  << PosBlue));
15:
16:         default:
17:             return 0;
18:     }
19:}
```

Listing 17.3:
Die Funktion
CalcColor zum
Berechnen von
Farbwerten

Wenn es sich um einen Truecolor-Modus handelt, müssen wir den Wert jeder Farbkomponente an die richtige Stelle schieben. In den anderen Modi erhält man den gewünschten Wert jeder Farbkomponente, indem man ihn zuerst an die Anzahl der reservierten Bits anpasst und anschließend an die richtige Bitstelle schiebt.

17.6 Zugriff auf weitere Grafikkarten

Unter Windows ist es möglich, eine zweite Grafikkarte, z.B. eine zusätzliche PCI-Grafikkarte oder eine Erweiterungskarte, wie z.B. eine Voodoo-Karte, zu nutzen.

Alle Karten, auf die unter DirectX zugegriffen werden kann, werden als Geräte bezeichnet. Wenn Sie mehr als eine Grafikkarte in Ihrem System haben, wird die erste Grafikkarte als das primäre Gerät bezeichnet.

Mit dem Funktionsaufruf

```
DirectDrawCreateEx(NULL,(void**)&lpDD,IDD_IDirectDraw7,NULL);
```

wird ein DirectDraw-Objekt für das primäre Gerät erzeugt, da für die GUID `NULL` angegeben wird. Dies ist auch in den meisten Fällen ausreichend. Leider bedeutet es aber, dass eine Erweiterungskarte (z.B. Voodoo 1 oder 2) oder eine zusätzliche Grafikkarte nicht von der Applikation genutzt wird. Was ist aber, wenn Sie die DirectDraw-Anwendung auf der zweiten Karte betreiben wollen?

DirectDraw bietet auch für dieses Problem eine Lösung. DirectDraw ist in der Lage, Ihnen Informationen über alle verfügbaren Geräte zu liefern. Die Methode, die dies leistet, ist `DirectDrawEnumerate`. Auch diese Methode gibt es in zwei verschiedenen Varianten, `DirectDrawEnumerate` und `DirectDrawEnumerateEx`. Die Methode `DirectDrawEnumerate` ist für die Erkennung von Erweiterungskarten gedacht. Die Methode `DirectDraw-EnumerateEx` erkennt sowohl Erweiterungskarten als auch zusätzliche Karten, die man einsetzt, um beispielsweise einen zweiten Monitor zu betreiben. Wir wollen uns zuerst näher mit der Funktion

```
HRESULT WINAPI DirectDrawEnumerate(
                LPDDENUMCALLBACK lpCallback,
                LPVOID lpContext
);
```

beschäftigen. Der erste Parameter ist ein Zeiger auf eine Callback-Funktion, die für jedes Gerät, das von DirectDraw gefunden wird, aufgerufen wird. Den zweiten Parameter können Sie für beliebige Daten oder Variablen nutzen, die an die Callback-Funktion übergeben werden sollen. Die Callback-Funktion zum Aufzählen der Geräte muss folgendes Aussehen haben:

```
BOOL WINAPI DDEnumCallback(
                GUID FAR* lpGUID,
                LPSTR lpDriverDescription,
                LPSTR lpDriverName,
                LPVOID lpContext
);
```

Als erster Parameter wird die GUID des gefundenen Gerätes übergeben. Beim zweiten und dritten Wert handelt es sich jeweils um einen String, der das Gerät beschreibt. Der nächste Parameter enthält den Zeiger, den Sie bei der Funktion `DirectDrawEnumerate` als `lpContext` angegeben haben.

Im Beispielprogramm *EnumDevices* wird die Struktur

```
struct EnumInfo
{
    GUID Guid;
    char deviceDesc[100];
    char deviceName[100];
};
```

verwendet, um die Informationen zu den verschiedenen Geräten zu speichern. Der Quellcode der Callback-Funktion sieht folgendermaßen aus:

```
 1: BOOL WINAPI EnumCallFNC(GUID FAR* lpGuid,
 2:                         LPSTR lpDesc,
 3:                         LPSTR lpName
 4                          LPVOID Context)
 5: {
 6:   // Achtung die GUID des ersten Geräts ist NULL
 7:   if(NULL != lpGuid)
 8:   {
 9:       Devices[NumberOfDevices].Guid = *lpGuid;
10:   }
11:   else
12:   {
13:       ZeroMemory(&Devices[NumberOfDevices],
14:                  sizeof(EnumInfo));
15:   }
16:
17:   strcpy(Devices[NumberOfDevices].deviceDesc,lpDesc);
18:   strcpy(Devices[NumberOfDevices].deviceName,lpName);
19:
20:   NumberOfDevices++;
21:
22:   return TRUE;
23: }
```

Listing 17.4: EnumCallFNC speichert Informationen über zusätzliche Geräte

In dem Beispielprogramm werden die Namen und die Beschreibungen der gefundenen Geräte in das Anwendungsfenster ausgegeben. Wenn Sie ein DirectDraw-Objekt für ein Zusatzgerät erzeugen wollen, müssen Sie die GUID des Geräts angeben. Die GUID der gefundenen Geräte werden im Element Guid der Struktur Devices gespeichert.

Der Aufbau der zweiten Funktion, DirectDrawEnumerateEx ist fast gleich:

```
HRESULT WINAPI DirectDrawEnumerateEx(
               LPDDENUMCALLBACKEX lpCallback,
               LPVOID lpContext,
               DWORD dwFlags
);
```

Es gibt aber zwei Unterschiede. Zum einen muss die Callback-Funktion jetzt vom Typ LPDDENUMCALLBACKEX sein, zum anderen ist ein zusätzlicher Parameter, dwFlags, hinzugekommen. Wenn Sie für diesen Parameter DDENUM_ATTACHEDSECONDARYDEVICES und DDENUM_NONDISPLAYDEVICES angeben, liefert Ihnen DirectDraw die primäre Grafikkarte, zusätzliche Grafikkarten sowie Erweiterungskarten.

Mit DirectDrawEnumerateEx hat sich auch der Aufbau der Callback-Funktion geändert. Auch hier kommt ein zusätzlicher Parameter hinzu.

```
BOOL WINAPI DDEnumCallback(
            GUID FAR* lpGUID,
            LPSTR lpDriverDescription,
```

```
        LPSTR lpDriverName,
        LPVOID lpContext,
        HMONITOR hm
);
```

Dieser Parameter ist ein Handle des an die Grafikkarte angeschlossenen Monitors.

Das Beispielprogramm *EnumDevicesEx* zeigt, wie diese Funktionen verwendet werden.

Wenn Sie die Funktion `DirectDrawEnumerate` anstatt `DirectDrawEnumerateEx` aufrufen, erhalten Sie im Visual C++-Ausgabebereich die Information von DirectX, dass `DirectDrawEnumerateEx` weitere Monitore berücksichtigt. Dies ist keine Fehlermeldung, sondern lediglich ein Hinweis.

Unter Windows 98 und Windows 2000 ist es möglich, zwei Monitore an einem Rechner zu betreiben. Wenn Sie eine zweite Grafikkarte und einen zweiten Monitor zur Verfügung haben, können Sie so sehr komfortabel Fullscreen-DirectX-Anwendungen entwickeln. Sie können dann Visual C++ auf einem Bildschirm laufen lassen und die DirectX-Anwendung auf dem zweiten. Auf diese Weise haben Sie die Möglichkeit, die Anwendung zu debuggen, während sie im Fullscreen-Modus läuft, ohne dass zwischen verschiedenen Auflösungen hin- und hergeschaltet werden muss.

Zusammenfassung

In diesem Kapitel haben Sie die verschiedenen Videomodi einer Grafikkarte kennen gelernt, und Sie wissen nun, wie sich die Auflösung und die Farbtiefe auf den Speicherbedarf auswirken.

Sie haben die Grundlagen des Zusammenspiels von Grafik- und Speichersystem sowie die Vorteile des AGP-Busses kennen gelernt.

Im zweiten Teil dieses Kapitels haben Sie Ihre erste DirectDraw-Anwendung programmiert und Sie wissen, welche Bibliotheken und Header Sie für DirectDraw einbinden müssen.

Sie haben erfahren, wie man DirectDraw-Objekte anlegt und was sich hinter den Begriffen Fenster- und Fullscreen-Modus, Oberfläche und Clipper verbirgt.

Der letzte Abschnitt hat ein Konzept vorgestellt, mit dem man auf zusätzliche Grafikkarten des Systems zugreifen kann.

Kapitel 18

Die Spielschleife

In diesem Kapitel lernen Sie, wie Sie eine effiziente Spielschleife (Gameloop) erzeugen und wie Sie die Geschwindigkeit Ihres Spiels steuern und überwachen können.

18.1 Erzeugung einer Spielschleife

Die Spielschleife startet nach der Initialisierung aller notwendigen Daten und läuft danach ununterbrochen ab, bis das Spiel beendet wird. In der Spielschleife werden alle Teile des Spiels kontrolliert. Abbildung 18.1 zeigt den typischen Aufbau einer Spielschleife.

Als erstes müssen wir die Voraussetzungen schaffen, damit wir unter Windows eine effiziente Spielschleife einsetzen können.

Die Nachrichtenschleife in der `WinMain`-Funktion, die wir bisher verwendet haben, hatte folgenden Aufbau:

```
MSG msg;

while(GetMessage(&msg,NULL,0,0))
{
    TranslateMessage(&msg);
    DispatchMessage(&msg);
}
```

Wenn wir die Nachrichtenschleife so programmieren, wartet die Funktion `GetMessage` so lange, bis eine neue Nachricht vorliegt. Erst, wenn eine Nachricht empfangen wird, werden die Funktionen `TranslateMessage` und `DispatchMessage` aufgerufen.

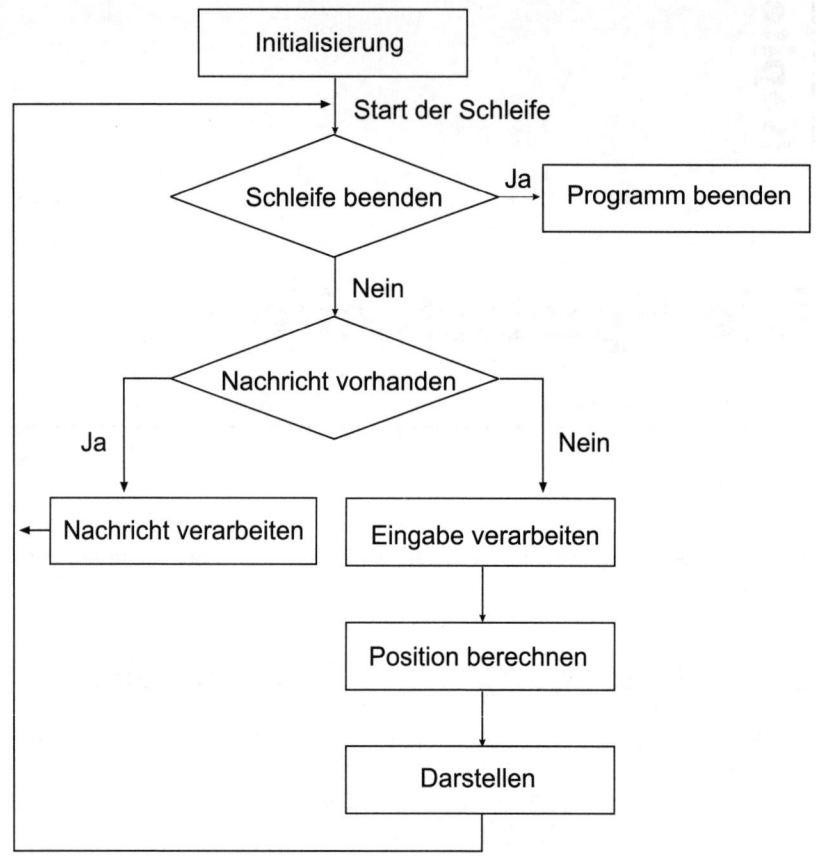

Für eine Windows-Anwendung, die im Normalfall auf ein paar Eingaben vom Benutzer wartet, ist dieses Vorgehen auch ausreichend. Unsere Programme werden aber kaum noch auf Nachrichten angewiesen sein. Wir kümmern uns selbst um die Ausgabe auf den Bildschirm und werden Benutzereingaben später mit DirectInput verarbeiten.

Aus diesem Grund wäre für uns eine Schleife ideal, die ungefähr so aussieht:

```
while(Spiel ist nicht beendet)
{
    if(eine Windows-Nachricht liegt vor)
    {
        // verarbeite sie
    }
    else
    {
```

```
        // verarbeite Eingaben mit DirectInput
        // bewege die Gegner
        // bewege den Spieler
        // generiere die Grafik mit DirectDraw
    }
}
```

Ob und wie Gegner und Spieler genau bewegt werden müssen, hängt natürlich vom jeweiligen Spiel ab. Einen ähnlichen Aufbau werden Sie aber in fast allen Spielen wieder finden.

Um eine solche Schleife zu realisieren, müssen wir zunächst die Funktion GetMessage austauschen. Die Funktion PeekMessage leistet das Gleiche wie GetMessage, mit dem Unterschied, dass Sie nicht erst zurückkehrt, wenn eine Nachricht vorliegt, sondern sofort zurückkehrt, unabhängig davon, ob eine Nachricht vorliegt oder nicht. Die veränderte Schleife sieht folgendermaßen aus:

```
while(TRUE)
{
    if(PeekMessage(&msg,NULL,0,0,PM_REMOVE))
    {
        // wenn WM_QUIT gesendet wird
        if(msg.message == WM_QUIT)
        {
            // wird die Schleife beendet
            break;
        }

        TranslateMessage(&msg);
        DispatchMessage(&msg);
    }
    else
    {
        // verarbeite Eingaben mit DirectInput
        // generiere Musik mit DirectX Audio
        // bewege die Gegner
        // bewege den Spieler
        // generiere die Grafik mit DirectDraw
    }
}
```

Momentan handelt es sich bei dieser Schleife um eine Endlosschleife, die beendet wird, wenn die Nachricht WM_QUIT empfangen wird. Es ist aber z.B. auch möglich, in der Schleifenbedingung eine boolesche Variable zu überprüfen.

Der Vorteil gegenüber der bisherigen Implementierung ist, dass diese Schleife sehr häufig durchlaufen wird und nicht auf eine Windows-Nachricht warten muss.

18.2 Framerate

Mit jedem Durchlauf der Spielschleife wird eine neue Szene des Spiels erstellt. Eine Szene beinhaltet dabei alles, was Sie momentan auf dem Monitor sehen. Dabei kann es sich z.B. um Gegner, Explosionen, den Spieler oder jedes andere Objekt handeln, das Teil des Spiels ist.

Wie oft es ein Spiel pro Sekunde schafft, eine neue Szene darzustellen, wird als Framerate bezeichnet. Je schneller ein Spiel läuft, desto höher ist seine Framerate. Typische Werte für Frameraten liegen im Bereich von 20-120 fps (frames per second). Wie hoch die Framerate tatsächlich ist, hängt natürlich davon ab, wie komplex das Spiel ist, wie effizient es programmiert wurde, und auf welchem Rechner es läuft.

Dass die Framerate auf unterschiedlichen Computern unterschiedlich hoch ist, bringt aber auch Probleme mit sich. Stellen Sie sich vor, wir würden festlegen, dass sich ein Gegner pro Frame um eine Einheit bewegen kann (wie groß eine Einheit ist, spielt momentan dabei keine Rolle). Auf einem sehr langsamen Rechner würde dies bedeuten, dass sich der Gegner pro Sekunde um 20 Einheiten (bei 20 fps) bewegen kann. Auf einem schnelleren Rechner könnte er sich aber viel weiter bewegen. Ein solcher Effekt ist natürlich nicht wünschenswert, da das Spiel auf verschiedenen Rechnern so nie unter den gleichen Bedingungen ablaufen würde.

Wir können uns also nicht an der Framerate orientieren, sondern müssen uns auf Werte festlegen, die auf jedem Rechner gleich sind. Es bleibt uns nichts anderes übrig, als uns auf die tatsächlich vergangene Zeit zwischen zwei Frames zu verlassen.

18.3 Begrenzung der Framerate

Zeitmessung auf Computern ist ein nicht ganz unproblematisches Thema, da es sehr schwierig ist, wirklich exakte Zeitwerte zu erhalten. Uns stehen verschiedene Möglichkeiten zur Verfügung.

Die erste ist die Windows-Nachricht `WM_TIMER`. Mit der Windows-Funktion `SetTimer` können wir festlegen, dass z.B. alle zehn Millisekunden eine Nachricht gesendet werden soll. Wir können dann auf diese Nachricht reagieren und unsere Szene dementsprechend aktualisieren.

Die Nachricht `WM_TIMER` hat unglücklicherweise eine geringere Priorität als die meisten anderen Nachrichten, und sobald der Anwender eine Taste drücken würde, käme unsere Anwendung aus dem Tritt.

Die zweite Möglichkeit bietet die Funktion `timeGetTime`. Diese Funktion arbeitet mit einer Auflösung von einer Millisekunde und bietet für die meisten Anwendungen eine ausreichende Genauigkeit.

Es gibt aber noch einen besseren Weg: den Performance Counter. Der Performance Counter ist ein Hardwarebaustein, der mit 3,19 MHz läuft. Dies entspricht einer Genauigkeit von weniger als einer Mikrosekunde.

Leider steht der Performance Counter auf manchen älteren Systemen nicht zur Verfügung. Aus diesem Grund müssen Sie zuerst testen, ob er verfügbar ist. Dazu müssen Sie die Funktion `QueryPerformanceFrequency` aufrufen. Diese Funktion hat folgenden Aufbau:

```
BOOL QueryPerformanceFrequency(LARGE_INTEGER* lpFrequency);
```

Der Rückgabewert ist 0, wenn der Performance Counter nicht existiert. Sonst gibt die Funktion einen Wert ungleich 0 zurück, und der übergebene Wert `lpFrequency` enthält die Frequenz, mit der der Counter läuft. `lpFrequency` ist ein Zeiger auf einen Wert vom Typ `LARGE_INTEGER`. Dabei handelt es sich um eine Struktur, die einen 64 Bit Integer Wert enthält. Dieser Wert enthält die Frequenz des Counters in Ticks pro Sekunde. Diese Frequenz kann sich ohne Neustart des Computers nicht ändern.

Um den eigentlichen Wert des Counters zu erhalten, müssen Sie die Funktion `QueryPerformanceCounter` aufrufen. Diese Funktion hat folgenden Aufbau:

```
void QueryPerformanceCounter(LARGE_INTEGER* lpCount);
```

`lpCount` ist wieder ein 64 Bit Wert, der den aktuellen Wert des Counters enthält.

Die Frage ist jetzt noch, wie wir die Funktion nutzen können, um die Abläufe in unserem Programm zu synchronisieren. Sehen Sie sich dazu die folgende Schleife an:

```
#define FRAME_RATE 30

LONGLONG Frequenz;
LONGLONG Abstand;
LONGLONG NaechstesFrame;
LONGLONG AktuelleZeit;

// wenn der Counter vorhanden ist, Frequenz speichern
if(!QueryPerformanceFrequency((LARGE_INTEGER*)&Frequenz))
{
    Error("Performance Counter nicht vorhanden");
}
```

```
// Abstand zwischen zwei Frames berechnen
Abstand = Frequenz / FRAME_RATE;

// aktuelle Zeit speichern
QueryPerformanceCounter((LARGE_INTEGER*)&AktuelleZeit);

// berechnen wann das nächste Frame berechnet werden soll
NaechstesFrame = AktuelleZeit + Abstand;

while(TRUE)
{
    // testen, ob eine Nachricht vorliegt
    if(PeekMessage(&msg,NULL,0,0,PM_REMOVE))
    {
        // bei WM_QUIT Scheife beenden
        if(msg.message == WM_QUIT)
        {
            break;
        }

        TranslateMessage(&msg);
        DispatchMessage(&msg);
    }
    else
    {
        // aktuelle Zeit holen
        QueryPerformanceCounter((LARGE_INTEGER*)&AktuelleZeit);

        // wenn es Zeit für das nächste Frame ist
        if(AktuelleZeit > NaechstesFrame)
        {
            // verarbeite Eingaben mit DirectInput
            // generiere Musik mit DirectX Audio
            // bewege die Gegner
            // bewege den Spieler
            // generiere die Grafik mit DirectDraw

            // Abstand zum nächsten Frame berechnen
            NaechstesFrame = AktuelleZeit + Abstand;
        }
    }
}
```

Zu Beginn der Schleife wird die Framerate auf 30 festgelegt. Die Spielszene soll also 30 mal pro Sekunde dargestellt werden. Dazu wird in der Variablen Frequenz die Frequenz des Performance Counters gespeichert. Indem wir die Frequenz durch die gewünschte Framerate teilen, erhalten wir den Abstand zwischen zwei Frames.

Mit diesem Wert und dem aktuellen Wert des Performance Counters können wir berechnen, wann das nächste Frame erzeugt werden soll. Dieser Wert wird in der Variablen `NaechstesFrame` gespeichert.

Im `else`-Teil der `if`-Anweisung testen wir jetzt immer wieder, ob ein neues Frame dargestellt werden soll. Dies ist der Fall, wenn `AktuelleZeit` größer ist als `NaechstesFrame`. Dann wird ein neues Frame erzeugt, und die Variable `NaechstesFrame` wird mit einem neuen Wert belegt.

Der type-cast dient nur dazu, komfortabler mit den Werten arbeiten zu können. Wenn Sie sich die Definition der Typen `LARGE_INTEGER` und `LONGLONG` in der Hilfe ansehen, werden Sie feststellen, dass es sich praktisch um den gleichen Typ handelt.

Wenn der Performance Counter nicht vorhanden ist, können Sie die Framerate auch mit `timeGetTime` einstellen. Das Beispielprogramm *Framerate* zeigt, wie man `timeGetTime` alternativ zu `QueryPerformanceCounter` verwendet.

Wenn Sie die Funktion `timeGetTime` verwenden, müssen Sie die Header-Datei `mmsystem.h` mit in Ihr Programm aufnehmen und zusätzlich die Bibliothek `winmm.lib` hinzufügen.

Zusammenfassung

In diesem Kapitel haben Sie gelernt, was der Begriff Szene bedeutet, wie Sie eine schnelle Spielschleife entwickeln und Ihr Spiel an eine gewünschte Framerate anpassen.

315

Kapitel 19

Oberflächen und Sprites

In diesem Kapitel wollen wir uns den Oberflächen etwas genauer widmen. Eine wichtige DirectDraw-Oberfläche haben Sie schon kennen gelernt – die primäre Oberfläche. Sie ist der Teil des Grafikspeichers, der auf dem Monitor zu sehen ist. Neben der primären Oberfläche enthält eine DirectDraw-Anwendung meistens noch eine Reihe weiterer Oberflächen. Diese Oberflächen werden z.B. verwendet, um Hintergrundgrafiken oder grafische Objekte, die im Spiel verwendet werden, zu speichern.

19.1 Oberflächenarten

Die primäre Oberfläche befindet sich immer im Grafikspeicher. In Direct-Draw wird der Grafikspeicher auch als Videomemory bezeichnet. Neben der primären Oberfläche werden Sie in Ihren Programmen noch eine Vielzahl weiterer Oberflächen, so genannter Off-Screen-Surfaces (Oberflächen außerhalb des Bildschirms), benutzen. Diese Oberflächen werden nie direkt dargestellt, sondern werden für die Speicherung von grafischen Elementen benutzt.

Während die primäre Oberfläche immer die gleiche Größe und Farbtiefe wie der momentan gewählte Videomodus hat, können Sie die Größe von Off-Screen-Surfaces bis zu einem gewissen Grad frei wählen. Theoretisch ist es auch möglich, den Off-Screen-Surfaces eine andere Farbtiefe zu geben als der primären Oberfläche. Sie müssten dann aber selbst für die Farbkonvertierung sorgen, da diese nicht von den Blit-Funktionen übernommen wird.

Auch der Ort, an dem Off-Screen-Surfaces gespeichert werden, kann sich von dem der primären Oberfläche unterscheiden. Hier haben Sie mehrere

Möglichkeiten. Zum einen können Sie die Oberfläche im Grafikspeicher anlegen. Im Normalfall ist es wünschenswert, dass möglichst viele Oberflächen im Grafikspeicher angelegt werden, da sie auf diese Art sehr schnell in den angezeigten Bereich kopiert werden können. Leider ist der Platz im Grafikspeicher begrenzt, und Sie müssen früher oder später auf einen anderen Speicherbereich ausweichen.

Der zweite Speicherbereich, den Sie für eine Oberfläche wählen können, ist der AGP-Speicher. Beim AGP-Speicher handelt es sich um einen Teil des Hauptspeichers, auf den die Grafikkarte schnell zugreifen kann, ohne den Prozessor zu belasten. Voraussetzung für die Erzeugung von Oberflächen im AGP-Speicher ist, dass eine AGP-fähige Grafikkarte vorhanden ist. Der Zugriff auf den AGP-Speicher durch die Grafikkarte ist etwas langsamer als der Zugriff auf den Grafikspeicher. Der AGP-Speicher hat aber einen Vorteil. Dadurch dass er sich eigentlich im Hauptspeicher befindet, kann der Prozessor problemlos auf eine solche Oberfläche zugreifen.

Der letzte und auch aus der Sicht der Grafikkarte langsamste Speicherbereich, in dem Sie eine Oberfläche anlegen können, ist der Hauptspeicher, der in DirectDraw auch als Systemspeicher bezeichnet wird. Wenn sich eine Oberfläche im Hauptspeicher befindet und auf die primäre Oberfläche kopiert werden soll, müssen alle Daten über den Bus in den Grafikspeicher übertragen werden. In dieser Zeit werden der Prozessor, der Grafikprozessor und natürlich auch der Bus belastet.

Die normale Vorgehensweise beim Erzeugen von Oberflächen ist also den Oberflächen-Prioritäten zuzuordnen. Sie sollten Oberflächen, die Sie immer wieder brauchen, z.B. ein Hintergrundbild, im Grafikspeicher ablegen. Oberflächen, die seltener benötigt werden, können im AGP- oder Systemspeicher angelegt werden.

Es gibt aber auch Fälle, in denen es keine gute Idee ist, eine Oberfläche im Grafikspeicher anzulegen, auch wenn Platz vorhanden wäre. Am Ende dieses Kapitels werden Sie eine Methode kennen lernen, mit der Sie direkten Zugriff auf die in der Oberfläche gespeicherten Pixel bekommen. Wenn Sie planen, die Pixel in einer Oberfläche häufig auszulesen, sollten Sie diese am besten im AGP-Speicher anlegen. Das Lesen von Informationen aus dem Grafikspeicher ist sehr langsam. Auf eine Oberfläche im AGP-Speicher kann sowohl der Prozessor als auch die Grafikkarte ausreichend schnell zugreifen.

19.1.1 Oberflächen anlegen

Das Anlegen einer Oberfläche, die sich außerhalb des Bildschirms befindet, geschieht auch unter Verwendung der Funktion `CreateSurface`, die Sie im letzten Kapitel kennen gelernt haben. Sie müssen lediglich andere Werte für die Elemente der Struktur DDSURFACEDESC2 angeben. Im folgenden Beispiel wird angenommen, dass lpDD ein Zeiger auf ein DirectDraw-Objekt ist.

```
LPDIRECTDRAWSURFACE7 lpDDSurface;
DDSURFACEDESC2 SurfDesc;

// Oberflächenbeschreibung initialisieren
ZeroMemory(&SurfDesc, sizeof(SurfDesc));
SurfDesc.dwSize = sizeof(SurfDesc);

// Caps, Höhe und Breite sollen berücksichtigt werden
SurfDesc.dwFlags = DDSD_CAPS | DDSD_HEIGHT | DDSD_WIDTH;

SurfDesc.ddsCaps.dwCaps = DDSCAPS_OFFSCREENPLAIN |
                          DDSCAPS_VIDEOMEMORY;

SurfDesc.dwWidth  = 100;
SurfDesc.dwHeight = 100;

// Oberfläche anlegen
if(FAILED(lpDD7->CreateSurface(&SurfDesc,&lpDDSurface,NULL)))
{
    // Fehlerbehandlung
}
```

In diesem Quellcodeabschnitt wird versucht, ein Off-Screen-Surface mit einer Größe von 100 * 100 Pixeln im Videospeicher anzulegen. Bei einem Off-Screen-Surface müssen Sie neben dem Element dwCaps auch immer die Elemente dwWidth und dwHeight mit Werten belegen. Noch mal zur Erinnerung: Sie müssen die Werte, die von DirectDraw beim Erzeugen der Oberfläche berücksichtigt werden sollen, beim Element dwFlags angeben. In diesem Fall sollen das Element dwCaps, das angibt, um welche Art Oberfläche es sich handelt, und wo sie angelegt werden soll, sowie die beiden Elemente dwHeight und dwWidth verwendet werden.

Beim Anlegen von Oberflächen sollten Sie darauf achten, dass Sie weder zu klein noch zu groß sind. Wenn Sie mit sehr vielen kleinen Oberflächen arbeiten, macht sich der zusätzliche Verwaltungsaufwand bemerkbar, da DirectDraw zu jeder Oberfläche eine Reihe von Informationen speichert.

Bei sehr großen Oberflächen gibt es gleich zwei Probleme. Zum einen werden Oberflächen, die größer sind als die primäre Oberfläche von manchen älteren Grafikkarten, nicht unterstützt. Zum anderen verursachen große Oberflächen bei DirectDraw bzw. den Grafikkartentreiber einige Probleme und verhindern die effiziente Speicherausnutzung.

319

Im oberen Beispiel haben wird die Konstanten `DDSCAPS_OFFSCREENPLAIN` und `DDSCAPS_VIDEOMEMORY` angegeben. Wenn genügend freier Platz im Videospeicher zur Verfügung steht, wird `CreateSurface` eine Oberfläche im Grafikspeicher anlegen. Wenn nicht genügend Speicherplatz vorhanden ist, wird der Wert `DDERR_OUTOFVIDEOMEMORY` zurück gegeben. In diesem Fall sollten Sie versuchen, die Oberfläche im AGP-Speicher anzulegen. Dazu müssen Sie das Element `dwCaps` verändern:

```
SurfDesc.ddsCaps.dwCaps = DDSCAPS_OFFSCREENPLAIN |
                          DDSCAPS_VIDEOMEMORY |
                          DDSCAPS_NONLOCALVIDMEM;
```

Die Konstante `DDSCAPS_NONLOCALVIDMEM` gibt an, dass die Oberfläche im nicht-lokalen Videospeicher angelegt werden soll. Der Ausdruck nicht-lokaler Videospeicher wird verwendet, weil der AGP-Speicher zwar als ein Teil des Grafikspeichers betrachtet werden kann, da die Grafikkarte Zugriff auf diesen Speicherbereich hat, aber nicht wirklich auf der Karte vorhanden ist. Der Grafikspeicher wird auch als lokaler Videospeicher bezeichnet. Aus diesem Grund können Sie die Konstante `DDSCAPS_NONLOCALVIDMEM` nur in Verbindung mit `DDSCAPS_VIDEOMEMORY` angeben.

Wenn Sie eine Oberfläche explizit im Systemspeicher anlegen wollen, müssen Sie die Konstante `DDSCAPS_SYSTEMMEMORY` angeben:

```
SurfDesc.ddsCaps.dwCaps = DDSCAPS_OFFSCREENPLAIN |
                          DDSCAPS_SYSTEMMEMORY;
```

Sie können die Angabe des Speicherortes aber auch komplett weglassen und nur `DDSCAPS_OFFSCREENPLAIN` angeben. Dann entscheidet DirectDraw, wo die Oberfläche angelegt wird. Dabei wird folgendermaßen vorgegangen:

DirectDraw versucht die Oberfläche zuerst im Grafikspeicher anzulegen. Wenn dies misslingt, und auf dem System AGP-Speicher vorhanden ist, versucht DirectDraw die Oberfläche dort anzulegen. Wenn dort auch kein Speicher vorhanden ist oder DirectDraw die Oberfläche aus einem anderen Grund nicht anlegen kann, greift DirectDraw für die Erzeugung auf den Hauptspeicher zurück. Beachten Sie, dass es sich bei diesem Vorgehen nicht um eine intelligente Aufteilung der Oberflächen auf die Speicherbereiche nach der Häufigkeit ihrer Benutzung handelt. Wenn Sie DirectDraw die Auswahl der Speicherbereiche überlassen, sollten Sie dafür sorgen, dass die wichtigsten Oberflächen zuerst erzeugt werden, damit Sie sich im Grafik- oder AGP-Speicher befinden.

19.1.2 Eigenschaften einer Oberfläche abfragen

Wenn Sie die Oberfläche auf die gerade beschriebene Weise erzeugen, kann es interessant sein, festzustellen, in welchem Speicherbereich sich die Oberfläche befindet. Dazu können Sie die Methode `GetSurfaceDesc` nutzen, die neben der Information über den Speicherbereich noch weitere Eigenschaften, wie die Größe und das Pixelformat, enthält. Das folgende Beispiel zeigt, wie Sie die Methode nutzen.

```
DDSURFACEDESC SurfDesc;
ZeroMemory(&SurfDesc,sizeof(SurfDesc));
SurfDesc.dwSize = sizeof(SurfDesc);

lpDDSurface->GetSurfaceDesc(&SurfDesc);

if(SurfDesc.ddsCaps.dwCaps & DDSCAPS_VIDEOMEMORY)
{
    if(SurfDesc.ddsCaps.dwCaps & DDSCAPS_LOCALVIDEOMEM)
    {
        // Oberfläche befindet sich im Videospeicher
    }
    else
    {
        // Oberfläche befindet sich im AGP-Speicher
    }
}
else
{
    // Oberfläche befindet sich im Hauptspeicher
}
```

In diesem Zusammenhang ist die Methode `GetAvailableVidMem` interessant, mit der Sie die Größe des Grafik- und AGP-Speichers ermitteln können.

19.1.3 Oberflächen füllen und kopieren

Nachdem wir eine Oberfläche angelegt haben, wird es Zeit, mit ihr zu arbeiten. Die einfachste Möglichkeit besteht darin, die Oberfläche mit einer bestimmten Farbe zu füllen. Dazu verwenden wir die gleiche Vorgehensweise wie bei der primären Oberfläche. Wenn Sie die Oberfläche mit einer Farbe gefüllt haben, können Sie sie auf die primäre Oberfläche kopieren. Sie sollten dabei darauf achten, dass die Oberfläche, die Sie kopieren, kleiner oder gleich groß ist wie die primäre Oberfläche.

321

```
DDBLTFX BlitFX;
ZeroMemory(&BlitFX,0);
BlitFX.dwSize = sizeof(BlitFX);

// Hintergrund Farbe auf Blau setzen
BlitFX.dwFillColor = CalcColor(0,0,255);

// die Oberfläche blau füllen
lpDDSurface->Blt(NULL,NULL,NULL,DDBLT_COLORFILL,&BlitFX);

// Oberfläche in den Anzeigebereich kopieren
lpDDSPrimary->BltFast(100,100,lpDDSurface,
                      NULL,DDBLTFAST_WAIT);
```

In dem oben stehenden Beispiel muss lpDDSurface auf eine gültige Oberfläche zeigen, und lpDDSPrimary sollte ein Zeiger auf die primäre Oberfläche sein.

19.2 Bitmaps in Oberflächen laden

Mit dem oben gezeigten Code sind Sie in der Lage, eine Oberfläche anzulegen, sie mit einer Farbe zu füllen und zu kopieren. Interessant wird es aber erst, wenn man in der Lage ist, eine Grafik aus einer Datei zu laden und diese in einer Oberfläche zu speichern. Leider unterstützt DirectDraw das direkte Laden von Grafiken in Oberflächen nicht, so dass wir gezwungen sind, auf GDI-Funktionen zurückzugreifen.

Das GDI stellt die Funktion LoadImage zu diesem Zweck zur Verfügung. Mit LoadImage ist es möglich, Icons, Cursor oder Bitmaps zu laden. Für uns ist nur das Laden von Bitmaps interessant. Eine Bitmap ist ein Grafikformat, in dem Bilder gespeichert werden können. Neben den Grafikinformationen sind in der Bitmap unter anderem auch die Größe des Bildes und die Farbtiefe gespeichert. Dateien, die Bitmaps enthalten, haben meistens die Endung *.bmp*.

Die Funktion LoadImage hat den folgenden Aufbau:

```
HANDLE LoadImage(
        HINSTANCE hinst,
        LPCTSTR lpszName,
        UINT uType,
        int cxDesired,
        int cyDesired,
        UINT fuLoad
);
```

Der erste Parameter ist das Handle der Instanz der Anwendung. Der zweite Parameter ist ein String, der die zu ladende Datei enthält. Da wir nur Bitmaps laden wollen, müssen wir den dritten Parameter auf IMAGE_BITMAP setzen. Mit dem vierten und fünften Parameter können Sie festlegen, welche Größe die Grafik haben soll. LoadImage skaliert die Grafik automatisch, wenn Sie eine Größe angeben, die nicht der Originalgröße entspricht. Wenn Sie 0 für cxDesired und cyDesired angeben, wird das Bild in seiner ursprünglichen Größe geladen. Sie sollten für die Grafik die gleiche Größe wie für die Oberfläche, in die sie kopiert werden soll, angeben. Als letzten Wert müssen wir LR_LOADFROMFILE angeben, damit LoadImage die Grafik von der Festplatte lädt.

Wenn die Funktion erfolgreich ausgeführt werden kann, ist der Rückgabewert das Handle der geladenen Grafik.

Als nächstes müssen wir die geladene Grafik auf die Oberfläche kopieren. Dazu können wir wieder eine GDI-Funktion nutzen. BitBlt ist die GDI-Variante einer Blit-Funktion und kann Daten von einem Device Context auf einen anderen kopieren. BitBlt hat den folgenden Aufbau:

```
BOOL BitBlt(
        HDC hdcDest,
        int nXDest,
        int nYDest,
        int nWidth,
        int nHeight,
        HDC hdcSrc,
        int nXSrc,
        int nYSrc,
        DWORD dwRop
);
```

Wie Sie sehen, ist der Aufbau dieser Funktion dem Aufbau der DirectDraw-Blit-Funktionen recht ähnlich. Der erste Parameter ist ein Handle des Ziel-Device Context. Danach folgt die x- und y-Koordinate sowie die Breite und Höhe des Zielbereichs. Dann müssen Sie noch das Handle des Device Contexts der geladenen Grafik sowie die Anfangskoordinaten in der Grafik angeben. Für den letzten Parameter müssen Sie bei Kopieroperationen den Wert SRCCOPY angeben.

Um einen Device Context für die Oberfläche zu erhalten, nutzen wir die Funktion GetDC, die Sie im letzten Kapitel kennen gelernt haben. Mit dem Device Context der Oberfläche können wir mit Hilfe der Funktion Create-CompatibleDC einen Device Context anlegen, der die gleichen Eigenschaften hat wie die Oberfläche. Dazu zählen z.B. das Pixelformat und die Farbtiefe.

Wenn wir diesen Device Context erzeugt haben, muss das geladene Bild noch mit diesem Device Context verbunden werden. Dazu nutzen wir die Funktion SelectObject. Der folgende Quellcodeausschnitt zeigt, wie man eine Grafik lädt und sie mit der Funktion BitBlt auf eine Oberfläche kopiert.

Um den Vorgang nicht unnötig kompliziert zu machen, nehmen wir an, dass die Variablen Breite und Hoehe die gewünschte Größe der Grafik enthalten, und es sich bei lpDDSurface um eine Oberfläche mit gleicher Größe handelt.

```
HBITMAP hBM = (HBITMAP)LoadImage(NULL,File,"c:\\grafik.bmp" ,
                        Breite,Hoehe,LR_LOADFROMFILE);

HDC hSurfDC;

lpDDSurface->GetDC(&hSurfDC);

// Compatiblen Device Context für das Bild anlegen
HDC hBmDC = CreateCompatibleDC(hSurfDC);

// Bild mit dem Device Context verbinden
SelectObject(hBmDC,hBM);

// Bild in die Oberfläche kopieren
BitBlt(hSurfDC,0,0,Breite,Hoehe,hBmDC,0,0,SRCCOPY);

// Device Context freigeben
lpDDSurface->ReleaseDC(hSurfDC);

DeleteDC(hBmDC);

// Bitmap löschen
DeleteObject(hBM);
```

Zuerst muss das Handle, das von LoadImage zurückgegeben wird, in den Typ HBITMAP konvertiert werden. Da LoadImage Icons, Cursor und Bitmaps laden kann, hat der Rückgabewert den allgemeinen Typ HANDLE, der noch in den passenden Typ konvertiert werden muss.

Als nächstes wird ein Device Context für die Oberfläche mit der Methode GetDC erzeugt, ein kompatibler Device Context erstellt und hBmDC zugewiesen. Dieser Device Context wird durch den Aufruf von SelectObject mit der geladenen Grafik verbunden. Auf diese Weise kann sie mittels BitBlt auf die Oberfläche kopiert werden.

Danach werden der Device Context der Oberfläche und der Bitmap wieder freigegeben. In der letzten Zeile wird die Grafik gelöscht, da sie auf die Oberfläche kopiert worden ist und nicht mehr benötigt wird.

Wenn Sie diesen Vorgang im Prinzip verstanden haben, können Sie einen Blick auf die Funktion CreateSurfaceFromBitmap werfen. Diese Funktion erzeugt eine Oberfläche mit der Breite dWidth und der Höhe dHeight und kopiert die durch File spezifizierte Bitmap auf die Oberfläche. Es passiert also das Gleiche wie im Beispiel oben, nur dass zusätzlich noch Code für die Erzeugung der Oberfläche hinzukommt.

```
 1: LPDIRECTDRAWSURFACE7 CreateSurfaceFromBitmap(LPSTR File,
 2:                                              int dWidth,
 3:                                              int dHeight)
 4: {
 5:     // Device Context für das Bild und die Oberfläche
 6:     HDC hBmDC,hSurfDC;
 7:
 8:     // Handle der zu ladenden Bitmap
 9:     HBITMAP hBM;
10:
11:     // Oberflächenbeschreibung
12:     DDSURFACEDESC2 SurfDesc;
13:
14:     // Zeiger auf die Oberfläche
15:     LPDIRECTDRAWSURFACE7 lpDDSurface;
16:
17:     // Bild laden
18:     hBM = (HBITMAP)LoadImage(0,File,IMAGE_BITMAP,dWidth,
19:                          dHeight,LR_LOADFROMFILE);
20:
21:     // ist ein Fehler während des Ladens aufgetreten ?
22:     if(NULL == hBM)
23:     {
24:         return NULL;
25:     }
26:
27:     // Oberflächenbeschreibung initialisieren
28:     ZeroMemory(&SurfDesc, sizeof(SurfDesc));
29:     SurfDesc.dwSize = sizeof(SurfDesc);
30:
31:     // Caps, Höhe und Breite sollen berücksichtigt werden
32:     SurfDesc.dwFlags = DDSD_CAPS   |
33:                        DDSD_HEIGHT |
34:                        DDSD_WIDTH;
35:
36:     SurfDesc.ddsCaps.dwCaps = DDSCAPS_OFFSCREENPLAIN;
37:     SurfDesc.dwWidth  = dWidth;
```

Listing 19.1: CreateSurfaceFromBitmap erzeugt eine Oberfläche aus einer Bitmap

```
38:     SurfDesc.dwHeight = dHeight;
39:
40:     // Oberfläche anlegen
41:     if(FAILED(lpDD7->CreateSurface(&SurfDesc,
42:                                    &lpDDSurface,
43:                                    NULL)))
44:     {
45:         return NULL;
46:     }
47:
48:     // Device Context der Oberfläche holen
49:     lpDDSurface->GetDC(&hSurfDC);
50:
51:     // kompatiblen Device Context für das Bild anlegen
52:     hBmDC = CreateCompatibleDC(hSurfDC);
53:
54:     // Bild in den Device Context holen
55:     SelectObject(hBmDC,hBM);
56:
57:     // Bild in die Oberfläche kopieren
58:     BitBlt(hSurfDC,0,0,dWidth,dHeight,hBmDC,0,0,SRCCOPY);
59:
60:     // Device Context freigeben
61:     lpDDSurface->ReleaseDC(hSurfDC);
62:
63:     // Device Context und Bild löschen
64:     DeleteDC(hBmDC);
65:
66:     // Grafik löschen
67:     DeleteObject(hBM);
68:
69:     // Zeiger auf die Oberfläche zurückgeben
70:     return lpDDSurface;
71: }
```

Das Einzige, was bei dieser Funktion im Vergleich zum oben gezeigten Beispiel hinzukommt, ist die Erzeugung der Oberfläche ab Zeile 27. Dabei müssen Sie darauf achten, dass die Oberfläche die gleiche Größe hat wie das geladene Bild. In dieser Funktion wird nur festgelegt, dass es sich um eine Oberfläche außerhalb des angezeigten Bereichs handelt. Wo genau die Oberfläche angelegt wird, wird DirectDraw überlassen.

Mit der Funktion CreateSurfaceFromBitmap steht uns ein sehr flexibles Werkzeug zur Verfügung, das wir in den nächsten Abschnitten noch sehr häufig verwenden werden.

Nachdem die Oberfläche geladen wurde, können wir Sie anzeigen. Dazu müssen wir die Oberfläche auf die primäre Oberfläche kopieren. Dies ist ein sehr einfacher Vorgang, den wir mit noch weniger Codezeilen durchführen können als das Füllen einer Oberfläche mit einer Farbe.

Die folgenden Zeilen zeigen, wie Sie eine Oberfläche laden und auf die primäre Oberfläche kopieren.

```
// Oberfläche laden - in der Initialisierungsfunktion

lpDDSurface = CreateSurfaceFromBitmap("c:\\grafik.bmp",
                               250,250);

// die Oberfläche an die Position (10,10) auf die primäre
// Oberfläche kopieren - in der Funktion Render

lpDDSPrimary->BltFast(10,10,lpDDSurface,NULL,DDBLT_WAIT,NULL)
```

Achten Sie darauf, dass Sie den Zeiger für die Oberfläche (lpDDSurface) und den Zeiger für die primäre Oberfläche (lpDDSPrimary) global deklarieren müssen.

Das Programm *Surface* benutzt diese Funktion, um eine Grafik in eine Oberfläche zu laden. Nach dem Laden wird die Oberfläche auf die primäre Oberfläche geblittet.

19.3 Sprites

Der Begriff Sprite kommt aus dem Bereich der 2-D-Computerspiele. Ein Sprite ist ein Objekt, das in einem Spiel verwendet wird und auf irgendeine Weise zum Spielgeschehen beiträgt. Sprites können sich über den Bildschirm bewegen, animiert sein oder einfach nur zum besseren Aussehen des Spiels beitragen.

Ein Sprite kann ein Raumschiff, ein Drache, eine Explosion, ein Mensch oder irgendetwas anderes sein. Die folgende Abbildung zeigt einige Beispiele für Sprites.

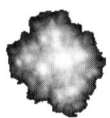  

Abb. 19.1:
Sprites

Ein Sprite wird normalerweise in einem Modellierungs- oder Grafikprogramm wie z.B. *Caligari True-Space* oder *Paint Shop Pro* modelliert oder gezeichnet und in einem bestimmten Grafikformat abgespeichert. Alle Sprites und Grafiken, die in diesem Buch verwendet werden, wurden im Windows-Bitmap-Format (BMP) gespeichert.

Das BMP-Format ist zwar nicht gerade besonders platzsparend, da es die Daten unkomprimiert speichert, es bietet aber den Vorteil, dass uns mit `CreateSurfaceFromBitmap` eine Funktion zur Verfügung steht, die Dateien dieses Formats laden kann.

19.3.1 Oberflächen für Sprites erzeugen

Das Erzeugen von Oberflächen für Sprites unterscheidet sich nicht von dem Erzeugen anderer Oberflächen. Der einzige Unterschied ist, dass wir den Inhalt der Oberfläche als Sprite betrachten.

Zum Laden des Sprites in eine Oberfläche benutzen wir unsere Funktion `CreateSurfaceFromBitmap`. Beim Laden von Sprites sollten Sie besonders darauf achten, dass die Größe oder wenigstens die Größenverhältnisse erhalten bleiben. Am besten Sie übergeben der Funktion für die Breite und die Höhe jeweils 0, damit das Sprite in seiner ursprünglichen Größe geladen wird.

Der folgende Codeausschnitt zeigt, wie Sie ein Sprite laden können.

```
// Oberfläche für das Sprite laden -
// dies sollte in der Initialisierungsfunktion geschehen

lpDDSurface = CreateSurfaceFromBitmap("c:\\sprite.bmp",0,0);
```

Danach können Sie das Sprite, genau wie die Oberfläche im letzten Abschnitt, in die primäre Oberfläche kopieren.

Das Beispielprogramm *FirstSprite* zeigt, wie man ein Sprite lädt und auf die primäre Oberfläche kopiert.

Um etwas mehr Abwechslung in das ständige Kopieren von Oberflächen zu bringen, wollen wir das Sprite über den Bildschirm bewegen. Dazu definieren wir für das Sprite eine x- und eine y-Koordinate als globale Integer-Variablen und initialisieren diese mit 0.

Die Bewegung wollen wir von den Pfeiltasten abhängig machen. Wenn die Taste ← gedrückt wird, soll sich das Sprite nach links bewegen, wird die Taste ↑ gedrückt, soll sich das Sprite nach oben bewegen usw.

Damit wir überhaupt von Windows informiert werden, wenn die Tasten gedrückt werden, müssen wird die Nachrichten-Funktion ändern. Die Nachricht `WM_KEYDOWN` zeigt an, dass eine Taste gedrückt wurde. Wenn Sie diese Nachricht empfangen, können Sie am Parameter `wParam` feststellen, um welche Taste es sich dabei handelt. Wenn eine der Pfeiltasten gedrückt wird, wollen wir das Sprite in die jeweilige Richtung bewegen. Dazu verändern wir die Callback-Funktion folgendermaßen:

```
1: LRESULT CALLBACK WindowFunc(HWND hwnd, UINT msg,
2:                             WPARAM wParam, LPARAM lParam)
3: {
4:     // testen, um welche Nachricht es sich handelt
5:     switch(msg)
6:     {
7:         // es wurde eine Taste gedrückt
8:         case WM_KEYDOWN:
9:
10:            // testen, ob es sich um eine Pfeiltaste oder
11:            // ESC handelt - wenn eine Pfeiltaste gedrückt
12:            //  wurde, wird das Sprite bewegt
13:            switch(wParam)
14:            {
15:                case VK_ESCAPE:
16:                    DestroyWindow(hWnd);
17:                break;
18:
19:                case VK_LEFT:
20:                    x -= 10;
21:                    Render();
22:                break;
23:
24:                case VK_RIGHT:
25:                    x += 10;
26:                    Render();
27:                break;
28:
29:                case VK_UP:
30:                    y -= 10;
31:                    Render();
32:                break;
33:
34:                case VK_DOWN:
35:                    y += 10;
36:                    Render();
37:                break;
38:            }
39:         break;
40:
41:         case WM_DESTROY:
42:                 CleanUpDirectDraw();
43:                 PostQuitMessage(0);
44:         break;
45:
46:         case WM_PAINT:
47:                 PAINTSTRUCT ps;
48:
49:                 BeginPaint(hWnd,&ps);
```

Listing 19.2:
Callback-
Funktion mit
Reaktion auf
Tastatur-
eingaben

329

```
50:                    Render();
51:                    EndPaint(hWnd,&ps);
52:        break;
53:    }
54:
55:    // Wenn wir die Nachricht nicht behandelt haben, wird
56:    // sie an die Standardnachrichtenverarbeitung geleitet
57:
58:    return (DefWindowProc(hwnd, msg, wParam, lParam));
59: }
```

Die Werte x und y repräsentieren die Position des Sprites auf dem Bildschirm in Pixeln. Wenn in der Callback-Funktion festgestellt wird, dass eine der Pfeiltasten gedrückt wurde, werden die Koordinaten um jeweils 10 Pixel in die entsprechende Richtung verschoben.

Außerdem wird die Funktion Render aufgerufen, damit das Sprite neu gezeichnet wird. In der Funktion Render machen wir nichts anderes, als das Sprite an die Position (x, y) auf der primären Oberfläche zu kopieren.

```
1: void Render(void)
2: {
3:   lpDDPrimary->BltFast(x,y,lpDDSprite,NULL,DDBLTFAST_WAIT);
4: }
```

Das Programm *MoveSprite* zeigt die hier vorgestellte Funktionalität. Wenn Sie das Programm ausführen, werden Sie erkennen, dass kleine Stücke vom Sprite stehen zu bleiben scheinen. Dies ist kein Fehler von DirectDraw, sondern liegt einfach daran, dass wir das Sprite an der alten Position nicht wieder löschen, bevor wir es an der neuen Position zeichnen. Damit die Überreste des letzten Sprites verschwinden, müssen wir dafür sorgen, dass das Sprite an der alten Position gelöscht wird.

Dazu gibt es zwei Strategien. Die erste besteht darin, jeweils nur den Teil des Bildschirms zu löschen, in dem sich das Sprite befindet. Löschen bedeutet, den Teil des Bildschirms mit der momentanen Hintergrundfarbe (z.B. schwarz) zu füllen, auf den das Sprite gezeichnet wurde. Dazu müssen Sie sich die Koordinaten des Sprites merken und in der Render-Funktion das Sprite an der alten Position vor dem Zeichnen des Sprites an der neuen Position löschen.

Die zweite Möglichkeit ist, einfach die komplette primäre Oberfläche zu löschen, bevor das Sprite an der neuen Position gezeichnet wird. Dadurch spart man sich den Aufwand, die letzte Position des Sprites zu speichern.

Die erste Methode wurde früher sehr häufig eingesetzt, da das Löschen des gesamten Anzeigebereichs für die langsamen Grafikkarten der damaligen Zeit sehr aufwändig war und relativ viel Zeit benötigte.

Als die Grafikkarten mit der Zeit immer schneller wurden, und immer mehr Sprites gleichzeitig auf dem Bildschirm dargestellt werden konnten, lohnte es sich nicht mehr, die Sprites einzeln zu löschen. Wenn viele Sprites gleichzeitig verwendet werden, fällt der Unterschied zwischen dem Löschen der gesamten Oberfläche und dem Löschen der einzelnen Sprites kaum ins Gewicht. Vielmehr macht sich der zusätzliche Verwaltungsaufwand für die alten Positionen der Sprites bemerkbar.

Aus diesem Grund wollen wir die zweite Methode nutzen. Sie brauchen dazu nur die Render-Funktion anzupassen und zwar so, dass vor dem Zeichnen des Sprites die primäre Oberfläche schwarz gefüllt wird:

```
1: void Render(void)
2: {
3:     // primäre Oberfläche löschen
4:     DDBLTFX BlitFX;
5:     ZeroMemory(&BlitFX,0);
6:     BlitFX.dwSize = sizeof(BlitFX);
7:
8:     // Hintergrundfarbe setzen
9:     BlitFX.dwFillColor = 0;
10:
11:     lpDDSPrimary->Blt(NULL,NULL,NULL,DDBLT_COLORFILL |
12:                                 DDBLT_WAIT,&BlitFX);
13:
14:     // Sprite auf die primäre Oberfläche blitten
15:     lpDDPrimary->BltFast(x,y,lpDDSprite,NULL,
16:                                 DDBLTFAST_WAIT);
17: }
```

Listing 19.3:
Löschen der
primären
Oberfläche
und Zeichnen
des Sprites

Wenn Sie die Funktion wie in Listing 19.3 verändern und das Programm ausführen, werden Sie sehen, dass die Überreste des alten Sprites verschwinden. Das Beispielprogramm ClearSprite zeigt, wie das Sprite richtig gelöscht und anschließend gezeichnet wird.

19.3.2 Die Bildschirmbegrenzungen beachten

Es gibt jetzt aber noch ein weiteres Problem: Wenn Sie mit dem Sprite in die Nähe des Bildschirmrands gelangen und die Pfeiltaste drücken, die das Sprite weiter in Richtung des Bildschirmrandes bewegt, wird das Sprite verschwinden, und wenn Sie die Ausgabe von Visual C++ anschauen, werden Sie merken, dass dort die Fehlermeldung

```
Direct3D8: (ERROR) :Invalid BltFast destination dimensions
```

erscheint. Das liegt daran, dass sich Teile des Sprites außerhalb des Bildschirms befinden. Wenn dies der Fall ist, schlägt die Funktion BltFast fehl, und das Sprite wird nicht angezeigt. Wenn Sie die entgegengesetzte Pfeil-taste drücken, erscheint das Sprite wieder und die Fehlermeldung ver-schwindet.

Um diesen Fehler zu vermeiden, können Sie die Callback-Funktion so an-passen, dass die x- und y-Koordinaten auf gültige Werte beschränkt werden. Dazu müssen Sie zuerst ein paar Vorbereitungen treffen. Als erstes müssen Sie die Auflösung global verfügbar machen. Das geht am besten mit den folgenden #define-Anweisungen zu Beginn des Programms:

```
#define SCR_WIDTH  640  // oder eine andere gültig Breite
#define SCR_HEIGHT 480  // oder eine andere gültig Höhe
```

Wenn Sie diese beiden Zeilen eingefügt haben, sollten Sie am besten auch den Aufruf der Funktion SetDisplayMode so anpassen, dass diese beiden Konstanten verwendet werden.

Danach müssen Sie auch die Breite und Höhe des Sprites global angeben. Dazu können Sie wieder #define nutzen.

```
#define SPRITE_WIDTH  84
#define SPRITE_HEIGHT 74
```

Sie sollten die tatsächliche Größe des Sprites angeben, damit es nicht ska-liert werden muss. Um sicher zu gehen, dass wir mit den korrekten Werten arbeiten, sollten Sie diese Werte beim Aufruf von CreateSurfaceFromBit-map folgendermaßen verwenden:

```
CreateSurfaceFromBitmap("c:\\sprite.bmp",SPRITE_WIDTH,
                                         SPRITE_HEIGHT);
```

Wenn Sie diese beiden Änderungen durchgeführt haben, können Sie die Callback-Funktion anpassen.

```
switch(wParam)
{
    case VK_ESCAPE:
        DestroyWindow(hWnd);
    break;

    case VK_LEFT:
        if(x - 10 >= 0)
        {
            x -= 10;
            Render();
        }
    break;

    case VK_RIGHT:
        if(x + SPRITE_WIDTH + 10 >= SCREEN_WIDTH)
```

```
        {
            x += 10;
            Render();
        }
    break;

    case VK_UP:
        if(y - 10 >= 0)
        {
            y -= 10;
            Render();
        }
    break;

    case VK_DOWN:
        if(y + SPRITE_HEIGHT + 10 <= SCREEN_HEIGHT)
        {
            y += 10;
            Render();
        }
    break;
}
```

Bei jeder Bewegung wird vorher getestet, ob sich das Sprite noch komplett innerhalb des Bildschirms befindet. Bei der Bewegung nach rechts und nach unten muss dabei noch die Sprite-Breite bzw. Sprite-Höhe berücksichtigt werden.

Wenn Sie die Callback-Funktion geändert haben, sollte es nicht mehr möglich sein, das Sprite außerhalb des Bildschirms zu bewegen. Wenn Sie Probleme mit der Änderung haben, können Sie sich auch das Programm *Test-Sprite* ansehen.

19.4 Doppelpufferung

Wenn Sie die Änderung aus dem letzten Abschnitt durchgeführt haben und zusätzlich noch die Schrittweite des Sprites von zehn auf einen Pixel verringern, werden Sie feststellen, dass das Sprite sehr häufig flackert und verzerrt dargestellt wird.

Für diese Effekte gibt es eine Erklärung. Dazu müssen wir uns aber etwas näher mit der Bilderzeugung durch den Monitor und die Grafikkarte beschäftigen.

Für den Aufbau des Bildes ist der Elektronenstrahl des Monitors verantwortlich. Dieser baut das Bild, wie in Abbildung 19.2 dargestellt, zeilenweise auf. Ist eine Zeile komplett, läuft der Elektronenstrahl zur nächsten Zeile und baut diese auf. Während des Rücklaufs wird der Elektronenstrahl abgeschaltet, damit er in dieser Zeit kein Bild erzeugt. Wenn alle Zeilen aufgebaut worden sind, läuft der Elektronenstrahl zurück bis in die erste Zeile. Der Rücklauf zwischen dem Aufbau zweier Zeilen wird horizontaler Strahlrücklauf genannt. Wenn der Elektronenstrahl in die erste Zeile zurückläuft, ist dies der vertikale Strahlrücklauf.

Abb. 19.2:
Bildaufbau
durch den
Elektronen-
strahl

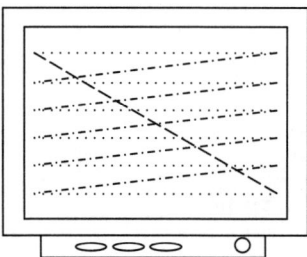

········ Bildzeile
—·—·— horizontaler Strahlrücklauf
——— vertikaler Strahlrücklauf

Bei der Anzahl der vertikalen Strahlrückläufe pro Sekunde handelt es sich um die Bildwiederholfrequenz. Wenn Sie Ihren Monitor mit einer Bildwiederholfrequenz von 75 Hz betreiben, bedeutet das, dass der Elektronenstahl das Bild 75 mal pro Sekunde aufbaut.

Durch den zeilenweisen Aufbau kann es passieren, dass sich die Sprite-Position genau in dem Moment ändert, in dem eine neue Zeile aufgebaut wird. Da das Sprite in diesem Moment auch in den Bildschirmspeicher kopiert wird, sehen Sie eine Überlagerung von zwei Sprites. Der obere Teil befindet sich noch in der letzten Position, während es sich bei dem unteren Teil schon um das neu positionierte Sprite handelt. Die folgende Abbildung verdeutlicht diesen Effekt.

Abb. 19.3:
Verzerrungs-
effekte durch
Überlagerung
von zwei
Sprites

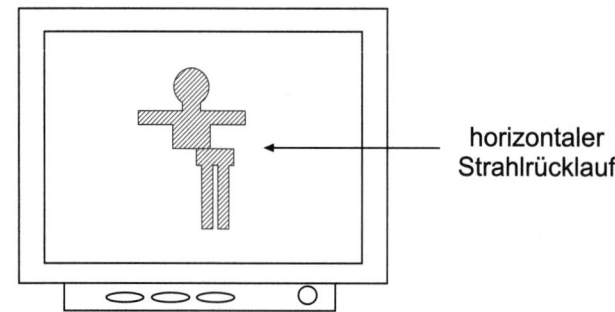

horizontaler
Strahlrücklauf

Wenn Sie noch mal einen Blick auf Abbildung 19.2 werfen, werden Sie feststellen, dass es einen Abschnitt während des Bildaufbaus gibt, der länger dauert als die anderen. In dem Moment, in dem der Elektronenstrahl das gesamte Bild aufgebaut hat, muss er wieder ganz zurück laufen, um das nächste Bild aufbauen zu können. Dies wäre der richtige Moment, um das Sprite auf den Bildschirm zu kopieren.

Leider gibt es aber momentan noch keine Synchronisation zwischen den Aktionen des Programms und dem Aufbau des Bildes durch den Monitor. Glücklicherweise sendet aber jede Grafikkarte vor Beginn des vertikalen Strahlrücklaufs ein Signal, genauer gesagt einen Interrupt, an den Computer. Ein Interrupt ist ein Signal, das den Computer veranlasst, sich kurzzeitig von seiner momentanen Aufgabe abzuwenden und sich stattdessen mit dem Ereignis zu beschäftigen, das den Interrupt auslöste.

Es wäre also denkbar, die Zeit, in der der vertikale Strahlrücklauf erfolgt, zu nutzen, um das Bild aufzubauen. Dieses Vorgehen hätte aber den entscheidenden Nachteil, dass der vertikale Strahlrücklauf nur ca. 5 Prozent der Zeit des gesamten Bildaufbaus in Anspruch nimmt. Ein Programm, das so vorgeht, würde also ca. 95 Prozent der Zeit keinerlei Grafikoperationen durchführen können. Dies ist natürlich undenkbar.

Aus diesem Grund geht man einen anderen Weg. Man verwendet eine Technik, die Doppelpufferung genannt wird. Bei dieser Technik verwendet man zwei Oberflächen, die dem Benutzer abwechselnd präsentiert werden. Wenn die erste Oberfläche angezeigt wird, werden alle Zeichenoperationen auf der zweiten, momentan für den Benutzer nicht zu sehenden Oberfläche, durchgeführt. Wenn ein vertikaler Strahlrücklauf auftritt, schaltet man auf die zweite Oberfläche um, so dass das fertige Bild auf dem Bildschirm erscheint.

Danach zeichnet man bis zum nächsten Strahlrücklauf in die erste, jetzt unsichtbare Oberfläche, und schaltet beim vertikalen Strahlrücklauf wieder um. Dieses Umschalten wird von DirectDraw durchgeführt, wenn Sie die Methode Flip aufrufen. In diesem Fall ändert DirectDraw die Startadresse, ab der aus dem Speicher ausgelesen und am Bildschirm dargestellt wird. Die folgende Abbildung verdeutlich diesen Vorgang.

Es handelt sich nicht um ein Umkopieren der Speicherbereiche, sondern um das abwechselnde Auslesen des Grafikkartenspeichers von zwei verschiedenen Positionen.

Abb. 19.4:
Umschalten
der Oberflä-
chen mit Flip

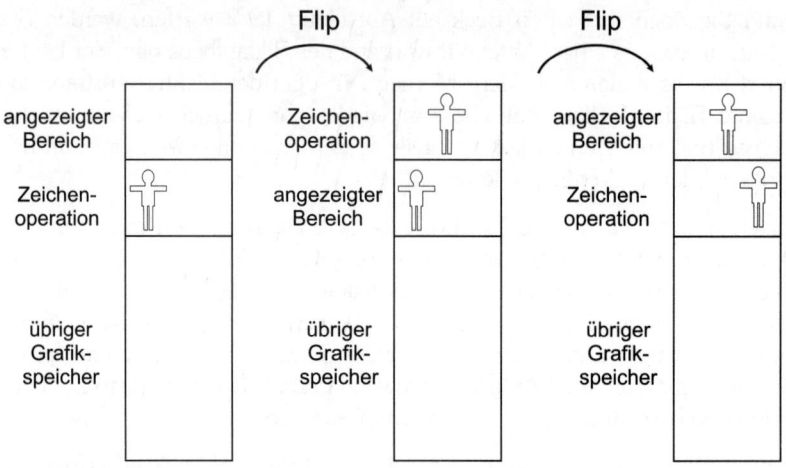

Die Funktionalität, um Doppelpufferung zu realisieren, ist in DirectDraw bereits »eingebaut«. Wir müssen sie nur noch nutzen. Dazu müssen wir bei der Erzeugung der primären Oberfläche angeben, dass es sich um eine komplexe Oberfläche mit einem Hintergrundpuffer handeln soll:

```
LPDIRECTDRAWSURFACE7 lpSPrimary;
LPDIRECTDRAWSURFACE7 lpSBack;

DDSURFACEDESC2 SurfDesc;
ZeroMemory(SurfDesc,sizeof(SurfDesc));
SurfDesc.dwSize = sizeof(SurfDesc);

SurfDesc.dwFlags        = DDSD_CAPS | DDSD_BACKBUFFERCOUNT;

// primäre, umschaltbare, komplexe Oberfläche im Videomemory
SurfDesc.ddsCaps.dwCaps = DDSCAPS_PRIMARYSURFACE |
                          DDSCAPS_FLIP           |
                          DDSCAPS_COMPLEX        |
                          DDSCAPS_VIDEOMEMORY;

// es soll ein Hintergrundpuffer anlegt werden
SurfDesc.dwBackBufferCount = 1;

// primäre Oberfläche anlegen
if(FAILED(lpDD7->CreateSurface(&SurfDesc,&lpSPrimary,NULL)))
{
    // Fehlerbehandlung
}

// Adresse des Hintergrundpuffers abfragen
DDSCAPS2 ddCaps;
```

```
ddCaps.dwCaps = DDSCAPS_BACKBUFFER;

if(FAILED(lpSPrimary->GetAttachedSurface(&ddCaps,&lpSBack)))
{
    // Fehlerbehandlung
}
```

Dieser Code bewirkt, dass eine komplexe (umschaltbare) primäre Oberfläche mit einem Hintergrundpuffer angelegt wird. Eine Oberfläche, die über Hintergrundpuffer verfügt, ist eine komplexe Oberfläche.

Die Werte, die dwFlags zugewiesen werden, teilen der Methode Create-Surface mit, dass die Elemente dwCaps und dwBackBufferCount berücksichtigt werden sollen. dwCaps werden zusätzlich die Werte DDSCAPS_FLIP und DDSCAPS_COMPLEX zugewiesen. DDSCAPS_FLIP gibt an, dass die Oberfläche umschaltbar sein soll. Die Konstante DDSCAPS_COMPLEX muss verwendet werden, wenn die Oberfläche über einen Hintergrundpuffer verfügen soll.

Wenn Sie den Elementen diese Werte zugewiesen haben, legt die Methode CreateSurface den Hintergrundpuffer und die primäre Oberfläche an.

DirectDraw kann umschaltbare Oberflächen nicht auf verschiedene Speicher (Grafikspeicher, AGP-Speicher oder Systemspeicher) verteilen, und da die primäre Oberfläche im Grafikkartenspeicher angelegt wird, wird auch der Hintergrundpuffer in diesem Beispiel im Grafikkartenspeicher angelegt.

Danach müssen wir uns noch den Zeiger auf den Hintergrundpuffer mit der Methode GetAttachedSurface holen. Wir benötigen diesen Zeiger, da sich alle Zeichenoperationen ausschließlich auf den Hintergrundpuffer beziehen werden.

Die Methode Flip führt nämlich zusätzlich noch eine weitere Operation durch, die uns den Umgang mit der Doppelpufferung erheblich erleichtert. Werfen Sie noch einmal einen Blick auf Abbildung 19.4. Normalerweise müsste man sich merken, welcher der beiden Puffer zur Zeit für Zeichenoperationen genutzt wird, und mit jedem Umschalten auch in den anderen Puffer zeichnen. Es wäre also zusätzlicher Verwaltungsaufwand nötig, um festzustellen, welcher Puffer gerade angezeigt wird, und welcher für Zeichenoperationen genutzt werden kann.

Damit wir uns diese Mühe sparen können, vertauscht Flip auch gleichzeitig die Zeiger der Oberflächen, so dass wir immer in den Hintergrundpuffer zeichnen können. Sie können also immer in den Hintergrundpuffer schreiben, wenn Sie Doppelpufferung einsetzten, Flip erledigt den Rest.

Der folgende Codeausschnitt zeigt die Funktion Render, in der Doppelpufferung zum Einsatz kommt.

337

Listing 19.4:
Die Funktion
Render mit
Doppel-
pufferung

```
 1: void Render(void)
 2: {
 3:     // primäre Oberfläche löschen
 4:     DDBLTFX BlitFX;
 5:     ZeroMemory(&BlitFX,0);
 6:     BlitFX.dwSize = sizeof(BlitFX);
 7:
 8:     // Hintergrundfarbe setzen
 9:     BlitFX.dwFillColor = 0;
10:
11:     // Hintergrundpuffer füllen
12:     lpSBack->Blt(NULL,NULL,NULL,DDBLT_COLORFILL |
13:                              DDBLT_WAIT,&BlitFX);
14:
15:     // Sprite in den Hintergrundpuffer blitten
16:     lpSBack->BltFast(x,y,lpDDSprite,NULL,DDBLTFAST_WAIT);
17:
18:     // Oberflächen austauschen
19:     lpSPrimary->Flip(NULL,DDFLIP_WAIT);
20: }
```

Lassen Sie uns einen genaueren Blick auf die Methode Flip werfen:

```
HRESULT Flip(LPDIRECTDRAWSURFACE7 lpDDSurfaceTargetOverride,
             DWORD dwFlags);
```

Der Parameter lpDDSurfaceTargetOverride gibt an, zu welchem Puffer umgeschaltet werden soll. Dieser Parameter hat nur dann eine Bedeutung, wenn Sie mehr als zwei Puffer verwenden und in einer speziellen Reihenfolge umschalten wollen. Ansonsten können Sie hier NULL übergeben. Der zweite Parameter bestimmt das Verhalten der Methode. Die normale Vorgehensweise ist hier, den Wert DDFLIP_WAIT zu übergeben. Dieser Wert sorgt dafür, dass die Methode Flip so lange wartet, bis die Adresse der Oberflächen ausgetauscht werden kann, selbst wenn die Grafikkarte noch mit einer Zeichenoperation beschäftigt ist.

Flip schaltet die Oberflächen erst beim Auftreten eines vertikalen Strahlrücklaufs um. Die Bildwiederholfrequenz ist die Anzahl der vertikalen Strahlrückläufe pro Sekunde. Aus diesem Grund kann ein Programm, das Doppelpufferung nutzt, maximal mit einer Framerate laufen, die so groß ist wie die Bildwiederholfrequenz.

Wenn Sie sich das Beispielprogramm *DBSprite* anschauen, werden Sie feststellen, dass jetzt kein Flackern des Sprites mehr auftritt.

Sie haben sogar die Möglichkeit, mehr als zwei Oberflächen für die Pufferung zu verwenden. In diesem Fall schalten Sie die Puffer der Reihe nach in den Vordergrund. Diese Vorgehensweise wird in der Praxis selten genutzt, da der benötigte Speicherplatz für drei oder mehr Oberflächen, die nur für die Zwischenspeicherung genutzt werden können, sehr hoch ist.

19.5 Eine DirectDraw-Klasse

Bevor wir mit den Sprites weiterarbeiten, sollten wir die DirectDraw-Funktionen, die wir bisher benutzt haben, in einer Klasse zusammenfassen. Sie werden sehen, dass dies das Hauptprogramm wesentlich übersichtlicher gestalten wird.

Die Klasse muss über eine Methode zur Initialisierung von DirectDraw verfügen. In dieser Methode werden das DirectDraw-Objekt erzeugt und die Kooperationsebene und der Videomodus festgelegt. Außerdem legen wir in dieser Methode die primäre Oberfläche und einen Hintergrundpuffer an.

Des weiteren sehen wir die Methode `Clear` vor, die den Hintergrundpuffer mit der Farbe, die übergeben wird, füllt. Die Methode `Flip` realisiert das im letzten Abschnitt beschriebene Umschalten der Oberflächen.

Da die Methode `CreateSurfaceFromBitmap`, die wir zu Beginn dieses Kapitels geschrieben haben, auf das DirectDraw-Objekt zugreift, um Oberflächen zu erzeugen, wird sie auch Teil dieser Klasse.

Außerdem sehen wir die Funktion `GetBuffer` vor. Diese Methode kann genutzt werden, um den Hintergrundpuffer für andere Funktionen oder Objekte nutzbar zu machen.

Die Klasse hat den folgenden Aufbau:

```
class DirectDrawClass
{

 public:

    DirectDrawClass(void);
    ~DirectDrawClass();

    // DirectDraw-Objekt initialisieren, Videomodus und
    // Koopertionsebene sowie Oberflächen anlegen
    BOOL Init(HWND hWnd);
```

```
// Hintergrund löschen
void Clear(int Color);

// Puffer tauschen
void Flip(void);

// Zeiger auf den Hintergrundpufferzurückgeben, damit
// er von andere Objekte verwendet werden kann
LPDIRECTDRAWSURFACE7 GetBuffer(void);

// Oberfläche für eine Bitmap erzeugen
LPDIRECTDRAWSURFACE7 CreateSurfaceFromBitmap(LPCTSTR File,
                                             int dWidth,
                                             int dHeight);

private:

    // Zeiger auf das DirectDraw Interface
    LPDIRECTDRAW7 lpDD7;

    // Zeiger auf die primäre Oberfläche
    LPDIRECTDRAWSURFACE7 lpDDSPrimary;

    // Zeiger auf den Hintergrundpuffer
    LPDIRECTDRAWSURFACE7 lpDDSBackBuffer;
};
```

Neben der Klasse DirectDraw legen wir noch eine Header-Datei *global.h*
an. In dieser Datei definieren wir Konstanten für die Auflösung und die
Farbtiefe. Später werden Sie sehen, dass einige Klassen auf diese Informationen zugreifen müssen.

Die Implementierung der Methoden der Klasse und den Aufbau der Header-
Datei *global.h* können Sie sich im Beispielprogramm *DirectDrawClass* ansehen.

19.6 Eine Sprite-Klasse

Mit diesem kleinen Zwischenstopp haben wir dafür gesorgt, dass das Sprite
beim Zeichnen auf die Oberfläche nicht mehr ruckelt, und wir haben die
DirectDraw-Funktionen in einer Klasse zusammengefasst.

Wenn Sie viele Sprites in Ihren Programmen nutzen wollen, werden Sie mit
der Zeit feststellen, dass es komfortabler ist, eine Klasse für die Verwaltung
der Sprites anzulegen.

Eine Spriteklasse sollte die x- und y-Koordinate des Sprites, die Breite und die Höhe sowie einen Zeiger auf die Oberfläche, in der die Grafik des Sprites gespeichert ist, enthalten. Das Anlegen der Oberfläche geschieht durch die Methode CreateSurfaceFromBitmap der Klasse DirectDraw. Sie wird also nicht in der Sprite-Klasse angelegt. Der folgende Quellcode-abschnitt enthält die Klassendefinition:

```
class Sprite
{
    public:
        Sprite();
        ~Sprite();

        // Sprite anlegen, Oberfläche, Sprite Breite und Höhe
        void Create(LPDIRECTDRAWSURFACE7 lpDDSurface);

        // Setzen der x und y Position
        void SetXY(int SpriteX,int SpriteY);

        // Verschieben des Sprites
        void Move(int SpriteDX,int SpriteDY);

        // Blitten des Sprites auf eine Oberfläche
        void Draw(LPDIRECTDRAWSURFACE7 lpDDSurface);

    private:
        // Oberfläche für das Sprite
        LPDIRECTDRAWSURFACE7 lpDDSpriteSurface;

        // Breite und Höhe
        int SpriteWidth;
        int SpriteHeight;

        // x und y Koordinate
        int x;
        int y;
};
```

Mit der Methode Create wird das Sprite erzeugt. Dazu übergibt man einen Zeiger auf eine Oberfläche, die die Bitmap des Sprites enthält. Wir verwenden die Breite und die Höhe der Oberfläche, um die Breite und die Höhe des Sprites festzulegen.

Die Methode SetXY kann verwendet werden, um die absolute Position des Sprites festzulegen. Die Methode Move verändert die momentane Position hingegen um die übergebenen Werte. Wenn Sie der Methode SetXY z.B. die Werte 100,100 übergeben, wird das Sprite an die Position 100,100 gesetzt. Rufen Sie danach Move mit den Parametern 5,5 auf, wird das Sprite an die Position 105,105 gesetzt.

Der Methode Draw müssen Sie einen Zeiger auf die Oberfläche übergeben, in die das Sprite gezeichnet werden soll. Im Normalfall ist dies der Hintergrundpuffer.

Das Beispielprogramm *SpriteClass* zeigt die Implementierung und Nutzung der Klasse.

19.6.1 Colorkeys

Das Programm *SpriteClass* bietet die Möglichkeit, die Hintergrundfarbe mit F1 zwischen Blau und Schwarz umzuschalten. Wenn Sie den Hintergrund auf Blau schalten, können Sie sehen, dass das Sprite mitsamt des Hintergrunds gezeichnet wird, da die Blit-Funktion das gesamte Rechteck kopiert.

In einem Spiel sähe es jedoch sehr seltsam aus, wenn alle Sprites mit einem rechteckigen Hintergrund dargestellt würden. Abhilfe bieten hier Colorkeys (Farbmasken). Mit Colorkeys können Sie bestimmen, welche Farben, die in der Grafik des Sprites vorkommen, beim Blitten weggelassen werden sollen.

Colorkeys gibt es in zwei verschiedenen Varianten. Bei der Verwendung von *Quellcolorkeys* (source colorkeys) wird festgelegt, welche Farbe einer Oberfläche beim Kopieren weggelassen werden soll. In Abbildung 19.5 wird die Farbe Schwarz in der Quelloberfläche als Colorkey definiert und wird deshalb beim Kopieren nicht berücksichtigt.

Abb. 19.5:
Verwendung
von Quell-
colorkeys

Quell-
oberfläche

Ziel-
oberfläche

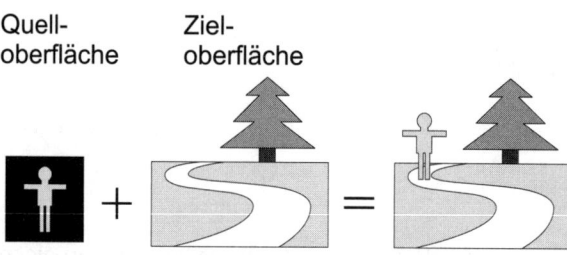

Die zweite Variante sind *Zielcolorkeys* (destination colorkeys). Wenn Sie Zielcolorkeys verwenden, geben Sie eine Farbe in der Oberfläche, auf die kopiert werden soll, an. Nur diese Farbe wird dann ersetzt, wenn Sie eine andere Oberfläche auf die Oberfläche kopieren. In Abbildung 19.6 werden nur weiße Pixel in der Zieloberfläche mit den Pixeln der Quelloberfläche gefüllt.

Quell-
oberfläche

Ziel-
oberfläche

Abb. 19.6:
Verwendung
von Zielcolor-
keys

Zielcolorkeys werden sehr selten verwendet und werden auch nur von wenigen Grafikkarten unterstützt, so dass wir uns auf Quellcolorkeys konzentrieren werden.

In DirectDraw können Sie für Colorkeys eine einzelne Farbe oder einen Farbbereich angeben. In beiden Fällen können Sie die Colorkeys entweder beim Erzeugen der Oberfläche in der Struktur DDSURFACEDESC2 festlegen oder die Methode SetColorKey der Oberfläche verwenden.

Das folgende Listing zeigt ein Beispiel, in dem die Farbe Schwarz als Colorkey verwendet wird.

```
DDCOLORKEY ColorKey;

// schwarze Pixel sollen nicht kopiert werden
ColorKey.dwColorSpaceLowValue  = 0;
ColorKey.dwColorSpaceHighValue = 0;

lpDDSpriteSurface->SetColorKey(DDCKEY_SRCBLT,&ColorKey);
```

Wenn Sie einen Farbbereich angeben wollen, müssen Sie die erste Farbe des Farbbereichs dem Element dwColorSpaceLowValue und die letzte Farbe dem Element dwColorSpaceHighValue zuweisen. Normalerweise wird aber nur eine Farbe als Colorkey verwendet. Beachten Sie, dass diese Farbe überall, auch innerhalb des Sprites, weggelassen wird.

Für die Sprites, die in den Beispielen verwendet werden, wurde Schwarz als Colorkey verwendet. Die Funktion Create der Sprite-Klasse eignet sich sehr gut, um Colorkeys hinzuzufügen. Das Beispiel *SpriteKeys* zeigt, wie man Colorkeys verwendet.

343

Der Begriff Colorkey wird häufig mit dem Begriff Transparenz verwechselt. Mit Colorkeys kann man lediglich bestimmen, dass Pixel bestimmter Farben beim Kopieren weggelassen werden sollen. »Echte« Transparenz lässt sich mit einem Alphakanal realisieren. In einem Alphakanal wird zusätzlich zur Farbe des Pixels gespeichert, wie durchsichtig es sein soll.

19.7 Sprites animieren

Nachdem unsere Sprites jetzt Colorkeys verwenden können, sollten wir sie noch animieren. Animierte Sprites sehen viel lebendiger aus und verbessern, wie Sie sehen werden, den Gesamteindruck des Spiels deutlich.

Sprites zu animieren bedeutet, die Grafik des Sprites mit der Zeit zu verändern. Dazu wird für jeden Schritt der Animation ein einzelnes Bild gezeichnet oder modelliert und nacheinander angezeigt.

Die folgende Abbildung zeigt eine Oberfläche, in der verschiedene Animationsschritte eines Sprites zusammengefasst wurden.

Abb. 19.7:
Animations-
sequenz für
ein Sprite

Es wäre natürlich auch möglich, für jeden einzelnen Animationsschritt eine separate Oberfläche anzulegen. DirectDraw kann aber besser mit wenigen, verhältnismäßig großen Oberflächen umgehen als mit sehr vielen kleinen.

Wenn Sie mehrere Animationsschritte, wie in Abbildung 19.7, in einer Oberfläche zusammenfassen, müssen Sie sich die Größe der einzelnen Sprites in der Oberfläche merken.

Für die Animation des Sprites wird jetzt jedes einzelne Bild nacheinander dargestellt, um den Eindruck von Bewegung hervorzurufen. Ein Sprite, das Teil dieser Bewegung ist, wird auch Frame genannt.

Das Prinzip hinter dieser Animationstechnik gleicht der eines Daumenkinos, bei dem auch stehende Bilder schnell hintereinander angezeigt werden, um den Eindruck von Bewegung hervorzurufen.

Je nachdem wie schnell Ihr Spiel ist und wie schnell das Sprite animiert werden soll, müssen Sie ein Bild für eine bestimmte Anzahl von Frames darstellen, bevor Sie zum nächsten umschalten.

19.7.1 Erweiterung der Spriteklasse

Da Sie die Grundlagen jetzt kennen, wollen wir unsere Sprite-Klasse ergänzen, damit sie animierte Sprites darstellen kann. Dazu müssen wir der Methode Create neben einem Zeiger auf die Oberfläche noch die Breite und die Höhe eines einzelnen Frames übergeben. Das folgende Listing zeigt die Methode Create.

```
1: // Zeiger auf die Oberfläche sowie Breite und Höhe der
2: // Sprites (Frames) speichern und den Colorkey festlegen
3:
4: void Sprite::Create(LPDIRECTDRAWSURFACE7 lpDDSurface,
5:                     int frmWidth,int frmHeight,int frmD)
6: {
7:     // Breite und Höhe der Oberfläche bestimmen
8:     lpDDSpriteSurface = lpDDSurface;
9:
10:     // Höhe und Breite der einzelnen Frames speichern
11:     FrameWidth  = frmWidth;
12:     FrameHeight = frmHeight;
13:
14:     // Verzögerung zwischen einem Animationsschritt
15:     FrameDelay = frmD;
16:
17:     DDSURFACEDESC2 SurfaceDesc;
18:     ZeroMemory(&SurfaceDesc,sizeof(SurfaceDesc));
19:     SurfaceDesc.dwSize = sizeof(SurfaceDesc);
20:
21:     lpDDSpriteSurface->GetSurfaceDesc(&SurfaceDesc);
22:
23:     // Anzahl der Sprites in einer Zeile/Spalte bestimmen
24:     FramesX = SurfaceDesc.dwWidth  / FrameWidth;
25:     FramesY = SurfaceDesc.dwHeight / FrameHeight;
26:
27:     // schwarze Bereiche sollen nicht kopiert werden
28:     DDCOLORKEY ColorKey;
29:     ColorKey.dwColorSpaceLowValue  = 0;
```

Listing 19.5: Die Methode Create speichert jetzt die Größe der Frames

345

```
30:        ColorKey.dwColorSpaceHighValue = 0;
31:
32:        lpDDSpriteSurface->SetColorKey(DDCKEY_SRCBLT,
33:                                       &ColorKey);
34: }
```

Achten Sie darauf, dass Sie die Sprite-Klasse um die Attribute FrameDelay, FrameWidth, FrameHeight sowie FramesX und FramesY ergänzen müssen. In FrameWidth und FrameHeight wird die Größe eines Frames, also eines einzelnen Sprites gespeichert. FramesX speichert, wie viele Frames in einer Zeile, FramesY, wie viele Frames in einer Spalte vorhanden sind. Der in FrameDelay enthaltene Wert bestimmt, wie lange, d.h. für wie viele Frames, ein Animationsschritt angezeigt wird.

Zusätzlich benötigen wir die Variablen CurrentFrameX und CurrentFrameY, in denen gespeichert wird, welches Frame gerade angezeigt wird. Wenn die Variable CurrentFrameX den Wert 3 hat und CurrentFrameY den Wert 1, dann wird das vierte Frame der zweiten Zeile angezeigt.

Mit Hilfe dieser zusätzlichen Angaben können wir die Methode Draw so verändern, dass sie die Frames nacheinander anzeigt.

Listing 19.6:
Die Methode
Draw kann
jetzt animierte
Sprites dar-
stellen

```
1: // Sprite auf eine Oberfläche blitten
2: // (meistens in den Hintergrundpuffer)
3:
4: void Sprite::Draw(LPDIRECTDRAWSURFACE7 lpDDSurface)
5: {
6:     RECT SpriteRect;
7:
8:     // dieses Rechteck speichert die Position
9:     // des Frames in der Oberfläche
10:    SpriteRect.left   = CurrentFrameX  * FrameWidth;
11:    SpriteRect.right  = SpriteRect.left + FrameWidth;
12:    SpriteRect.top    = CurrentFrameY  * FrameHeight;
13:    SpriteRect.bottom = SpriteRect.top  + FrameHeight;
14:
15:    // Sprite blitten auf die Oberfläche kopieren
16:    lpDDSurface->BltFast(x,y,lpSpriteSurface,&SpriteRect,
17:                         DDBLTFAST_SRCCOLORKEY |
18:                         DDBLTFAST_WAIT);
19:
20:    // delay erhöhen und testen, ob der nächste
21:    // Animationsschritt dargestellt werden soll
22:    delay++;
23:    if(delay >= FrameDelay)
24:    {
25:        // nächstes Frame
26:        CurrentFrameX++;
```

```
27:
28:        // Haben wir die Spaltenbegrenzung erreicht?
29:        if(CurrentFrameX == FramesX)
30:        {
31:            // zur nächsten Zeile, in die 1. Spalte
32:            CurrentFrameX = 0;
33:            CurrentFrameY++;
34:
35:            // Ist die Zeilenbegrenzung erreicht?
36:            if(CurrentFrameY == FramesY)
37:            {
38:                // dann weider beim ersten Frame anfangen
39:                CurrentFrameY = 0;
40:            }
41:        }
42:        // Verzögerung auf 0 setzen
43:        delay = 0;
44:    }
45: }
```

Das Rechteck SpriteRect wird benutzt, um das Rechteck in der Oberfläche, die die Frames enthält, zu bestimmen. Das aktuelle Frame wird mit Hilfe der Variablen CurrentFrameX und CurrentFrameY bestimmt. Diese Werte müssen noch mit der Frame-Breite und der Frame-Höhe multipliziert werden.

Die Variable delay wird so lange inkrementiert, bis sie den Wert erreicht, der angibt, dass das nächste Frame dargestellt werden soll. In diesem Fall wird die Variable CurrentFrameX erhöht. Wenn diese Variable dadurch die Spaltenbegrenzung erreicht hat, wird Sie auf 0 gesetzt und die Variable CurrentFrameY wird erhöht. Wenn CurrentFrameY die letzte Zeile erreicht hat, wird sie ebenfalls auf 0 gesetzt und die Animation beginnt wieder beim ersten Frame. Die folgende Abbildung zeigt diesen Vorgang.

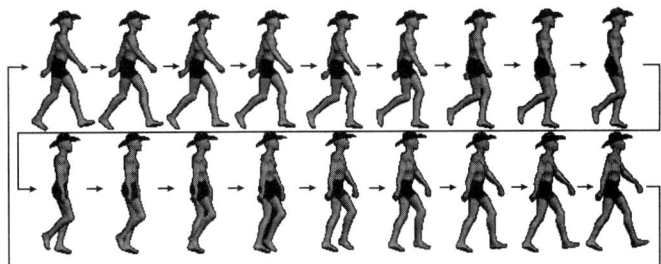

*Abb. 19.8:
Animation
eines Sprites*

Die hier vorgestellte Methode beginnt beim ersten Frame und läuft Schritt für Schritt durch die Sprites in der Oberfläche. Wenn das letzte Frame erreicht wird, beginnt die Animation wieder mit dem ersten Frame. Es ist aber auch möglich, dass die Animation beim Erreichen des letzten Frames wieder zurückläuft anstatt wieder vorne zu beginnen (z.B. bei der Animation eines Jojos).

Im Beispielprogramm *SpriteAnim* werden zwei animierte Sprites auf dem Bildschirm angezeigt.

19.8 Zugriff auf Pixel in einer Oberflächen

Wenn Sie eine Zeit lang mit Oberflächen gearbeitet haben, werden Sie früher oder später an eine Stelle kommen, an der Sie auf die Pixel, die in einer Oberfläche gespeichert sind, zugreifen wollen. Leider gibt es für den direkten Zugriff in DirectDraw keine Funktion. Um Zugang zu den Pixeln in der Oberfläche zu erhalten, müssen Sie die Funktion Lock nutzen. Lock hat folgenden Aufbau:

```
HRESULT Lock(
    LPRECT lpDestRectm
    LPDDSURFACEDESC2 lpDDSurfaceDesc
    DWORD dwFlags
    HANDLE hEvent
);
```

Mit dem Aufruf von Lock ist eine Oberfläche gesperrt, d.h. dass keine anderen Funktionen in dieser Zeit auf sie zugreifen können. Sie kann auch nicht im Speicher verschoben werden. Der erste Parameter ist ein Rechteck, das angibt, welcher Teil der Oberfläche gesperrt werden soll. Normalerweise sperrt man immer die gesamte Oberfläche, so dass Sie hier NULL angeben können. Als zweiten Parameter müssen Sie einen Zeiger auf eine Struktur vom Typ DDSURFACEDESC2 übergeben, in der Informationen über die Oberfläche gespeichert werden. Der dritte Parameter gibt an, wie sich die Funktion Lock verhalten soll. Hier geben Sie normalerweise den Wert DDLOCK_WAIT an, dann wartet Lock in dem Fall, wo gerade auf die Oberfläche gezeichnet wird, so lange, bis die Zeichenoperationen abgeschlossen sind.

Der letzte Parameter wird nicht genutzt und muss auf NULL gesetzt werden.

Nach dem Aufruf dieser Funktion beinhaltet das Element lpSurface der DDSURFACEDESC2-Struktur einen Zeiger auf die Oberfläche. Mit diesem Zeiger können Sie auf die Pixel der Oberfläche wie auf ein Feld zugreifen. Dabei gibt es jedoch einige Punkte zu beachten. Der Zeilenabstand in diesem Feld ist nicht unbedingt gleich der Breite der Oberfläche, da DirectDraw zusätzlich zur Oberfläche Speicher zur Zwischenspeicherung anlegen kann. Die folgende Abbildung verdeutlicht das Problem.

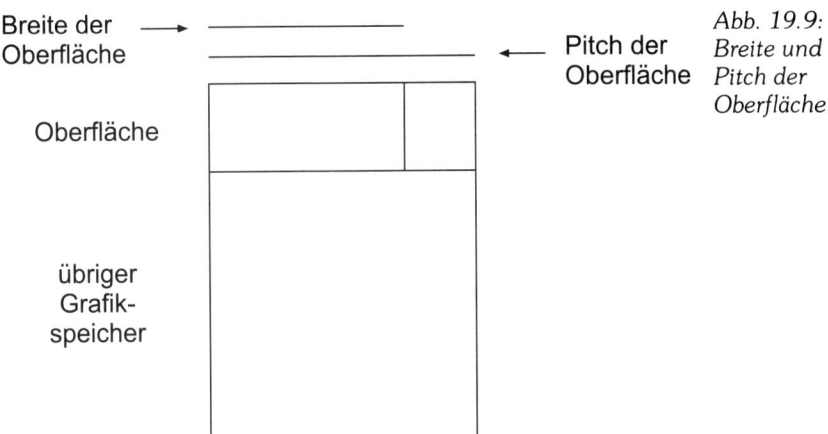

Breite der Oberfläche → ← Pitch der Oberfläche

Oberfläche

übriger Grafik- speicher

Abb. 19.9:
Breite und
Pitch der
Oberfläche

Der Abstand zwischen zwei Zeilen der Oberfläche wird in dem Element lPitch der DDSURFACEDESC2-Struktur gespeichert. Bei diesem Wert handelt es sich immer um eine Angabe in BYTE. Um den tatsächlichen Zeilenabstand herauszufinden, benötigen wir aber noch die Farbtiefe der Oberfläche. Wenn es sich um einen 16 Bit Farbmodus handelt, müssen wird den Wert lPitch durch zwei, wenn es sich um einen 24 Bit Farbmodus handelt, durch drei, und wenn es sich um einen 32 Bit Farbmodus handelt, durch vier teilen.

Wenn Sie eine Oberfläche mit Lock gesperrt haben und mit dem Lesen oder Setzen von Pixeln fertig sind, müssen Sie die Oberfläche mit der Funktion Unlock wieder frei geben. Unlock hat nur einen Parameter:

```
HRESULT Unlock(LPRECT lpRect);
```

Wenn Sie beim Aufruf von Lock ein Rechteck angegeben haben, müssen Sie das gleiche Rechteck beim Aufruf von Unlock übergeben. Ansonsten können Sie der Funktion NULL übergeben.

349

Das folgende Beispiel zeigt, wie man Lock und Unlock nutzt.

```
// lpDDSurface ist ein Zeiger auf eine Oberfläche

DDSURFACEDESC2 DDSurfDesc;
ZeroMemory(&DDSurfDesc,sizeof(DDSurfDesc));
DDSurfDesc.dwSize = sizeof(DDSurfDesc);

// Surface für direkten Zugriff sperren
lpDDSurface->Lock(NULL,&DDSurfDesc,DDLOCK_WAIT,NULL);

// wenn Lock erfolgreich war, ist lpSurface
// ein gültiger Zeiger auf die Oberfläche
// wir nehmen 16 Bit Farbtiefe an
WORD* wlpSurface = (WORD*)DDSurfDesc.lpSurface;

// lPitch enthält den Abstand in Byte
int Pitch = DDSurfDesc.lPitch / 2;


// Oberfläche schwarz füllen
for(int i=0;i<DDSurfDesc.dwHeight;i++)
{
    for(int j=0;j<DDSurfDesc.dwWidth;j++)
    {
        lpSurface[i*Pitch+j] = 0;
    }
}

// Wichtig !!!  Oberfläche wieder freigeben
lpDDSScreen->Unlock(NULL);
```

Zugriffe auf Oberflächen mit Hilfe von Lock sind vergleichsweise langsam. Dies gilt besonders dann, wenn Sie lesend auf eine Oberfläche zugreifen, die sich im Videospeicher befindet. Wenn Sie umfangreiche Manipulationen an Oberflächen durchführen wollen, empfiehlt es sich, die entsprechende Oberfläche im Systemspeicher oder AGP-Speicher zu erzeugen und sie nach dem Zugriff in den Videospeicher zu kopieren.

19.8.1 Ein Sternenfeld

Als ein Beispiel für den Zugriff auf eine Oberfläche wollen wir ein Programm schreiben, das ein Sternenfeld erzeugt und darstellt. Die Sterne sollen sich dabei von oben nach unten über den Bildschirm bewegen und verschiedene Geschwindigkeiten haben. Um einen Eindruck von Tiefe im Bild zu erzeugen, sollen die schnelleren Sterne heller sein und einen Schweif hinter sich herziehen.

Für die Realisierung sollen zwei Klassen angelegt werden. Zum einen die Klasse Star, die einen einzelnen Stern repräsentiert und zum anderen die Klasse Stars, die für die Erzeugung, die Bewegung und die Anzeiger der einzelnen Sterne zuständig ist.

Der folgende Codeausschnitt zeigt die Klasse Star:

```
class Star
{
    public:
        Star(void);
        // Stern bewegen
        void Move(void);
        // Ausgabe des Sterns
        void Draw(LPDIRECTDRAWSURFACE7 lpDDSScreen);

    private:
        float x,y;      // x und y Koordinate des Sterns
        float dy;       // Bewegung des Sterns in y-Richtung
        int   Length;   // Länge des Schweifs
};
```

Die x- und y- Koordinaten werden als float-Variablen angelegt, damit sich die Sterne auch um weniger als einen Pixel bewegen können. Die Variable Length gibt die Länge des Sternenschweifs an.

Der Konstruktor weist den Koordinaten und der Bewegung des Sterns einen zufälligen Wert zu. Dazu wird die Funktion rand genutzt. Diese Funktion gibt einen zufälligen Integer-Wert zwischen 0 und RAND_MAX zurück. RAND_MAX ist eine Konstante, die in der Header-Datei *stdlib.h* definiert ist. RAND_MAX sollte wenigstens einen Wert von 32767 haben. Die tatsächliche Größe ist aber vom Compiler abhängig. Bevor Sie die Funktion rand nutzen, sollten Sie den Startpunkt des Zufallsgenerators des Computers setzen. Dazu müssen Sie die Funktion srand aufrufen und einen beliebigen Wert übergeben, z.B.

```
srand(timeGetTime());
```

SCR_WIDTH ist die Breite des Bildschirms und SCR_HEIGHT die Höhe. Die Konstante MAX_SPEED gibt an, wie schnell ein Stern maximal sein darf. Der Konstruktor der Klasse Star sieht folgendermaßen aus:

```
Star::Star()
{
    // x,y-Koordinate zufällig wählen
    x = (float)(rand()%SCR_WIDTH);
    y = (float)(rand()%SCR_HEIGHT);
```

```
dy = (float)(rand()%MAX_SPEED + 1);
dy /= 10;

Length = (int)(dy+1);
}
```

Die Länge des Sternenschweifs wird in Abhängigkeit von der Bewegungs-geschwindigkeit gesetzt: Je schneller sich der Stern bewegt, desto länger ist sein Schweif.

Die Funktion Move bewegt den Stern um dy Pixel in y-Richtung. Wenn der Stern den Bildschirm verlässt, werden ihm neue Werte zugewiesen.

```
void Star::Move(void)
{
    // y-Koordinate erhöhen
    y += dy;

    // der Stern darf nicht außerhalb des Bildschirmes liegen
    if(y >= SCR_HEIGHT - Length)
    {
        // neue x,y-Koordinate und Geschwindigkeit bestimmen
        x  = (float)(rand()%SCR_WIDTH);

        dy = (float)(rand()%MAX_SPEED  + 1);
        dy /= 10;

        y  = dy;

        // je schneller ein Stern ist,
        // desto länger ist sein Schweif
        Length = (int)(dy+1);
    }
}
```

In der Methode Draw wird der Stern auf eine Oberfläche gezeichnet. Dazu wird die Oberfläche mit Lock gesperrt, um auf sie zugreifen zu können.

```
 1: void Star::Draw(LPDIRECTDRAWSURFACE7 lpDDSScreen)
 2: {
 3:     DDSURFACEDESC2 DDSurfDesc;
 4:     ZeroMemory(&DDSurfDesc,sizeof(DDSurfDesc));
 5:     DDSurfDesc.dwSize = sizeof(DDSurfDesc);
 6:
 7:     // Surface für direkten Zugriff sperren
 8:     lpDDSScreen->Lock(NULL,&DDSurfDesc,DDLOCK_WAIT,NULL);
 9:
10:     // wenn Lock erfolgreich war, ist lpSurface
11:     // ein gültiger Zeiger auf die Oberfläche
12:     WORD* wlpSurface = (WORD*)DDSurfDesc.lpSurface;
```

```
13:
14:      int Pitch = DDSurfDesc.lPitch / 2;
15:
16:      // Position für den Stern berechnen
17:      int index = ((int)y * Pitch + (int)x);
18:
19:      // Länge der Sterne berücksichtigen und Farbe wählen
20:      for(int i=0;i<Length;i++)
21:      {
22:          wlpSurface[index + i * Pitch] =
23:                              CalcColor(StarColors[i].r,
24:                                        StarColors[i].g,
25:                                        StarColors[i].b);
26:      }
27:      // Wichtig !!! Oberfläche wieder freigben
28:      lpDDSScreen->Unlock(NULL);
29:}
```

In dieser Funktion wird die übergebene Oberfläche zuerst gesperrt. In Zeile 12 wird der Zeiger auf die Oberfläche in einem Zeiger vom Typ WORD konvertiert. In Zeile 14 wird der Zeilenabstand der Oberfläche ermittelt. Danach folgt die Berechnung der Position des Sterns in Zeile 17. In der for-Schleife ab Zeile 20 werden entsprechend der Länge des Sterns Pixel in die Oberfläche geschrieben. StarColors ist eine Struktur, die Farben von weiß bis grau enthält, so dass der Schweif eines Sterns mit zunehmender Länge immer dunkler wird.

Diese Funktion wird nur bei einer Farbtiefe von 16 Bit korrekt funktionieren. Wenn Sie eine andere Farbtiefe verwenden wollen, müssen Sie den Zeiger in Zeile 12 und die Berechnung der Variable Pitch in Zeile 14 anpassen.

Die Klasse Stars macht nichts anderes als ein Feld von Sternen zu verwalten. Sie können dem Konstruktor der Klasse Stars die Anzahl der Sterne übergeben, die erzeugt werden sollen.

Den kompletten Quellcode der Klassen Star und Stars finden Sie im Beispielprogramm *Starfield*.

19.9 Scrolling

Scrolling kommt dann zum Einsatz, wenn ein Spiel über ein so großes Spielfeld verfügt, dass es nicht auf einmal dargestellt werden kann. Beim Scrolling kommt es darauf an, dass es möglichst weich und ruckelfrei ausgeführt wird.

Abb. 19.10:
Horizontales
Scrolling

Bei der in Abbildung 19.10 dargestellten Variante handelt es sich um horizontales Scrolling. Es ist natürlich auch möglich, den Hintergrund vertikal scrollen zu lassen.

Leider bietet DirectDraw keine direkte Hardwareunterstützung für Scrolling, so dass wir vollständig auf Blits angewiesen sind.

Dabei gibt es verschiedene Möglichkeiten. Eine Variante wäre z.B. eine sehr große Oberfläche zu erzeugen, die das komplette Spielfeld enthält, und dann den Teil, der angezeigt werden soll, in den sichtbaren Bereich zu kopieren. Diese Variante hat den Nachteil, dass nicht alle Grafikkarten große Oberflächen unterstützen. Außerdem wäre das Spielfeld auf die Größe des Grafikkartenspeichers beschränkt, oder Sie müssten den Hintergrund im Systemspeicher ablegen, wodurch das Kopieren einer gesamten Oberfläche recht langsam würde.

Es gibt aber auch eine Variante, die sehr schnell ist und trotzdem die Nutzung von sehr großen Oberflächen erlaubt. Beispielhaft wollen wir uns ansehen, wie man ein sehr großes Spielfeld von links nach rechts scrollt.

Dazu erzeugen Sie den kompletten Hintergrund im Hauptspeicher, entweder als ein großes Stück oder blockweise in der Größe der aktuellen Auflösung. Dann füllen Sie den Hintergrund mit der gewünschten Grafik. Danach wird das erste Bild in den Hintergrundpuffer kopiert.

Wenn das Scrolling beginnen soll, wird die Grafik, die sich im Hintergrundpuffer befindet, um eine Spalte nach links verschoben und die erste Spalte der zweiten Grafik, die sich im Hauptspeicher befindet, wird ganz rechts in den Hintergrundpuffer kopiert. Die folgenden Grafik verdeutlicht diesen Vorgang.

Das Programm *Scroll* zeigt, wie man Scrolling auf diese Weise realisiert.

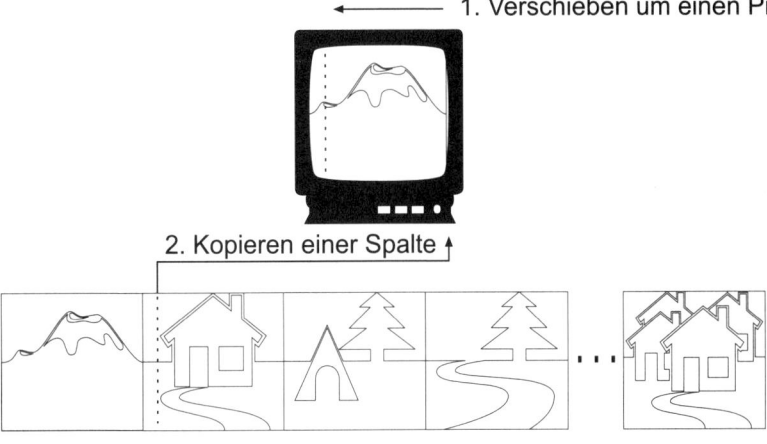

1. Verschieben um einen Pixel

2. Kopieren einer Spalte

Abb. 19.11:
Zeilenweises
Kopieren des
Hintergrunds

Zusammenfassung

Oberflächen sind die am meisten genutzten Objekte in DirectDraw. Sie sollten unbedingt darauf achten, dass Sie häufig verwendete Oberflächen möglichst im Grafik- oder im AGP-Speicher anlegen. Oberflächen werden verwendet, um Hintergrundgrafiken oder Sprites zu speichern.

Sprites spielen im Bereich der 2D-Computerspiele eine wichtige Rolle, sie werden für alle nur denkbaren grafischen Elemente eines Spiels eingesetzt. In diesem Kapitel haben Sie eine Klasse für Sprites kreiert und nach und nach ausgebaut.

Am Ende dieses Kapitels haben Sie erfahren, wie man auf den Inhalt einer Oberfläche zugreifen kann und wie man Scrolling realisiert.

355

DirectInput

In diesem Kapitel lernen Sie, wie man DirectInput nutzt. DirectInput ist die Komponente von DirectX, die für die Behandlung von Benutzereingaben zuständig ist. DirectInput unterstützt neben der Tastatur und der Maus auch Joysticks und Lenkränder.

20.1 Vorteile von DirectInput

Wie Sie im vorangegangenen Kapitel gesehen haben, ist es zwar auch möglich, Tastatureingaben über die Windows-Nachrichtenverarbeitung zu erhalten, es gibt dabei aber einige Nachteile. Wenn Sie sich die Beispiele aus dem letzten Kapitel ansehen, in denen Sie ein Sprite über den Bildschirm bewegen können, werden Sie feststellen, dass nur jeweils eine gedrückte Taste berücksichtigt wird. In einem Spiel ist es aber unbedingt notwendig, auf mehrere Tasten gleichzeitig reagieren zu können. So passiert es beispielsweise sehr häufig, dass während einer Bewegung ein Schuss abgefeuert werden soll.

Problematisch ist auch, dass die Behandlung von Tastatureingaben durch die Nachrichtenbehandlung nicht sofort erfolgt, wenn sich weitere Nachrichten in der Schlange befinden. Dies kann dazu führen, dass die Steuerung verzögert reagiert und träge wirkt.

Ein weiterer Nachteil ist, dass das Windows-API zwar einfache Joysticks, aber leider keine Eingabegeräte, wie Lenkräder, Joysticks mit mehreren Achsen oder Force Feedback-Geräte, unterstützt.

DirectInput beseitigt diese Probleme, indem es die Nachrichtenbehandlung umgeht und direkt mit den Treibern der Eingabegeräte kommuniziert. Dadurch kann man wesentlich schneller auf Eingaben reagieren und auch spezielle Eigenschaften der Eingabegeräte unterstützen.

20.2 Der Einsatz von DirectInput

Um DirectInput in Ihren Programmen nutzen zu können, müssen Sie die Bibliothek *dinput8.lib* hinzufügen und den Header *dinput.h* mit in Ihr Programm aufnehmen.

Wie schon bei der Verwendung von DirectDraw ist das erste, was Sie tun müssen, um mit DirectInput arbeiten zu können, ein DirectInput-Objekt zu erzeugen. Dazu müssen Sie die Funktion `DirectInput8Create` aufrufen.

Diese Funktion hat folgenden Aufbau:

```
HRESULT WINAPI DirectInput8Create(
        HINSTANCE hInst,
        DWORD dwVersion,
        REFIID riidltf,
        LPVOID* ppvOut,
        LPUNKNOWN pUnkOuter
);
```

Der erste Parameter ist das Handle der Anwendungsinstanz. Danach folgt die DirectX-Versionsnummer. Da wir mit Version 8 arbeiten, können Sie hier die Konstante `DIRECTINPUT_VERSION` angeben. Diese Konstante ist in der Header-Datei `dinput.h` definiert und hat den Wert 0x0800. Für `riidltf` müssen Sie `IID_IDirectInput8` übergeben. Als vierten Parameter müssen Sie einen Zeiger auf einen DirectInput-Objektzeiger übergeben, der nach erfolgreicher Ausführung der Funktion auf das DirectInput-Objekt zeigt. Für den letzten Parameter können Sie `NULL` angeben. Der folgende Codeausschnitt zeigt, wie Sie ein DirectInput-Objekt erzeugen:

```
LPDIRECTINPUT8 lpDI = NULL;

DirectInput8Create(hInst,DIRECTINPUT_VERSION,
                IID_IDirectInput8,(LPVOID*)&lpDI,NULL);
```

Ob die Funktion erfolgreich war, sollten Sie mit dem Makro `FAILED` überprüfen.

Die Funktion `DirectInput8Create` existiert erst seit Version 8. Wenn Sie ein DirectInput-Objekt einer früheren Version erstellen wollen, müssen Sie die Funktion `DirectInputCreateEx` nutzen.

Wenn Ihr Programm beendet wird oder Sie das DirectInput-Objekt nicht mehr benötigen, also keine Eingaben mehr verarbeiten wollen, müssen Sie es wieder frei geben. Dies funktioniert genauso wie bei den DirectDraw-Funktionen, nämlich mit der Funktion `Release`:

```
if(NULL != lpDI)
{
    lpDI->Release();
    lpDI = NULL;
}
```

20.3 Behandlung von Tastatureingaben

Die Behandlung von Tastatureingaben in DirectInput ist recht einfach und leicht zu verstehen. In DirectInput muss für jedes Eingabegerät, das Sie verwenden wollen, ein Objekt erzeugt werden. Mit diesem Objekt können Sie dann die Eigenschaften des Geräts bestimmen und den Zustand abfragen.

Die Erzeugung eines solchen Geräts geschieht mit der Funktion `Create-Device`, die folgendermaßen benutzt wird:

```
LPDIRECTINPUTDEVICE8 lpDIKeyboard = NULL;

lpDI->CreateDevice(GUID_SysKeyboard, &lpDIKeyboard, NULL);
```

Damit der Funktionsaufruf erfolgreich ist, muss `lpDI` ein gültiger Zeiger auf ein DirectInput-Objekt sein, das mit der Funktion `DirectInput8Create` erzeugt wurde. Als ersten Parameter müssen Sie der Funktion die GUID des Gerätes übergeben, für das ein Objekt angelegt wurde. Für die Tastatur ist dies `GUID_SysKeyboard`. Der zweite Parameter muss ein Zeiger auf ein DirectInputDevice-Objekt sein.

Nach dem Anlegen des Geräts müssen Sie die Funktion `SetDataFormat` aufrufen, mit der Sie angeben, in welchem Format das Gerät die eingegebenen Daten zurückgeben soll. Im Normalfall ist es hier ausreichend, die vordefinierte Variable `c_dfDIKeyboard` zu nutzen. Wenn Sie die Daten in einem speziellen Format benötigen, können Sie eine eigene Struktur vom Typ `DIDATAFORMAT` definieren.

Nachdem Sie das Datenformat festgelegt haben, müssen Sie die Funktion SetCooperativeLevel aufrufen. Mit dieser Funktion legen Sie fest, auf welche Weise DirectInput den Zugriff auf das Gerät erhalten soll. Normalerweise sollten Sie hier die Kombination DISCL_FOREGROUND und DISCL_NON-EXCLUSIVE angeben. Dadurch erhält die Anwendung Zugriff auf die Tastatur, wenn Sie aktiv ist, erlaubt aber gleichzeitig anderen Anwendungen oder Prozessen Zugriff auf die Tastatur. Dies ist wichtig, wenn Sie z.B. Menüs in Ihren Programmen verwenden wollen. Bei exklusivem Zugriff würden Sie keine Rückmeldung vom Menü erhalten. Der folgende Codeausschnitt zeigt, wie man die Funktion nutzt:

```
lpDIKeyboard->SetCooperativeLevel(hWnd,
                     DISCL_FOREGROUND |
                     DISCL_NONEXCLUSIVE);
```

Neben dem Kooperationslevel müssen Sie noch das Fenster-Handle der Anwendung übergeben, da DirectInput am Status des Fensters erkennt, wann sich die Anwendung im Vordergrund befindet.

Bevor wir nun Eingaben von der Tastatur erhalten, muss noch die Funktion Acquire aufgerufen werden. Mit dem Aufruf dieser Funktion teilen wir DirectInput mit, dass wir ab diesem Moment auf die Tastatur zugreifen wollen.

```
lpDIKeyboard->Acquire();
```

Die Funktion Acquire muss auch aufgerufen werden, wenn das Programm den Eingabefokus verloren hat und anschließend wieder in den Vordergrund geholt wird. Wie das genau funktioniert, wird Ihnen beim Betrachten der nächsten Funktionen deutlich werden.

Die Tastatur hat den Vorteil, dass man ihren Status sehr einfach feststellen kann. Eine Taste kann entweder gedrückt sein oder nicht. Später werden Sie feststellen, dass die Informationen, die Sie von der Maus oder dem Joystick erhalten, zuerst noch interpretiert werden müssen. So liefert die Maus relative Koordinaten, ein Joystick kann ganz oder nur ein kleines Stück nach links bewegt worden sein.

Aus der Sichtweise Ihres Programms können Sie sich die Tastatur wie ein Feld von booleschen Variablen vorstellen. Jede dieser Variablen repräsentiert eine Taste. Wenn Sie gedrückt wurde, enthält das Feld an der entsprechenden Stelle den Wert true, wenn die Taste nicht gedrückt wurde false.

Den Status der einzelnen Tasten erhalten Sie mit Hilfe der Funktion GetDeviceState. Die Deklaration des Feldes für die Tasten und der Aufruf der Funktion sehen folgendermaßen aus:

```
// Puffer für Tastatureingaben
bool bKeyboard[256];

if(FAILED(lpDIKeyboard->GetDeviceState(sizeof(bKeyboard),
                                       (LPVOID)&bKeyboard)))
{
    // die Tastatur wurde möglicherweise durch eine andere
    // Anwendung genutzt, Kontrolle zurückerlangen

    lpDIKeyboard->Acquire();
    return;
}
```

Nach dem Aufruf der Funktion GetDeviceState, der Sie die Größe des Tastaturpuffers und bKeyboard übergeben müssen, enthält bKeyboard für jede Taste den Eintrag true, wenn die Taste gedrückt wurde. Wenn die Funktion GetDeviceState fehlschlägt, ist die Tastatur wahrscheinlich zwischenzeitlich von einer anderen Anwendung genutzt worden. In diesem Fall wird die Funktion Acquire aufgerufen, um die Kontrolle über die Tastatur zurück zu erlangen.

Das einzige Problem, das noch besteht, ist, dass Sie noch nicht wissen, welcher Eintrag im Feld bKeyboard für welche Taste steht. Dazu wird in Direct-Input für jede Taste eine Konstante definiert. Die folgende Tabelle zeigt häufig genutzte Tastaturkonstanten.

Konstante	Repräsentierte Taste
DIK_1...DIK_0	Zahlen 1 bis 0 auf der Tastatur
DIK_NUMPAD0...DIK_NUMPAD9	Zahlen auf dem Ziffernblock
DIK_A...DIK_Z	Buchstaben auf der Tastatur
DIK_LEFT, DIK_RIGHT, DIK_UP, DIK_DOWN	Pfeiltasten (←, →, ↑, ↓)
DIK_LCONTROL, DIK_RCONTROL	Strg links und rechts
DIK_LMENU, DIK_RMENU	Alt links und rechts
DIK_RETURN, DIK_SPACE	Enter und Leertaste
DIK_PAUSE	Pause-Taste

Tabelle 20.1: Häufig verwendete DirectInput-Konstanten

Neben den Konstanten aus dieser Tabelle werden noch viele weitere definiert, darunter auch spezielle für verschiedene Sprachräume. Für genauere Informationen sollten Sie einen Blick in die DirectX-Dokumentation werfen.

Um festzustellen, ob eine bestimmte Taste gedrückt wurde, können Sie den folgenden Code verwenden:

361

```
if(bKeyboard[DIK_LEFT])
{
    // bewege Sprite nach links
}
else if(bKeyboard[DIK_RIGHT])
{
    // bewege Sprite nach rechts
}

if(bKeyboard[DIK_UP])
{
    // bewege Sprite nach oben
}
else if(bKeyboard[DIK_DOWN])
{
    // bewege Sprite nach unten
}

if(bKeyboard[DIK_SPACE])
{
    // einen Schuss abfeuern
}
```

Wie hier gezeigt, ist es in den meisten Fällen sinnvoll, nur eine von zwei Tasten abzufragen, die entgegengesetzte Bewegungen hervorrufen. Wenn Sie eine if-Abfrage für jede Taste (anstatt der if-else if-Abfrage) verwenden würden, würde das Sprite z.B. bei gleichzeitigem Drücken der Pfeiltasten nach links und nach rechts bewegt, mit dem Resultat, dass keine Bewegung stattfinden würde. Der Nachteil dieser Lösung ist, dass die Bewegung nach links bevorzugt wird. Wenn festgestellt wird, dass die linke Pfeiltaste gedrückt wurde, wird die rechte Pfeiltaste gar nicht erst abgefragt.

Wenn Sie keine Eingaben mehr von der Tastatur benötigen oder das Programm beendet wird, müssen Sie die Tastatur und das Tastatur-Objekt wieder frei geben. Dies können Sie mit folgendem Code erreichen:

```
if(NULL != lpDIKeyboard)
{
    lpDIKeyboard->Unacquire();
    lpDIKeyboard->Release();
    lpDIKeyboard = NULL;
}
```

Das Programm *DirectInputKeyboard* zeigt ein Beispiel für die Behandlung von Tastatureingaben mit DirectInput.

20.4 Behandlung von Mauseingaben

Um Eingaben von der Maus mit DirectInput zu erhalten, müssen Sie, wie bei der Behandlung der Tastatureingaben, ein Gerät, das die Maus repräsentiert, einrichten. Der zugehörige Funktionsaufruf sieht folgendermaßen aus:

```
LPDIRECTINPUTDEVICE8 lpDIMouse = NULL;

lpDI->CreateDevice(GUID_SysMouse,&lpDIMouse, NULL)
```

Anstatt GUID für die Tastatur zu übergeben, müssen wir nun `GUID_Sys-Mouse` verwenden. Wenn die Funktion erfolgreich war, zeigt `lpDIMouse` auf ein Maus-Objekt, das von DirectInput erzeugt wurde.

Nach der Erzeugung des Objektes müssen Sie, ebenso wie bei der Tastatur, das Datenformat und die Kooperationsebene festlegen:

```
lpDIMouse->SetDataFormat(&c_dfDIMouse);

lpDIMouse->SetCooperativeLevel(hWnd,
                               DISCL_FOREGROUND |
                               DISCL_NONEXCLUSIVE);
```

Anstatt der Variablen `c_dfDIKeyboard` müssen Sie `c_dfDIMouse` übergeben, da diese Variable das Datenformat für die Maus festlegt.

Während Sie an dieser Stelle bei der Tastatur die Funktion `Acquire` aufgerufen haben und sich dann direkt mit der Auswertung der Tasten beschäftigt haben, geht man bei der Behandlung von Mauseingaben oft einen anderen Weg.

Es gibt zwei verschiedene Arten, Daten von Eingabegeräten zu erhalten. Das eine Konzept ist *Polling* und wurde bei der Behandlung der Tastatureingaben genutzt. Das andere ist die *Ereigniserzeugung*.

20.4.1 Polling

Polling bedeutet, ein Gerät in regelmäßigen Abständen, z.B. in einer Schleife, abzufragen. Polling wird in Spielen, die ein hohes Maß an Interaktivität erfordern, wie z.B. Action Spiele, genutzt.

Wie bei der Behandlung der Tastatureingabe würde ein Programm die Mausposition und die Mausknöpfe in einer Schleife permanent abfragen und entsprechend reagieren.

Bei der Nutzung der Maus besteht aber ein kleines Problem. Da sie anders als die Tastatur keine absoluten Werte, wie Taste ← gedrückt, liefert, sondern mit relativen Daten arbeitet, kann es in manchen Fällen nötig sein, dass Sie einen Puffer anlegen, der die Mauseingaben speichert. Dadurch ist gewährleistet, dass Sie auf eine ganze Reihe von Eingabedaten zugreifen können und nicht nur eine »Momentaufnahme« der Maus erhalten.

DirectInput bietet die Funktion SetProperty, mit der Sie neben weiterer Mauseigenschaften auch einen Puffer für die Eingabedaten einrichten können. Der folgende Codeausschnitt zeigt, wie Sie einen solchen Puffer einrichten können:

```
DIPROPDWORD DIProperties;

// Puffer initialisieren
ZeroMemory(&DIProperties,sizeof(DIProperties));
DIProperties.diph.dwSize       = sizeof(DIPROPDWORD);
DIProperties.diph.dwHeaderSize = sizeof(DIPROPHEADER);

DIProperties.diph.dwObj        = 0;
DIProperties.diph.dwHow        = DIPH_DEVICE;

// Puffergröße festlegen
DIProperties.dwData            = 16;


// Puffergröße für Mouseeingaben setzen
lpDIMouse->SetProperty(DIPROP_BUFFERSIZE,&DIProperties.diph);
```

Die Struktur DIPROPDWORD wird von DirectInput bereitgestellt, um Eigenschaften von Geräten zu setzen oder zu lesen. Wenn Sie die Größe des Puffers festlegen wollen, spielt nur das Element dwData eine Rolle. Nach der Initialisierung der Struktur müssen Sie hier die gewünschte Puffergröße angeben.

Die Größe des zugrunde liegenden Puffers wird nicht in Byte, sondern in Dateneinheiten des jeweiligen Geräts angegeben. Die Größe ist also vom Gerät abhängig, wie z.B. der Anzahl der Knöpfe oder speziellen Eigenschaften.

Um Daten von der Maus zu erhalten, rufen Sie die Funktion GetDeviceData auf. Mit dieser Funktion können Sie sowohl den ersten Eintrag als auch den gesamten Inhalt des Mauspuffers abfragen. Wie Sie genutzt wird, zeigt die Funktion ProcessInput.

Listing 20.1:
ProcessInput
liest Maus-
eingaben

```
1: void ProcessInput(void)
2: {
3:     DWORD NumElements = 1;
4:     DIDEVICEOBJECTDATA data;
5:     ZeroMemory(&data,sizeof(data));
```

```
 6:
 7:      if(FAILED(lpDIMouse->GetDeviceData(sizeof(data),
 8:                                         &data,
 9:                                         &NumElements,
10:                                         0)))
11:      {
12:          // Mouse wurde zwischenzeitlich von einer anderen
13:          // Anwendung genutzt -> Kontrolle wiederholen
14:          lpDIMouse->Acquire();
15:          return;
16:      }
17:
18:      // Mausbewegung bestimmen
19:      switch(data.dwOfs)
20:      {
21:          case DIMOFS_X:
22:              x += data.dwData;    // Bewegung in X-Richtung
23:          break;
24:
25:          case DIMOFS_Y:
26:              y += data.dwData;    // Bewegung in Y-Richtung
27:          break;
28:
29:          case DIMOFS_BUTTON0:
30:              if(data.dwData)
31:              {
32:                  // 1. Knopf wurde gedrückt
33:              }
34:              else
35:              {
36:                  // 1. Knopf wurde losgelassen
37:              }
38:          break;
39:
40:          case DIMOFS_BUTTON1:
41:              // 2. Knopf wurde gedrückt
42:          break;
43:      }
44:}
```

ProcessInput liest immer nur den ersten Eintrag aus dem Puffer. Das Element dwOfs enthält nach erfolgreichem Aufruf von GetDeviceData Informationen darüber, ob eine Taste gedrückt wurde oder ob die Maus in eine Richtung bewegt wurde. In Abhängigkeit davon enthält das Element dwData die Veränderung der Position oder die Information, ob ein Knopf gedrückt oder losgelassen wurde.

365

Wenn Sie auf mehrere Positionsinformationen zugreifen wollen, müssen Sie ein Feld für die Anzahl der Elemente, die Sie erhalten wollen, reservieren. Der entsprechende Aufruf sieht folgendermaßen aus:

```
// es sollen 5 Elemente gelesen werden
DWORD NumElements = 5;
DIDEVICEOBJECTDATA data[5];
ZeroMemory(&data,sizeof(DIDEVICEOBJECTDATA));

lpDIMouse->GetDeviceData(sizeof(DIDEVICEOBJECTDATA),
                         data,
                         &NumElements);
```

Das Anlegen eines Puffers ist nicht zwingend notwendig. Sie können die Mauspositionen auch ohne Puffer, nur durch das Aufrufen der Funktion GetDeviceData bestimmen .

Das Programm *DirectInputMouse* zeigt, wie Sie auf Mauseingaben reagieren können.

20.4.2 Ereigniserzeugung

Eine weitere Methode, die besonders dann genutzt wird, wenn die Eingaben in einem Spiel von der Maus kommen sollen, ist die Ereigniserzeugung durch DirectInput.

Die Ereigniserzeugung wird z.B. in rundenbasierten oder Aufbau-Spielen eingesetzt, bei denen der Spieler nicht permanent und möglichst schnell auf das Spielgeschehen reagieren muss. In diesem Fall wird die Mausposition sehr häufig abgefragt, aber kaum genutzt.

Im Prinzip ist die Vorgehensweise sehr ähnlich wie die Nachrichtenbehandlung der Windows-Callback-Funktion. Nach der Initialisierung von DirectInput und dem Anlegen des Maus-Objekts muss ein Ereignis erzeugt werden, das immer dann ausgelöst wird, wenn die Maus bewegt oder eine Maustaste gedrückt wurde. Da die Maus in diesem Fall nicht sofort abgefragt wird, ist es notwendig, dass Sie einen Puffer für die Maus anlegen. Ein Ereignis kann man mit der Windows-Funktion CreateEvent erzeugen. CreateEvent gibt ein Handle zurück, das Sie der Funktion SetEventNotification des Maus-Objekts übergeben müssen:

```
HANDLE hMouseEvent;    // Muss global deklariert werden

hMouseEvent = CreateEvent(NULL,FALSE,FALSE,NULL);

lpMouse->SetEventNotification(MouseEvent);
```

Nachdem Sie das Ereignis festgelegt haben, müssen Sie die Schleife in der Funktion `WinMain` noch so verändern, dass Sie auf das Ereignis reagiert. Dazu muss die Funktion `WaitForSingleObject` aufgerufen werden. Dieser Funktion müssen Sie das Handle des Ereignisses übergeben, das Sie überwachen wollen, in diesem Fall also `hMouseEvent`. Der zweite Parameter gibt an, wie lange `WaitForSingleObject` auf das Auftreten des Ereignisses warten soll.

Der folgende Quellcodeausschnitt zeigt die veränderte Schleife in der `WinMain`-Funktion.

```
while(TRUE)
{
    if(PeekMessage(&msg,NULL,0,0,PM_REMOVE))
    {
        if(msg.message == WM_QUIT)
        {
            break;
        }

        TranslateMessage(&msg);
        DispatchMessage(&msg);
    }
    else
    {
        // Nachschauen, ob ein Mausereignis vorliegt
        int dwResult = WaitForSingleObject(hMouseEvent, 0);

        // wenn das der Fall ist, ProcessInput aufrufen
        if(dwResult == WAIT_OBJECT_0)
        {
            ProcessInput();
        }
    }
}
```

Der Rückgabewert der Funktion `WaitForSingleObject` ist `WAIT_OBJECT_0`, wenn ein Mausereignis aufgetreten ist. In diesem Fall wird die Funktion `ProcessInput` aufgerufen, die die Mausposition und den Status der Knöpfe abfragt.

Das Programm *DirectInputMouseEvent* zeigt, wie Sie Mausereignisse erzeugen und behandeln.

Die Ereigniserzeugung ist in dieser Form nicht auf die Maus beschränkt. DirectInput kann auch Ereignisse generieren, wenn Sie eine Taste drücken oder den Joystick bewegen. Die Maus ist aber das typische Gerät, bei dem die Ereigniserzeugung implementiert wird.

20.5 Behandlung des Joysticks

Als Nächstes wollen wir uns mit der Behandlung des Joysticks beschäftigen. Da Joysticks keine Standardgeräte wie die Tastatur oder die Maus sind, kann nicht von dem Vorhandensein eines Joysticks ausgegangen werden. Aus diesem Grund müssen Sie, bevor Sie einen Joystick nutzen können, erst Informationen über die vorhandenen Joysticks sammeln. Dazu rufen Sie, wie beim Abzählen der vorhandenen Grafikkarten, die Funktion Enum-Devices auf. Diese Funktion hat folgenden Aufbau:

```
HRESULT EnumDevices(DWORD dwDevType,
                    LPDIENUMCALLBACK lpCallback,
                    LPVOID pvRef,
                    DWORD dwFlags);
```

Als ersten Parameter sollten Sie die Konstante DI8DEVCLASS_GAMECTRL angeben, damit nach Joysticks und Joystick-ähnlichen Eingabegeräten gesucht wird. Als zweiten Parameter müssen Sie eine Callback-Funktion angeben, die für jedes gefundene Gerät aufgerufen wird. Beim dritten Wert können Sie einen beliebigen Wert angeben, der der Callback-Funktion übergeben werden soll. Mit dem letzten Parameter können Sie die Geräte, für die die Callback-Funktion aufgerufen werden soll, weiter einschränken. Hier können Sie angeben, dass die Funktion entweder alle Geräte, die dem Computer bekannt sind, d.h. für alle Geräte, für die ein Treiber installiert ist, oder nur für Geräte, die angeschlossen sind, aufgerufen wird. Eine dritte Möglichkeit ist, nur nach Force Feedback-Geräten zu suchen. Mit diesem Thema beschäftigen wir uns im nächsten Abschnitt.

Der folgende Codeausschnitt zeigt ein Beispiel für die Nutzung der Funktion EnumDevices. Bei diesem Aufruf soll die Callback-Funktion nur für angeschlossene Geräte aufgerufen werden.

```
if(FAILED(lpDI->EnumDevices(DI8DEVCLASS_GAMECTRL,
                    EnumJoystickCallback,
                    NULL,
                    DIEDFL_ATTACHEDONLY)))
{
    return Error("Fehler beim Abzählen der Eingabegeräte - "
                "keine Joysticks vorhanden ?");
}
```

Die zugehörige Callback-Funktion sieht so aus:

```
BOOL CALLBACK EnumJoystickCallback(
                const DIDEVICEINSTANCE* pDInstance,
                LPVOID lpContext)
{
```

```
// Versuchen den Joystick einzurichten,
if(FAILED(lpDI->CreateDevice(
                          pDInstance->guidInstance,
                          &lpDIJoystick,
                          NULL)))
{
    // wenn die Funktion fehlschlägt, soll
    // nach weiteren Joysticks gesucht werden
    return DIENUM_CONTINUE;
}

// ansonsten wird dieser Joystick verwendet
return DIENUM_STOP;
}
```

In dieser Callback-Funktion wird versucht, für den ersten gefundenen Joystick ein Objekt anzulegen. Wenn dies erfolgreich ist, wird die Konstante DIENUM_STOP zurückgegeben, und es wird nicht versucht, weitere Eingabegeräte zu finden. Wenn die Erzeugung fehlschlägt, wird versucht, einen weiteren Joystick zu finden und für diesen ein Objekt anzulegen.

Wenn Sie mehrere Joysticks an einem Computer nutzen wollen, müssen Sie DIENUM_CONTINUE auch dann zurückgeben, wenn ein Joystick-Objekt erfolgreich angelegt werden konnte.

Nach dem Aufruf von EnumDevices können Sie das Datenformat und die Kooperationsebene in gewohnter Weise festlegen:

```
lpDIDevice->SetDataFormat(&c_dfDIJoystick2);

lpDIDevice->SetCooperativeLevel(hWnd, DISCL_FOREGROUND |
                                DISCL_EXCLUSIVE);
```

Wie schon bei der Tastatur und der Maus können Sie als Vorgabe für das Datenformat die Konstante c_dfDIJoystick2 verwenden. Achten Sie darauf, dass sich diese Konstante im Vergleich zu älteren DirectInput-Versionen geändert hat und deshalb am Ende eine 2 angefügt wurde.

Bei der Kooperationsebene des Joysticks wird dieses Mal der Wert DISCL_EXCLUSIVE angegeben, da es sehr unwahrscheinlich ist, dass ein anderes Programm exklusiven Zugriff auf den Joystick verlangen wird, während wir den Joystick nutzen.

An dieser Stelle könnten Sie die Funktionen GetCapabilities und EnumObjects aufrufen, um genaue Informationen über die Eigenschaften des Joysticks zu bekommen. Dies ist insbesondere dann nötig, wenn Sie spezielle Joysticks unterstützen wollen. Der Einfachheit halber nehmen wir aber einen Joystick mit zwei Achsen an.

Um später besser auf die Bewegung des Joysticks reagieren zu können, ist es möglich, Werte für den Bereich des Joysticks festzulegen. Sie können also den Bereich für zurück gelieferte Werte der x-Achse von −1000 bis +1000 festlegen. Das folgende Beispiel zeigt, wie man der x- und y-Achse einen Wertebereich von −1000 bis +1000 zuordnet.

```
// Joystick-Bereich bestimmen
DIPROPRANGE JoystickRange;
ZeroMemory(&JoystickRange,sizeof(JoystickRange));
JoystickRange.diph.dwSize       = sizeof(JoystickRange);
JoystickRange.diph.dwHeaderSize = sizeof(DIPROPHEADER);

// Setzen der Werte für die X-Achse
JoystickRange.diph.dwObj        = DIJOFS_X;
JoystickRange.diph.dwHow        = DIPH_BYOFFSET;
JoystickRange.lMin              = -1000;
JoystickRange.lMax              =  1000;

// DIPROP_RANGE - Bereich der Achsen
lpDIDevice->SetProperty(DIPROP_RANGE, &JoystickRange.diph);

// Werte für die Y-Achse (gleiche Werte wie für die X-Achse)
JoystickRange.diph.dwObj        = DIJOFS_Y;

lpDIDevice->SetProperty(DIPROP_RANGE, &JoystickRange.diph);
```

Um einen Wertebereich festlegen zu können, benötigen Sie eine Struktur vom Typ DIPROPRANGE. Nach dem Initialisieren der Struktur müssen Sie festlegen, auf welche Achse sich der Aufruf beziehen soll. Da sich der erste Wert auf die x-Achse beziehen soll, müssen Sie dem Element dwObj den Wert DIJOFS_X zuweisen. Die Elemente lMin und lMax geben den Bereich an, der für die x-Achse verwendet werden soll. Bei dem Aufruf von Set-Property müssen Sie angeben, auf welche Eigenschaft Sie sich beziehen. Da ein Wertebereich geändert werden soll, müssen Sie hier den Wert DIPROP_RANGE übergeben. Achten Sie auch darauf, dass der Aufruf zweimal erfolgen muss. Das erste Mal, um den Bereich für die x-Achse und das zweite Mal, um den Bereich für die y-Achse festzulegen.

Nach Festlegung der Wertebereiche können wir die Werte des Joysticks auslesen. Dazu wird die Funktion GetDeviceState verwendet. Anders als bei der Behandlung der Tastatureingabe übergeben wir kein Feld, sondern eine Struktur vom Typ DIJOYSTATE2. Auch hier ist die 2 angefügt worden, da es sich um eine in DirectInput8 neu hinzugekommene Struktur handelt.

Vor dem Aufruf der Funktion GetDeviceState ist es ratsam, die Funktion Poll aufzurufen. Der Aufruf dieser Funktion wird von manchen Joysticks benötigt, damit sie korrekte Daten an GetDeviceState übertragen.

Der folgende Quellcode zeigt, wie Sie Daten vom Joystick erhalten.

```
// Variable zur Speicherung des Joystickstatus
DIJOYSTATE2 JoystickState;

// Poll aufrufen, um Daten abfragen zu können
if(FAILED(lpDIJoystick->Poll()))
{
    // wenn ein Fehler auftritt, Joystick zurückfordern
    lpDIJoystick->Acquire();
    return;
}

// Joystick-Status (Achsenposition und Knöpfe abfragen)
lpDIJoystick->GetDeviceState(sizeof(JoystickState),
                            &JoystickState);


// die Elemente lX und lY enthalten den
// X- und Y-Wert der jeweiligen Achse
posX = JoystickState.lX;
posY = JoystickState.lY;

// Abfrage aller Knöpfe
for(int i=0;i<128;i++)
{
    if(JoystickState.rgbButtons[i])
    {
        // Knopf i wurde gedrückt
    }
}
```

Wenn der Aufruf von Poll fehlschlägt, wurde der Joystick zwischenzeitlich von einer anderen Anwendung verwendet. In diesem Fall muss die Funktion Acquire erneut aufgerufen werden. Mit dem Aufruf der Funktion Get-DeviceState wird die Struktur JoystickState mit den Werten des Joysticks gefüllt.

Neben den Elementen lX und lY sind noch 128 Joystickknöpfe im Feld rgbButtons definiert, die in der for-Schleife abgefragt werden.

Die Struktur `DIJOYSTATE2` enthält noch eine ganze Reihe weiterer Elemente, die Angaben über spezielle Joystickmerkmale enthalten. Eine genaue Auflistung finden Sie in der DirectX-Hilfe.

Das Programm *DirectInputJoystick* zeigt ein Beispiel für die Ansteuerung eines Joysticks mit zwei Achsen und bis zu acht Knöpfen.

20.6 Force Feedback

Der Begriff Force Feedback (Kraftrückmeldung) bezeichnet das Anlegen von Kräften an Achsen eines Eingabegeräts. Dies kann z.B. als Reaktion auf bestimmte Ereignisse, die in einem Spiel auftreten, geschehen. Der Einsatz einer solchen Kraft wird als Anlegen eines Effekts bezeichnet.

Force Feedback-Effekte sind in die Kategorien

✘ Konstante Kraft

✘ eine sich verstärkende Kraft (Ramp Force)

✘ periodische Kraft

✘ bedingte Kräfte

unterteilt.

Konstante Kräfte sind am einfachsten zu erzeugen. Sie sind gleich stark, während sie angelegt sind, und kommen aus einer bestimmten Richtung. Ramp Forces sind Kräfte, die mit der Zeit ansteigen, z.B. wenn Sie einen Anstieg, der immer steiler wird, hinauf gehen. Periodische Kräfte ändern ihre Stärke wellenförmig, wie z.B. eine Sinuskurve. Bedingte Kräfte kommen als Reaktionen auf Eingaben des Anwenders zum Einsatz.

Die Initialisierung eines Force Feedback-Geräts unterscheidet sich kaum von der eines anderen Eingabegeräts. Auch hier müssen Sie eine Callback-Funktion angeben und nach den gewünschten Eingabegeräten, in diesem Fall Force Feedback-Geräte, suchen.

Bei Aufruf der Methode `EnumDevices` müssen Sie zusätzlich die Konstante `DIEDFL_FORCEFEEDBACK` angeben, damit ausschließlich nach Force Feedback-Geräten gesucht wird.

```
if(FAILED(lpDI->EnumDevices(DI8DEVCLASS_GAMECTRL,
                    EnumForceFeedCallback,
                    NULL,
                    DIEDFL_ATTACHEDONLY |
                    DIEDFL_FORCEFEEDBACK)))
```

```
{
    return Error("Fehler beim Abzählen der Eingabegeräte - "
                 "kein Force Feedback-Gerät vorhanden ?");
}
```

In der Callback-Funktion `EnumForceFeedCallback` erzeugen Sie das Gerät dann wie gewohnt.

Bei Force Feedback-Geräten können Sie die Methode `EnumEffects` nutzen, um sich vorhandene Effekte aufzählen zu lassen. Die Aufzählung von unterstützen Effekten ist nicht unbedingt nötig, außer Sie wollen Spezialeffekte von bestimmten Geräten unterstützen. DirectInput verfügt über einige vordefinierte Effekte, die für die meisten Anwendungen ausreichend sind. Sie können sich sicher sein, dass die Effekte `GUID_ConstantForce` oder auch `GUID_RampForce` so gut wie immer vorhanden ist.

Die DirectX-SDK-Hilfe enthält eine Auflistung aller vordefinierten Effekte.

Die Erstellung eines Effekts ist etwas komplexer. Sie müssen dazu die Methode `CreateEffect` und eine Variable der Struktur `DIEFFECT` nutzen. Bei der Erzeugung dieser Struktur müssen Sie die folgenden Werte angeben:

✘ ein Feld, das die Achsen enthält, an die der Effekt angelegt werden soll

✘ ein Feld mit Richtungswerten für den Effekt

✘ eine Struktur, die die Kraft beschreibt, etwa `DICONSTANTFORCE`

Der folgende Quellcodeausschnitt zeigt, wie man einen Effekt erzeugt:

```
LPDIRECTINPUTEFFECT lpConstantForce = NULL;

// die Achsen, an die der Effekt angelegt werden soll
DWORD Axes[2] = { DIJOFS_X,DIJOFS_Y };

// die Richtung festlegen, aus der der Effekt kommt
DWORD Direction[2] = { 0,1 };

// Art und Stärke der Kraft festlegen
DICONSTANTFORCE diConstant;
diConstant.lMagnitude = DI_FFNOMINALMAX;

// Effekt anlegen
DIEFFECT diEffect;
ZeroMemory(diEffekt,sizeof(diEffect));
diEffect.dwSize = sizeof(DIEFFECT);
```

```
// Kartesische Koordinaten verwenden
diEffect.dwFlags = DIEFF_CARTESIAN | DIEFF_OBJECTOFFSETS;

// Dauer des Effekts festlegen
diEffect.dwDuration = (DWORD)(2 * DI_SECONDS);

// Effekt bleibt konstant
diEffect.dwGain = DI_FFNOMINALMAX;

// Richtung festlegen
diEffect.rglDirection = Direction;

// Effekt mit Knopf 0 verbinden
diEffect.dwTriggerButton = DIJOFS_BUTTON0;

// Effekt soll sich auf zwei Achsen auswirken
diEffect.cAxes = 2;

// Achsen zuweisen
diEffect.rgdwAxes = Axes;

// Art der Kraft festlegen und Zeiger auf diConstant angeben
diEffect.cbTypeSpecificParams  = sizeof(DICONSTANTFORCE);
diEffect.lpvTypeSpecificParams = &diConstant;

lpDIFFJoystick->CreateEffect(GUID_ConstantForce,&diEffect,
                             &lpConstantForce,NULL);
```

Im Feld Axes wird festgelegt, dass sich der Effekt auf die x- und y-Koordinate auswirken soll. Direction gibt an, aus welcher Richtung der Effekt kommen soll. Die Richtung kann in Polar- oder kartesischen Koordinaten oder sphärisch angegeben werden. In diesem Beispiel werden kartesische Koordinaten verwendet (siehe Element dwFlags). Das Element dwDuration gibt an, wie lange der Effekt anliegen soll, in diesem Beispiel sind es zwei Sekunden. Mit dem Element dwGain können Sie festlegen, ob die Stärke eines Effekts ansteigen soll. Die Konstante DI_FFNOMINALMAX gibt an, dass die Kraft sofort mit maximaler Stärke beginnt und nicht größer wird. Mit der Zuweisung von DIJOFS_BUTTON0 an das Element dwTriggerButton wird festgelegt, dass der Effekt beim Drücken des ersten Feuerknopfs gestartet werden soll. Mit lpvTypeSpecificParams wird ein Zeiger auf die Struktur, die den Effekt beschreibt, angegeben.

Nach diesen Festlegungen muss die Methode CreateEffect aufgerufen werden. Der erste Parameter dieser Methode ist der Typ des Effekts. Der zweite ist ein Zeiger auf die Struktur, die den Effekt beschreibt. Der dritte Parameter muss ein Zeiger sein, dem die Adresse des erzeugten Effekts zugewiesen wird. Den letzten Parameter können Sie auf NULL setzen.

Neben der Erzeugung des Effekts sorgt `CreateEffect` auch dafür, dass der Effekt in das Eingabegerät geladen wird. Dies geschieht aber nur, wenn Sie die Kooperationsebene auf `DISCL_EXCLUSIVE` gesetzt haben, und wenn der Speicher des Geräts nicht voll ist. Um einen Effekt manuell in den Speicher des Geräts zu laden, können Sie die Methode `Download` nutzen.

Nachdem Sie den Effekt erzeugt haben, können Sie ihn mit der Methode `Start` abspielen. Diese Methode hat den folgenden Aufbau:

```
HRESULT Start(DWORD dwIterations, dwFlags);
```

Der erste Parameter gibt an, wie oft der Effekt wiederholt werden soll. Wenn er ununterbrochen abgespielt werden soll, können Sie die Konstante `INFINITE` übergeben. Als zweiten Parameter können Sie einen der beiden oder die Kombination der Werte `DIES_SOLO` oder `DIES_NODOWNLOAD` angeben. Die Konstante `DIES_SOLO` bewirkt, dass alle anderen Effekte, die auf dem Geräte momentan ausgeführt werden, gestoppt werden. Wenn Sie diese Konstante nicht angeben, wird der Effekt mit bereits vorhandenen Effekten gemischt. Mit `DIES_NODOWNLOAD` geben Sie an, dass der Effekt nicht automatisch in das Gerät geladen werden soll.

Sie können aber auch 0 übergeben, wenn Sie keine dieser Möglichkeiten nutzen wollen.

Die Methode `Stop` beendet einen Effekt. Diese Methode hat keine Parameter. Im Normalfall wird sie aufgerufen, um einen Effekt zu stoppen, beispielsweise, wenn er durch einen anderen abgelöst werden soll.

Sie können die Eigenschaften von Effekten mit der Methode `SetParameters` verändern.

Das Beispielprogramm `DirectInputForce` zeigt, wie Sie ein Force Feedback-Gerät ansteuern, Effekte erzeugen und anlegen.

20.7 Action Mapping

Action Mapping ist in DirectX 8 neu hinzugekommen. Mit Action Mapping ist es möglich, dem Spieler größere Freiheit bei der Wahl und der Nutzung von Eingabegeräten zu ermöglichen. Sie können es dem Spieler völlig freistellen, welches Eingabegerät, welchen Knopf, oder welche Achse er für welche Aktion verwenden will. Dazu definieren Sie jede Aktion, die in Ihrem

Spiel vorkommt und ermöglichen es dem Spieler, diese einem Eingabegerät zuzuordnen.

Bevor Sie sich näher mit Action Mapping beschäftigen, sollten Sie einen Blick auf die Klasse werfen, die wir im nächsten Abschnitt implementieren, da dort ein ähnliches Konzept umgesetzt wird.

Das SDK-Beispielprogramm MultiMapper zeigt, wie Sie Action Mapping einsetzen können.

20.8 Eine Klasse für DirectInput

Wie schon für DirectDraw und für Sprites wollen wir eine Klasse anlegen, die uns den komfortablen Umgang mit DirectInput erlaubt. Diese Klasse bekommt den Namen `InputManager` und soll in der Lage sein, Eingaben von der Tastatur, von der Maus und von einem Joystick zu verarbeiten. Unabhängig vom Eingabegerät soll ein Wert zurück gegeben werden, der die durchgeführte Aktion beschreibt. Dazu werden die folgenden Konstanten definiert:

```
#define MOVE_LEFT    1
#define MOVE_RIGHT   2
#define MOVE_UP      4
#define MOVE_DOWN    8
#define MOVE_FIRE    16
```

Egal ob der Joystick nach links bewegt wurde, auf der Tastatur die Taste ⬅ gedrückt wurde, oder ob die Maus nach links bewegt wurde, es soll in jedem Fall der Wert `MOVE_LEFT` zurückgegeben werden. Auf diese Weise muss sich die Anwendung nicht mehr um die Unterscheidung der Eingabegeräte kümmern.

Die Klasse besitzt nur zwei öffentliche Methoden:

```
// den InputManager initialisieren
BOOL Init(HWND hWnd,HINSTANCE hInst,int Device);

// Eingaben vom einem Gerät zurückgeben
int GetInput(void);
```

Die Methode `Init` übernimmt die Initialisierung der Klasse. `hWnd` ist das Fenster-Handle und `hInst` ist die Instanz der Applikation. Der Parameter `Device` bestimmt das Gerät, das für die Eingabe benutzt werden soll. Für diesen Parameter können Sie eine der Konstanten `USE_KEYBOARD`, `USE_MOUSE` oder `USE_JOYSTICK` angeben, die ebenfalls im Header der Klasse `InputManager` definiert wurden.

Die Funktion `GetInput` gibt eine Kombination der oben definierten Werte zurück. Die Werte werden von `GetInput` addiert, so dass es genügt, einen Integer-Wert zurückzugeben.

Neben den zwei öffentlichen Methoden enthält die Klasse `InputManager` noch die folgenden privaten Funktionen:

```
// die verschiedenen Geräte initialisieren
BOOL initKeyboard(HWND hWnd);
BOOL initMouse(HWND hWnd);
BOOL initJoystick(HWND hWnd);

// Eingaben der Geräte erhalten
int getKeyboardInput(void);
int getMouseInput(void);
int getJoystickInput(void);
```

Mit den `init`-Funktionen wird das gewählte Gerät initialisiert. Die `get`-Funktionen holen den Wert des jeweiligen Gerätes. Bei diesen Funktionen handelt es sich im Prinzip um die Initialisierungs- und Eingabebehandlungsfunktionen, die wir in diesem Kapitel entwickelt haben. Da Sie mit diesen Funktionen vertraut sind, werde ich Ihnen die beiden Funktionen `Init` und `GetInput` vorstellen. Sie werden sehen, dass diese Funktionen nichts weiter tun, als die Funktion des gewählten Geräts aufzurufen. Lassen Sie uns mit `Init` beginnen:

```
 1: BOOL InputManager::Init(HWND hWnd,
 2:                         HINSTANCE hInst,
 3:                         int Device)
 4: {
 5:     CurrentDevice = Device;
 6:
 7:     // DirectInput8-Objekt anlegen
 8:     if(FAILED(DirectInput8Create(hInst,
 9:                         DIRECTINPUT_VERSION,
10:                         IID_IDirectInput8,
11:                         (LPVOID*)&lpDI,NULL)))
12:     {
13:         return Error("Fehler beim Anlegen des "
14:                 "DirectInput8-Objekts");
15:     }
16:
17:     // gewähltes Gerät initialisiere
18:     switch(CurrentDevice)
19:     {
20:         case USE_KEYBOARD:
21:                 return initKeyboard(hWnd);
22:             break;
23:         case USE_MOUSE:
```

Listing 20.2:
Die Initialisie-
rungsfunktion
der Klasse
InputManager

```
24:              return initMouse(hWnd);
25:         break;
26:      case USE_JOYSTICK:
27:              return initJoystick(hWnd);
28:         break;
29:      default:
30:              CurrentDevice = USE_KEYBOARD;
31:              return initKeyboard(hWnd);
32:   }
33:    return TRUE;
34:}
```

Zuerst wird der Variablen `CurrentDevice` das übergebene Gerät zugewiesen, damit man später entscheiden kann, welche Behandlungsroutine aufgerufen werden muss. Danach wird das DirectInput8-Objekt erzeugt, da dieser Schritt für jedes Gerät gleich ist. Dann muss in Abhängigkeit des gewählten Geräts entschieden werden, welche Initialisierungsfunktion aufgerufen wird. Der `default`-Zweig sorgt dafür, dass bei der Übergabe eines falschen Wertes die Tastatur verwendet wird.

Die Funktion `GetInput` ist sogar noch einfacher:

Listing 20.3: GetInput ruft die Funktion des gewählten Geräts auf

```
1: int InputManager::GetInput(void)
2: {
3:     // Eingabe des gewählten Geräts zurückgeben
4:     if(USE_MOUSE == CurrentDevice)
5:     {
6:         return getMouseInput();
7:     }
8:     else if(USE_JOYSTICK == CurrentDevice)
9:     {
10:        return getJoystickInput();
11:    }
12:    else
13:    {
14:        return getKeyboardInput();
15:    }
16: }
```

Wie Sie sehen, ist `GetInput` nur dazu da, um die Eingabe vom gewählten Gerät zu holen und zurückzugeben.

Wie schon erwähnt, rufen die einzelnen get-Funktionen in Abhängigkeit vom gewählten Gerät `GetDeviceState` oder `GetDeviceData` auf, interpretieren die Werte und geben sie zurück.

Das Programm *DirectInputClass* zeigt ein Beispiel, wie die Klasse benutzt wird.

Zusammenfassung

In diesem Kapitel haben Sie gelernt, wie man ein DirectInput-Objekt erzeugt und auf Eingaben von Tastatur, Maus und Joystick reagiert. Zu Beginn dieses Kapitels haben Sie die Vorteile von DirectInput gegenüber dem Windows-API kennen gelernt. Sie wissen, dass vor dem Zugriff auf ein Gerät die Erzeugung eines zugehörigen Objektes und das Setzen des Datenformats sowie der Kooperationsebene steht. Danach können Werte vom Eingabegerät gelesen werden.

Sie haben einen Einblick in zwei verschiedene Konzepte erhalten, mit denen man Daten von Eingabegeräten abfragen kann. Beim Polling wird das Eingabegerät kontinuierlich abgefragt, während das Gerät bei der Ereigniserzeugung nur abgefragt wird, wenn sich sein Zustand ändert.

Am Ende dieses Kapitels haben Sie einen Blick auf die Behandlung von Force Feedback-Geräten und das Action Mapping geworfen sowie eine Klasse geschrieben, die eine einheitliche Schnittstelle zu allen Eingabegeräten bietet und leicht eingesetzt werden kann.

Kapitel 21

DirectX Audio

In diesem Kapitel wollen wir uns DirectX Audio näher ansehen. In früheren DirectX-Versionen standen mit den Komponenten DirectSound und DirectMusic zwei separate Komponenten zur Erzeugung von Soundeffekten und Musik zur Verfügung. Mit der Version 8 wurden diese beiden Komponenten zu DirectX Audio zusammengefasst.

21.1 Grundlagen

Mit DirectX Audio können Sie eine ganze Reihe von verschiedenen Audio-Formaten abspielen. Bei den Beispielen auf der CD-ROM befinden sich aber nur Dateien im WAVE- oder MIDI-Format.

MIDI

MIDI steht für *Musical Instrument Digital Interface* und wurde entwickelt, um Noten am Computer abspielen zu können. Der Vorteil von MIDI ist, dass es sich um ein sehr kompaktes Format handelt. Leider können Sie keine natürlichen Klänge oder Sprache mit MIDI erzeugen.

WAVE

Bei WAVE-Dateien handelt es sich um digital aufgezeichnete Soundeffekte oder Musik. Das bedeutet, dass Sie alle nur denkbaren Geräusche als WAVE-Datei speichern können. WAVE-Dateien sind dadurch, dass Sie digital gespeichert werden, vergleichsweise groß.

Sie können WAVE-Dateien mit dem Windows-Audiorecoder aufnehmen. Dazu können Sie ein Mikrofon verwenden, das Sie an Ihre Soundkarte angeschlossen haben oder sogar direkt von einer CD aufnehmen.

Wir werden in unseren Programmen MIDI-Dateien als Hintergrundmusik und WAVE-Dateien für Soundeffekte nutzen.

DirectX Audio ermöglicht es, mehrere Audio-Quellen simultan abzuspielen. So können Soundeffekte wie Kanonenschüsse, Gewehrfeuer und Hintergrundmusik gleichzeitig abgespielt werden. Da diese drei Audio-Quellen separat im Speicher vorliegen, müssen sie, bevor sie ausgegeben werden, gemischt werden.

DirectX Audio verfügt über primäre und sekundäre Audio-Puffer. Der Inhalt des primären Puffers wird an die Soundkarte übertragen und über die Lautsprecher ausgegeben. Wenn Sie mit mehreren Audio-Quellen arbeiten, wird für jede Quelle ein Sekundärpuffer angelegt. Der Inhalt dieser Sekundärpuffer wird dann gemischt, in den primären Puffer übertragen und schließlich ausgegeben. Abbildung 21.1 zeigt den Zusammenhang zwischen dem primären und den sekundären Puffern.

Abb. 21.1:
Sekundäre
und primärer
Puffer

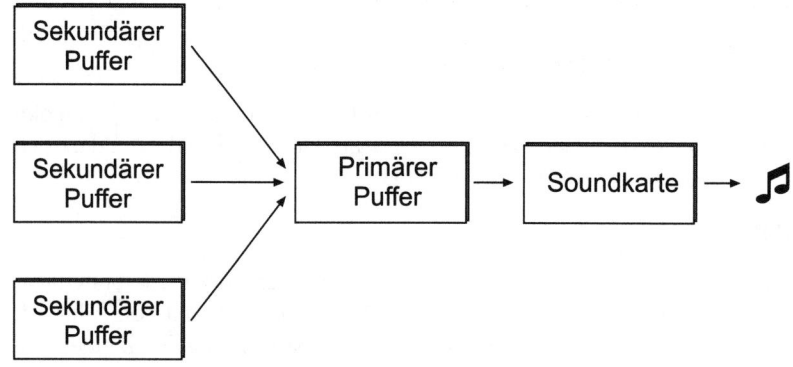

21.1.1 Performance, Loader und Segmente

Um mit DirectX Audio Musikdateien abspielen zu können, müssen Sie wenigstens drei Objekte anlegen. Das erste Objekt ist das Performance-Objekt. Dieses Objekt übernimmt die Kontrolle über das Abspielen der Dateien. Normalerweise genügt es, wenn Sie ein einziges Performance-Objekt in Ihrem Programm anlegen und damit alle benötigten Musik- und Sound-Dateien abspielen.

Das zweite Objekt ist ein Loader-Objekt. Dieses Objekt können Sie verwenden, um Soundformate, die DirectX Audio verarbeiten kann, zu laden. Der Loader ist in der Lage festzustellen, ob eine Audio-Datei bereits geladen wurde und reserviert jeweils nur ein einziges Mal Speicherplatz.

Das dritte Objekt ist ein Segment. In Segmenten werden die Audio-Dateien gespeichert, die vom Loader geladen wurden. Sie können die geladenen Segmente zu einer Performance hinzufügen, um sie später abzuspielen.

21.2 Initialisieren von DirectX Audio

Das Erste, was Sie tun müssen, um mit DirectX Audio arbeiten zu können, ist die Header-Datei *dmusici.h* mit in Ihr Programm aufzunehmen.

Die Initialisierung von DirectX Audio unterscheidet sich von der Initialisierung der Komponenten, die wir bisher besprochen haben. Es gibt leider keine Funktion wie etwa DirectXAudioCreate. Stattdessen erkennt man hier sehr deutlich, dass DirectX Audio auf COM aufbaut. Sie müssen nämlich die Funktion CoInitialize vor der Nutzung von DirectX Audio aufrufen. CoInitialize initialisiert die COM-Bibliothek und verbindet Sie mit der Anwendung. Sie müssen dieser Funktion den Wert NULL übergeben.

Als nächstes müssen Sie ein Performance- und ein Loader-Objekt anlegen. Auch dazu müssen Sie COM-Funktionen nutzen. Der folgende Quellcode zeigt, wie man eine Performance und einen Loader erzeugt.

```
IDirectMusicPerformance8* lpPerformance  = NULL;
IDirectMusicLoader8*      lpLoader       = NULL;

CoInitialize(NULL);

CoCreateInstance(CLSID_DirectMusicPerformance,NULL,
            CLSCTX_INPROC,IID_IDirectMusicPerformance8,
            (LPVOID *)&lpPerformance);

CoCreateInstance(CLSID_DirectMusicLoader,NULL,
            CLSCTX_INPROC,IID_IDirectMusicLoader8,
            (LPVOID*)&lpLoader);
```

Der Funktion CoCreateInstance müssen Sie als ersten Parameter den Bezeichner der Klasse übergeben, der das zu erzeugende Objekt identifiziert. Im Fall des Performance-Objekts ist dies CLSID_DirectMusicPerformance. Für die Erzeugung des Loader-Objekts müssen Sie CLSID_DirectMusic-Loader übergeben. Für den zweiten Wert müssen Sie NULL übergeben. Der dritte Parameter identifiziert die verlangte Schnittstelle. Als letzten Para-

383

meter müssen Sie einen Zeiger übergeben, der von der Funktion auf die gewünschte Schnittstelle gesetzt wird.

Obwohl dieser Funktionsaufruf kompliziert aussieht, bedeutet er im Prinzip nur, dass ein `DirectMusicPerformance`-Objekt angelegt und ein Zeiger auf seine `IDirectMusicLoader8`-Schnittstelle zurückgeliefert werden soll.

Nachdem die Objekte angelegt sind, müssen Sie die Methode `InitAudio` des Performance-Objekts aufrufen:

```
lpPerformance->InitAudio(NULL,
                         NULL,
                         hWnd,
                         DMUS_APATH_DYNAMIC_STEREO,
                         64,
                         DMUS_AUDIOF_ALL,
                         NULL);
```

Mit den ersten beiden Parametern können Sie einen Zeiger auf die Direct-Music- und die DirectSound-Schnittstellen von DirectX Audio erhalten. Da man diese Schnittstellen zum einfachen Abspielen von Musik nicht benötigt, reicht es, wenn Sie `NULL` übergeben. Als dritten Parameter müssen Sie das Fenster-Handle der Anwendung übergeben. Der vierte Parameter gibt an, dass wir Stereoausgabe benutzen wollen. Der fünfte Parameter gibt die Anzahl der Kanäle an, die reserviert werden sollen.

Für WAVE-Dateien genügt es, einen Kanal zu reservieren, MIDI-Dateien benötigen bis zu 16 Kanäle. Es entsteht aber auch kein Problem, wenn wir mehr Kanäle, als wir tatsächlich benötigen, reservieren.

Der vorletzte Parameter gibt an, dass wir alle Eigenschaften, die DirectX Audio bietet, benutzen wollen, dazu gehört beispielsweise 3D-Sound oder EAX-Effekte. Mit dem letzten Parameter können Sie die Klangerzeugung beeinflussen. Da wir die Standardwerte verwenden, können wir diesen Parameter auf `NULL` setzen.

21.3 Laden von Musik- und Sounddateien

Wenn der Loader und das Performance-Objekt initialisiert worden sind, müssen Sie ein Verzeichnis angeben, in dem sich Ihre Audio-Dateien befinden. Dazu müssen Sie die Methode `SetSearchDirectory` des Loaders aufrufen. Diese Methode hat folgenden Aufbau:

```
HRESULT SetSearchDirectory(
        REFGUID rguidClass,
        WCHAR* pwszPath,
        BOOL fClear
);
```

Mit dem ersten Parameter können Sie festlegen, welche Dateitypen durch den Loader geladen werden sollen. Wenn Sie den Wert GUID_DirectMusic-AllTypes übergeben, können Sie alle Typen laden, die von DirectX Audio unterstützt werden.

Der zweite Parameter hat den Typ WCHAR*. Bei WCHAR handelt es sich um einen character-Typ, der nicht nur 256 verschiedene Zeichen umfasst, sondern bis zu 65536 verschiedene Zeichen speichern kann. Dieser Typ wird eingesetzt, wenn Zeichenketten im Unicode-Format abgespeichert werden sollen. Der Unicode wurde entwickelt, um alle auf der Welt vorhandenen Zeichen darstellen zu können. Dadurch kann man auch Strings, in denen chinesische, japanische oder russische Zeichen vorkommen, verwenden. Die Funktion SetSearchDirectory verlangt für die Pfadangabe einen Unicode-String. Glücklicherweise gibt es die Funktion MultiByteToWideChar, die ASCII-Code-Strings automatisch in Unicode-Strings konvertiert.

Der dritte Parameter der Methode SetSearchDirectory hat nur dann eine Bedeutung, wenn Sie mit verschiedenen Verzeichnissen arbeiten, in denen sich Musik-Dateien befinden. Ansonsten können Sie ihn auf FALSE setzen.

Die Methode LoadObjectFromFile übernimmt das Laden der Audio-Datei. Bei dieser Funktion müssen Sie, ähnlich wie bei CoCreateInstance, den Klassen und Schnittstellennamen angeben. Da wir die Audiodatei in ein Segment laden wollen, müssen wir hier die Werte CLSID_DirectMusic-Segment und IID_IDirectMusicSegment8 angeben. Der dritte Parameter ist der Dateiname, wieder im Unicode. Als letzten Parameter müssen Sie einen Zeiger angeben, der auf die Schnittstelle gesetzt werden soll.

Der folgende Codeauschnitt zeigt, wie man eine Audio-Datei lädt.

```
// globale Variablen

IDirectMusicPerformance8* lpPerformance   = NULL;
IDirectMusicLoader8*      lpLoader        = NULL;
IDirectMusicSegment8*     lpSegment       = NULL;


// Performance und Loader initialisieren
```

```
// Pfad für die Dateien festlegen

WCHAR wstrString[MAX_PATH];

MultiByteToWideChar(CP_ACP, 0,"c:\\sounds", -1,
                wstrString,MAX_PATH);

lpLoader->SetSearchDirectory(GUID_DirectMusicAllTypes,
                            wstrString,
                            FALSE);

// Datei laden

MultiByteToWideChar(CP_ACP, 0,"sound1.wav", -1,
                wstrString,MAX_PATH);


if(FAILED(lpLoader->LoadObjectFromFile(
                CLSID_DirectMusicSegment,
                IID_IDirectMusicSegment8,
                wstrString,
                (LPVOID*)&lpSegment)))
{
    Error("Datei konnte nicht gefunden werden.");
}
```

In dem Beispiel wird das Verzeichnis für die Audio-Dateien auf *c:\sounds*
gesetzt. Anschließend wird die Datei *sound1.wav* in ein Segment geladen.
Dazu muss sich die Datei *sound1.wav* im Verzeichnis *c:\sounds* befinden.

21.4 Musik-Dateien abspielen

Nachdem die Datei geladen worden ist, kann sie abgespielt werden. Dazu
müssen Sie das Segment zuerst zur Performance hinzufügen. Dies geschieht
mit der Methode Download. Jedes Segment muss nur einmal zur Performance hinzugefügt werden. Sie sollten diesen Schritt also am besten direkt
nach dem Laden des Segments durchführen.

Anschließend können Sie das Segment mit der Methode PlaySegmentEx
abspielen. Diese Methode benötigt neben dem Segment fünf weitere Parameter. Der zweite Parameter wird nicht verwendet und kann, ebenso wie
der dritte Parameter, auf NULL gesetzt werden.

Der vierte Parameter gibt an, in welchem Puffertyp das Segment abgespielt
werden soll. Wenn Sie nur eine Audio-Datei gleichzeitig abspielen wollen,
können Sie hier 0 angeben. Ansonsten müssen Sie DMUS_SEGF_SECONDARY

angeben, damit sichergestellt ist, dass der Sound-Effekt oder das Musikstück mit anderen, die gleichzeitig abgespielt werden, gemischt wird.

Der fünfte Parameter hat nur dann eine Bedeutung, wenn Sie die Audio-Datei erst ab einer bestimmten Stelle abspielen wollen. Wenn Sie 0 übergeben, wird die Audio-Datei vollständig abgespielt. Die letzten drei Parameter werden ebenfalls nicht verwendet und können auf NULL gesetzt werden.

```
// Segment zur Performance hinzufügen
lpSegment->Download(lpPerformance);

// Segment abspielen
lpPerformance->PlaySegmentEx(lpSegment,
                             NULL,
                             NULL,
                             DMUS_SEGF_SECONDARY,
                             0,
                             NULL,
                             NULL,
                             NULL);
```

Das Beispielprogramm *DXAudio* zeigt, wie man Musik und Soundeffekte lädt und sie abspielt.

21.5 DirectX Audio beenden

Um eine DirectX Audio Anwendung zu beenden, müssen Sie vier Schritte durchführen.

Zuerst müssen Sie die Performance stoppen. Wenn Sie mehrere Performance-Objekte angelegt haben, müssen Sie alle stoppen. Dazu verwenden Sie die Methode Stop des Performance-Objekts:

```
HRESULT Stop(
        IDirectMusicSegment* pSegment,
        IDirectMusicSegmentState* pSegmentState,
        MUSIC_TIME mtTime,
        DWORD dwFlags
);
```

Wenn Sie die ersten beiden Parameter auf NULL setzen, werden alle Segmente, die zu diesem Objekt gehören, gestoppt. Die Parameter mtTime und dwFlags geben an, wann die Segmente gestoppt werden sollen. Wenn Sie für beide Parameter 0 übergeben, werden die Segmente sofort gestoppt.

Als nächstes müssen Sie die Methode CloseDown des Performace-Objektes aufrufen. Dieser Methode werden keine Parameter übergeben. Sie muss aufgerufen werden, damit interne Objekte freigegeben werden können.

Eine Funktion zum Beenden von DirectX Audio sieht folgendermaßen aus:

Listing 21.1:
Funktion zum
Beenden von
DirectX Audio

```
 1: void CleanUpDirectXAudio(void)
 2: {
 3:     // Performance freigeben
 4:     if(lpPerformance)
 5:     {
 6:         lpPerformance->Stop(NULL,NULL,0,0);
 7:         lpPerformance->CloseDown();
 8:         lpPerformance->Release();
 9:         lpPerformance = NULL;
10:     }
11:
12:     // Loader freigeben
13:     if(lpLoader)
14:     {
15:         lpLoader->Release();
16:         lpLoader = NULL;
17:     }
18:
19:     // Segment freigeben
20:     if(lpSegment)
21:     {
22:         lpSegment->Release();
23:         lpSegment = NULL;
24:     }
25:
26:     // COM beenden
27:     CoUninitialize();
28: }
```

21.6 Eine Klasse für DirectX Audio

Auch für DirectX Audio wollen wir eine Klasse anlegen, mit der wir Musik und Soundeffekte auf eine einfache Art abspielen können. Diese Klasse soll die Initialisierung sowie das Laden und Abspielen von Musik-Dateien übernehmen. Wir sehen dazu in der Klasse fünf Methoden vor.

Die erste Methode, Init, kümmert sich um die Initialisierung von DirectX Audio und legt das Performance-Objekt und den Loader an. Die Methode AddBackgroundMusic fügt Hintergrundmusik hinzu. Wir beschränken uns darauf, nur ein Segment mit Hintergrundmusik abspielen zu können. Die Methode AddSound fügt Soundeffekte zur Klasse hinzu. Hier beschränken wir uns auf zehn verschiedene Soundeffekte. Die Hintergrundmusik und die Soundeffekte können mit der jeweiligen Play-Methode abgespielt werden.

Wenn Sie einen Soundeffekt abspielen wollen, müssen Sie seinen Namen angeben.

Mit diesen Festlegungen können wir die Klasse definieren:

```
class DirectXAudio
{
    private:

        IDirectMusicPerformance8*  lpPerformance;
        IDirectMusicLoader8*       lpLoader;
        IDirectMusicSegment8*      lpSegBackgroundMusic;
        IDirectMusicSegment8*      lpSegSoundEffects[10];

        char* bgMusic;
        char* sndEffects[10];

    public:

        void Init(void);

        void AddBackgroundMusic(char* Name);
        void AddSound(char* Name);

        void PlayBackgroundMusic(void);
        void PlaySoundEffekt(char* Name);
};
```

Die in diesem Kapitel besprochenen Objekten und Funktionen ermöglichen Ihnen, die Klasse zu implementieren. Das Beispielprogramm DirectXAudio zeigt die Implementierung und Nutzung der Klasse.

Zusammenfassung

In diesem Kapitel haben Sie die Grundlagen von DirectX Audio und die Formate MIDI und WAVE kennen gelernt und wissen, wie man Musik und Soundeffekte abspielen kann. Am Ende des Kapitel haben wir eine Klasse geschrieben, die uns den einfachen Umgang mit Musik-Dateien ermöglicht.

Die Möglichkeiten, die DirectX Audio bietet, gehen aber noch weit über die hier gezeigten Beispiele hinaus. Mit DirectX Audio können Sie z.B. 3D-Sound erzeugen, Musik zur Laufzeit des Programms erzeugen oder geladenen Musikstücke mit Effekten versehen. Die DirectX 8 Hilfe bietet eine erste Anlaufstelle, wenn Sie sich näher mit diesem Gebiet beschäftigen wollen.

Kapitel 22

Ein Spiel

In diesem Kapitel werden wir ein kleines Spiel programmieren. Dazu werden wir die Klassen, die wir in den letzten Kapiteln geschrieben haben, kombinieren. Dieses Kapitel gibt Ihnen außerdem einige Hinweise, die Sie bei der Planung und Durchführung eigener Spiele beachten sollten. Die beschriebenen Phasen sind stark vereinfacht und auf die Durchführung eines kleinen Projektes zugeschnitten.

22.1 Die Idee

Am Anfang eines jeden Spiels steht eine Idee. Ein gutes Spiel zeichnet sich nicht dadurch aus, dass es die neuesten Grafikeffekte einsetzt oder eine riesige Spielwelt hat. Das Wichtigste ist eine gute Spielidee und eine interessante Story, die den Spieler für lange Zeit fesselt.

Wenn Sie jetzt wissen wollen, wie eine gute Idee zustande kommt, so ist die Antwort leider, dass es dafür kein Rezept gibt. Eine gute Idee zu haben, kann man nicht planen. Lassen Sie sich inspirieren, gehen Sie ins Kino, lesen Sie ein Buch oder legen Sie sich in die Sonne und träumen Sie.

22.2 Das Konzept

Während der Erarbeitung des Konzepts versuchen Sie die Spielidee möglichst präzise aufzuschreiben. Dabei kommt es vor allem darauf an, die Besonderheiten des Spiels festzuhalten.

Sie sollten aber auch das Aussehen des Spielers, der Gegner, der Umgebung oder der verschiedenen Level so präzise wie möglich festhalten. Natürlich spielen auch Grafiken und Animationen eine wichtige Rolle. Bei der Erstellung des Konzepts legen Sie ebenfalls Dinge wie Punktewertung, User-Interface (Benutzeroberfläche) und Steuerung des Spiels fest.

22.3 Die Umsetzung

Bei der Umsetzung des Spiels sollten Sie versuchen, sich möglichst genau an das Konzept zu halten. Kleinere Abweichungen vom Konzept werden sich während der Entwicklung des Spiels nicht vermeiden lassen. Wenn Sie feststellen, dass Sie sehr viele Änderungen machen müssen, sollten Sie das Konzept noch einmal überarbeiten.

22.4 Kommerzielle Spiele

Kommerzielle Spiele wie *Quake*, *Command & Conquer* oder *StarCraft* wurden von Programmierteams entwickelt, die ein Budget von einigen Millionen Dollar zur Verfügung hatten. Diese Teams bestehen aus erfahrenen Programmierern, Grafikern und Designern, die für die Entwicklung eines solchen Spiels mehrere Jahre benötigen.

Wenn Sie also planen sollten, ein Spiel in dieser Größenordnung zu schreiben, halten Sie sich zurück. Sie werden kaum eine Chance haben, ein solches Projekt ohne Erfahrung und ohne Hilfe zu realisieren.

Sie sollten zu Beginn unbedingt darauf achten, dass Sie sich nicht zu viel zumuten. Starten Sie mit kleinen Projekten, wie etwa einer Tetris-Variante. Es ist wesentlich besser, viele kleinere Spiele zu Ende zu bringen, als gleich ein sehr komplexes zu planen und bei der Durchführung zu scheitern.

Das Fertigstellen kleinerer Spiele wird Ihre Motivation erhöhen, während Sie nach dem zweiten unvollendeten Projekt wenig Lust verspüren werden, ein drittes zu planen.

Steigern Sie die Komplexität Ihrer Spiele langsam, und fügen Sie bei jedem neuen Spiel ein neues Element, wie verbesserte Grafik, Gegnerintelligenz oder komplexere Level hinzu. Auf diese Weise sammeln Sie Erfahrung und lernen, den Aufwand, der für die Realisierung eines Spiels nötig ist, abzuschätzen.

22.5 Das Spiel

In diesem Teil des Kapitels werden wir ein kleines Spiel planen und umsetzen. Dazu greifen wir auf einen großen Teil der bisher programmierten Klassen zurück. Es wird aber dennoch nötig sein, einige Änderungen und Ergänzungen durchzuführen.

22.5.1 Idee

Die Idee für das Spiel, das wir in diesem Kapitel entwickeln, ist alles andere als neu. Wir werden ein 2D-Weltraum-Action-Spiel schreiben, bei dem der Spieler ein Raumschiff steuert und versuchen muss, gegen möglichst viele Gegner zu bestehen.

22.5.2 Konzept

Der Spieler steuert ein Raumschiff, das er frei über den Bildschirm bewegen kann. Als Begrenzung dienen die Bildschirmränder. Eingaben des Spielers sollen von der Maus, der Tastatur oder vom Joystick kommen können.

Als Gegner kommen drei verschiedene Typen von Sprites zum Einsatz. Jeder dieser Typen bewegt sich mit einer anderen Geschwindigkeit über den Bildschirm.

Damit sich die Sprites bekämpfen können, verfügen Spieler und Gegner über Waffen. Jedes Sprite kann eine festgelegt Anzahl von Schüssen abfeuern. Wenn der Spieler von einem Schuss getroffen wird, ist das Spiel vorbei. Wenn der Spieler einen Gegner trifft, erhält er in Abhängigkeit des Sprite-Typs Punkte. Es sollen maximal zehn gegnerische Sprites gleichzeitig auf dem Bildschirm vorhanden sein. Wenn ein Sprite getroffen wird, wird es vom Bildschirm entfernt, und es wird nach einer gewissen Zeit ein neues erzeugt.

22.5.3 Umsetzung

Glücklicherweise haben wir in den letzten Kapitel fast alle Komponenten entwickelt, die wir für die Umsetzung des Spiels benötigen. Ein wichtiger Bestandteil ist die Sprite-Klasse, die wir in diesem Kapitel noch erweitern werden. Mit der DirectInput-Klasse werden wir Eingaben des Spielers verarbeiten, und die DirectX Audio-Klasse sorgt für Musik und Soundeffekte. Das Ganze wird von einer Spielschleife gesteuert, die das Timing übernimmt und die Aktionen koordiniert.

393

22.5.4 Hintergrundgrafik

Da sich die Raumschiffe im Weltall bekämpfen, können wir das Sternenfeld, das wir in Kapitel 19 geschrieben haben, als Hintergrund benutzen. Das Sternenfeld hat den Vorteil, dass es leicht eingesetzt werden kann und trotz des einfachen Aufbaus sehr viel zur Atmosphäre beiträgt.

22.5.5 Gegner

Für die verschiedenen Gegner-Sprites verwenden wir unsere Sprite-Klasse. Damit es so aussieht, als würden sich die Sprites von selber bewegen, ergänzen wir die Sprite-Klasse um die Methode Bounce. Diese Methode bewegt das Sprite solange in eine Richtung, bis die Bildschirmbegrenzung erreicht wird. Ist dies der Fall, wird die Richtung des Sprites umgekehrt. Das folgende Listing zeigt die Methode Bounce.

Listing 22.1:
Die Methode
Bounce

```
 1: void Sprite::Bounce(void)
 2: {
 3:     // x- und y-Wert um StepX und StepY erhöhen
 4:     x += StepX;
 5:     y += StepY;
 6:
 7:     // Wenn sich das Sprite links oder rechts
 8:     // aus dem Bildschirm bewegt
 9:     if(((x+FrameWidth) > SCR_WIDTH) || (x < 0))
10:     {
11:         // Richtung umkehren
12:         StepX = -StepX;
13:         x += StepX;
14:     }
15:
16:     // Wenn sich das Sprite nach oben oder unten
17:     // aus dem Bildschirm bewegt
18:     if(((y+FrameHeight) > SCR_HEIGHT )|| (y < 0))
19:     {
20:         // Richtung umkehren
21:         StepY = -StepY;
22:         y += StepY;
23:     }
24: }
```

Mit dieser Methode steht uns eine einfache Möglichkeit zur Verfügung, die gegnerischen Sprites über den Bildschirm zu bewegen.

Um die Funktionsweise der Methode besser verstehen zu können, können Sie sich den Quellcode des Programms *SpriteBounce* anschauen.

Um die gegnerischen Sprites zu verwalten, erstellen wir die Klasse `Sprite-Manager`. Diese Klasse enthält dazu eine Liste, in der ein Zeiger auf jedes Sprite gespeichert wird. Wenn ein neues Frame erzeugt wird, bewegt die Klasse die Sprites und entscheidet per Zufall, welches Sprite einen Schuss abfeuert.

Etwas unschön ist, dass momentan für jedes Sprite, das wir erzeugen, eine separate Oberfläche angelegt wird. Es wäre jedoch völlig ausreichend, eine Oberfläche für jeden Sprite-Typ anzulegen.

Aus diesem Grund schreiben wir die Klasse `SurfaceManager`, die alle Sprite-Oberflächen verwaltet. Dazu wird in der Klasse eine Liste, die den Dateinamen und einen Zeiger auf die Oberfläche speichert, verwendet. Immer wenn eine neue Oberfläche angelegt werden soll, wird überprüft, ob eine Oberfläche mit gleichem Namen bereits existiert. Wenn dies der Fall ist, wird ein Zeiger auf die bereits vorhandene Oberfläche zurückgegeben. Ist die Oberfläche nicht in der Liste vorhanden, wird sie erzeugt, und ein Zeiger auf die Oberfläche wird in der Liste gespeichert.

Der folgende Codeausschnitt enthält die Definition der Klasse `Surface-Manager`.

```
class SurfaceManager
{
    public:

        // Konstruktor / Destruktor
        SurfaceManager(void);
        ~SurfaceManager();

        // Surface-Manager initialisieren, ein Zeiger
        // auf das DirectDrawClass-Objekt wird benötigt
        void Init(DirectDrawClass* DDClass);

        // Surface hinzufügen
        void AddSurface(char* Filename);

        // Surface erhalten
        LPDIRECTDRAWSURFACE7 GetSurface(char* Filename);

    private:

        // Zeiger auf das DirectDrawClass-Objekt
        DirectDrawClass* pDirectDrawObjekt;

        // die Liste der Oberflächen
        Liste SurfaceList;
};
```

22.5.6 Spieler

Für das Sprite des Spielers handelt es sich um das Raumschiff, das wir schon in mehreren Beispielprogrammen verwendet haben. Dieses Sprite kann beliebig über den Bildschirm bewegt werden. Neben der Bewegung nach links, rechts, oben oder unten, kann der Spieler eine Waffe abfeuern.

Wir können die Klasse, die wir für DirectInput geschrieben haben, um die Eingaben des Spielers zu erhalten, ohne weitere Änderungen nutzen. Sie müssen nur darauf achten, dass Sie die Klasse vor Beginn der Spielschleife initialisieren und die Rückgabewerte richtig interpretieren.

22.5.7 Waffen

Wir werden die Waffen mit in die Sprite-Klasse einbauen. Die Waffen sind den verschiedenen Sprite-Typen zugeordnet und unterscheiden sich im Aussehen und in der Geschwindigkeit der abgefeuerten Schüsse. Wir legen fest, dass sich maximal zwei Schüsse eines Sprites gleichzeitig auf dem Bildschirm befinden dürfen.

Damit die Sprites Schüsse verwenden können, werden wir eine neue Klasse, `SpriteWeapon`, von der Klasse `Sprite` ableiten. Diese Klasse wird zusätzlich über Schüsse verfügen. Bei den Schüssen handelt es sich auch um Sprites. Die Methode `Fire` sorgt dafür, dass ein Schuss abgefeuert wird. Der folgende Quellcodeausschnitt zeigt die Klasse `SpriteWeapon`:

```
class SpriteWeapon : public Sprite
{
    private:
        int WeaponCount;
        Sprite Weapons[NUM_WEAPONS];

    public:
        void Fire(void);
};
```

Das Beispielprogramm *SpriteFire* zeigt, wie diese Klasse genutzt wird.

22.5.8 Kollisionserkennung

Kollisionserkennung macht es möglich, festzustellen, wann sich zwei Sprites berühren. Für die Kollisionserkennung gibt es wieder verschiedene Konzepte. Die einfachste Möglichkeit ist zu testen, ob sich die beiden Rechtecke, die die Sprites umgeben, überschneiden. Diese Rechtecke werden auch als *Bounding Boxes* bezeichnet. Die folgende Abbildung zeigt ein Sprite mit seiner Bounding Box.

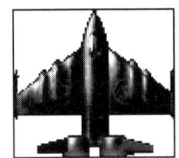

Abb. 22.1:
Ein Sprite mit
Bounding Box

Das Problem ist, dass diese Lösung sehr ungenau ist und sehr häufig Kollisionen gemeldet werden, auch wenn in Wirklichkeit keine aufgetreten sind. Die folgende Abbildung zeigt diese Problematik.

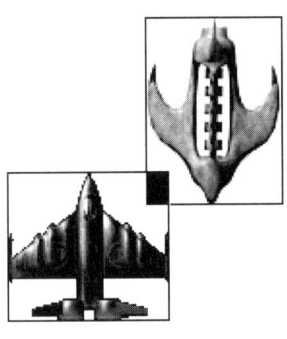

Abb. 22.2:
Fälschlich
erkannte
Kollision

Eine Möglichkeit, diese Variante zu verbessern, besteht darin, die Bounding Boxes etwas kleiner zu machen. Dadurch erreicht man, dass fast nur noch Kollisionen gemeldet werden, wenn sie wirklich aufgetreten sind. Der Nachteil ist, dass man ein wenig an Präzision verliert, was aber im Spiel kaum erkennbar ist. Die folgende Abbildung zeigt Sprites mit verkleinerten Bounding Boxes.

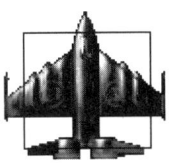 

Abb. 22.3:
Verkleinerte
Bounding
Boxes

Die genaueste, aber auch aufwändigste Variante ist die pixelweise Kollisionserkennung. Dazu müssen Sie die Position der Sprites berechen und testen, ob sich einer oder mehrere Pixel der beiden Sprites überschneiden. Wenn dies der Fall ist, ist eine Kollision aufgetreten. Wenn Sie diese Variante implementieren wollen, wird Ihnen nichts anderes übrigbleiben, als die beiden Sprite-Oberflächen mit `Lock` zu sperren und auf die Pixel zuzugreifen.

Für unser Spiel entscheiden wir uns für die verkleinerten Bounding Boxes, weil diese Variante effizient und einfach zu implementieren ist.

Wir müssen folgende Fälle bei der Kollisionserkennung berücksichtigen:

1. kollidiert das Sprite des Spielers mit einem der gegnerischen Sprites oder den Schüssen der Gegner

2. kollidieren die Schüsse des Spielers mit den gegnerischen Sprites

Wir haben in der Klasse `SpriteManager` Zeiger auf alle gegnerischen Sprites in einer Liste gespeichert, und die Schüsse sind in einem Feld, das zur Sprite-Klasse gehört, abgelegt. Für den ersten Fall müssen wir diese Listen durchlaufen und testen, ob eine Kollision mit dem Spieler stattgefunden hat.

Für den zweiten Fall müssen wir die Schüsse, die der Spieler abgefeuert hat, mit den Positionen der Sprites vergleichen.

Für beide Fälle schreiben wir die Methode `testCollision`, die wir zur Sprite-Klasse hinzufügen. Dieser Methode wird die Bounding Box der Sprites übergeben. Wenn das Sprite mit der übergebenen Bounding Box kollidiert, gibt die Methode `TRUE` zurück, sonst `FALSE`.

Wenn eine Kollision festgestellt wird, werden die Sprites entfernt, und es wird eine Explosion an der entsprechenden Stelle dargestellt.

Da es wichtig ist, dass Sie die Funktionsweise dieser Methode verstehen, zeigt das Programm `SpriteCollide` ein einfaches Beispiel, wie sie genutzt wird.

Kollisionserkennungen schneller und effizienter zu machen, ist eine schwierige Aufgabe und im 3D-Bereich besonders interessant. Eine mögliche Optimierung für unsere Kollisionserkennung wäre z.B., den Bildschirm in Quadranten aufzuteilen und jeweils eine Liste von Sprites pro Quadrant zu speichern. Man muss dann nur die Sprites, die sich im gleichen Quadranten wie der Spieler befinden, auf Kollision testen.

22.5.9 Musik und Soundeffekte

Für die Erzeugung von Hintergrundmusik und Soundeffekten nutzen wir die DirectX Audio-Klasse, die wir geschrieben haben. Die Hintergrundmusik beginnt, sobald das Spiel gestartet wird. Soundeffekte werden abgespielt, wenn eines der gegnerischen Sprites oder der Spieler einen Schuss abfeuert, oder wenn ein Sprite getroffen wird und explodiert.

22.5.10 Punktewertung

Die erzielbaren Punkte setzen sich aus zwei Komponenten zusammen:

✗ der Spieler erhält für jede Sekunde, in der er nicht getroffen wird, fünf Punkte.

✗ jeder getroffene Gegner bringt 100 Punkte.

Die Punkte werden in der Spielschleife addiert und mit Hilfe von GDI-Funktionen ausgegeben.

Quellcode

Sie finden das Spiel bei den Beispielprogrammen im Ordner *TheGame*.

Zusammenfassung

Das Spiel, das wir in diesem Kapitel entwickelt haben, ist recht einfach. Es enthält aber alle Elemente, die Sie auch in einem »echten« Spiel vorfinden werden, und Sie können es als Ausgangspunkt für weitere Entwicklungen nutzen.

Seien Sie also kreativ, verbessern Sie das Spiel, oder versuchen Sie Ihre eigenen Ideen umzusetzen.

Kapitel 23

3-D-Konzepte

In diesem Kapitel wollen wir uns mit den grundlegenden Techniken und Begriffen der 3-D-Computergrafik beschäftigen. Dabei werden wir uns mit den allgemeinen Konzepten beschäftigen und nicht so sehr auf die Umsetzung in DirectX eingehen.

23.1 Koordinatensysteme

Der erste Unterschied zu unseren bisherigen Programmen ist, dass die Szenen nicht mehr auf zwei Dimensionen beschränkt sind. Zwar ist der Monitor nicht in der Lage »echte« dreidimensionale Grafiken darzustellen, man kann aber mit den richtigen Techniken, den Eindruck von Tiefe im Bild erzeugen.

Für die Darstellung von dreidimensionalen Objekten ist es notwendig, neben der x- und y-Achse eine dritte Achse, die z-Achse hinzuzufügen. Es ist möglich, ein dreidimensionales Koordinatensystem auf verschiedene Arten zu definieren. Bei dem einen Typ handelt es sich um ein rechtsseitiges, beim anderen um ein linksseitiges Koordinatensystem. In beiden Koordinatensystemarten werden die Werte auf der x-Achse von links nach rechts größer. Die Werte auf der y-Achse Werten nach oben hin größer. Der Unterschied bei den Koordinatensystemen ist die Richtung der z-Achse.

Beim linksseitigen Koordinatensystem zeigt die z-Achse in den Bildschirm hinein und die z-Werte werden mit zunehmenden Abstand nach hinten größer. Bei einem rechtsseitigen Koordinatensystem werden die Werte der z-Achse in die andere Richtung größer.

Die folgende Abbildung verdeutlicht die Richtungen der z-Achse.

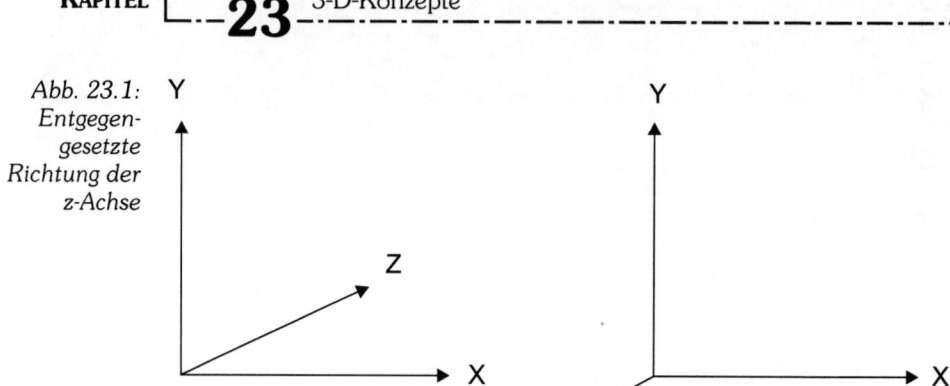

Abb. 23.1:
Entgegen-
gesetzte
Richtung der
z-Achse

Direct3D verwendet ein linksseitiges Koordinatensystem, das bedeutet, dass Objekte, die weit von Ihnen entfernt dargestellt werden, einen großen z-Wert haben.

Der Raum, der durch das Koordinatensystem beschrieben wird, wird das Universum oder die 3-D-Welt genannt.

23.2 Punkte und Vektoren

Im Bereich der 3-D-Programmierung werden Sie sehr häufig auf die Begriffe Punkt und Vektor treffen. Es ist wichtig, dass Sie den Unterschied zwischen diesen beiden Begriffen kennen.

Ein Punkt hat eine exakte Position, die Sie in einem Koordinatensystem eintragen können. Einen Pixel können Sie sich beispielsweise wie einen Punkt in einem zweidimensionalen Koordinatensystem vorstellen.

Mit einem Vektor wird im Gegensatz dazu eine Richtung und eine Größe beschrieben. Die folgende Abbildung zeigt den Unterschied zwischen Punkten und Vektoren.

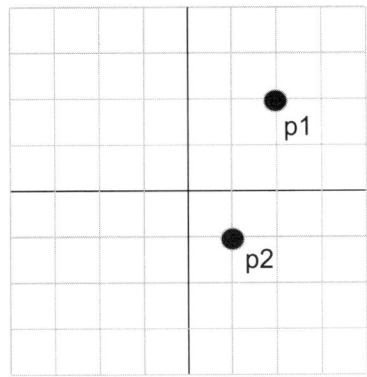 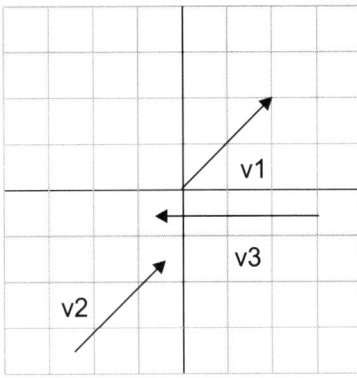

Abb. 23.2:
Punkte und
Vektoren

Während die Position eines Punktes genau festgelegt ist, hat ein Vektor keine bestimmte Position. Beachten Sie, dass es sich bei *v1* und *v2* um den gleichen Vektor handelt, da ein Vektor eine Richtung, ausgehend von einer beliebigen Position, beschreibt.

Vektoren werden für die unterschiedlichsten Dinge in der 3-D-Programmierung, wie z.B. bei der Beleuchtung oder bei der Kollisionserkennung, eingesetzt.

23.3 Objekte

Die Struktur und die Position von Objekten, die sich in der 3-D-Welt befinden, werden durch Eck- oder Scheitelpunkte beschrieben. Ein einzelner Eckpunkt wird als Vertex bezeichnet. Das einfachste Objekt ist ein einfacher Punkt im dreidimensionalem Raum. Die Position eines Punktes wird durch seine x-,y- und z-Koordinate beschrieben. Ein weiteres recht einfaches Objekt ist eine Linie, die von zwei Punkten begrenzt wird.

Wenn Sie einen der Punkte oder beide Punkte der Linie verschieben, ändert sich, wie in Abbildung 23.3 gezeigt, die Position oder die Orientierung der Linie.

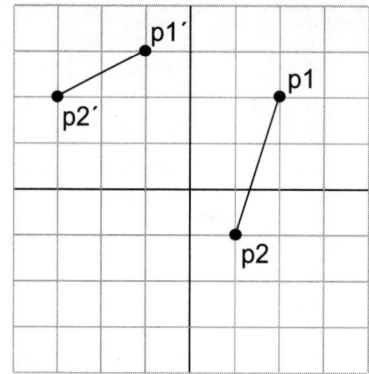

Dies hört sich momentan sehr einfach an. Es ist aber sehr wichtig, dass Sie diesen Vorgang verstehen, da wir später alle Objekte in unserem 3-D-Universum durch die Bewegung einzelner Eckpunkte, verschieben, drehen oder skalieren werden.

Direct3D stellt einige einfache geometrische Objekte zur Verfügung, mit denen komplexe Szenen erstellt werden können. Bei diesen Objekten handelt es sich um Punkte, Linien und Dreiecke. Diese Objekte können, wie die folgende Abbildung zeigt, zu Gruppen zusammengefasst werden.

Abb. 23.4:
Grundlegende
geometrische
Objekte

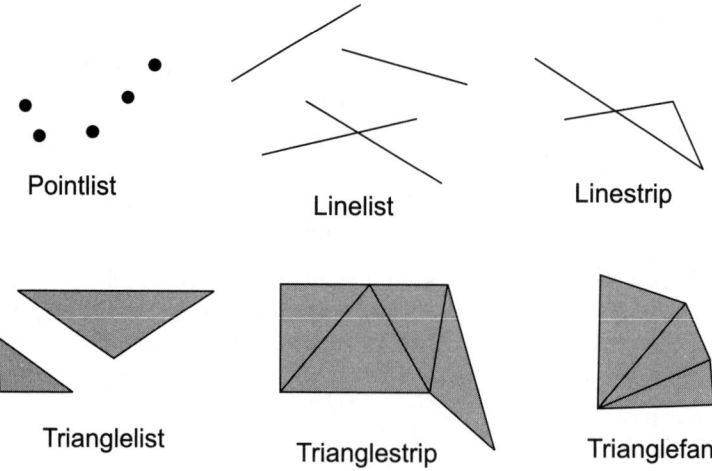

Diese grundlegenden geometrischen Objekte werden auch als Primitive bezeichnet.

23.3.1 Darstellung von Objekten

Das wohl wichtigste geometrische Objekt im Bereich der 3-D-Grafik ist das Dreieck. Alle komplexen Objekte, die in einem Spiel, das 3-D-Grafik einsetzt, vorkommen, bestehen aus Dreiecken. Der Grund dafür ist, dass sie durch ihren einfachen Aufbau schnell verarbeitet und dargestellt werden können.

An dieser Stelle unterscheiden sich OpenGL und Direct3D. Während Direct3D auf Dreiecke angewiesen ist, kann OpenGL auch mit Polygonen (Vielecken) arbeiten.

Trotz ihrer Einfachheit, ist es dennoch möglich, so gut wie alle komplexeren Objekte, sei es eine Kugel, oder das Modell eines ganzen Hauses aus Dreiecken aufzubauen. Die folgende Abbildung zeigt zwei Kugeln, die aus Dreiecken aufgebaut sind.

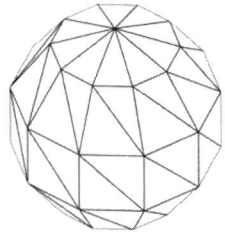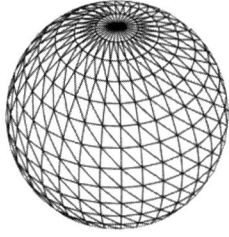

*Abb. 23.5:
Aufbau von
Objekte aus
Dreiecken*

Wie Sie sehen, benötigt man wesentlich mehr Dreiecke, um Objekte darstellen zu können, die eine runde Oberfläche haben. Wenn Objekte als Dreiecks- oder Polygonnetz dargestellt werden, werden sie als Drahtgittermodelle bezeichnet.

23.3.2 Schattierung

Die Art, in der Objekte schattiert werden, hat einen großen Einfluss auf ihr Erscheinungsbild. Die Art der Schattierung bestimmt, wie Lichteffekte oder Farben auf den Objekten dargestellt werden.

Flat-Shading

Flat-Shading ist die einfachste und schnellste Art der Schattierung. Beim Flat-Shading wird nur eine Farbe pro Polygon verwendet. Dadurch entstehen scharfe Kanten beim Übergang zwischen zwei Polygonen.

Die folgende Abbildung zeigt eine Teekanne, bei deren Darstellung Flat-Shading verwendet wurde.

405

Abb. 23.6:
Teekanne mit
Flat-Shadinfg

Gouraud-Shading

Beim Gouraud-Shading werden die Objekte viel weicher dargestellt – die scharfen Kanten zwischen den Polygonen verschwinden. Dies wird dadurch erreicht, dass eine Farbe an jedem Eckpunkt berechnet wird und die Farben über das Polygon interpoliert werden.

Die folgende Abbildung zeigt die gleiche Teekanne, dieses Mal aber mit Gouraud-Shading.

Abb. 23.7:
Teekanne mit
Gouraud-
Shading

23.3.3 Beleuchtung

Um eine Szene noch realistischer erscheinen zu lassen, kann man sie beleuchten. Dazu werden Lichtquellen verwendet. Licht kann verschiedene Eigenschaften wie Farbe, Reichweite oder Abschwächung besitzen. Typische Lichtquellen sind Punktlichter, Spotlights und direktionales Licht.

Punktlichter

Ein Punktlicht können Sie sich wie Glühbirne vorstellen, die Licht gleichmäßig in alle Richtungen ausstrahlt. Ein Punktlicht hat eine definierte Position. Außerdem kann die Reichweite und die Abschwächung des ausgestrahlten Lichts bestimmt werden.

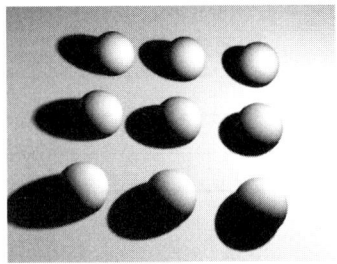 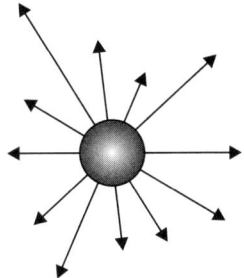

Abb. 23.8:
Ein Punktlicht

Spotlights

Die Lichtquelle eines Spotlights ist mit einem Scheinwerfer oder eine Taschenlampe vergleichbar. Das Licht wird kegelförmig ausgesendet. Dabei ist die Lichtstärke im Innern des Kegels größer als in den äußeren Bereichen. Ein Spotlight hat eine definierte Position, und der Lichtkegel wird in eine bestimmte Richtung ausgesendet. Die Verringerung der Lichtstärke in den äußeren Bereichen wird als Falloff bezeichnet.

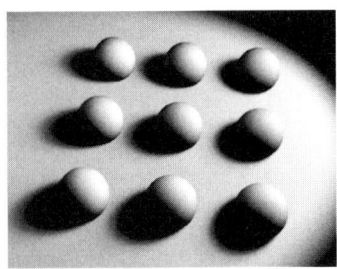 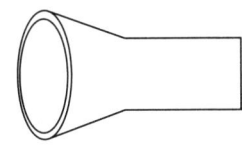

Abb. 23.9:
Ein Spotlight

Direktionales Licht

Direktionales oder gerichtetes Licht kommt aus einer bestimmten Richtung. Diese Art von Licht breitet sich über die gesamte Szene aus. Die Lichtstrahlen sind parallel, d.h. dass jedes Objekt in der Szene aus der gleichen Richtung beleuchtet wird. Die Lichtstärke verringert sich nicht, und Sie können auch keine Reichweite festlegen.

407

Abb. 23.10:
Direktionales
Licht

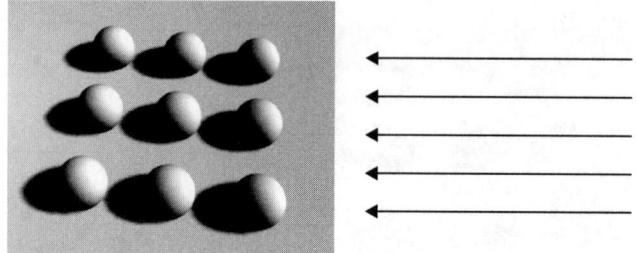

Bei der Schattierung und der Beleuchtung spielen Vektoren eine große Rolle. Für jede Oberfläche eines Objekts wird ein Normalenvektor berechnet. Dieser Vektor steht senkrecht auf der Oberfläche. Wie stark eine Oberfläche beleuchtet wird, und wie stark sie Licht reflektiert, hängt von der Größe des Winkels zwischen dem Normalenvektor und der Lichtquelle ab. Die folgende Abbildung verdeutlicht dies.

Abb. 23.11:
Berechnung
des Lichtein-
falls mit dem
Normalen-
vektor

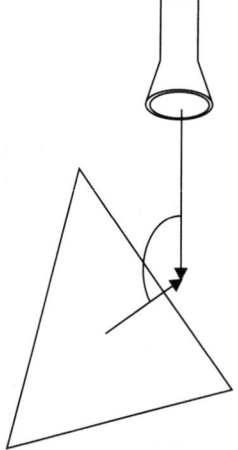

23.3.4 Materialien

Sie können einem Polygon Materialeigenschaften zuordnen. Dadurch können Sie bestimmen, in welcher Weise ein Objekt Licht reflektieren soll. Dazu gehört beispielsweise, ob die Oberfläche des Objekts glänzend oder matt sein soll. Es ist auch möglich, festzulegen, dass ein Material in einer Farbe schimmert.

23.3.5 Texturen

Bisher haben wir Objekte als Drahtgittermodell oder mit gefüllten Flächen kennen gelernt. Neben diesen beiden Techniken ist es möglich, Grafiken auf das Objekt aufzubringen. Bei diesen Grafiken handelt es sich um Bitmaps, die wir schon für Sprites und Hintergrundgrafiken verwendet haben.

Wenn eine Grafik für diesen Zweck verwendet werden sollen, wird sie als Textur bezeichnet. Das Aufbringen von Texturen auf Objekte heißt Texture Mapping. Ein Pixel in der Textur wird auch als Texel bezeichnet. Die folgende Abbildung zeigt einen texturierten Teekessel.

Abb. 23.12:
Ein texturier-
ter Teekessel

23.3.6 Z-Buffer

Stellen Sie sich vor, Sie wollen eine komplexe Szene mit vielen Objekten darstellen. Sie müssen dafür sorgen, dass Objekte, die sich weiter vom Betrachter entfernt befinden, vor naheliegenden Objekten gezeichnet werden. Ansonsten würde die Szene sehr merkwürdig aussehen.

Eine Möglichkeit, dies zu erreichen, wäre, die Objekte anhand ihrer z-Koordinate zu sortieren und in der richtigen Reihenfolge dazustellen. Dieses Vorgehen hat aber zwei Nachteile. Zum einen müssten Sie die Sortierung sehr häufig neu vornehmen, wenn Sie Objekte verwenden wollen, die sich bewegen können; zum anderen ist es nicht immer möglich, zu entscheiden, welches Polygon zuerst gezeichnet werden muss. Sehen Sie sich die folgende Abbildung an:

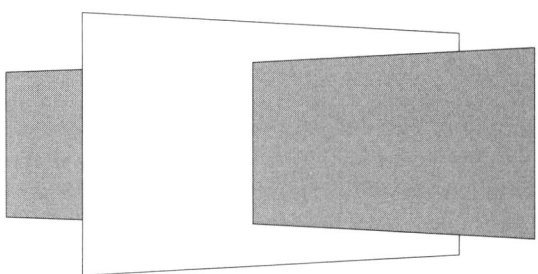

Abb. 23.13:
Ineinander
verschachtelte
Polygone

409

Für Polygone, die sich überschneiden oder ineinander verschachtelt sind, kann man diese Sortierung nicht nutzen. Die Szene wird fehlerhaft dargestellt, da man nicht entscheiden kann, welches Polygon zuerst gezeichnet werden soll.

Aus diesem Grund wendet man eine andere Methode an. Der Z-Buffer ist ein zwei-dimensionales Feld in der Größe der Bildschirmauflösung. In diesem Feld wird die z-Koordinate jedes Pixels eines Objekts gespeichert, das dargestellt wird. Beachten Sie, dass hier die Pixelkoordinaten, im Gegensatz zu den Koordinaten des Polygons, bei der Sortierung verwendet werden.

Wenn das nächste Objekt gezeichnet werden soll, werden die z-Koordinaten der darzustellenden Pixel mit denen im Z-Buffer verglichen. Die Pixel, die eine kleinere z-Koordinate haben, also näher am Betrachter liegen, werden gezeichnet und ihre z-Koordinate wird an die entsprechende Stelle in den Z-Buffer geschrieben. Dabei werden die Werte der Pixel, die weiter entfernt liegen, überschrieben.

Auf diese Weise ist es auch möglich, Objekte, die sich überschneiden, korrekt darzustellen.

23.4 Objekte transformieren

Ein Objekt zu transformieren, bedeutet es in der Welt zu verschieben (Translation), es zu drehen (Rotation) oder die Größe des Objekts zu ändern (Skalierung). Diese Transformationen werden mit Hilfe von Matrizen durchgeführt.

Die mathematischen Hintergründe der Matrizenoperationen sind nicht ganz einfach zu verstehen, und die Erklärung der Funktionsweise würde den Rahmen dieses Buches bei weitem sprengen. Direct3D bietet aber glücklicherweise eine Vielzahl von Funktionen, die den Umgang mit Matrizen erleichtern. Im nächsten Kapitel werden Sie sehen, wie man Matrizen einsetzt, um Objekte zu transformieren.

23.5 Die Kamera

Wenn Sie sich in einer dreidimensionalen Welt bewegen, werden Sie nie die gesamte Welt betrachten können. Sie sehen immer nur einen Ausschnitt. Genauso müssen Sie auch einen Ausschnitt der Szene festlegen, den Sie betrachten wollen. Sie können sich dazu eine Kamera vorstellen, die einen Teil der Szene aufnimmt und auf Ihren Bildschirm ausgibt. Die Position der Kamera bestimmt, welcher Ausschnitt der Szene angezeigt wird.

23.6 Verschiedene Räume

Während der Arbeit im 3-D-Grafikbereich werden Sie auf eine ganze Reihe von unterschiedlichen Räumen treffen.

Man unterscheidet zwischen World Space, Model Space, View Space und Screen Space.

Mit World Space ist das gesamte 3-D-Universum gemeint. In diesem Raum werden die Objekte platziert, und es finden Lichtberechnungen statt. In diesem Koordinatensystem können Sie den Abstand von Objekten berechnen.

Im Modell Space werden die Objekte beschrieben. Die Definition von Objekten sollte sich immer auf ein lokales Koordinatensystem beziehen. Auf diese Weise ist es einfacher, die Objekte zu transformieren, bevor sie im World Space angezeigt werden.

Der View Space beschreibt den Bereich der Szene, der zur Zeit durch die Kamera betrachtet wird. Sie können den View Space verändern, indem Sie die Kamera bewegen.

Der Screen Space ist Bildschirmbereich. Bei diesem Bereich handelt es sich um einen zweidimensionalen Raum. Um Objekte aus einem der dreidimensionalen Räume auf den Screen Space abzubilden, muss eine Projektion vorgenommen werden, bei der die Koordinaten umgerechnet werden müssen.

Zusammenfassung

In diesem Kapitel haben Sie grundlegende Begriffe aus dem Bereich der 3-D-Grafik kennen gelernt. Sie sollten sich merken, dass Direct3D mit einem linksgerichteten Koordinatensystem arbeitet, und die z-Koordinaten daher mit zunehmender Entfernung größer werden.

Außerdem ist es sehr wichtig, dass Sie sich den Unterschied zwischen Punkten und Vektoren bewusst machen.

Zudem haben Sie gelernt, welche Arten von Schattierung Direct3D unterstützt, und welche Lichttypen verwendet werden können.

Im letzten Teil des Kapitels haben Sie erfahren, dass Matrizen eine einfach Möglichkeit bieten, Objekte zu transformieren, und Sie haben verschiedene Bezugssysteme kennen gelernt, die im 3-D-Bereich eine Rolle spielen.

Kapitel 24

DirectX Graphics

In diesem Kapitel werden wir DirectX Graphics einsetzen, um dreidimensionale Szenen darzustellen. Obwohl diese Komponente in der Version 8 umbenannt wurde, werden Sie sehr häufig auf die Bezeichnung Direct3D treffen. Wie schon in DirectDraw gibt es in Direct3D die HAL und die HEL. Auch hier übernimmt die HAL Funktionen, die von einer Grafikkarte mit Hardwareunterstützung ausgeführt werden können. Die HEL versucht Funktionen, die nicht durch die Hardware unterstützt werden, zu emulieren.

24.1 Direct3D initialisieren

Das erste, was wir tun müssen, um Direct3D nutzen zu können, ist, die richtigen Header-Dateien und Bibliotheken mit ins Projekt aufzunehmen. Wir werden im weiteren Verlauf dieses Kapitels die Objekte und Funktionen nutzen, die in den Header-Dateien *d3d8.h* und *d3dx8.h* sowie in den Bibliotheken *d3d8.lib* und *d3dx8.lib* definiert sind.

Wenn Sie diese Dateien zu Ihrem Projekt hinzugefügt haben, können Sie ein Direct3D-Objekt anlegen. Dazu können Sie die Funktion Direct3D-Create8 nutzen. Dieser Funktion müssen Sie nur die Konstante D3D_SDK_VERSION übergeben.

Danach müssen wir mit der Methode CreateDevice ein Gerät anlegen, das die Ausgabe der 3-D-Szene übernehmen soll. Diese Methode hat folgenden Aufbau:

```
HRESULT CreateDevice(
        UINT Adapter,
        D3DDEVTYPE DeviceType,
```

```
    HWND hFocusWindow,
    DWORD BehaviorFlags,
    D3DPRESENT_PARAMETERS* pPresentationParameters,
    LPDIRECT3DDEVICE8* pReturnedDevice
);
```

Der erste Parameter legt fest, für welche Grafikkarte das Gerät erzeugt werden soll. Wenn Sie hier D3DADAPTER_DEFAULT übergeben, wird die primäre Grafikkarte verwendet.

Um Informationen über weitere Grafikkarten zu erhalten, bietet DirectX Graphics die Methoden GetAdapterCount und GetAdapterIdentifier.

Der zweite Parameter gibt an, ob Hardwareunterstützung verwendet werden soll oder ob Direct3D auf Softwareroutinen zurückgreifen soll. Für Hardwareunterstützung müssen Sie D3DDEVTYPE_HAL übergeben. Hardwareunterstützung wird von allen neueren Grafikkarten angeboten. Wenn Ihre Grafikkarte nicht über entsprechende Hardwareunterstützung verfügt, werden Sie eine Fehlermeldung im Visual C++ Ausgabefenster erhalten. In diesem Fall sollen Sie den Wert D3DDEVTYPE_REF verwenden.

Als dritten Parameter müssen Sie das Fenster-Handle übergeben. Der vierte Parameter legt fest, ob das Gerät auf Hardwareunterstützung bei der Verarbeitung von Geometrie zurückgreifen soll. In diesem Fall müssen Sie den Wert D3DCREATE_HARDWARE_VERTEXPROCESSING übergeben. Leider wird die Verarbeitung von Geometrie in Hardware nur von speziellen Grafikkarten unterstützt, so dass wir in unseren Programmen D3DCREATE_SOFTWARE_VERTEXPROCESSING verwenden werden.

Der fünfte Parameter ist ein Zeiger auf eine Struktur vom Typ D3DPRESENT_PARAMETERS. In dieser Struktur legen Sie unter anderem die Auflösung und die Farbtiefe fest.

Als letzten Parameter müssen Sie die Adresse eines Zeigers für das zu erstellende Gerät übergeben.

Da diese beiden Funktionen bei der Initialisierung von Direct3D immer aufgerufen werden müssen, schreiben wir die Funktion InitDirect3D.

Listing 24.1:
Funktion zur
Initialisierung
von Direct3D

```
1: // Direct3D initialisieren
2: BOOL InitDirect3D(HWND hWnd)
3: {
4:    // Direct3D-Objekt erzeugen
5:    lpD3D = Direct3DCreate8(D3D_SDK_VERSION);
6:
7:    if(NULL == lpD3D)
```

```
 8:   {
 9:     return Error("Direct3D-Objekt wurde nicht erzeugt");
10:   }
11:
12:   // Parameter für den Modus festlegen
13:   D3DPRESENT_PARAMETERS D3DPParams;
14:   ZeroMemory(&D3DPParams,sizeof(D3DPParams));
15:
16:   D3DPParams.SwapEffect        = D3DSWAPEFFECT_DISCARD;
17:   D3DPParams.hDeviceWindow     = hWnd;
18:   D3DPParams.BackBufferCount   = 1;
19:
20:   D3DPParams.Windowed          = FALSE;
21:   D3DPParams.BackBufferWidth   = SCR_WIDTH;
22:   D3DPParams.BackBufferHeight  = SCR_HEIGHT;
23:   D3DPParams.BackBufferFormat  = FindMode();
24:
25:   // Direct3D-Gerät anlegen
26:   if(FAILED(lpD3D->CreateDevice(
27:                   D3DADAPTER_DEFAULT,
28:                   D3DDEVTYPE_HAL,
29:                   hWnd,
30:                   D3DCREATE_SOFTWARE_VERTEXPROCESSING,
31:                   &D3DPParams,
32:                   &lpD3DDevice)))
33:   {
34:       return Error("Kann Gerät nicht anlegen");
35:   }
36:
37:   return TRUE;
38: }
```

In der Funktion wird in den Zeilen 1-10 zuerst versucht, das Direct3D-Objekt anzulegen, und es wird eine Fehlermeldung ausgegeben, wenn es nicht angelegt werden konnte. lpD3D ist eine Variable vom Typ LPDIRECT3D8, die global deklariert werden muss. Danach wird die Variable D3DPParams deklariert. Mit dieser Variablen bestimmen Sie die Eigenschaften der Anwendung. Sie können z.B. festlegen, ob das Programm einen Fenstermodus nutzen oder im Vollbildmodus ablaufen soll.

Das Element SwapEffect legt fest, dass der Inhalt des Hintergrundpuffers gelöscht werden kann. Dem Element hDeviceWindow müssen Sie das Fenster-Handle zuweisen. Mit BackBufferCount legen Sie die Anzahl der Hintergrundpuffer, die verwendet werden sollen, fest. Über das Element Windowed steuern Sie, ob die Anwendung im Fenster- oder Fullscreen-Modus laufen soll.

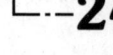

Wenn Sie eine Direct3D Anwendung in einem Fenster ablaufen lassen möchten, können Sie die Funktion `GetAdapterDisplayMode` nutzen, um herauszufinden, welche Auflösung und Farbtiefe zur Zeit genutzt wird.

`BackBufferWidth` und `BackBufferHeight` legen die Auflösung des Videomodus fest. Dem Element `BackBufferFormat` müssen Sie das Format und die Farbtiefe des Videomodus zuweisen. Aus Kapitel 17 wissen Sie, dass dies im 16-Bit Modus nicht ganz unkompliziert ist. Deshalb schreiben wir die Funktion `FindMode`, die nach einem Pixelformat und einer Farbtiefe sucht, die von der Grafikkarte unterstützt wird. Als Letztes müssen wir die Methode `CreateDevice` aufrufen, damit das Gerät angelegt wird.

Was noch zu klären bleibt, ist die Funktion `FindMode`. Diese Funktion dient dazu, eine Farbtiefe und ein Pixelformat zu finden, die von der Grafikkarte unterstützt werden. Direct3D stellt die Methode `CheckDeviceType` bereit, die testet, ob ein Pixelformat genutzt werden kann. Diese Methode hat folgenden Aufbau:

```
HRESULT CheckDeviceType(
            UINT Adapter,
            D3DDEVTYPE CheckType,
            D3DFORMAT DisplayFormat,
            D3DFORMAT BackBufferFormat,
            BOOL Windowed
);
```

Der erste Parameter gibt an, für welches Gerät überprüft werden soll, ob ein Format genutzt werden kann. Da wir die Standardgrafikkarte für die Erzeugung des Geräts verwendet haben, übergeben wir auch hier den Wert `D3DADAPTER_DEFAULT`. Der zweite Parameter gibt an, ob das Format von der Hardware unterstützt werden soll, oder ob es sich um einen Softwaremodus handelt. Mit `DisplayFormat` und `BackBufferFormat` legen Sie das Pixelformat fest. Für die verschiedenen Pixelformate definiert Direct3D eine ganze Reihe von Konstanten, die Sie in der DirectX 8 Hilfe finden können.

Der letzte Parameter gibt an, ob es sich um einem Vollbildmodus oder Fenstermodus handeln soll. Diese Angabe ist wichtig, da manche Grafikkarten bestimmte Farbtiefen und Auflösungen nur im Vollbildmodus unterstützen.

Das folgende Listing zeigt die Funktion `FindMode`.

```
 1: D3DFORMAT FindMode(void)
 2: {
 3:     if(SUCCEEDED(lpD3D->CheckDeviceType(
 4:                                     D3DADAPTER_DEFAULT,
 5:                                     D3DDEVTYPE_HAL,
 6:                                     D3DFMT_X8R8G8B8,
 7:                                     D3DFMT_A8R8G8B8,
 8:                                     FALSE)))
 9:     {
10:         return D3DFMT_A8R8G8B8;
11:     }
12:     else if(SUCCEEDED(lpD3D->CheckDeviceType(
13:                                     D3DADAPTER_DEFAULT,
14:                                     D3DDEVTYPE_HAL,
15:                                     D3DFMT_R5G6B5,
16:                                     D3DFMT_R5G6B5,
17:                                     FALSE)))
18:     {
19:         return D3DFMT_R5G6B5;
20:     }
22:     else if(SUCCEEDED(lpD3D->CheckDeviceType(
23:                                     D3DADAPTER_DEFAULT,
24:                                     D3DDEVTYPE_HAL,
25:                                     D3DFMT_X1R5G5B5,
26:                                     D3DFMT_X1R5G5B5,
27:                                     FALSE)))
28:     {
29:         return D3DFMT_X1R5G5B5;
30:     }
31:     else
32:     {
33:         Error("Kann keinen Modus finden");
34:         return (D3DFORMAT)NULL;
35:     }
36: }
```

Listing 24.2: Die Funktion FindMode zur Bestimmung eines Pixelformats

In dieser Funktion versuchen wir zuerst einen Videomodus mit 32 Bit Farbtiefe zu setzen. Wenn dies nicht erfolgreich war, versuchen wir einen 16-Bit-Farbmodus einzustellen. Wie Sie wissen, ist es möglich, dass Grafikkarten ein Pixelformat von 5:6:5 oder 5:5:5 unterstützen, so dass wir versuchen einen dieser Modi einzustellen. Wenn es nicht möglich war, einen dieser drei Videomodi einzustellen geben wir eine Fehlermeldung aus.

Achten Sie darauf, dass Sie zwei verschiedene Pixelformate angeben müssen, wenn Sie einen Alphakanal in Ihren Programmen verwenden. Näheres hierzu finden Sie in der DirectX 8 Hilfe.

417

Wenn wir Programme, die Direct3D nutzen, beenden, müssen wir die genutzten Objekte wieder freigeben. Auch dazu schreiben wir eine Funktion.

Listing 24.3:
CleanUp-
Direct3D gibt
die genutzten
Objekte frei

```
 1: // Direct3D Objekte freigeben
 2: void CleanUpDirect3D(void)
 3: {
 4:     if(NULL != lpD3DDevice)
 5:     {
 6:         lpD3DDevice->Release();
 7:         lpD3DDevice = NULL;
 8:     }
 9:
10:     if(NULL != lpD3D)
11:     {
12:         lpD3D->Release();
13:         lpD3D = NULL;
14:     }
15: }
```

Das Beispielprogramm *InitDirect3D* zeigt den kompletten Quellcode eines Programms, das Direct3D initialisiert.

24.2 Einfache Objekte anzeigen

Nachdem wir Direct3D initialisiert haben, wollen wir eine Szene mit einfachen Objekte erstellen. Wie Sie im letzten Kapitel erfahren haben, werden alle geometrischen Objekte aus Dreiecken aufgebaut. Die Position dieser Dreiecke wird durch ihre Eckpunkte (Vertex) bestimmt. Um Objekte darzustellen, müssen wir Direct3D mitteilen, wo sich diese Eckpunkte befinden und welche Eigenschaften sie haben.

24.2.1 Flexible Vertex Format

Das Flexible Vertex Format (FVF) dient dazu, festzulegen, welche Werte zusammen mit den Eckpunkten des Dreieckes gespeichert werden. Wie Sie im letzten Kapitel erfahren haben, ist es möglich, neben den Koordinaten der Eckpunkte, Farbinformationen, den Normalenvektor oder Texturkoordinaten zu speichern.

Das FVF erlaubt es, dass Sie nur die Elemente angeben, die in Ihrem Programm wirklich benötigt werden. Auf diese Weise wird Speicherplatz eingespart, und die Grafikkarte wird nicht unnötig mit Daten belastet.

Die Definition eines FVF ist relativ einfach. Sie müssen dazu lediglich eine Struktur, die die Werte enthält, die verwendet werden sollen, anlegen und Direct3D mitteilen, wie diese Werte interpretiert werden sollen.

Der folgende Quellcodeausschnitt zeigt ein Beispiel für die Definition einer Struktur, die Koordinaten eines Eckpunktes und eine Farbe enthält.

```
#define D3D_CUSTOMVERTEX (D3DFVF_XYZ | D3DFVF_DIFFUSE)

struct CUSTOMVERTEX
{
    FLOAT x, y, z;
    DWORD color;
};
```

Zuerst wird eine Konstante festgelegt, mit der wir Direct3D später mitteilen, dass die x-,y- und z-Koordinate (`D3DFVF_XYZ`) sowie der Farbwert (`D3DFVF_DIFFUSE`) berücksichtigt werden soll.

Mit der Struktur CUSTOMVERTEX stellen wir anschließend eine Struktur bereit, die die Koordinaten und eine Farbe aufnehmen kann. Die Definition eines Dreiecks sieht dann folgendermaßen aus:

```
CUSTOMVERTEX Triangle[] =
{
    {  0.0f,  1.0f, 0.0f, 0xFFFFFFFF },
    {  1.0f, -1.0f, 0.0f, 0xFFFFFFFF },
    { -1.0f, -1.0f, 0.0f, 0xFFFFFFFF },
};
```

Die ersten drei Werte einer Zeile sind die Koordinaten des Dreiecks, der letzte Wert ist die Farbe an dem Eckpunkt.

Beachten Sie, dass die Reihenfolge, in der Sie die Elemente angeben, nicht beliebig ist. Die DirectX 8 Hilfe enthält eine Beschreibung, in welcher Reihenfolge die Werte angegeben werden müssen.

24.2.2 Ein Dreieck darstellen

In unserem ersten Beispielprogramm werden wir ein einfaches Dreieck zeichnen. Damit das Programm möglichst einfach bleibt, verzichten wir darauf, Direct3D Lichtberechnungen und Koordinatentransformationen durchführen zu lassen. Die Koordinaten des Dreiecks, das wir zeichnen werden, stimmen mit den Koordinaten der Pixel auf dem Bildschirm überein. Später werden wir Objekte verwenden, die irgendwo im 3D-Universum platziert sind. Dann wird Direct3D die Umrechnung dieser Position in Bildschirmkoordinaten übernehmen.

Der erste Schritt ist die Definition eines FVF und einer passenden Struktur für das Dreieck:

419

```
// Definition des Vektorformats für das Dreieck
#define D3D_CUSTOMVERTEX (D3DFVF_XYZRHW|D3DFVF_DIFFUSE)

struct CustomVertex
{
    FLOAT x, y, z, rhw;
    DWORD color;
};
```

Da wir die Eckpunkte nicht von Direct3D umwandeln lassen wollen, müssen wir zusätzlich den Wert rhw angeben, der in diesem Fall die Distanz des Punktes zum Bildschirm angibt. Er wird sonst von Direct3D berechnet.

Die Eckpunkte des Dreiecks legen wird folgendermaßen fest:

```
CustomVertex TriangleVertices[] =
{
    { 320.0f, 150.0f, 0.0f, 1.0f, 0xFFFFFFFF },
    { 400.0f, 330.0f, 0.0f, 1.0f, 0xFFFFFFFF },
    { 240.0f, 330.0f, 0.0f, 1.0f, 0xFFFFFFFF }
};
```

Die folgende Abbildung zeigt das daraus entstehende Dreieck.

Abb. 24.1:
Das definierte
Dreieck

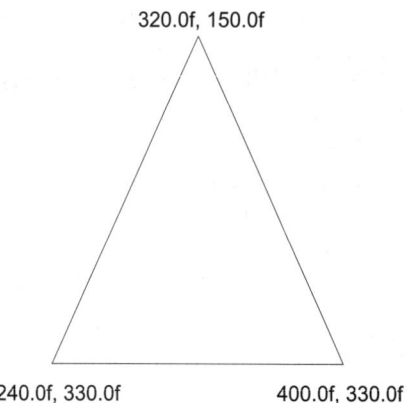

320.0f, 150.0f

240.0f, 330.0f   400.0f, 330.0f

Beachten Sie, dass wir die Koordinaten des Dreiecks im Uhrzeigersinn angegeben haben. Dies hat einen bestimmten Grund. Direct3D unterscheidet zwischen der Vorder- und Rückseite eines Dreiecks. Direct3D nimmt standardmäßig an, dass die Seite, bei der die Punkte im Uhrzeigersinn definiert worden sind, die Vorderseite des Dreiecks ist. Dies ist wichtig, da Direct3D diese Information nutzt, um Dreiecke, die mit der Rückseite zum Betrachter zeigen, gar nicht erst darstellt.

Sie müssen also immer darauf achten, dass Sie die Punkte eines Dreiecks in der richtigen Reihenfolge angeben, da die Dreiecke sonst nicht sichtbar sind.

SetRenderState

In diesem Zusammenhang wollen wir uns die Methode SetRenderState anschauen. Mit dieser Methode können Sie den gesamten Renderprozess beeinflussen. Sie hat folgenden Aufbau:

```
HRESULT SetRenderState(
            D3DRENDERSTATETYPE State,
            DWORD Value
);
```

Der erste Parameter bestimmt, welche Eigenschaft des Renderprozesses geändert werden soll. Der zweite Parameter ist der neue Wert, der eingestellt werden soll. So können Sie z.B. einstellen, ob Direct3D Flat oder Gouraud Shading verwenden soll, oder ob die Szene mit gefüllten Flächen oder als Drahtgittermodell dargestellt werden soll.

Sie können aber auch festlegen, wie die Koordinaten sichtbarer Dreiecke angegeben werden müssen. Dies wird durch die Eigenschaft D3DRS_CULL-MODE festgelegt. D3DRS_CULLMODE bestimmt, welche Dreiecke bei der Darstellung weggelassen werden. Die Standardeinstellung ist D3DCULL_CCW. CCW steht für Counter-Clockwise, also entgegen dem Uhrzeigersinn. Wenn Sie wollen, dass Dreiecke, deren Koordinaten entgegen dem Uhrzeigersinn angegeben wurden, angezeigt werden, müssen Sie D3DCULL_CW übergeben. Für Testzwecke können Sie auch D3DCULL_NONE angeben. Dann wird sowohl die Vorder- als auch die Rückseite gezeichnet; was aber erheblich mehr Aufwand für Direct3D bedeutet.

In allen Beispielprogrammen werden die Dreiecke in Richtung des Uhrzeigersinns angegeben, so dass eine Änderung an D3DRS_CULLMODE nicht notwendig ist.

24.2.3 Vertex Buffer

Vertex Buffer sind eine spezielle Art von Puffern, in die wir die Koordinaten der Eckpunkte und zusätzliche Informationen, wie z.B. die Farbe kopieren werden. Wenn diese Informationen in einem Vertex Buffer vorliegen, können Sie von Direct3D sehr effizient behandelt werden.

Um einen Vertex Buffer anzulegen, müssen Sie die Methode CreateVertex-Buffer aufrufen. Diese Methode hat den folgenden Aufbau:

```
HRESULT CreateVertexBuffer(
        UINT Length,
        DWORD Usage,
        DWORD FVF,
        D3DPOOL Pool,
        LPDIRECT3DVERTEXBUFFER8* ppVertexBuffer
);
```

Der erste Parameter gibt an, wie groß der Vertex Buffer sein soll. Der zweite Parameter gibt an, wie der Buffer verwendet werden kann. Wir werden hier immer den Wert D3DUSAGE_WRITEONLY angeben, da wir nur vorhaben, Daten in den Puffer zu schreiben. Mit dem dritten Parameter legen Sie das Vertex Format fest, das für den Vertex Buffer verwendet werden soll. Der vierte Parameter gibt an, in welchem Speicherbereich der Vertex Buffer erzeugt werden soll. Hier können Sie den Wert D3DPOOL_MANAGED übergeben, der Direct3D veranlasst, sich um den Buffer zu kümmern. Beim letzen Parameter müssen Sie einen Zeiger angeben, der auf den Vertex Buffer, der erzeugt wird, gesetzt werden soll.

Wenn der Vertex Buffer erfolgreich erzeugt werden konnte, müssen Sie die Daten des Dreiecks in den Buffer kopieren. Um Daten in den Buffer kopieren zu können, muss er zuerst gesperrt werden. Dies geschieht mit der Methode Lock. Diese Methode ist folgendermaßen aufgebaut:

```
HRESULT Lock(
        UINT OffsetToLock,
        UINT SizeToLock,
        BYTE** ppbData,
        DWORD Flags
);
```

Die ersten beiden Parameter müssen Sie verwenden, wenn Sie mehrere Objekte in einem Vertex Buffer unterbringen wollen. Da wir aber momentan nur mit einem Buffer arbeiten, können wir sie auf 0 setzen. Als dritten Parameter müssen Sie die Adresse einen Zeigers übergeben, der auf die Startadresse des Vertex Buffer gesetzt wird. Wenn Sie in den Buffer schreiben wollen, muss der letzte Parameter 0 sein.

Wenn die Methode Lock erfolgreich ausgeführt werden konnte, verfügen wir über einen Zeiger auf den Vertex Buffer. Diesen Zeiger können wir nutzen, um die Daten des Dreiecks in den Buffer zu kopieren.

Die folgende Funktion zeigt, wie das geht:

```
1: // der Vertex Buffer für das Dreieck
2: // wird global definiert
3: LPDIRECT3DVERTEXBUFFER8 VB_Triangle;
4:
```

```
 5: BOOL InitScene(void)
 6: {
 7:    // Zeiger, der auf den Vertex Buffer gesetzt wird
 8:    BYTE* VertexBufferStart;
 9:
10:    // Vertexpuffer für das Dreieck anlegen - die Größe
11:    // des Vertex Buffers entspricht der Größe der
12:    // Struktur, in der das Dreiecks gespeichert ist
13:    lpD3DDevice->CreateVertexBuffer(
14:                         sizeof(TriangleVertices),
15:                         D3DUSAGE_WRITEONLY,
16:                         D3D_CUSTOMVERTEX,
17:                         D3DPOOL_MANAGED,
18:                         &VB_Triangle);
19:
20:    // Vertex Buffer sperren
21:    VB_Triangle->Lock(0,0,&VertexBufferStart,0);
22:
23:    // Daten des Dreiecks in der Buffer kopieren
24:    memcpy(VertexBufferStart,TriangleVertices,
25:          sizeof(TriangleVertices));
26:
27:    // Vertex Buffer wieder freigeben
28:    VB_Triangle->Unlock();
28:
29:    // Einen Vertex Shader festlegen
30:    lpD3DDevice->SetVertexShader(D3D_CUSTOMVERTEX);
31: }
```

Die Funktion memcpy kann Speicherbereiche kopieren. Dazu müssen Sie einen Zeiger auf den Zielspeicherbereich und einen Zeiger auf den Quellspeicherbereich setzen sowie die Anzahl der zu kopierenden Bytes angeben.

In diesem Fall nutzen wir die Funktion dazu, um die Daten des Dreiecks in den Vertex Buffer zu kopieren. Nachdem die Daten in den Buffer kopiert worden sind, rufen wir die Methode Unlock auf, um den Buffer wieder freizugeben.

Die letzte Anweisung in der Funktion ist der Aufruf der Methode SetVertexShader. Mit Vertex Shadern haben Sie großen Einfluß auf die Darstellung der Objekte. Vertex Shader sind aber auch ein sehr komplexes Thema, auf das wir nicht eingehen können. Sie müssen nur darauf achten, dass Sie der Methode SetVertexShader die Definition Ihres Vertex Formats übergeben. Dadurch verwendet Direct3D den passenden Standard-Shader.

Wenn das Dreieck in einen Vertex Buffer kopiert worden ist, kann es angezeigt werden. Dazu löschen wir zuerst den Hintergrund mit Hilfe der Methode Clear. Diese Methode hat den folgenden Aufbau:

423

```
HRESULT Clear(
        DWORD Count,
        CONST D3DRECT* pRects,
        DWORD Flags,
        D3DCOLOR Color,
        float Z,
        DWORD Stencil
);
```

Mit den ersten beiden Parametern können Sie rechteckige Bereiche im Hintergrundpuffer festlegen, die gelöscht werden sollen. Count bestimmt dabei die Anzahl der Rechtecke, pRects ist ein Zeiger auf ein Feld von Rechtecken. Wenn der gesamte Hintergrundpuffer gelöscht werden soll, können Sie für beiden Werte 0 übergeben. Mit dem Parameter Flags können Sie festlegen, welche Puffer gelöscht werden sollen. Normalerweise werden Sie immer D3DCLEAR_TARGET angeben, damit der Hintergrundpuffer gelöscht wird. Zusätzlich können Sie den Z-Buffer und den Stencil-Buffer löschen. Mit diesen beiden Puffern beschäftigen wir uns in einem der nächsten Abschnitte. Mit Color bestimmen Sie, mit welcher Farbe der Hintergrundpuffer beim Löschen gefüllt werden soll. Z und Stencil geben die Werte an, die in den Z- und Stencil Buffer geschrieben werden sollen.

Nachdem wir den Hintergrundpuffer gelöscht haben, müssen wir die Methode BeginScene aufrufen. Diese Methode hat keine Parameter, sie teilt Direct3D lediglich mit, dass das Zeichnen der Szene beginnt. Das Pendant zu BeginScene ist die Methode EndScene, die aufgerufen werden muss, wenn das Zeichnen einer Szene abgeschlossen ist.

Zwischen den Aufrufen dieser beiden Methoden wird die Szene dargestellt. Direct3D liest Geometrie, die dargestellt werden soll, aus Datenströmen. Deshalb müssen wir, bevor wir etwas auf den Bildschirm ausgeben können, festlegen, dass Direct3D die Daten aus dem Vertex Buffer, in dem sich unser Dreieck befindet, lesen soll. Dazu müssen Sie die Methode SetStream-Source aufrufen. Dieser Methode müssen Sie die Nummer des Datenstroms, einen Zeiger auf den Vertex Buffer und die Größe der Struktur, in der die Eckpunkte des Dreiecks gespeichert sind, übergeben.

Das eigentliche Zeichnen übernimmt die Methode DrawPrimitive. Diese Methode verwendet die Daten aus dem Datenstrom, um die Objekte auf dem Bildschirm anzuzeigen. Dieser Methode müssen wir mitteilen, um welche Art von Objekt es sich handelt, ab welcher Position im Vertex Buffer gezeichnet werden soll, und um wie viele Objekte es sich handelt. Beim Objekttyp handelt es sich um eine Liste von Dreiecken, in der in diesem Fall nur ein Dreieck gespeichert ist.

Damit die Szene auf dem Bildschirm angezeigt wird, muss die Methode Present aufgerufen werden. Diese Methode ist mit Flip vergleichbar, denn Sie zeigt auch den Inhalt des Hintergrundpuffers an. Auch die Parameter sind ähnlich:

```
HRESULT Present(
          CONST RECT* pSourceRect,
          CONST RECT* pDestRect,
          HWND hDestWindowOverride,
          CONST RGNDATA* pDirtyRegion
);
```

Der erste Parameter dieser Methode ist ein Zeiger auf einen rechteckigen Ausschnitt des Hintergrundpuffers, der angezeigt werden soll. Wenn Sie hier NULL übergeben, wird der gesamte Hintergrundpuffer angezeigt. Der zweite Parameter bestimmt, in welchen Bereich der Hintergrundpuffer kopiert werden soll. Auch hier können Sie NULL übergeben, wenn der gesamte Anzeigebereich verwendet werden soll. Der dritte Parameter hat nur eine Bedeutung, wenn Sie ein anderes Fenster als das Anwendungsfenster für die Ausgabe verwenden wollen. Ansonsten können Sie auch hier NULL übergeben. Der letzte Parameter wird von Direct3D nicht genutzt und muss auf NULL gesetzt werden.

Um die Darstellung einer Szene zu vereinfachen, schreiben wir die Funktion Render. Diese Funktion sieht folgendermaßen aus.

```
 1: void Render(void)
 2: {
 3:     // den Hintergrund mit Blau füllen
 4:     lpD3DDevice->Clear(0,NULL,D3DCLEAR_TARGET,
 5:                     D3DCOLOR_XRGB(0,0,255),1.0f,0);
 6:
 7:     // Beginn der Szene
 9:     lpD3DDevice->BeginScene();
10:
11:     // Den Datenstrom setzen
12:     lpD3DDevice->SetStreamSource(0,VB_Triangle,
13:                         sizeof(CustomVertex));
14:
15:     // Das Dreieck ist das erste Element im Buffer und
16:     // es wird ein Objekt gezeichnet
17:     lpD3DDevice->DrawPrimitive(D3DPT_TRIANGLELIST,0,1);
18:
19:     // Die Szene ist beendet
20:     lpD3DDevice->EndScene();
21:
22:     // und kann angezeigt werden
23:     lpD3DDevice->Present(NULL,NULL,NULL,NULL);
24: }
```

*Listing 24.4:
Die Funktion
Render zeigt
die Szene an*

Wenn Sie die x- und y-Werte des Dreiecks verändern, werden Sie sehen, dass sie mit den Bildschirmkoordinaten übereinstimmen. Die Änderung des z-Wertes lässt das Dreieck aber nicht größer oder kleiner werden, da Direct-3D das Dreieck nicht transformiert.

Wenn Sie verschiedene Farben an den Eckpunkten des Dreiecks angeben, können Sie sehen, wie Direct3D einen Verlauf der Farben darstellt.

Das Beispielprogramm *Triangle3D* zeigt, wie Sie das Dreieck erzeugen und verschiedene Farben an die Eckpunkte zuweisen.

Da das Anzeigen der Szene recht kompliziert war, wollen wir noch mal zusammenfassen, was Sie tun müssen:

1. Format für die Geometrieinformationen festlegen

2. Geometrie definieren

3. Vertex Buffers anlegen

4. Kopieren der Geometrieinformationen in den Buffer

5. Festlegen eines Vertex Shaders

6. Vertex Buffer mit den Datenstrom verbinden

7. Geometrie anzeigen

8. Aufruf der Methode `Present`, um die Szene anzuzeigen

Da es sich bei einem Vertex Buffer um ein Direct3D-Objekt handelt, muss er am Ende des Programms wieder freigegeben werden. Diese geschieht, wie gewohnt mit der Methode `Release`.

24.2.4 Einen Würfel hinzufügen

Als nächstes wollen wir einen Würfel zu unserer Szene hinzufügen und anstatt Bildschirmkoordinaten Modellkoordinaten für die Definition der Objekte verwenden. Die Objekte werden dann in das Weltkoordinatensystem transformieren.

Die sechs Seiten des Würfels werden wir aus sechs Rechtecken zusammensetzen. Ein Rechteck besteht dabei, wie in Abbildung 24.2 zu sehen ist, aus zwei Dreiecken.

Wir werden also für den Würfel insgesamt zwölf Dreiecke zeichnen müssen.

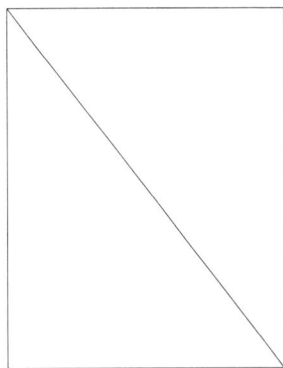

Abb. 24.2:
Das Rechteck
wird aus zwei
Dreiecken zu-
sammengesetzt

Da Direct3D die Objekte aus dem Weltkoordinatensystem auf den Bildschirm projizieren soll, dürfen wir keinen Wert mehr für `rhw` angeben. Das neue Vertex Format hat folgenden Aufbau:

```
#define D3D_CUSTOMVERTEX (D3DFVF_XYZ | D3DFVF_DIFFUSE)

struct CustomVertex
{
    FLOAT x, y, z;
    DWORD color;
};
```

Da wir nicht mehr mit Bildschirmkoordinaten arbeiten, müssen wir die Position der Kamera festlegen und bestimmen, wie die Szene auf den Bildschirm projiziert werden soll.

Die Funktion `D3DXMatrixLookAtLH` gibt eine Matrix zurück, die die Position der Kamera repräsentiert. Der erste Parameter, den wir der Funktion übergeben müssen, ist ein Zeiger auf eine Matrix, in der die Position der Kamera gespeichert werden soll. Danach folgt ein Vektor, der bestimmt, wo die Kamera platziert werden soll. Wir werden die Kamera an der Position (0.0f, 0.0f, -10.0f) aufstellen. Mit dem zweiten Vektor legen wir fest, welche Richtung wir gucken wollen. Der dritte Vektor bestimmt die Richtung der y-Achse.

```
D3DMATRIX ViewMatrix;

D3DXMatrixLookAtLH(&ViewMatrix,
                   &D3DXVECTOR3( 0.0f, 0.0f,-10.0f ),
                   &D3DXVECTOR3( 0.0f, 0.0f, 0.0f ),
                   &D3DXVECTOR3( 0.0f, 1.0f, 0.0f ));

lpD3DDevice->SetTransform(D3DTS_VIEW,&ViewMatrix);
```

427

Mit dem Aufruf der Methode SetTransform und der Übergabe der Parameter D3DTS_VIEW und ViewMatrix, weisen wir Direct3D an, unsere Matrix für die Kameraposition zu verwenden.

Als nächstes müssen wir eine Matrix kreieren, die die Projektion der Szene auf den Bildschirm übernimmt. Diese Matrix erhalten wir mit Hilfe der Funktion D3DXMatrixPerspectiveFovLH. Auch dieser Funktion müssen wir einen Zeiger auf eine Matrix übergeben, in die die Projektionsmatrix kopiert wird. Der zweite Parameter bestimmt, die Weite des Sichtfelds. Alle Teile der Szene, die sich außerhalb des Sichtfeldes befinden, werden von Direct3D geclippt. Die Weite des Sichtfelds muss als Winkel im Bogenmaß angegeben werden. Ein sehr häufig genutzter Wert ist hier D3DX_PI / 4 (90 Grad). Der nächste Parameter gibt das Verhältnis zwischen der Breite und der Höhe des Bildschirms an. Der dritte und der vierte Parameter bestimmen, in welchem Bereich sich Objekte befinden müssen, um angezeigt zu werden.

```
D3DMATRIX ProjMatrix;

D3DXMatrixPerspectiveFovLH(&ProjMatrix,
                           D3DX_PI/4,
                           (float)WIDTH /(float)HEIGHT,
                           1.0f,
                           100.0f );
lpD3DDevice->SetTransform(D3DTS_PROJECTION,&ProjMatrix);
```

Durch die Projektionsmatrix wird ein Sichtkegel definiert, dessen Aufbau in der folgenden Abbildung dargestellt ist.

Abb. 24.3:
Der Sichtkegel

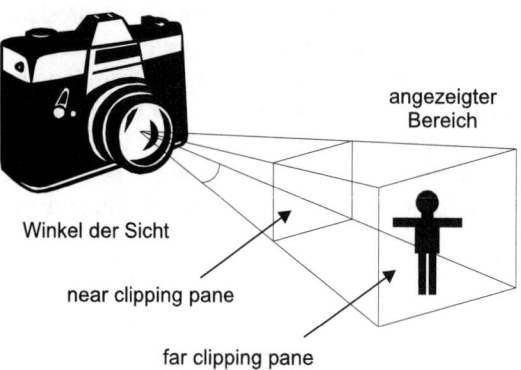

Der letzte Schritt, den wir durchführen müssen, um den Würfel anzuzeigen, ist, die Beleuchtung abzuschalten. Da Direct3D jetzt die Transformation der Objekte übernimmt, wird die Beleuchtung standardmäßig eingeschaltet. Da wir aber keine Lichtquelle angegeben haben, würden wir, ohne die Beleuchtung abzuschalten, nichts sehen. Die Beleuchtung wird mit

```
lpD3DDevice->SetRenderState(D3DRS_LIGHTING,FALSE);
```

abgeschaltet.

Das Programm *TriCube* zeigt das Dreieck und den neu hinzugekommenen Würfel.

24.2.5 Objekte rotieren und verschieben

Die Objekte zu rotieren oder zu verschieben ist recht einfach. Dazu müssen wir die Render-Funktion nur ein wenig verändern. Damit die Render-Funktion nicht unnötig lang wird, rotieren und verschieben wir hier nur den Würfel.

```
 1: // globale Variablen
 2: CubeTranslationZ = 0.0f;
 3: CubeRotateX      = 0.0f;
 4:
 5: void Render(void)
 6: {
 7:    D3DXMATRIX WorldMatrix;
 8:    D3DXMATRIX RotationMatrix;
 9:    D3DXMATRIX TranslationMatrix;
10:
11:    CubeTranslationZ += 0.002f;
12:    CubeRotateX      += 0.005f;
13:
14:    lpD3DDevice->Clear(0,NULL,D3DCLEAR_TARGET,
15:                   D3DCOLOR_XRGB(0,0,0),1.0f,0);
16:
17:    lpD3DDevice->BeginScene();
18:
19:    lpD3DDevice->SetStreamSource(0,VB_CUBE,
20:                        sizeof(CustomVertex));
21:
22:    // Rotationsmatrix für den Würfel erstellen
23:    D3DXMatrixRotationX(&RotationMatrix,CubeRotationX);
24:
25:    // Translationsmatrix für den Würfel erstellen
24:    D3DXMatrixTranslation(&TranslationMatrix,
25:                   CubeTranslationZ,0.0f,0.0f);
26:
27:    // Die beiden Matrizen zu einer Matrix zusammenfassen
28:    D3DXMatrixMultiply(&WorldMatrix,&RotationMatrix,
29:                   &TranslationMatrix);
30:
```

Listing 24.5: In der Funktion Render wird der Würfel rotiert und verschoben

```
31:     // und die neue Matrix als Welt-Transformation nutzen
32:     lpD3DDevice->SetTransform(D3DTS_WORLD,&WorldMatrix);
33:
34:     lpD3DDevice->DrawPrimitive(D3DPT_TRIANGLELIST,0,1);
35:
36:     lpD3DDevice->EndScene();
37:
38:     lpD3DDevice->Present(NULL,NULL,NULL,NULL);
39: }
```

In den Zeilen 2 und 3 werden die Variablen CubeTranslationZ und Cube-RotateX deklariert. CubeTranslationZ speichert die Verschiebung des Würfels entlang der z-Achse. CubeRotateX speichert die Rotation um die x-Achse. Zu Beginn werden beide Variablen mit 0 initialisiert und mit jedem Aufruf der Funktion Render erhöht.

In den Zeilen 7-9 werden drei Matrizen deklariert. Die Matrix Rotation-Matrix wird verwendet, um die Rotation des Würfels um die x-Achse zu speichern. In der Matrix TranslationMatrix wird die Verschiebung des Würfels gespeichert.

Diese beiden Matrizen werden miteinander multipliziert, und das Ergebnis wird der Matrix WorldMatrix zugewiesen. Diese Matrix wird dann als Welt-Transformationsmatrix benutzt, und der transformierte Würfel kann gezeichnet werden.

Das Beispielprogramm *TransRotCube* zeigt, wie der Würfel gedreht und verschoben wird.

24.3 Einen Z-Buffer hinzufügen

Wenn Sie den Würfel und das Dreieck so verschieben, dass Sie genau übereinander gezeichnet werden, werden Sie feststellen, dass das Objekt, das zuletzt gezeichnet wird auch dann sichtbar ist, wenn es sich eigentlich hinter dem anderen befindet.

Damit die Objekte richtig dargestellt werden, müssen Sie einen Z-Buffer hinzufügen. Dazu müssen Sie nur die D3DPRESENT_PARAMETERS-Struktur in der Direct3D-Initialisierungsroutine folgendermaßen ergänzen:

```
D3DPParams.EnableAutoDepthStencil = TRUE;
D3DPParams.AutoDepthStencilFormat = D3DFMT_D16;
```

Wenn Sie das Element EnableAutoDepthStencil auf TRUE setzen, verwendet Direct3D einen Z-Buffer. Das Element AutoDepthStencilFormat bestimmt das Format des Z-Buffers. Hier können Sie z.B. festlegen, ob der Z-Buffer mit 16 oder 32 Bit-Werten arbeiten soll. Ein Z-Buffer mit einer Tiefe von 32 Bit ist genauer als ein 16 Bit Z-Buffer. Dies macht sich durch fehlerhafte Darstellungen bemerkbar, wenn Sie viele dicht beieinander liegende Objekte zeichnen. Z-Buffer mit einer Tiefe von 32 Bit werden aber nicht von allen Grafikkarten unterstützt, so dass wir eine Tiefe von 16 Bit verwenden.

Ein weiterer Puffer, der in Direct3D verwendet werden kann, ist der Stencil-Buffer. Dieser Puffer kann z.B. verwendet werden, um Schattenwürfe zu berechnen oder Teile der Szene gezielt wegzulassen.

Immer, wenn wir eine neue Szene zeichnen, löschen wir den Hintergrundpuffer. Wenn wir einen Z-Buffer verwenden, müssen wir diesen auch zu Beginn des Zeichenvorgangs löschen. Dazu müssen wir beim Aufruf der Methode `Clear` das Flag `D3DCLEAR_ZBUFFER` angeben. Der Aufruf sieht dann folgendermaßen aus:

```
lpD3DDevice->Clear(0,NULL,D3DCLEAR_TARGET|D3DCLEAR_ZBUFFER,
                   D3DCOLOR_XRGB(0,0,0),1.0f,0);
```

Sie können den Z-Buffer während das Programm läuft mit der Methode `SetRenderState` an- oder abschalten. Dazu übergeben Sie der Methode die Konstante `D3DRS_ZENABLE` und `TRUE`, wenn er angeschaltet und `FALSE`, wenn er abgeschaltet werden soll.

```
// Aktivieren des Z-Buffers
lpD3DDevice->SetRenderState(D3DRS_ZENABLE,TRUE);
```

Das Beispielprogramm *DepthBuffer* zeigt das Dreieck und den Würfel mit eingeschaltetem Z-Buffer.

24.4 Texturen hinzufügen

Als nächstes wollen wir Texturen zu den Objekten hinzufügen. Dazu müssen wir zunächst das Vertex Format erweitern:

```
#define D3D_CUSTOMVERTEX ( D3DFVF_XYZ      |   \
                           D3DFVF_DIFFUSE |   \
                           D3DFVF_TEX1)

struct CustomVertex
{
   FLOAT x, y, z;
   DWORD color;
   FLOAT tu, tv;
};
```

431

Wie Sie sehen, sind zu der Struktur CustomVertex die Elemente tu und tv hinzugekommen. Bei diesen beiden Werten handelt es sich um die Texturkoordinate an dem jeweiligen Eckpunkt. Die folgende Abbildung zeigt, was diese Koordinaten zu bedeuten haben.

Abb. 24.4:
Mapping einer
Textur auf ein
Objekt

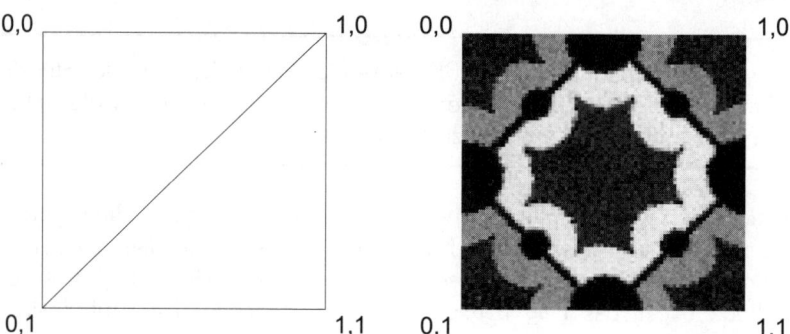

In Abbildung 24.4 handelt es sich um den sehr einfachen Fall, dass ein Rechteck texturiert werden soll. Hier können wir die Koordinaten der Textur direkt auf die Koordinaten der Eckpunkte setzen. Die Breite und die Höhe der Textur müssen immer zwischen 0 und 1 liegen. Wenn Sie für tv beispielsweise 0.5 verwenden würden, würde die halbe Textur auf das Rechteck gemappt.

Bei komplexeren Objekten, die keine geraden Seiten haben, ist es nicht immer einfach, die richtigen Werte für die Texturkoordinaten zu finden. Hier muss man entweder viel Zeit investieren, bis man die richtigen Werte gefunden hat, oder man verwendet ein Programm, das Texturkoordinaten automatisch generiert.

Um ein Texturobjekt zu erzeugen und eine Textur zu laden, können Sie die Funktion D3DXCreateTextureFromFile verwenden. Dieser Funktion müssen Sie den Zeiger auf das Direct3D Gerät, den Dateinamen der Textur sowie die Adresse eines Zeigers, der auf das zu erzeugende Texturobjekt verweisen soll, übergeben. Sie sollten die Textur in der Funktion InitScene laden, damit Sie beim Zeichnen der Szene verfügbar ist. Der Aufruf der Funktion sieht dann folgendermaßen aus:

```
// lpTexture muss global definiert werden
LPDIRECT3DTEXTURE8 lpTexture = NULL;

if(FAILED(D3DXCreateTextureFromFile(lpD3DDevice,"tex.bmp",
                         &lpTexture)))
{
    Error("Textur konnte nicht geladen werden");
}
```

Zusätzlich müssen wir in `InitScene` festlegen, dass Direct3D nicht mehr die Farben, die wir an den Eckpunkten definiert haben, verwenden soll, sondern die Textur. Dazu rufen wir die Methode `SetTextureStageState` folgendermaßen auf:

```
lpD3DDevice->SetTextureStageState(0,D3DTSS_COLOROP,
                                  D3DTOP_SELECTARG1);

lpD3DDevice->SetTextureStageState(0,D3DTSS_COLORARG1,
                                  D3DTA_TEXTURE);
```

Damit legen Sie fest, dass die Textur zur Berechnung der Pixel des Polygons verwendet werden soll.

Direct3D kann mit bis zu acht Texturen gleichzeitig arbeiten. Dazu werden jeder Textur Darstellungseigenschaften zugeordnet, die man beeinflussen kann. Der erste Parameter der Funktion `SetTextureStageState` bestimmt die Textur, für die die Darstellungseigenschaften geändert werden sollen. Der zweite Parameter gibt die eigentlichen Darstellungseigenschaften an. Hier können Sie z.B. angeben, ob die Textur gefiltert werden soll, oder ob der Alphakanal berücksichtigt werden soll.

Als letzten Schritt müssen wir die `Render`-Funktion noch ein wenig verändern. Bevor Sie den Würfel zeichnen, müssen wir die Methode `SetTexture` aufrufen und den Zeiger auf das Texturobjekt übergeben, damit die Textur verwendet wird. Die `Render`-Funktion sieht jetzt folgendermaßen aus:

```
 1: void Render(void)
 2: {
 3:     // den Hintergrund mit Blau füllen
 4:     lpD3DDevice->Clear(0,NULL,D3DCLEAR_TARGET,
 5:                        D3DCOLOR_XRGB(0,0,255),1.0f,0);
 6:
 7:     // Beginn der Szene
 9:     lpD3DDevice->BeginScene();
10:
11:     // Den Datenstrom setzen
12:     lpD3DDevice->SetStreamSource(0,VB_Cube,
13:                          sizeof(CustomVertex));
14:
15:     // Textur für den Würfel verwenden
16:     lpD3Ddevice->SetTexture(0,lpTexture);
17:
18:     // Den Würfel zeichnen
19:     lpD3DDevice->DrawPrimitive(D3DPT_TRIANGLELIST,0,1);
21:
22:     // Textur aus der Texture Stage entfernen
```

433

```
23:     lpD3Ddevice->SetTexture(0,NULL);
24:
25:     // Die Szene ist beendet
26:     lpD3DDevice->EndScene();
27:
28:     // und kann angezeigt werden
29:     lpD3DDevice->Present(NULL,NULL,NULL,NULL);
30: }
```

Wir müssen die Textur in Zeile 23 wieder aus der Texture Stage entfernen, sonst kann Sie nicht freigegeben werden, da Direct3D eine Referenz auf Texturen, die sich in der Texture Stage befinden, speichert.

Das Programm *TexturedCube* zeigt, wie Sie den Würfel mit einer Textur zeichnen können.

24.5 Licht hinzufügen

Damit die Lichtberechnungen richtig funktionieren, müssen wir, wie im letzten Kapitel erwähnt, einen Normalenvektor zu den Eckpunkten hinzufügen. Der Normalenvektor besteht aus einer x-, y- und z-Komponente, und er gibt an, wohin der Vertex gerichtet ist. Mit Hilfe des Normalenvektors kann Direct3D den Winkel zwischen einem Vertex und einer Lichtquelle berechnen und so bestimmen, wie das Polygone beleuchtet werden soll.

Um Normalenvektoren verwenden zu können, muss die Definition des Vertex Formats geändert werden.

```
#define D3D_CUSTOMVERTEX ( D3DFVF_XYZ      |    \
                           D3DFVF_DIFFUSE  |    \
                           D3DFVF_NORMAL   |    \
                           D3DFVF_TEX1)
```

```
struct CustomVertex
{
    FLOAT x, y, z;
    FLOAT nx, ny, nz;
    DWORD color;
    FLOAT tu, tv;
};
```

Da wir die Vertex-Struktur geändert haben, muss auch die Definition der Geometrie um den Normalenvektor erweitert werden. Als Beispiel wollen wir uns die vordere Seite des Würfels anschauen.

```
CustomVertex CubeVertices[] =
{
    // Würfel Vorderseite
```

```
{ -1.0f, -1.0f, 0.0f,   0.0f, 0.0f, -1.0f, ... },
{ -1.0f,  1.0f, 0.0f,   0.0f, 0.0f, -1.0f, ... },
{  1.0f, -1.0f, 0.0f,   0.0f, 0.0f, -1.0f, ... },
{  1.0f,  1.0f, 0.0f,   0.0f, 0.0f, -1.0f, ... }

....

}
```

Bei den ersten drei Koordinaten handelt es sich um die Position des Vertex, danach folgen die Koordinaten des Normalenvektors. In Fall der Vorderseite des Würfels wird der Normalenvektor auf (0.0, 0.0, -1.0) gesetzt, da diese Fläche auf uns zeigt.

Um eine Lichtquelle in Direct3D nutzen zu können, müssen wir eine Variable des Typs D3DLight anlegen. Bei diesem Typ handelt es sich um eine Struktur, mit der wir die Eigenschaften der Lichtquelle festlegen können.

Die Initialisierung der Struktur für das Licht führen wir in der Funktion InitScene durch. Diese Funktion müssen wir um folgenden Code ergänzen.

```
// globale Variable
D3DLight8 Light;

// Diesen Code müssen Sie zur Funktion InitScene hinzufügen
ZeroMemory(&Light,sizeof(D3DLight8));

// bei der Lichtquelle soll es sich um eine
// Punktlichtquelle handeln
Light.Type = D3DLight_POINT;

// die Lichtfarbe wird auf weiss gesetzt
Light.Diffuse.r=1.0f;
Light.Diffuse.g=1.0f;
Light.Diffuse.b=1.0f;

// das Licht soll eine Reichweite von 1000 haben
Light.Range = 1000.0f;

// das Licht wird an der gleichen Stelle positioniert,
// an der sich auch unsere Kamera befindet
Light.Position = D3DXVECTOR3(0.0f,0.0f,-10.0f);

// das Element Attenuation0 bestimmt, wie stark die Licht-
// stärke mit der Entfernung abfällt. (1.0 -> kein Abfall)
Light.Attenuation0 = 1.0f;
```

435

```
// das definierte Licht bekommt die Nummer 0
lpD3DDevice->SetLight(0,&Light);

// Lichtquelle anschalten
lpD3DDevice->LightEnable(0,TRUE);
```

Beachten Sie, dass das Anschalten einer Lichtquelle, die Direct3D Beleuchtung noch nicht einschaltet. Die Beleuchtung schalten Sie mit

```
lpD3DDevice->SetRenderState(D3DRS_LIGHTING,TRUE);
```

an.

Das Programm *D3DLight* zeigt, wie das Dreieck und der Würfel beleuchtet aussehen.

24.6 Die Kamera bewegen

In diesem Abschnitt werden wir das Programm so verändern, dass die Kamera bewegt wird, wenn der Benutzer die Pfeiltasten drückt.

Dazu greifen wir auf die DirectInput-Klasse zurück, die wir geschrieben haben. Mit Hilfe dieser Klasse ist die Bewegung der Kamera sehr einfach. Der folgende Code zeigt, wie Sie die Kamera in Abhängigkeit der gedrückten Tasten bewegen können:

```
DInput.Init(hWnd,hInstance);

D3DMATRIX TransMatrix;

while(TRUE)
{
    if(PeekMessage(&msg,NULL,0,0,PM_REMOVE))
    {
        if(msg.message == WM_QUIT)
        {
            break;
        }

        TranslateMessage(&msg);
        DispatchMessage(&msg);
    }
    else
    {
        Render();

        // gedrückte Taste(n) von DirectInput holen
        int Key = DInput.GetInput();
```

```
// testen, um welche Taste es sich handelt
switch(Key)
{
  case MOVE_UP:
          D3DXMatrixTranslation(&TransMatrix,
                                0.0f,0.0f,-0.01f);
  break;

  case MOVE_DOWN:
          D3DXMatrixTranslation(&TransMatrix,
                                0.0f,0.0f,0.01f);
  break;

  case MOVE_LEFT:
          D3DXMatrixTranslation(&TransMatrix,
                                -0.01f,0.0f,0.0f);
  break;

  case MOVE_RIGHT:
          D3DXMatrixTranslation(&TransMatrix,
                                0.01f,0.0f,0.0f);
  break;

  // wenn keine Taste gedrückt wurde, muss
  // TransMatrix initialisiert werden
  default:
          D3DXMatrixIdentity(&TransMatrix);
}

// Zum Schluss müssen ViewMatrix und TransMatrix
// multipliziert werden
D3DXMatrixMultiply(&ViewMatrix,
                   &ViewMatrix,
                   &TransMatrix);

// neue Kameraposition festlegen
lpD3DDevice->SetTransform(D3DTS_VIEW,&ViewMatrix);
  }
}
```

Zu Beginn des Programms wird dafür gesorgt, dass die DirectInput-Klasse korrekt initialisiert wird, damit sie verwendet werden kann. Die Matrix TransMatrix dient dazu, die Bewegung, die durchgeführt werden soll, zu speichern.

Die Methode GetInput liefert eine Konstante zurück, die die gedrückte Taste identifiziert. In der switch-Anweisung wird überprüft, welche Taste gedrückt wurde, und TransMatrix wird mit den entsprechenden Werten be-

437

legt. Sie müssen darauf achten, dass Sie `TransMatrix` die Identitätsmatrix zuweisen, wenn keine Taste gedrückt wurde. Wenn Sie eine Matrix mit der Identitätsmatrix multiplizieren, verändert sich deren Wert nicht.

Der letzte Schritt ist, die neue Kameraposition mit der Methode `SetTransform` festzulegen.

Das Beispielprogramm *MoveCamera* zeigt, wie Sie die Kamera bewegen können.

Zusammenfassung

In diesem Kapitel haben Sie die Grundlagen von Direct3D in einer kurzen Einführung kennen gelernt. Da Direct3D eine sehr umfangreiche Komponente ist, konnten wir nicht auf alle Themen umfassend eingehen. Sie sollten sich die vorgestellten Konzepte daher noch einmal in der DirectX-Hilfe anschauen.

Die Buch-CD

Auf der Begleit-CD finden Sie sämtliche Listings des Buchs, das DirectX 8.0a SDK, Microsoft Visual C++ 6.0 sowie Testversionen der Programme 3D Exploration, Caligari TrueSprace und PaintShop Pro.

Verzeichnisstruktur

Auf der CD befinden sich sechs Verzeichnisse, in denen Sie die Programme und Listings finden. Sie können alle Programme entweder über das Setup-Programm (*Setup.exe*) installieren, das sich direkt auf der CD befindet, oder indem Sie in das Verzeichnis des gewünschten Programms wechseln.

3D Exploration

3D Exploration wird von X Dimension Software (Righthemisphere) entwickelt und ist ein einfach zu nutzendes Werkzeug, mit dem man dreidimensionale Szenen betrachten kann. 3D Exploration läuft unter Windows 95, 98, ME, NT und 2000 und kann alle gebräuchlichen 3D-Formate sowie spezielle Formate, wie etwa Quake Maps, anzeigen.

Caligari

Bei Caligari trueSpace handelt es sich um die Testversion eines Werkzeug, mit dem Sie dreidimensionale Szenen und Modelle erstellen können. Caligari trueSpace läuft unter Windows 95, 98, ME, NT und 2000. Sie benötigen aber eine 3D-Beschleunigerkarte um flüssig arbeiten zu können.

DxSdk8a

In diesem Verzeichnis befindet sich das komplette DirectX 8.0a SDK, mit dem Sie DirectX-Programme mit C++ oder Visual Basic erstellen können.

439

Die Version 8.0a enthält gegenüber der Version 8.0 Verbesserungen an DirectInput. DirectX 8.0 ist nicht unter Windows 3.1 oder NT lauffähig.

Listings

Im Verzeichnis *Listings* finden Sie alle Codebeispiele, die im Buch besprochen wurden. In diesem Verzeichnis finden Sie einen separaten Ordner für die Beispiele aus jedem Kapitel.

PaintShopPro

In diesem Verzeichnis befindet sich PaintShop Pro von Jasc. Sie können dieses Programm nutzen, um Hintergrundbilder, Sprites oder Texturen zu erzeugen und um vorhandene Bilder mit Effekten zu versehen. Dieses Programm läuft unter Windows 95, 98, ME, NT und 2000.

VC6

Im Verzeichnis *VC6* finden Sie Microsoft Visual C++ 6.0. Mit diesem Compiler entwickeln Sie Programme und Komponenten für Windows. Sie können Visual C++ auf allen Windows-Plattformen mit Ausnahme von Windows 3.1 einsetzen. Visual C++ und eine Beschreibung der Installation finden Sie in Kapitel 1.

Buchempfehlungen

Assemblerprogrammierung

Trutz Eyke Podschun, Das Assembler Buch, Addison-Wesley,
ISBN 3893197044

Reiner Backer, Programmiersprache Assembler, Rowohlt,
ISBN 3499192497

C++

Bjarne Stroustrup, Die C++-Programmiersprache, Addison-Wesley,
ISBN 382731660X

Scott Meyers, Effektiv C++ programmieren, Addison-Wesley,
ISBN 3827313058

Dirk Louis, C/C++ Kompendium, Markt+Technik, ISBN 3827256690

Fortgeschrittene Themen

Heide Balzert, Lehrbuch der Objektmodellierung. Analyse und Entwurf,
Spektrum Akademischer Verlag, ISBN 3827402859

Entwurfmuster. Elemente wiederverwendbarer objektorientierter Software,
Addison-Wesley, ISBN 3893199500

COM

Don Box, COM. Microsofts Technologie für komponentenbasierte Softwareentwicklung, Addison-Wesley, ISBN 3827313856

Datenstrukturen

Niklaus Wirth, Algorithmen und Datenstrukturen, Teubner Verlag, ISBN 3519222507

Ulrich Breymann, Komponenten entwerfen mit der C++ STL, Addison-Wesley, ISBN 3827314747

3D Grafikprogrammierung

Manson Woo, Jackie Neiderm, Tom Davis, OpenGL Programming Guide, Addison-Wesley, ISBN 0201604582

Tomas Möller, Eric Haines, Real-Time Rendering, A K Peters, Ltd., ISBN 1568811012

Eberly, 3D Game Engine Design, Morgan Kaufmann, ISBN 1558605932

Game Design

Andrew Rollings, Dave Morris, Game Architecture and Design, Coriolis Group, ISBN 1576104257

Richard Rouse, Game Design: Theory & Practice, Wordware Publishing, ISBN 1556227353

Internetadressen rund um die Spieleprogrammierung

Die folgenden Internetseite bieten eine Fülle von interessanten Informationen rund um die Spieleprogrammierung. Wenn Sie vorhaben, tiefer in diese Materie einzusteigen, werden Sie hier bestimmt fündig:

Deutschsprachige Seiten

http://www.jli-spieleprogrammierung.de – Die Internetseite zum Buch, mit Informationen zu DirectX, C++ und Spieleprogrammierung.

http://www.german-games-connection.de – Hier gibt es Informationen, Tutorials und Sourcecode zu diversen Spielen.

www.games-net.de – Hier finden Sie eine Anfängersektion, Soundeffekte, Musik und Quellcode.

http://www.untergrund-spiele.de – Zusammenschluss von kleineren Spieleentwicklern, mit Foren, Chats und Spielebesprechungen.

Englischsprachige Seiten

http://www.microsoft.com/directx – Microsofts offizielle DirectX-Seite. Hier finden Sie Neuigkeiten rund um DirectX, eine Seite zu den häufigst gestellten Fragen und einige Artikel. Die jeweils aktuelle Version von DirectX können Sie hier herunterladen.

http://www.gamedev.net – Sehr umfangreiche Seite zur Spieleprogrammierung, hier finden Sie Tutorials zu den Themen Grafik, Gamedesign oder Programmierung sowie viele Diskussionsforen.

http://www.flipcode.com – Gleicher Aufbau, aber nicht ganz so komplex wie gamedev.net.

http://www.gamasutra.com – Hier finden Sie Artikel aus dem Game Developers Magazine und viele Informationen von professionellen Entwicklern zu aktuellen Projekten.

http://www.nvidia.com/developer.nsf – Die Internetseite des Grafikkartenherstellers nVidia mit vielen Informationen, Beispielen und Quellcode rund um DirectX und OpenGL.

http://www.opengl.org – Auf dieser Seite finden Sie Informationen zum Einsatz von OpenGL im Multimediabereich und in der Industrie.

http://www.gameai.com – Hier geht es um künstliche Intelligenz in Spielen.

http://www.programmersheaven.com – Informationen aus allen Bereichen der Programmierung, angefangen bei Assemblerprogammierung. über Grafikformate und Komprimierungsalgorithmen bis hin zur Windowsprogrammierung.

http://www-cs-students.stanford.edu/~amitp/gameprog.html – Informationen zu Algorithmen zum Pathfinding.

http://www.3dcafe.com – Hier finden Sie freie 3-D-Modelle, Soundeffekte und Tutorials.

Stichwortverzeichnis

447

448

449